新中国民生发展70年

XINZHONGGUO
MINSHENG FAZHAN
70 NIAN

杨宜勇 等◎著

人民出版社

前　言

我们对这片土地爱得这么深沉，是因为新中国的发展历史总是让人感同身受、梦萦魂牵。

水有源来树有根，每一个人都有自己的祖国。"爱国，不能停留在口号上，而是要把自己的理想同祖国的前途、把自己的人生同民族的命运紧密联系在一起，扎根人民，奉献国家。"党的十八大以来，以习近平同志为核心的党中央大力弘扬爱国主义精神，强调要让爱国主义成为每一个中国人的坚定信念和精神依靠。

一、新中国七十年的民生发展是一场马不停蹄的接力赛

1949 年 10 月 1 日，毛泽东同志"中国人民从此站起来了"的庄严宣告犹在耳畔，当年发布的《共同纲领》要求"为中国的独立、民主、和平、统一和富强而奋斗"。邓小平同志带来改革开放绚丽"春天的故事"记忆犹新，1978 年 3 月 5 日第五届全国人民代表大会第一次会议通过了经重新修改制定的《中华人民共和国宪法》，规定了"在本世纪内把我国建设成为农业、工业、国防和科学技术现代化的伟大的社会主义强国"。习近平同志带领我们进入了中国特色社会主义的新时代，不仅取得全方位、开创性成就，而且使中国发生了深层次、根本性变革；2018 年修改的《中华人民共和国宪法》

明确提出"推动物质文明、政治文明、精神文明、社会文明、生态文明协调发展，把我国建设成为富强民主文明和谐美丽的社会主义现代化强国，实现中华民族伟大复兴"。回顾新中国成立后的七十年发展，中华民族实现了从站起来、富起来到强起来的三次历史性飞跃。

民生发展让百姓生活更美好。因为发展民生既是中国共产党的初心，也是人民政府的历史使命。无论是社会主义改造，还是改革开放和新时代都是发端于民生问题。民生发展无小事，因为大力发展民生既是社会主义发展的根本目的所在，也是中国共产党的执政宗旨。众所周知，恩格尔系数是食品支出总额占个人消费支出总额的比重。通常一个家庭收入越少，家庭收入中用来购买食物的支出所占的比例就越大，随着家庭收入的增加，家庭收入中用来购买食物的支出比例则会下降。一个国家越穷，每个国民的平均收入中用于购买食物的支出所占比例就越大，随着国家的富裕，这个比例呈下降趋势。根据国家统计局的统计，2017年全国居民恩格尔系数为29.3%，其中城镇居民恩格尔系数为28.6%，农村居民恩格尔系数为31.2%，总体平均低于30%。2018年全国居民恩格尔系数为28.4%，比上年下降0.9个百分点。根据联合国粮农组织提出的标准，恩格尔系数在59%以上为贫困，50%—59%为温饱，40%—50%为小康，30%—40%为富裕，低于30%为最富裕。而在1949年我国城镇和农村居民家庭恩格尔系数分别为80%和90%，1978年我国的恩格尔系数为67.7%。七十年的发展让人民群众实现了丰衣足食，全面小康！

七十年民生发展风雨兼程，七十年民生工作成果辉煌。**在站起来的时期（1949—1977年），**毛泽东同志建设了社会主义的新中国，完成了社会主义改造，初步形成了自己的工业体系，奠定了解决民生问题坚实的经济基础。**在富起来的时期（1978—2011 年）**，邓小平同志坚持发展才是硬道理，不管白猫黑猫，抓住老鼠就是好猫，致力于全面建设小康社会的布局谋篇，让一部分人先富起来，着力摆脱整体贫困、改善人民生活，逐步实现先富带后富，安装了发展民生的加速器。江泽民同志坚持"三个代表"重要思想，大力发展先进生产力，着力于解决生活温饱、迈向总体小康，顺利实现千年目标，完成了改善民生的历史性任务。胡锦涛同志坚持科学发展观，突出强调协调发展与和谐发展，着力于改善基本公共服务、不断刷新小康建设目标，赋予民生发展更高的要求。**在强起来的时期（2012—2019 年）**，习近平同志坚持发展新时代中国特色社会主义，以人民为中心，着力于补短板、增强人民群众获得感、幸福感和安全感，把民生工程推上一个全新的高度。

全面保障和改善民生，历经中国共产党五代领导人的励精图治，终于乐见 2020 年将在 960 多万平方公里的土地上全面建成小康社会，让改革开放和民生发展的成果惠及全体近 14 亿人民。

二、目前中国民生发展在发展中国家中居于领先水平

"我们党和政府做一切工作出发点、落脚点都是让人民过上好日子。"党的十八大以来，习近平总书记多次就民生问题发表重要论述，不仅深刻阐释了保障和改善民生的重要意义，而且强调指出当前和今后一段时期民生工作的着力点，将广大人民群众凝聚到追求幸福中国的目标上来。习近平总书记提出的"民生观"，一方面在宏观层面上具有原则性、实惠性、持久性；另一方面在实际工作上则涵盖住房、就业、养老等关乎老百姓生活的各个方面。党的十九大报告

将"幼有所育""弱有所扶"加入其中。这一具体而突出的变化，针对的就是民生保障发展不平衡不充分的问题，更精准更全面地补齐民生短板。特别是党的十八大以来，以习近平同志为核心的党中央，坚持以人民为中心的发展思想，想群众之所想、急群众之所急、解群众之所困，在幼有所育、学有所教、劳有所得、病有所医、老有所养、住有所居、弱有所扶上持续取得新进展。

1.幼有所育： 努力让所有 0—6 岁的适龄儿童得到更好的养育。截至 2018 年底，全国共有幼儿园 26.67 万所，比上年增长 4.6%。其中，普惠性幼儿园 18.29 万所，比上年增长 11.14%，普惠性幼儿园占全国幼儿园的比重为 68.57%，在园幼儿 4656.4 万人。全国学前三年毛入园率达到 79.6%，比上年提高 2.2 个百分点，提前完成了教育规划纲要提出的目标任务。然而，入园难、入园贵的问题仍未彻底解决，好入园、入好园仍是人民群众的迫切需要。

2.学有所教： 我国教育改革取得显著成就，教育事业迈上新的台阶，总体发展水平进入世界中上行列，服务经济社会发展能力显著提高，国际影响力稳步增强，人力资源强国建设加快推进，为提高全民族素质、实施创新驱动发展战略、全面建成小康社会作出了重要贡献。具体来讲，经过五年多的努力，我国教育普及程度明显提高，国民受教育机会显著增加；城乡、区域、校际、群体差距加快缩小，教育公平取得重要进展；学生全面发展得到促进，教育质量稳步提升；教育结构调整优化，与经济社会发展适应性不断增强；教育改革全面推进，一些关键领域取得突破；教育保障切实加强，改革发展基础进一步夯实。

3.劳有所得： 政府始终把就业工作当作第一位的任务，一方面，坚持实施就业优先战略和人才优先发展战略，把实施积极的就业政策摆在更加突出的位置，贯彻劳动者自主就业、市场调节就业、政府促进就业和鼓励创业的方针；另一方面，坚持总量与结构并重、供需两端发力、就业政策与宏观政策协调、统筹发挥市场与政府作用、普惠性与差别化相结合的基本原则，实现比较充分和高质量的就业，保持了就业局势的总体稳定。近年来，在经济增速放缓的情况下，每年城镇新增就业均超过了1300万人，主要就业目标处于合理区间，在一个拥有近14亿人口的发展中大国实现充分就业，十分不易。

4. **病有所医**：以提高人民健康水平为核心，突出问题导向和需求导向，深入推进医药卫生体制改革。将健康融入所有的政策，加快转变健康领域的发展方式，由过去以治病为中心转向以人民健康为中心，更加注重体制机制的创新；更加注重预防为主和健康促进；更加注重提高基本医疗服务的质量和水平；更加注重医疗资源重心下移、资源下沉，使基本医疗卫生制度能够更加成熟、定型，为人民群众创造出更多的健康福祉。党的十八大以来，我国健康领域改革发展取得显著成就，城乡环境面貌明显改善，全民健身运动蓬勃发展，医疗卫生服务体系日益健全，人民健康水平和身体素质持续提高。

5. **老有所养**：一方面，着力增强全社会积极应对人口老龄化的思想观念。敬老爱老是中华民族的传统美德。把弘扬孝亲敬老纳入社会主义核心价值观宣传教育，建设具有民族特色、时代特征的孝亲敬老文化。在全社会开展人口老龄化国情教育、老龄政策法规教育，引导全社会增强接纳、尊重、帮助老年人的关爱意识和老年人自尊、自立、自强的自爱意识。另一方面，着力完善老龄政策制度，追求"四个更加"：一是多支柱、全覆盖、更加公平、更可持续的社会保障体系更加完善；二是居家为基础、社区为依托、机构为补充、医养相结合的养老服务体系更加健全；三是有利于政府和市场作用充分发挥的制度体系更加完备；四是支持老龄事业发展和养老体系建设的社会环境更加友好。

6. 住有所居：贯彻"房子是用来住的、不是用来炒的"的理念，一方面重点加强保障性住房建设，确保棚户区改造三年1800万户的计划完成，继续因地制宜推进货币化安置。另一方面，努力抓好房地产调控，支持居民自住购房需求，抑制投资投机性购房，确保房地产市场平稳健康发展。按照供给侧结构性改革的要求，继续坚定不移抓好三四线城市和县城房地产去库存。加快推动住房租赁市场立法，推进机构化、规模化租赁企业发展，努力构建购租并举的住房制度。加强住房市场监管和整顿，规范开发、销售、中介等行为。加快研究建立符合国情、适应市场规律的房地产基础性制度和长效机制。进一步做好公租房工作。推进公积金体制改革，用好用足公积金。有序推进老旧小区和住宅宜居综合改造。

7. 弱有所扶：一方面实施脱贫攻坚战。让贫困人口和贫困地区同全国一道进入全面小康社会是我们党的庄严承诺。要动员全党全国全社会力量，坚持精准扶贫、精准脱贫，坚持中央统筹省负总责、市县抓落实的工作机制，强化党政一把手负总责的责任制，坚持大扶贫格局，注重扶贫同扶志、扶智相结合，深入实施东西部扶贫协作，重点攻克深度贫困地区脱贫任务，确保到2020年我国现行标准下农村贫困人口实现脱贫，贫困县全部摘帽，解决区域性整体贫困，做到脱真贫、真脱贫。另一方面积极帮助8500万残疾人发展，他们占劳动力市场中弱势群体的大部分。美好生活一个都不能少！党的十八大以来，我国对残疾人的扶持力度不断加大，贫困残疾人得到有效扶持，越来越多的残疾人过上了有尊严的生活。2018 年有 116.1 万残疾人脱贫，退出建档立卡；残疾人接受实用技术培训 58.8 万人次。1.3 万农村残疾人获得康复扶贫贴息贷款扶持。5490 个残疾人扶贫基地安置 7.0 万残疾人就业，扶持带动 13.5 万户残疾人家庭。全国共完成 11.3 万户农村贫困残疾人危房改造，投入资金 13.7 亿元。

8. 社有所治：中共十八届三中全会作出的《中共中央关于全面深化改革若干重大问题的决定》首次使用了社会治理概念，过去七十年里我们不仅实现了由社会管控导向社会管理的顺利转变，而且还实现了由社会管理向社会治理的成功转变。全面加强社会治理制度建设，完善党委领导、政府负责、社会协同、公众参与、法治保障的社会治理体制，提高社会治理社会化、法治化、智能化、专业化水平。通过全面依法治国，努力打造社会治理新格局，中国目前既是世界上充满活力的国家，也是世界上最安全的国家之一。前不久，美国研究机构盖洛普咨询公司（Gallup）通过采访 15 万个年龄在 15 岁以上的民众，就 142 个国家和地区的安全状况进行了排名。中国表现出色，全球排名第十，位居东亚地区冠军，然而东亚地区其他两个发达国家日本和韩国则没有进入前十名榜单，这说明中国的民众对于本国的治安状况还是很满意的。

9. 文体有乐：贯彻落实《中华人民共和国公共文化服务保障法》《中华人民共和国公共图书馆法》，使得文化产业与文化事业并驾齐驱。截至 2018 年末，纳入统计范围的全国各类文化和旅游单位 31.82 万个，从业人员 375.07 万人。其中，各级文化和旅游部门所属单位 6.68 万个，增加 91 个；从业人员 67.06 万人，增加 0.34 万人。其中，全年全国群众文化机构共组织开展各类文化活动 219.48 万场次，比上年增长 10.9%；服务 70553 万人次，比上年增长 10.3%。
2018 年全年国内游客 55.4 亿人次，比上年增长 10.8%。国内居民出
境 16199 万人次，增长 13.5%。2008 年北京成功举办了第二十九届
夏季奥运会，中国代表团取得了 51 枚金牌、100 枚奖牌的优异成绩，
第一次名列奥运会金牌榜首。据统计，1949—2018 年我国运动员获
得世界冠军超过 3000 个，创超世界纪录突破 1300 次。全民健身运
动蓬勃发展，越来越多的人投入到健身强体的体育运动和锻炼当中，
体质不断加强。

从 2017 年 7 月 1 日起，世界银行用于分类的最新收入区间标准
如下：

国家收入分组	人均国民总收入区间
低收入经济体（L）	≤ 1005 美元
中低收入经济体（LM）	1006 — 3955 美元
中高收入经济体（UM）	3956 — 12235 美元
高收入经济体（H）	≥ 12236 美元

党的十八大以来，我国经济社会全面发展，初步预计到 2019 年
底即新中国成立 70 周年，中国的人均国民生产总值会达到 10000 美
元，这将是全面建成小康社会道路上一个崭新的里程碑。据世界银行
有关部门估计，预计 2019 年中国人类发展指数大约会高出世界人类
发展指数平均数的 12% 以上。世界银行从 1987 年起按照人均国民收
入（GNI）将国家分为四类：低收入经济体、中低收入经济体、中高
收入经济体和高收入经济体。新中国成立 70 年以来，我们不仅实现
了由低收入经济体向中低收入经济体的顺利跨越；而且目前已经完成
了由中低收入经济体向中高收入经济体的成功跨越。中华民族伟大复
兴就是要顺利实现第三个历史性的跨越，安全渡过中等收入陷阱，早

日实现由中高收入经济体向高收入经济体的成功跨越。

三、全面贯彻新时代民生发展的指导思想

党的十八大以来，习近平同志围绕社会主义社会建设和民生发展发表的一系列重要论述，立意高远、内涵丰富、思想深刻，对于我们深刻认识民生发展和社会治理的重大意义，落实以民为本、以人为本的执政理念，不断实现好、维护好、发展好最广大人民根本利益，夺取全面建成小康社会决胜阶段的伟大胜利，实现"两个一百年"奋斗目标、实现中华民族伟大复兴的中国梦，具有十分重要的指导意义。

1. 新时代民生发展必须坚持以人民为中心的发展思想。人民对美好生活的向往，就是我们的奋斗目标。发展为了人民，这是马克思主义政治经济学的根本立场。马克思、恩格斯指出："无产阶级的运动是绝大多数人的、为绝大多数人谋利益的独立的运动"，在未来社会"生产将以所有人的富裕为目的"。邓小平同志指出，社会主义的本质，是解放生产力，发展生产力，消灭剥削，消除两极分化，最终达到共同富裕。中共十八届五中全会鲜明提出要坚持以人民为中心的发展思想，把增进人民福祉、促进人的全面发展、朝着共同富裕的方向稳步前进作为经济发展的出发点和落脚点。

2. 新时代民生发展必须促进社会公平正义，让广大人民群众共享改革发展成果。我们要大力完善包括机会公平在内的社会公平保障体系，包括深化考试招生制度改革，维护和增强全国统一高考在人才选拔培养中的核心地位，清理规范各类特殊招生形式；落实事业单位公开招聘制度和国有企业分级分类公开招聘制度，做到信息公开、过程公开、结果公开，创造平等竞争的就业环境，治理就业

的隐形门槛。

3. 新时代民生发展必须不断促进教育发展成果更多更公平惠及全体人民。我们要牢牢把握服务发展、促进就业的办学方向，深化体制机制改革，创新各层次各类型职业教育模式，坚持产教融合、校企合作，坚持工学结合、知行合一，引导社会各界特别是行业企业积极支持职业教育，努力建设中国特色职业教育体系。要加大对农村地区、民族地区、贫困地区职业教育支持力度，努力让每个人都有人生出彩的机会。

4. 新时代民生发展必须把做好就业工作摆到突出位置，多渠道创造就业岗位。我们要把做好就业工作摆到突出位置，重点抓好高校毕业生就业和化解产能过剩中出现的下岗再就业工作。现在，多数高校毕业生都想在大城市就业，找不到工作也在城里漂着，处理不好容易形成社会风险。各级党委和政府要落实已有的政策和措施，努力创造就业岗位，尽力吸纳更多高校毕业生就业创业，同时引导和鼓励他们到基层和中西部地区就业创业。化解产能过剩也会导致部分职工下岗失业，要做好社会政策托底工作，保障基本生活，同时谋划在先，加强技能培训，促进转岗就业。

5. 新时代民生发展必须构建更加公平可持续的社会保障制度。从我国国情看，总的方向是构建以政府为主提供基本保障、以市场为主满足多层次需求的住房供应体系。要总结我国住房改革发展经验，借鉴其他国家解决住房问题的有益做法，深入研究住房建设的规律性问题，加强顶层设计，加快建立统一、规范、成熟、稳定的住房供应体系。要千方百计增加住房供应，同时要把调节人民群众住房需求放在重要位置，建立健全经济、适用、环保、节约资源、安全的住房标准体系，倡导符合国情的住房消费模式。

6.新时代民生发展必须加快推进健康中国建设。人民健康是社会文明进步的基础。拥有健康的人民意味着拥有更强大的综合国力和可持续发展能力。如果人民健康水平低下，如果群众患病得不到及时救助，如果疾病控制不力、传染病流行，不仅人民生活水平和质量会受到重大影响，社会也将付出沉重代价。

7.新时代民生发展必须加强和创新社会治理，完善中国特色社会主义社会治理体系。创新社会治理，我们要以最广大人民的根本利益为根本坐标，从人民群众最关心最直接最现实的利益问题入手。现在，基层社会治理体系中存在不少问题，必须通过改革加以解决。城乡社区处于党同群众连接的"最后一公里"，要把加强基层党的建设、巩固党的执政基础作为贯穿社会治理和基层建设的一条红线，深入拓展区域化党建。要调整和完善不适应的管理体制机制，推动管理重心下移，把经常性具体服务和管理职责落下去，把人财物和权责利对称下沉到基层，把为群众服务的资源和力量尽量交给与老百姓最贴近的基层组织去做，增强基层组织在群众中的影响力和号召力。

8.新时代民生发展必须切实维护公共安全和社会稳定，着力建设平安中国。稳定是改革发展的前提，必须坚持改革、发展、稳定的统一，在确保社会稳定中推进。改革、发展、稳定是我国社会主义现代化建设的三个重要支点。改革是经济社会发展的强大动力，发展是解决一切经济社会问题的关键，稳定是改革发展的前提。70年来，我国社会发生的变革前所未有，同时又维持了安定团结。这充分证明，只有社会稳定，改革发展才能不断推进；只有改革发展不断推进，社会稳定才能具有坚实基础。离开社会稳定，不仅改革发展不可能顺利推进，就连已经取得的成果也会丧失。从世界范围看，许多国家由于政局动荡、社会动乱，不仅失去发展机遇，也给这些国家的人民带来深重灾难。

9.新时代民生发展必须坚持总体国家安全观，走出一条中国特色国家安全道路。贯彻落实总体国家安全观，我们必须既重视外部安全，又重视内部安全，对内求发展、求变革、求稳定、建设平安中国，对外求和平、求合作、求共赢、建设和谐世界；既重视国土安全，又重视国民安全，坚持以民为本、以人为本，坚持国家安全一切为了人民、一切依靠人民，真正夯实国家安全的群众基础；既重视传统安全，又重视非传统安全，构建集政治安全、国土安全、军事安全、经济安全、文化安全、社会安全、科技安全、信息安全、生态安全、资源安全、核安全等于一体的国家安全体系；既重视发展问题，又重视安全问题，发展是安全的基础，安全是发展的条件，富国才能强兵，强兵才能卫国；既重视自身安全，又重视共同安全，打造命运共同体，推动各方朝着互利互惠、共同安全的目标相向而行。

应该说，大力发展民生永远在路上，永无止境。幸福是靠奋斗出来的。下一步，党和政府将进一步强化政治引领，深入学习和全面贯彻习近平总书记关于社会建设和民生发展的重要论述，通过全社会的努力，让城乡全体居民有更多的获得感、幸福感和安全感。

四、新时代民生发展的主要着力点

民生工程就是暖心工程。老百姓关心什么、期盼什么，我们就要抓住什么、推进什么，从老百姓反映最强烈的利益问题做起，一件事情接着一件事情办，一年接着一年干。多谋民生之利、多解民生之忧，完善公共服务体系，保障群众基本生活，不断满足人民日益增长的美好生活需要，就会让老百姓获得感多多、安全感实打实。2016 年 12 月 21 日，习近平总书记在主持召开中央财经领导小组第十四次会议时发表重要讲话强调："准确把握全面建成小康社会内涵，对实现第一个百年奋斗目标至关重要。全面建成小康社会，在保持经济增长的同时，更重要的是落实以人民为中心的发展思想，想群众之所想、急群众之所急、解群众之所困"。未来我们在进一步做好民生工作方面需关键性地把握好以下三点。

一是进一步改善民生工作服务质量。民生工作服务现在解决了有没有的问题、够不够的问题，现在要集中力量解决好不好的问题。提高民生工作质量，应改变以政府为主体的单一公共服务供给模式，引入市场化、社会化机制。一方面，在民生领域适当放宽社会资本进入限制，将一部分公共服务项目交由市场主体运营，充分利用市场竞争的优势，降低服务成本，提高服务质量；另一方面，积极培育社会组织，充分发挥行业协会、商会、消费者组织等社会组织在民生领域的作用。一方面，要建立以项目为导向的政府向社会组织购买公共服务机制，缓解政府的供给压力，提高供给的效率与效益；另一方面，要建立健全公众参与机制，拓宽公众参与公共治理的途径，提高公共服务供给的民主化、科学化水平。

二是让保障和改善民生更加公平。自古以来，百姓不患寡而患不均。因此，更加公平地保障和改善民生一直是我们努力的方向。没有最好，只有更好。首先，民生工作离不开积极财政政策的支持。要研究完善制度机制，更加公平有效地保障和改善民生；要加大专项转移支付清理整合力度，提高资金使用绩效；要强化地方政府融资平台公司管理，有效防范潜在风险。其次，要进一步完善符合国情、比较完整、覆盖城乡、可持续的基本公共服务体系，提高政府保障能力，高阶推进基本公共服务均等化。

三是让保障和改善民生更加可持续。保障和改善民生既有经济可持续性的问题，也有社会可持续性的问题。特别是在全面建成小康社会的决胜阶段，我们坚持共享发展，进一步加强保障和改善民生工作，在学有所教、劳有所得、病有所医、老有所养、住有所居上持续取得新进展。正如习近平总书记所指出的，"保障和改善民生是一项长期工作，没有终点站，只有连续不断的新起点"。新时代既是破解民生难题、厚植民生优势的关键时期，又是促进全体人民共享改革发展成果、让人民群众有更多获得感的重要时期。我们要持之以恒，积极开拓民生工作的财力，既要尽力而为，又要量力而行，不断开创民生工作的新局面。

过去优秀不等于今天必然优秀，今天优秀也不等于明天必然优秀。历史上的成就不应该成为我们的沉重包袱，而应该成为重新出发的零公里。只要我们坚持和不断发展中国特色社会主义道路，未来的一切都会更加美好、更加值得我们一起共同努力和期待。

第一个一百年是第二个一百年的基础。总结过去新中国民生发展七十年的历史，是要通过深刻反思、总结经验、避免失误，让人民群众在未来的社会主义现代化新征程中获得更多的实惠。"山再高，往上攀，总能登顶；路再长，走下去，定能到达"。"人民有信心，国家才有未来，国家才有力量"。

实现中华民族伟大复兴的中国梦必须弘扬中国精神。这就是以爱国主义为核心的民族精神，以改革创新为核心的时代精神。这种精神是凝心聚力的兴国之魂、强国之魂。全国各族人民一定要弘扬伟大的民族精神和时代精神，不断增强团结一心的精神纽带、自强不息的精神动力，永远朝气蓬勃迈向未来。

　　本书虽然由我牵头组织，但是每一章都是独自成章，文责自负，美誉自享。其中，第一章民生接力，由杨宜勇和黄燕芬博士撰稿；第二章幼有所育，由顾严博士撰稿；第三章学有所教，由田帆博士撰稿；第四章劳有所得，由王阳博士撰稿；第五章病有所医，由关博博士撰稿；第六章老有所养，由孔伟艳博士撰稿；第七章住有所居，由范宪伟博士撰稿；第八章弱有所扶，由潘华博士撰稿；第九章社有所治，由蔡潇彬博士撰稿；第十章文体有乐，由刘敏博士撰稿。范宪伟博士在书稿协调和组织方面做了大量的工作，特此表示感谢。

杨宜勇

2019 年 6 月 30 日写于

木樨地国宏大厦 B 座 1217 房间

目　录

第一章　民生接力　不忘初心

"民生在勤，勤则不匮。"民生是指民众的基本生存和生活状态，以及民众的基本发展机会、基本发展能力和基本权益保护的状况等。中国共产党人的初心和使命，就是为中国人民谋幸福，为中华民族谋复兴。这个初心和使命是激励中国共产党人不断前进的根本动力。不断保障和改善民生始终贯穿新中国七十年发展的全部历史过程。无论是所有制改造，还是改革开放；无论是"三个代表"重要思想，还是科学发展观；无论是进入新时代，还是追求经济高质量发展，都是为了不断发展民生，让人民生活更美好的一系列动态过程。毛泽东在困难时期白手起家，着力所有制改造，建立了中国自己独立的工业体系，保障人民生活，并奠定了国家初级的福利体系；邓小平致力于全面建设小康社会的布局谋篇，通过改革开放和引领发展，着力摆脱整体贫穷、改善人民生活；江泽民着力于发展社会主义市场经济，大刀阔斧改造国营企业，解决生活温饱、迈向总体小康；胡锦涛着力于科学发展，促进经济和社会协调发展，进一步改善公共服务、更新小康目标；习近平着力于新时代的治国理政，牢固树立新发展理念，通过促进共享发展，针对基本公共服务大力补短板、强弱项、提质量，以增强人民群众获得感。努力保障和发展民生，历经中国共产党五代领导人的励精图治，终于乐见2020年将在960多万平方公里的土地上全面建成小康社会，改革开放和民生发展的成果普遍惠及全体近14亿人民。

　　"民生"是一个典型的充满中国元素的词汇。《左传·宣公十二年》就有："民生在勤,勤则不匮"的论断。孙中山先生也说过三句话:"民生就是人民的生活——社会的生存、国民的生计、群众的生命"[1]。"民生就是政治的中心,就是经济的中心和种种历史活动的中心"[2]。"民生是社会一切活动的原动力。"[3]所谓广义上的民生概念包括所有与民生直接相关和间接相关的事情。这个概念的优点是充分强调民生问题的高度重要性和高度综合性,但其明显的不足在于概念范围过大,不好掌握。所谓狭义上的民生概念主要是从人民群众的社会层面上着眼的,从这个角度看民生主要是指民众的基本生存和生活状态,以及民众的基本发展机会、基本发展能力和基本权益保护的状况等。从国家责任角度看,不断改善和发展民生就是党和政府施政的最高准则。从人权角度看,不断改善和发展民生就是更好地保障人民群众的全部生存权和普遍发展权。从百姓需求角度看,民生是指与实现人的生存权利有关的全部需求和与实现人的发展权利有关的普遍需求。前者强调的是生存条件,后者追求的是生活质量,先低后高、先易后难也是民生发展的基本规律。

第一节　自己动手　丰衣足食

　　1949年10月1日下午2时,中国人民政治协商会议第一届全体会议选举产生的中央人民政府委员会在中南海勤政殿举行第

---

[1]《孙中山选集》,人民出版社1981年版,第802页。
[2]《孙中山选集》,人民出版社1981年版,第825页。
[3]《孙中山选集》,人民出版社1981年版,第835页。

一次会议。中央人民政府主席毛泽东，副主席朱德、刘少奇、宋庆龄、李济深、张澜、高岗，以及周恩来等 56 名中央人民政府委员会委员宣布就职。会议一致决议，宣布中华人民共和国中央人民政府成立，接受《中国人民政治协商会议共同纲领》为施政方针，向各国政府宣布中华人民共和国中央人民政府为中国唯一合法政府，愿与遵守平等、互利及互相尊重领土主权原则的任何外国政府建立外交关系。会议结束后，中央人民政府主席、副主席及各位委员集体出发，乘车出中南海东门，前往天安门城楼出席开国大典。下午 3 时，北京 30 万群众齐集天安门广场，举行隆重的开国大典。毛泽东主席在天安门城楼上向全世界庄严宣告："中华人民共和国中央人民政府今天成立了！"但是早在这之前的 1949 年 3 月，毛泽东在党的七届二中全会上就特别强调要重视民生问题，并明确指出，中国共产党如果不能迅速地恢复和发展生产，并"首先使工人生活有所改善，并使一般人民的生活有所改善，那我们就不能维持政权，我们就会站不住脚，我们就会要失败"[1]。

一、进行所有制改造是人民当家作主的经济体制基础

万事开头难！建国伊始，除东北等地外，新中国大多数地方都是从一个半殖民地半封建社会一步跨入社会主义社会的。只有进行所有制改造和社会主义改造，才能真正实现人民当家作主。因此，站起来阶段的社会建设和民生发展的主要任务是摧毁旧的、落后的、反革命的社会系统，建设一个新的、先进的、革命的社会系统。新

---

[1]《毛泽东选集》第四卷，人民出版社 1991 年版，第 1428 页。

中国的成立，标志着中国人民由被压迫的地位变成了新社会新国家的主人，标志着以人民民主专政的共和国代替那封建买办法西斯专政的国民党反动统治。新中国的人民民主专政是中国工人阶级、农民阶级、小资产阶级、民族资产阶级及其他爱国民主分子的人民民主统一战线的政权，是以工农联盟为基础，以工人阶级为领导。由中国共产党、各民主党派、各人民团体、各地区、人民解放军、各少数民族、国外华侨及其他爱国民主分子的代表们所组成的中国人民政治协商会议，就是人民民主统一战线的组织形式。

1948年的国民经济十分脆弱，民不聊生。1949年新中国成立以后中国共产党领导全国迅速地对农业、手工业和资本主义工商业三大行业进行了彻底的所有制改造，这是建立社会主义经济体系的历史前提。1952年9月24日毛泽东在中央书记处的会议上就明确提出："我们现在就要开始用10年到15年的时间，基本上完成到社会主义的过渡。"在掀起社会主义建设高潮的时期，实践推进的速度很快，实际上新中国从1952年下半年至1956年仅仅用了4年时间，我们就完成了对农业、手工业和资本主义工商业的社会主义改造，实现了把生产资料私有制转变为社会主义公有制，实现了过去由地主和资本家当家作主向劳动人民当家作主的转换，使中国顺利地从新民主主义社会跨入了社会主义社会。这样做不仅极大地促进了整个国民经济体系的建设和发展，而且极大地促进了工、农、商业的社会变革，实现了从以私有制为基础的社会关系向以公有制为基础的社会关系的彻底转换，人民群众建设社会主义的热情充分显现，与此同时人民生活不断改善。

劳动是财富之父，土地是财富之母。新中国成立以后，1950年6月中央人民政府通过颁布《中华人民共和国土地改革法》，并从当年冬开始在华东、中南、西南、西北等广大新解放区实行土地改革，没收地主阶级的土地，分给无地和少地的农民，废除地主阶级的封建土地所有制，实行农民土地所有制。在广大农村社会和农业领域，党中央从1951年12月开始出台了一系列的决议，规定了我国的农业社会主义改造的路线、方针和政策。到1953年春天，中国的土地改革任务基本完成，重新获得土地的农民有着极大的生产积极性，但是当时分散、脆弱的农业个体经济既不能满足工业发展对农产品的需求，又存在两极分化的危险。中国共产党当时认为只有组织起来互助合作，才能发展生产，共同富裕。到1956年底，农业社会主义改造在经历了互助组、初级社、高级社三阶段后基本完成，全国加入合作社的农户达96.3%。因此，这个时期的农村社会建设走的是合作化道路，从过去的个体劳动变成了集体劳动，从过去的家庭分配变成了集体分配。

毛泽东说，我们的方向应该逐步地、有次序地把工（工业）、农（农业）、商（商业）、学（文化教育）、兵（民兵）组成一个大公社，从而构成我国社会的基层单位。1958年7月1日，全国第一个人民公社——嵖岈山卫星人民公社（位于河南省遂平县）正式成立，旨在把农村合作社办成一个既有农业合作，又有工业合作的基层组织单位。《嵖岈山卫星人民公社试行简章（草案）》规定各农业社的一切生产资料和公共财产转为公社所有，由公社统一核算、统一分配；社员分配实行工资制和口粮供给制相结合；总结了青年队集体吃食堂的好处，推广了公共食堂；同时成立了托儿所、幼儿园、敬老院、缝纫组；公社设立了农业、林业、畜牧、工交、粮食、供销、卫生、武装保卫等若干部或委员会，下设生产大队和生产队，实行统一领导，分级管理和组织军事化、生产战斗化、生活集体化。我国人民公社运动是从 1958 年夏季开始的，很短时间内，全国农村就实现了公社化。人民公社成为我国社会主义社会结构的、工农商学兵相结合的基层单位，同时又是农村社会主义组织的基层单位。1961 年 3 月，中共中央制定的《农村人民公社工作条例（草案）》，全文共六十条。该条例草案针对人民公社内部严重存在的队与队、社员与社员之间的平均主义，在纠正社、队规模偏大，公社对下级管得太多太死，民主制度和经营管理制度不健全等方面，作了比较系统的规定。

个体手工业是以私有制和个体劳动为基础、从事商品生产的一种个体经济，当时在中国国民经济中占有一定的地位，据统计，1952 年手工业产值占全国工业总产值的 21%。从 1953 年起，我们在过渡时期总路线的指导下，决定逐步对手工业进行社会主义改造。改造采取合作化的形式和逐步过渡的步骤，从手工业生产合作小组、手工业供销合作社，再发展为手工业生产合作社。1956 年底参加手工业合作组织的人数已占全国手工业从业人数的 91.7%，这标志着对个体手工业的社会主义改造基本完成。

消灭资本主义私有制也是过渡时期的一项基本任务。资本主义工商业的社会主义改造，从 1954 年至 1956 年底全面进行。党对之采取了"和平赎买"的政策，通过国家资本主义形式，逐步将其改造成社会主义公有制企业。全行业公私合营后，采用定息方式，即按照公私合营企业的私股股额每年发给资本家 5% 的股息，连发 10 年，这就使得私股与生产资料的使用权相分离。与此同时，我们将所有制改造与人的改造相结合，努力使剥削者成为自食其力的劳动者，最终不到 10 年，民族资产阶级作为一个阶级就整体上被彻底消灭了。

在国民收入中，1956 年同 1952 年相比国营经济的比重由 19.1%

上升到 32.2%，合作社经济由 1.5% 上升到 53.4%，公私合营经济由
0.7% 上升到 7.3%。与此相对应，个体经济由 71.8% 下降到 7.1%，
私人资本主义经济由 6.9% 下降到接近于零。社会主义公有制经济的
比重总共达到 92.9%。[①]

总而言之，站起来这个时期的社会建设和民生改善以破旧立新
为主，积极为政治建设和经济建设服务，遵循先生产后生活的发展
路径，顺利实现了由资本社会向劳动社会的转变，这个时期的社会
建设为政权巩固和经济发展提供了重要的支撑，但是也埋下了社会
建设滞后经济建设的伏笔。

二、大力发展计划经济，着力解决生计问题

毛泽东在《论十大关系》中谈道："我曾经说过，我们一为'穷'，
二为'白'。"[②] 所谓一穷二白，"一穷"指经济不发达，"二白"指
文化、教育落后，文盲多。因此，新中国成立伊始要想显著改善民
生，必须千方百计大力发展国民经济。

1. 计划经济的萌芽时期

发展计划经济的确是受了苏联的影响，特别是在苏联计划经济
的"二五"时期，计划经济实现了社会生产效率台阶式的提升，可
使社会生产效率提升到每年 25%，而正常的经济社会生产效率每年
大约只能提升 1.2%。1931 年美国工人很羡慕苏联工人，就是因为美
国当时处在经济危机当中，失业率高，苏联实行计划经济体制不会
失业。

---

① 谢春涛主编：《中国共产党读本》，中国青年出版社 2014 年版。
②《毛泽东文集》第七卷，人民出版社 1999 年版，第 43—44 页。

1949 年底，新中国迅速没收了 2858 个官僚资本主义的工业企业，建立了国营工业体系，占全国工业资金的 78.3%，完全掌握了国民经济的命脉，开始着手建立社会主义公有制。不久，对非公有制的私营工商业实行了调整，使私营企业初步纳入了计划生产的轨道。在组织机构方面，1949 年 9 月建立了中央人民政府财政经济委员会，以后又相继成立了其他专门性的负责计划管理的中央机构。如中央机构编制委员会、全国仓库物资清理调配委员会，指定中国人民银行为国家现金调度的总机构等。通过这些机构，国家开始对整个经济活动实行行政指令的直接管理。1950 年 2 月，中央确定实行全国财政经济统一管理的方针，即所谓"六个统一"：财政收支统一、公粮统一、税收统一、编制统一、贸易统一、银行统一。这一时期在对旧的社会经济结构进行不同程度重新改组的同时，老解放区"特别是在东北，已经开始了有计划的经济建设"。但在新解放区"还没有获得有计划地进行经济建设的条件"。1950 年 6 月党的七届三中全会以后，开始在全国范围内创造有计划地进行经济建设的条件。1950 年 8 月，党中央召开了第一次全国计划工作会议，讨论编制 1951 年计划和 3 年的奋斗目标。要求各部门先订出 3 年奋斗目标和 1 年计划，然后由中央综合拟出全国计划纲要。会后，3 年奋斗目标虽然没有形成计划文件，但已初步形成了我国计划经济体制决策等级结构的雏形。即决策权归国家，决策权力的分配采取行政方式形成条块分割的等级结构。以后，中央首先加强了对国营工业生产和基本建设的计划管理。"在工厂内，以实行生产计划为中心，实行党政工团的统一领导"。在基本建设方面，把建设单位划分为"限额以上"和"限额以下"两种具体投资额，并确定把重点摆在交通运输的建设上。到 1952 年 8 月，中共七届三中全会提出的任务已提前完成。

在农村，1949 年 9 月中国人民政治协商会议通过的《中国人民政治协商会议共同纲领》规定："在一切已彻底实现土地改革的地区，人民政府应组织农民及一切可以从事农业的劳动力以发展农业生产及其副业为中心任务，并应引导农民逐步地按照自愿和互利的原则，组织各种形式的劳动互助和生产合作。"1950 年，全国农业互助组已发展为 272.4 万个，入组农户 1131.3 万户，占全国总农户的 10.7%。[①]

毛泽东一贯重视人民的基本生活问题。在 1950 年 6 月中共七届三中全会上，毛泽东提出，"我们要合理地调整工商业，使工厂开工，解决失业问题，并且拿出二十亿斤粮食解决失业工人的吃饭问题，使失业工人拥护我们。我们实行减租减息、剿匪反霸、土地改革，广大农民就会拥护我们。我们也要给小手工业者找出路，维持他们的生活"。[②]

经过 1949—1952 年三年的艰苦努力，国民经济得到全面恢复和初步发展。1952 年工农业总产值 810 亿元，比 1949 年增长 77.5%，比建国前最高水平的 1936 年增长 20%，三年中平均年递增率为 21.1%。其中工业总产值比 1949 年增长 145.1%，年递增率为 34.8%；农业总产值比 1949 年增长 53.5%，年递增率为 15.3%。工农业主要产品的产量已超过建国前最高水平。随着生产的恢复和发展，国家财政收支平衡，结构改善。文教卫生事业得到相应发展，职工、农民收入增加，生活有所改善。1949 年中国工业生产总值的

---

① 谢春涛主编：《中国共产党读本》，中国青年出版社 2014 年版。
② 《建国以来重要文献选编》第一册，中央文献出版社 1992 年版，第 259 页。

公私比例是，国营占 43.8%、私营占 56.2%，到 1952 年 9 月，国营上升到 67.3%，私营下降到 32.7%，国营经济已超过私营经济，从而使中国具有了逐步过渡到社会主义的主要物质基础。[①]

2. 计划经济的成熟时期

1952 年 9 月，毛泽东提出了"10 年到 15 年的时间，基本上完成到社会主义的过渡"的目标。为了实现这一目标，计划经济体制进一步健全并得到法律的确认，在已建立的各种专门性的计划管理机构的基础上，1952 年 11 月成立了国家计划委员会，1954 年 4 月中央又成立了编制五年计划纲要草案的八人工作小组。该小组在 1951 年以来几次试编的基础上，以过渡时期总路线为指导，形成了第一个五年计划草案（初稿）。经过法定的审批程序之后，"一五"计划由国务院以命令形式颁布，要求各地各部门遵照执行。1954 年我国制定和颁布了第一部宪法，其中第十五条明确规定："国家用经济计划指导国民经济的发展和改造，使生产力不断提高，以改进人民的物质生活和文化生活，巩固国家的独立和安全。"这表明，计划经济体制已成为我国法定的经济体制。

1956 年全国工业总产值完成了 586.6 亿元，比上年增长 31%，这是近年来工业生产增长速度最快的一年。在工业总产值中，生产资料的生产为 291.7 亿元，比上年增长 41.7%；消费资料的生产为 294.9 亿元，比上年增长 22%。机器制造业的生产为 57.6 亿元，比上年增长 90.2%。手工业的生产为 117 亿元，比上年增长 16%。1956 年全国农业和农副业总产值完成了 582.9 亿元，达成了计划的 96%，比上年增长 4.9%。其中粮食总产量为 365 亿斤，比

[①] 谢春涛主编：《中国共产党读本》，中国青年出版社 2014 年版。

上年增加了154亿斤，增长4.4%；大豆产量为204.7亿斤，比上年增加了22亿斤，增长12.2%；棉花产量为2890万担，比上年减少了147万担，下降4.8%；猪的头数年末达到9780万头，比上年增加了988万头，增长11.2%。1956年农业和农副业的总产值，已经接近完成五年计划；粮食的总产量则已经超额完成了五年计划。中华人民共和国成立后，中国共产党成为全国范围的执政党。她依靠各族人民，发扬独立自主、自力更生、艰苦奋斗的精神，医治战争创伤，恢复国民经济，建立社会主义制度，进行大规模的经济建设，并取得了巨大成就：一个初步繁荣昌盛的中国呈现在世界面前。

3. 人民生活明显改善

在积累和消费的比例方面，"一五"计划期间，年平均积累率为24.1%。1956年11月，陈云在总结这方面的经验时指出："经济建设和人民生活必须兼顾，必须平衡"。毛泽东强调对国家、集体和个人三个方面的利益也要予以兼顾，指出："把什么东西统统都集中在中央或省市，不给工厂一点权力，一点机动的余地，一点利益，恐怕不妥"。1955年8月，中央规定国营企业超计划利润中的40%可留给企业主管部门使用。当时职工和干部的个人利益主要是通过"按劳付酬"原则领得的工资来实现的。

在"三年困难时期"之后，毛主席和党中央更加重视农业发展和人民生活的安排，因而在三年国民经济调整之后形势就很快好转，城乡居民吃不饱饭、挨饿的状况逐渐消失。到1965年，全国粮食产量达到19452万吨，比1960年增加了5000多万吨，接近1957年的历史最高水平。其他农产品如棉花、油菜、甘蔗、烤烟等产量都有大幅度增长，大大超过了1957年。其中棉花总产量达4195万担，比 1957 年增长了 22%；猪肉、羊肉、蔬菜等副食供应增长 30% 以上。1965 年社会商品零售总额达 657 亿元，比 1957 年增长 28% 。[1] 当时市场供应显著改善，城乡生活大大好转，被称为 60 年代中期的好时期。

虽然"二五"时期、"三五"时期和"四五"时期的发展速度不如"一五"时期，但是毕竟初步建立起了自己相对完整的工业体系。其实，计划经济时期有利有弊，并不是像个别偏激的人说的那样一无是处，民生没有发展。国际组织关于世界各国人均食品消费量统计所提供的数据，1979 年中国人均实际消费的粮食、猪肉数量分别是 185 公斤、10 公斤，而当时居于亚洲富国行列的日本这两项消费数量分别是 126 公斤、13 公斤，韩国分别是 206 公斤、7 公斤，菲律宾分别是 122 公斤、7 公斤等。从这种比较中明显看出，20 世纪 70 年代末中国在基本食品消费量上已与日、韩两国相差不大，在亚洲处于前列，差别主要在生活质量上；而明显高出当时的印度（人均粮食消费 153 公斤）等国。

邓小平在 1982 年说："建国以来，我们做了一些事情，基本上解决了吃饭穿衣问题，粮食达到了自给。这是很了不起的事情，旧中国长期没有解决这个问题。"[2] 邓小平这段话讲于农村改革、分田到户之前，应是对新中国前 30 年的一个客观评判。

4.劳动就业人口不断增长

据统计，从 1966 年到 1977 年全民、集体所有制企业职工共新增 3915 万人。到 1978 年，仅"三线"地区职工人数就从 1965 年

---

① 郑德荣、朱阳主编：《中国共产党历史讲义》（下册），吉林人民出版社 1980 年版，第 235—236 页。
②《邓小平文选》第二卷，人民出版社 1994 年版，第 405 页。

的 325.65 万人达到了 1129.5 万人，是原来的 3.47 倍。全国职工人数则达到近 1 亿人（9967 万人，其中全民和集体分别是 7693 万人、2274 万人），比 1966 年增长 70%。

三、民生福利体系初步建成

计划经济的一个典型特征就是高就业、低工资和高福利。1949 年中华人民共和国成立伊始，我国政府就开始着手社会福利制度建设。社会主义改造完成后，经过几年的探索实践，初步形成了条块分割的、封闭的社会福利体系。

1. 单位福利

对于有工作单位的正式职工，我们当时在单位内实行保障就业职工的福利制度。1951 年，中央人民政府政务院颁布了《中华人民共和国劳动保险条例》，这是我国第一部全国统一的社会保险法规，也是中国社会保障制度建立的重要标志。之后，对机关、事业单位职工也实行了相应的社会保险。其中第八条明确规定："凡根据本条例实行劳动保险的企业，其行政方面或资方须按月缴纳相当于各该企业全部工人与职员工资总额的百分之三，作为劳动保险金。此项劳动保险金，不得在工人与职员工资内扣除，并不得向工人与职员另行征收。"同年，劳动部公布《关于劳动争议解决程序的规定》。1952 年 8 月，政务院发布《关于劳动就业问题的决定》。1954 年 7 月，政务院公布《国营企业内部劳动规则纲要》。1956 年 6 月，国务院公布《关于工资改革的决定》以及《工人职员伤亡事故报告规程》。

从 1950 年开始，中央人民政府陆续颁布了《中华人民共和国工会法》《关于统一掌管多子女补助与家属福利等问题的联合通知》《关于各级人民政府工作人员福利费掌管使用办法的通知》《关于国家机关工作人员生产产假的规定》《关于国家机关工作人员子女医疗问题的通知》《职工生活困难补助办法》《关于国家机关和事业、企业单位 1956 年职工冬季宿舍取暖补贴问题的通知》等，在我国城镇企业、机关、事业单位陆续建立了一整套福利制度，为职工及其家属提供住房、幼儿入托、食堂、上下班交通补贴、冬季取暖补贴、产假、家庭生活困难补助等福利待遇。通过上述城市职工社会保险制度的建立与提高职工福利待遇和水平的举措，到 1956 年前后，我国初步建成了以国家为责任主体，覆盖国家机关、国有企业和国有事业单位职工的福利保障制度。

2. 民政福利

当时我们对于未就业的、单位以外的人员，通过"民政福利"的方式实行保障。在 1955 年以前，并没有成为一个专门的"社会福利"概念，政府也没有设立专门的社会福利机构。1955 年第三次全国民政工作会议以后，内务部设立了专门的社会福利业务管理机构。1959 年，国家正式建立社会福利服务机构，收养无依无靠、无劳动能力、无正常生活来源的孤寡老人、孤残儿童、精神病人、残疾人。内务部以及各级民政部门是这项工作的主要指导和管理部门，这项事业后来被称为"民政福利"，形成了一个具有中国特色的"社会福利"领域。

3. 农村"五保"制度

由于农村是一个相对独立的体系，我国在农村普遍实行"五保"制度。计划经济时期，我国农村的社会福利主要是"五保"制度。农业集体化的兴起和发展，为解决我国农村社会福利开辟了新的途径。由于农业生产合作社实行土地统一经营、劳动力统一调配，为农村社会弱者从事生产、改善生活创造了有利条件。1956 年 6 月，第一届全国人大三次会议通过的《高级农业生产合作社示范章程》规定："农业生产合作社对于缺乏劳动能力或者完全丧失劳动能力、生活没有依靠的老、弱、孤、寡、残疾的社员，在生产上和生活上给以适当的安排和照顾，保证他们的吃、穿和柴火的供应，保证年幼的受到教育和年老的死后安葬，使他们生养死葬都有依靠。"文件规定的保吃、保穿、保烧，年幼的保证受到教育和年老的保证死后安葬，简称为"五保"。"五保"制度成为党在农村的一项长期政策，成为各级政府以及民政部门的一项经常性工作。农村"五保"制度的建立，依托国家救助和集体经济，使农村的老弱病残者在制度上得到了社会福利保证，成为计划经济时期中国农村社会福利的一个亮点。

毛泽东利用有限的时间与基层群众保持通信，耐心询问他们的疾苦，他还身体力行，用自己的工资和稿费接济生活有困难的群众。1952年，毛泽东在给易南屏的信中提到："寄上人民币三百万元（作者注："三百万元"为当时旧币，相当于新币三百元），借佐医药费用。乡间情形，尚祈时示一二。"[①]

4. 义务教育基本普及

早在20世纪60年代，初中教育已基本普及，并且实行全民义务教育。各类学校的学杂费、书费低得无法想象。中小学的费用全部加起来每学期不过2元，很少有孩子不能上学的。大学生在校生活费每月只需8—10元，学校没有任何收费现象。大学生在校还享受公费医疗，其中家庭有困难的，还发助学金、减免学杂费等。1949年青壮年文盲率超过80%，到1977年中国青壮年文盲率已经下降到18.5%。

---

① 《毛泽东书信选集》，人民出版社1983年版，第454页。

5. 农村医疗卫生状况明显改善

为了解决广大农民的看病问题，党中央提出把卫生医疗的重点放在农村，大力推进合作医疗制度。1969 年在全国范围内实行药品全面大降价，一次降价幅度就达 37%。那时社员看病花钱很少，一般小病就是花几角钱。到 1978 年，全国有 5 万多个人民公社建立了卫生院，有 82% 的生产大队建立了合作医疗站，初步形成了从县、公社到大队的三级医疗卫生制度。为了加强农村医疗，大批城市医生下放到农村，大、中专毕业生分配都面向农村。各地共培养"赤脚医生"160多万人，这大大加强了农村的卫生防疫工作，有许多寄生虫、传染病被消灭。1977 年全国人均寿命已达 66 岁，比 1949 年提高了 31 岁。

综上所述，尽管任何事物都不可能完美无缺，但是发展社会主义计划经济是当时社会历史条件下的必然选择，对于巩固新中国，发展大民生功不可没。1949 年新中国的国民总产值只有 123 亿多美元，人口 5.4 亿，人均国民总产值只有 23 美元，人均国民收入只有 16 美元，没法与同时期的美国、日本、欧洲相提并论。1949 年，美国人均国民总产值 1882 美元，法国人均国民总产值 842 美元，英国人均国民总产值 642 美元，西德人均国民总产值 486 美元，日本人均国民总产值 182 美元。到 1977 年，中国人均国民生产总值上升到 185 美元，纵向比较，过去 28 年经济和民生还是有不小的发展。

第二节　摆脱贫穷　改善生活

虽然纵向比民生改善明显，但是横向比改善民生的压力依然巨大。小康社会是带有典型中国文化元素的价值符号。"小康"一词源出《诗经》："民亦劳止，汔可小康"。小康社会既是中国古代思想家描绘的一种令人向往的理想社会，又表现了老百姓对宽裕、殷实理想生活的孜孜以求。1979 年 12 月 6 日，邓小平在会见日本首相大平正芳时说："我们的四个现代化的概念，不是像你们那样的现代化的概念，而是'小康之家'。"[①] 1984 年 3 月 25 日，邓小平在会见日本首相中曾根康弘时说："翻两番，国民生产总值人均达到八百美元，就是到本世纪末在中国建立一个小康社会。这个小康社会，叫做中国式的现代化。翻两番、小康社会、中国式的现代化，这些都是我们的新概念。"

1977 年中国国民生产总值（GDP）为 1723.47 亿美元，人口 94974 万，人均国民生产总值只有 181.47 美元，那时还有相当一部分老百姓吃不饱、穿不暖、住不宽。当时中国农村绝对贫困发生率高于 30%，城镇绝对贫困发生率高于 10%，相对贫困更加普遍。落后必然挨打！邓小平深深地感到：中国经济发展水平不仅同发达国家的差距进一步扩大，而且还被一些发展中国家和地区远远甩在了后面。关起门来搞不成现代化，中国的国门必须打开。据世界银行计算，即使到 1980 年，中国的人类发展指数（HDI）为 0.430，只相当于世界人类发展指数平均数 0.558 的 77.06%，中国在 104 个国家和地区中列 78 位，百分位数（＝78/104）是 75%，也就是说中国落在四分之三的国家和地区之后。

一、贫穷不是社会主义，发展太慢也不是社会主义

中国社会要实现整体脱贫首先必须转变观念。1985 年，邓小平

[①]《邓小平文选》第二卷，人民出版社 1994 年版，第 237 页。

在谈到如何坚持社会主义时说："没有贫穷的社会主义。""社会主义的首要任务是发展生产力，逐步提高人民的物质和文化生活水平。贫穷不是社会主义，社会主义要消灭贫穷。"关于建设什么样的社会主义、怎样建设社会主义，邓小平强调首先要考虑群众"拥护不拥护、赞成不赞成、高兴不高兴、答应不答应"[1]。改善民生是建设中国特色社会主义的重要抓手。他说："坚持社会主义的发展方向，就要肯定社会主义的根本任务是发展生产力，逐步摆脱贫穷，使国家富强起来，使人民生活得到改善。"要充分发挥社会主义制度的优越性，并且在改善民生的现实中得到具体体现。他又说："发展太慢也不是社会主义"，"要摆脱贫穷，就要找出一条比较快的发展道路。"

二、社会主义必须承认物质利益，必须强调共同富裕

中国社会整体脱贫战略目标就是在承认物质利益的前提下逐步实现全体人民的共同富裕。1979年11月26日，邓小平会见美国大不列颠百科全书出版公司编委会副主席吉布尼和加拿大麦吉尔大学东亚研究所主任林达光时指出："社会主义特征是搞集体富裕。"1980年1月16日，邓小平在中共中央召开的干部会议上讲话时强调："多劳应该多得，但是必须照顾整个社会。"1980年8月18日，他在中共中央政治局扩大会议上指出："我们提倡按劳分配，承认物质利益，是要为全体人民的物质利益奋斗。"邓小平特别强调勤劳致富，多劳多得、少劳少得、不劳不得。1985年3月7日，他在全国科技工作会议上说："社会主义的目的就是要全国人民共同富裕，不是两极分化。如果我们的政策导致两极分化，我们就失败了。"公有制是

---

① 《十六大以来重要文献选编》（下），中央文献出版社2008年版，第22页。

实现按劳分配和共同富裕的制度前提。他说："一个公有制占主体，一个共同富裕，这是我们所必须坚持的社会主义的根本原则。"发展生产力是实现按劳分配和共同富裕的务实选择。1986年9月，他对外国记者说："社会主义财富属于人民，社会主义的致富是全民共同致富。社会主义原则，第一是发展生产力，第二是共同富裕。"

三、摆脱贫穷根本靠发展社会生产力，靠推进现代化

尽快改变中国社会贫穷落后的面貌，只有依靠大力发展生产力。邓小平说："按照中国政府确定的贫困标准，1978年，农村贫困人口为2.5亿人，占农村总人口的30.7%。"这种现实客观上要求党和政府必须有所作为。首先，我们要瞄准现代化的目标不动摇。1979年7月29日，他在接见中共海军委员会常委扩大会议全体同志时指出："我们的政治路线就是搞社会主义现代化建设。'四人帮'提出宁要穷的社会主义，不要富的资本主义，社会主义如果老是穷的，它就站不住。"其次，要大力发展社会生产力。1985年8月28日，他会见津巴布韦非洲民族联盟主席、政府总理穆加贝时指出："我们在一个长时期里忽视了发展社会主义社会的生产力。从1957年起，我们生产力的发展非常缓慢。拿农村来说，到1966年的十年间，农民的收入没有增长多少。虽然有一些地区的农民生活比较宽裕，但是多数地区的农民还处在贫困状态。当然，同旧中国相比，还是进步了。如果按照社会主义的标准来要求，这是很不够的。"

四、整体脱贫的重点在农村、关键在农民

历史唯物主义总是从系统发展的眼光来看待问题。由于当时农

村人口占绝大多数，邓小平把农村经济的发展、农民生活水平的提高和中国经济的发展、中国摆脱贫困紧密结合起来。一不能忽视农村。他说："中国有百分之八十的人口住在农村，中国稳定不稳定首先要看这百分之八十稳定不稳定。城市搞得再漂亮，没有农村这一稳定的基础是不行的。"二不能忽视农民。他强调："中国社会是不是安定，中国经济能不能发展，首先要看农村能不能发展，农民生活是不是好起来。"只有占中国80%人口的农民富裕起来，中国才算富起来，相反，"农民没有摆脱贫困，就是我国没有摆脱贫困"。

五、在社会主义初级阶段，摆脱贫穷是一项长期的任务

邓小平在探索建设有中国特色社会主义的过程中，深刻认识到摆脱贫困落后的艰巨性、复杂性和长期性。一是人口多、耕地少。他认为："中国这样的底子，人口这样多，耕地这样少，劳动生产率、财政收支、外贸进出口都不可能一下子大幅度提高，国民收入的增长速度不可能很快。"1980年4月，在接受卢森堡记者电视采访时，他又强调："中国是一个大国，又是一个穷国。我们提出四个现代化的时候，必须看到这两个基本特点。"1981年，由他主持制定的《关于建国以来党的若干历史问题的决议》提出："我们的社会主义制度还是处于初级的阶段。""我们的社会主义制度由比较不完善到比较完善，必然要经历一个长久的过程。"二是发展阶段偏低。邓小平多次强调，我们当前及今后相当长历史时期的主要任务是搞现代化建设，解决生产力发展尚不能满足人民需要的矛盾。1987年，在党的十三大召开前夕，邓小平明确指出："社会主义本身是共产主义的初级阶段，而我们中国又处在社会主义的初级阶段，就是不发

达的阶段。一切都要从这个实际出发，根据这个实际来制订规划。"三是任务十分艰巨。1992 年，他在南方谈话中特别强调："我们搞社会主义才几十年，还处在初级阶段。巩固和发展社会主义制度，还需要一个很长的历史阶段，需要我们几代人、十几代人，甚至几十代人坚持不懈地努力奋斗，决不能掉以轻心。"

六、让一部分人富裕起来，先富带后富

捆绑式发展已被证明不行，必须靠一部分人率先突围贫困。邓小平认为，让一部分人先富裕起来，然后由先富起来的人带动其他人富裕起来，是达到共同富裕的必要途径。首先，平均发展是不可能的。基于对新中国成立后社会主义建设经验和教训的充分了解，在中国这样人口众多、幅员辽阔、地区差异特别大的国度，一下子同步富裕是不可能的。因此，邓小平说："我们坚持走社会主义道路，根本目标是实现共同富裕，然而平均发展是不可能的。过去搞平均主义，吃'大锅饭'，实际上是共同落后，共同贫穷，我们就是吃了这个亏。改革首先要打破平均主义，打破'大锅饭'，现在看来这个路子是对的。"其次，必须打破旧的平衡。邓小平明确提出："农村、城市都要允许一部分人先富裕起来，勤劳致富是正当的。一部分人先富裕起来，一部分地区先富裕起来。""鼓励一部分地区、一部分人先富裕起来，也正是为了带动越来越多的人富裕起来，达到共同富裕的目的。"

综上所述，摆脱整体性贫困是中国全面建设小康社会接力的第一棒，也开启了和平建设时期民生发展的新阶段。"事非经过不知难"，其成功的核心经验就是终结了以阶级斗争为纲，拉开了以经济建设为中心的历史序幕。

第三节　超越生活温饱　实现总体小康

发展是硬道理，不发展没道理。据世界银行计算，1990 年我国的人类发展指数为 0.549，只相当于世界人类发展指数平均数 0.594 的 92.42%。中共十三届四中全会以后的 13 年间，国际形势风云变幻，我国改革开放和建设小康社会的进程波澜壮阔。特别是 20 世纪 80 年代末 90 年代初，国内发生严重"政治风波"，国际上东欧剧变、苏联解体，世界社会主义出现严重曲折，我国社会主义建设面临空前巨大的困难和压力，我们党和国家又一次处在决定前途命运的重大历史关头。以江泽民同志为核心的党的第三代中央领导集体，用"三个代表"重要思想，紧紧依靠全党同志和全国各族人民，坚持中共十一届三中全会以来的路线不动摇，坚持以经济建设为中心，坚持四项基本原则，坚持改革开放，从容应对来自各方面的困难和风险，着力建设小康社会，开创了中国特色社会主义事业新局面。这一阶段我国综合国力大幅度跃升，人民生活总体上实现了由温饱到小康的历史性跨越。1989 年中国国民生产总值只有 4597.82 亿美元，人口为 112704 万人，人均国民生产总值只有 407.96 美元；而到 2000 年中国国民生产总值发展到 11928.36 亿美元，人口为 126743 万人，人均国民生产总值达到 941.15 美元。不仅顺利实现了人均国民生产总值翻一番的目标，而且充分实现了邓小平确定的人均国民生产总值 800 美元的总体小康目标[1]，实属不易！

---

[1]《邓小平文选》第三卷，人民出版社 1993 年版，第 64 页。

一、在小康社会的实践中创造了"三个代表"重要思想

江泽民说："'三个代表'的思想，不是凭空产生的，而是我们十三年来在理论和实践上不断探索和开拓的结果。"着力改善民生和全面建设小康社会，归根到底还是一个为了谁、相信谁、依靠谁的综合发展问题。"三个代表"重要思想创造性地运用马克思列宁主义、毛泽东思想特别是邓小平理论，紧密结合时代发展的新形势、我国广大人民群众的新要求、我国改革开放和社会主义现代化建设的新实践，在什么是社会主义、怎样建设社会主义这个根本问题上形成了富有独创性的理论成果。"三个代表"重要思想不仅提出了关于实现好、维护好、发展好最广大人民群众的根本利益的思想，而且提出了关于全面建设惠及十几亿人口的更高水平的小康社会的思想，这既是对马克思主义理论的重大贡献，也是这个时期全面建设小康社会工作的重要指导思想。

国有企业改革和发展是那个年代国有职工最大的民生。1999年6月25日至26日，江泽民在青岛主持召开华东七省市国有企业改革和发展座谈会。在青岛期间，江泽民着重就企业的改革和发展进行了调研，先后考察了青岛国棉四厂、海尔集团公司，并看望慰问了大成超市国棉四厂下岗再就业工人及青岛市南区清洁服务总公司下岗再就业工人。江泽民特别强调：要完善企业分配机制，调动职工和经营者的积极性。要按照效率优先兼顾公平的原则，建立按劳分配与按生产要素分配相结合的分配制度。工资的分配可以合理拉开差距，体现多劳多得。允许和鼓励资本、技术等生产要素参与企业收益分配。经营者收入，要根据企业经营的业绩、难度和风险合理确定，逐步建立和完善企业经营者的激励和约束机制。要加强对

个人收入的社会调节，完善个人所得税制度，防止收入过分悬殊。

二、在小康社会的建设中突出最广大人民的根本利益

一切为了人民，一切依靠人民，是马克思主义政党最鲜明的政治立场。实现人民愿望、满足人民需要、维护人民利益，是"三个代表"重要思想的根本出发点和落脚点。尊重人民实践、从人民的伟大创造中汲取思想营养并上升为理论，是我们党进行理论创新的不竭源泉。江泽民反复强调，党的一切工作和方针政策，都要以是否符合最广大人民群众的根本利益为最高标准，以最广大人民满意不满意为根本准则，要努力使工人、农民、知识分子和其他群众共同享受到经济社会发展的成果。

其实，人民的现实利益与根本利益并不矛盾，是相辅相成的。1993年江泽民在视察农村工作时，遇见了荆门市团林镇党委书记李玉森，这位基层干部不擅长阿谀奉承也不懂得规范化的工作汇报，他向江泽民提了一沓民间顺口溜，"农村干部雄赳赳，又催种来又催收；农民群众气昂昂，又骂爹来又骂娘"。江泽民拿出本子记下了这些以口头文学形式表现出来的民间智慧和农村问题。减轻农民负担，就是在这样的情况下开始的。江泽民说，"没有农民的小康，就不可能有全国人民的小康；没有农业的现代化，就不可能有整个国民经济的现代化"。[1] 在党的十六大上谈到实现全面建设小康社会奋斗目标时，江泽民进一步突出强调："建设现代农业，发展农村经济，增加农民收入，是全面建设小康社会的重大任务"。[2]

---

[1] 《江泽民论有中国特色社会主义（专题摘编）》，中央文献出版社2002年版，第118页。

[2] 中共中央文献研究室编：《中共十三届四中全会以来历次全国代表大会中央全会重要文献选编》，中央文献出版社2002年版，第668页。

全面建设小康社会，必须坚持党的领导。江泽民说："全面建设小康社会，开创中国特色社会主义事业新局面，就是要在中国共产党的坚强领导下，发展社会主义市场经济、社会主义民主政治和社会主义先进文化，不断促进社会主义物质文明、政治文明和精神文明的协调发展，推进中华民族的伟大复兴。"他强调：要全心全意依靠工人阶级，是我们党的一项基本方针，这是由我们党和国家的性质、工人阶级的历史地位和作用决定的，在任何时候、任何情况下都不能动摇。各级党政领导和企业负责人必须时刻铭记在心，切实把广大职工群众的积极性引导好、保护好、发挥好。要继续坚持和进一步完善以职工代表大会为基本形式的企业民主管理制度，发挥工会和职工代表大会在民主决策、民主管理、民主监督中的积极作用。要切实维护职工的合法权益，保障职工的民主权利。要重视对职工的思想道德教育和业务技术培训，全面提高队伍素质。对困难职工和下岗职工，要特别给予关心，帮助他们解决实际困难。"

三、建设小康社会要不断改善人民生活

小康建设有阶段，民生改善无止境。1992 年，江泽民在党的十四大报告中指出："加快改革开放和经济发展，目的都是为了满足人民日益增长的物质文化需要。随着生产发展和社会财富的增加，城乡居民的实际收入、消费水平和生活质量要有明显提高。衣食住行尤其是居住条件，应有较多改善。文化生活更加丰富，体育、卫生事业进一步发展，人民健康水平继续提高。在我们这个占世界人口五分之一的国家里，人民过上小康生活，是一件了不起的大事。同时应当指出，我国底子薄，目前处在实现现代化的创业阶段，需要有更多的资金用于建设，一定要继续发扬艰苦奋斗、勤俭建国的

优良传统，提倡崇尚节约的社会风气。"全面建设小康社会，我们必须要有更高的使命感和责任感。"从现在起到下个世纪中叶，对于祖国的繁荣昌盛和社会主义事业的兴旺发达，是很重要很宝贵的时期。我们的担子重，责任大。在九十年代，我们要初步建立起新的经济体制，实现达到小康水平的第二步发展目标。"

1997年，江泽民在党的十五大报告中指出："提高人民生活水平，是改革开放和发展经济的根本目的。在经济发展的基础上，使全国人民过上小康生活，并逐步向更高的水平前进。努力增加城乡居民实际收入，拓宽消费领域，引导合理消费。在改善物质生活的同时，充实精神生活，美化生活环境，提高生活质量。特别要改善居住、卫生、交通和通信条件，扩大服务性消费。逐步增加公共设施和社会福利设施。提高教育和医疗保健水平。实行保障城镇困难居民基本生活的政策。国家从多方面采取措施，加大扶贫攻坚力度，到本世纪末基本解决农村贫困人口的温饱问题。"他预测："现在完全可以有把握地说，我们党在改革开放初期提出的本世纪末达到小康的目标，能够如期实现。在中国这样一个十多亿人口的国度里，进入和建设小康社会，是一件有伟大意义的事情。这将为国家长治久安打下新的基础，为更加有力地推进社会主义现代化创造新的起点。"

四、进一步提出全面建设小康社会的新目标

保障改善民生、建设小康社会是一场历史性的接力赛，既必须持之以恒，又必须与时俱进。2002年1月，江泽民对党的十六大报告起草组说，十六大要明确提出全面建设小康社会的目标，既同邓小平同志的战略构想相衔接，也根据新的实际体现了邓小平同志关于分阶段

实现现代化的重要思想。我国人民生活总体上达到小康水平，这是中华民族发展史上一座新的里程碑。同时，也要看到，我国人均国内生产总值还比较低，同世界发达国家相比差距还很大，甚至同一些比较富裕的发展中国家相比也有较大差距。我们现在的小康，总的来说，还是低水平的、不全面的、发展很不平衡的小康。从全国来说，全面建设小康社会，使全体人民都过上比较宽裕的小康生活，仍需要长期艰苦努力。全面建设小康社会，就是要进一步巩固和发展我国初步建成的小康社会，使全体人民都能够更加充分、更加稳定地享受小康生活。全面建设小康社会，是一个经济、政治、文化全面发展的目标，与我们加快推进工业化和经济的社会化、市场化、信息化是统一的。全面建设小康社会，是就全国发展水平而言的，有条件的地方可以发展得快一些，率先基本实现现代化。从全国来看，实现全面建设小康社会的目标，时间大体定为 20 年是适当的。

综上所述，迈向总体小康是中国全面建设小康社会接力的第二棒，民生发展迈过历史性的里程碑，"国家八七扶贫攻坚计划"获得世界银行的高度肯定。其成功的核心经验就是加入世界贸易组织主动融入世界经济，大力发展先进生产力，夯实实现全面小康目标的客观基础。

第四节　改善基本公共服务　更新全面小康目标

只有坚持权为民所用、情为民所系、利为民所谋，才能做到想人民之所想、急人民之所急、忧人民之所忧、应人民之所求。全面建设小康社会必须与时俱进。党的十六大以来，以胡锦涛为总书记的党中央紧密结合全面建设小康社会进入新阶段，在科学发展观的指导下，特别注重和谐社会建设，特别注重完善基本公共服务体系。胡锦涛特别强调要"使我们的一切工作和方针政策充分体现最广大人民的根本利益，切实把人民群众的利益实现好、维护好、发展好，切实把他们的积极性引导好、保护好、发挥好，为中国特色社会主义伟大事业奠定坚实群众基础、提供强大奋进力量。"[①] 到 2011 年中国国民生产总值发展到 72037.84 亿美元，人口为 134735 万，人均国民生产总值达到 5346.63 美元。由于财富效应涌现，这个时期全面小康社会建设进展十分明显。据世界银行计算，2000 年中国人类发展指数为 0.620，比世界人类发展指数平均数 0.6 低 2.21%。到 2010 年中国人类发展指数为 0.703，已比世界人类发展指数平均数 0.679 高出 3.53%。

一、全面建设小康社会要团结一切可以团结的力量

全面建设小康社会必须群策群力，必须聚精会神。胡锦涛说："我们要继续坚定不移做好构建社会主义和谐社会各项工作，团结一切可以团结的力量，调动一切可以调动的积极因素，努力化解不和谐因素，创造全社会更加团结和谐地为全面建设小康社会、加快推进社会主义现代化而奋斗的良好氛围。"

人民是创造历史的根本性力量。胡锦涛说："全心全意为人民服务是党的根本宗旨，党的一切奋斗和工作都是为了造福人民。要始终把实现好、维护好、发展好最广大人民的根本利益作为党和国家一切工作的出发点和落脚点，尊重人民主体地位，发挥人民首创精

---

① 《十七大以来重要文献选编》（上），中央文献出版社 2009 年版，第 799 页。

神，保障人民各项权益，走共同富裕道路，促进人的全面发展，做到发展为了人民、发展依靠人民、发展成果由人民共享。"为人民谋福利，是全心全意为人民服务的具体体现。"我们要继续坚定不移坚持发展为了人民、发展依靠人民、发展成果由人民共享，千方百计增加就业再就业，加快完善社会保障体系，扎实做好关心困难群众生产生活工作，加强和改进社会管理，正确处理人民内部矛盾，搞好社会治安，保障人民群众安居乐业。"

2004年1月21日是农历大年三十，胡锦涛来到张北县油篓沟乡喜顺沟村看望农民群众，给大家拜年。在村民吕占林家，胡锦涛边同这家人一起包饺子边同他们拉家常。他说，目前乡亲们日子过得还不宽裕，对大家的困难，我们一直记挂在心上。我相信，在党和政府的关心、帮助下，经过你们自己坚持不懈地努力，大家的生活一定会不断得到改善，日子一定会越过越好。胡锦涛叮嘱当地干部，要采取切实有效的措施，让所有的村民包括贫困户，春节都能吃上饺子。要把关心群众生产生活的工作抓紧抓实抓好，既要解决群众的燃眉之急，又要制定扶贫帮困的治本之策。

二、全面建设小康社会要发展社会主义先进文化

建设小康社会不仅需要建设物质文明，也要相应推进精神文明的建设。当今世界正处在大发展大变革大调整时期，当代中国进入了全面建设小康社会的关键时期和深化改革开放、加快转变经济发展方式的攻坚时期，文化越来越成为民族凝聚力和创造力的重要源泉、越来越成为综合国力竞争的重要因素、越来越成为经济社会发展的重要支撑，丰富精神文化生活越来越成为我国人民的热切愿望。我们要准确把握我国经济社会发展新要求，准确把握当今时代文化

发展新趋势，准确把握各族人民精神文化生活新期待，在全面建设小康社会进程中、在科学发展道路上奋力开创社会主义文化建设新局面。

文化既是抽象的，又是具体的。推进社会主义文化建设，必须坚持以马克思主义为指导，坚持社会主义先进文化前进方向，坚持以人为本，坚持把社会效益放在首位，坚持改革开放。我们要继续坚定不移地发展社会主义先进文化，弘扬民族精神和时代精神，树立社会主义荣辱观，加强思想道德建设，推进文化体制改革，积极发展文化事业和文化产业，加快建立覆盖全社会的公共文化体系，不断提高全体人民的思想道德素质和科学文化素质。

三、明确全面建设小康社会奋斗的新目标

全面建设小康社会既要实事求是、求真务实，又要不断奋进、力求更好。

一要实现经济持续健康发展。转变经济发展方式取得重大进展，在发展平衡性、协调性、可持续性明显增强的基础上，实现国内生产总值和城乡居民人均收入比2010年翻一番。科技进步对经济增长的贡献率大幅上升，进入创新型国家行列。工业化基本实现，信息化水平大幅提升，城镇化质量明显提高，农业现代化和社会主义新农村建设成效显著，区域协调发展机制基本形成。对外开放水平进一步提高，国际竞争力明显增强。

二要实现人民民主不断扩大。民主制度更加完善，民主形式更加丰富，人民积极性、主动性、创造性进一步发挥。依法治国基本方略全面落实，法治政府基本建成，司法公信力不断提高，人权得到切实尊重和保障。

三要实现文化软实力显著增强。社会主义核心价值体系深入人心，公民文明素质和社会文明程度明显提高。文化产品更加丰富，公共文化服务体系基本建成，文化产业成为国民经济支柱性产业，中华文化"走出去"迈出更大步伐，社会主义文化强国建设基础更加坚实。

四要实现人民生活水平全面提高。基本公共服务均等化总体实现。全民受教育程度和创新人才培养水平明显提高，进入人才强国和人力资源强国行列，教育现代化基本实现。就业更加充分。收入分配差距缩小，中等收入群体持续扩大，扶贫对象大幅减少。社会保障全民覆盖，人人享有基本医疗卫生服务，住房保障体系基本形成，社会和谐稳定。

五要实现资源节约型、环境友好型社会建设取得重大进展。主体功能区布局基本形成，资源循环利用体系初步建立。单位国内生产总值能源消耗和二氧化碳排放量大幅下降，主要污染物排放总量显著减少。森林覆盖率提高，生态系统稳定性增强，人居环境明显改善。

四、加快形成政府主导、覆盖城乡、可持续的基本公共服务体系

随着经济的不断发展，在市场个人需求基本满足以后，人们自然而然地会对基本公共服务产生更多的要求，政府不断改善基本公共服务是责无旁贷的。

一要努力办好人民满意的教育。要坚持教育优先发展，全面贯彻党的教育方针，坚持教育为社会主义现代化建设服务、为人民服务，把立德树人作为教育的根本任务，培养德智体美劳全面发展的

社会主义建设者和接班人。全面实施素质教育，深化教育领域综合改革，着力提高教育质量，培养学生社会责任感、创新精神、实践能力。办好学前教育，均衡发展九年义务教育，基本普及高中阶段教育，加快发展现代职业教育，推动高等教育内涵式发展，积极发展继续教育，完善终身教育体系，建设学习型社会。大力促进教育公平，合理配置教育资源，重点向农村、边远、贫困、民族地区倾斜，支持特殊教育，提高家庭经济困难学生资助水平，积极推动农民工子女平等接受教育，让每个孩子都能成为有用之才。鼓励引导社会力量兴办教育。加强教师队伍建设，提高师德水平和业务能力，增强教师教书育人的荣誉感和责任感。

二要推动实现更高质量的就业。要贯彻劳动者自主就业、市场调节就业、政府促进就业和鼓励创业的方针，实施就业优先战略和更加积极的就业政策。引导劳动者转变就业观念，鼓励多渠道多形式就业，促进创业带动就业，做好以高校毕业生为重点的青年就业工作和农村转移劳动力、城镇困难人员、退役军人就业工作。加强职业技能培训，提升劳动者就业创业能力，增强就业稳定性。健全人力资源市场，完善就业服务体系，增强失业保险对促进就业的作用。健全劳动标准体系和劳动关系协调机制，加强劳动保障监察和争议调解仲裁，构建和谐劳动关系。

三要千方百计增加居民收入。实现发展成果由人民共享，必须深化收入分配制度改革，努力实现居民收入增长和经济发展同步、劳动报酬增长和劳动生产率提高同步，提高居民收入在国民收入分配中的比重，提高劳动报酬在初次分配中的比重。初次分配和再分配都要兼顾效率和公平，再分配更加注重公平。完善劳动、资本、技术、管理等要素按贡献参与分配的初次分配机制，加快健全以税收、社会保障、转移支付为主要手段的再分配调节机制。深化企业和机关事业单位工资制度改革，推行企业工资集体协商制度，保护劳动所得。多渠道增加居民财产性收入。规范收入分配秩序，保护合法收入，增加低收入者收入，调节过高收入，取缔非法收入。

四要统筹推进城乡社会保障体系建设。要坚持全覆盖、保基本、多层次、可持续方针，以增强公平性、适应流动性、保证可持续性为重点，全面建成覆盖城乡居民的社会保障体系。改革和完善企业和机关事业单位社会保险制度，整合城乡居民基本养老保险和基本医疗保险制度，逐步做实养老保险个人账户，实现基础养老金全国统筹，建立兼顾各类人员的社会保障待遇确定机制和正常调整机制。扩大社会保障基金筹资渠道，建立社会保险基金投资运营制度，确保基金安全和保值增值。完善社会救助体系，健全社会福利制度，支持发展慈善事业，做好优抚安置工作。建立市场配置和政府保障相结合的住房制度，加强保障性住房建设和管理，满足困难家庭基本需求。坚持男女平等基本国策，保障妇女儿童合法权益。积极应对人口老龄化，大力发展老龄服务事业和产业。健全残疾人社会保障和服务体系，切实保障残疾人权益。健全社会保障经办管理体制，建立更加便民快捷的服务体系。

五要提高人民健康水平。要坚持为人民健康服务的方向，坚持预防为主、以农村为重点、中西医并重，按照保基本、强基层、建机制要求，重点推进医疗保障、医疗服务、公共卫生、药品供应、监管体制综合改革，完善国民健康政策，为群众提供安全有效方便价廉的公共卫生和基本医疗服务。健全全民医保体系，建立重特大疾病保障和救助机制，完善突发公共卫生事件应急和重大疾病防控机制。巩固基本药物制度。健全农村三级医疗卫生服务网络和城市社区卫生服务体系，深化公立医院改革，鼓励社会办医。扶持中医药和民族医药事业发展。提高医疗卫生队伍服务能力，加强医德医风建设。改革和完善食品药品安全监管体制机制。开展爱国卫生运动，促进人民身心健康。坚持计划生育的基本国策，提高出生人口素质，逐步完善政策，促进人口长期均衡发展。

六要加强和创新社会管理。提高社会管理科学化水平，必须加强社会管理法律、体制机制、能力、人才队伍和信息化建设。改进政府提供公共服务方式，加强基层社会管理和服务体系建设，增强城乡社区服务功能，强化企事业单位、人民团体在社会管理和服务中的职责，引导社会组织健康有序发展，充分发挥群众参与社会管理的基础作用。完善和创新流动人口和特殊人群管理服务。正确处理人民内部矛盾，建立健全党和政府主导的维护群众权益机制，完善信访制度，完善人民调解、行政调解、司法调解联动的工作体系，畅通和规范群众诉求表达、利益协调、权益保障渠道。建立健全重大决策社会稳定风险评估机制。强化公共安全体系和企业安全生产基础建设，遏制重特大安全事故。深化平安建设，完善立体化社会治安防控体系，强化司法基本保障，依法防范和惩治违法犯罪活动，保障人民生命财产安全。

地处秦巴山区的宁强县曾经在汶川特大地震中受灾严重。2010年1月24日，胡锦涛驱车一个半小时，翻山越岭来到汉中市宁强县汉源镇亢家洞村五里坡安置点。胡锦涛走进王志忠老人前年10月搬入的新居，看房屋结构，问建房补贴，并同主人一家围坐在火炉旁，随和地拉起家常。王志忠对胡锦涛说，现在住上了新房子，下一步想的就是过上好日子。胡锦涛接过话头说："你讲得对，我们就是要让大家住上新房子、过上好日子。"胡锦涛非常关心地震灾区关系民生的公共设施重建情况，离开五里坡安置点，他前往宁强县天津高级中学考察。在高一（1）班教室，胡锦涛同正在自习的同学们交谈，关切地询问他们：家离学校远不远？学习紧张不紧张？……在高三学生宿舍，胡锦涛详细了解寄宿学生的生活情况，最后语重心长地对同学们说，看到你们在良好环境里学习，真为你们高兴。希望同学们树立远大志向，勤奋刻苦学习，努力成长为建设国家、建设家乡的有用之才。

综上所述，改善基本公共服务是中国全面建设小康社会接力的第三棒，民生发展开始超越物质领域向精神领域延伸。其成功的核心经验就是通过科学发展观引领制度创新，大力发展社会组织，着力通过优化公共服务提高每一个人全面发展的现实能力。

第五节　补短板强弱项提质量　增强人民群众获得感

幸福没有明天，也没有昨天，它不怀念过去，也不向往未来；它只有现在。因为过去的幸福已成过眼云烟，未来的幸福并不确定，唯有当下的幸福才是实实在在、更具有号召力的。习近平指出，全面建成小康社会是我们的战略目标，到2020年实现这个目标，我们国家的发展水平就会迈上一个大台阶，我们所有奋斗都要聚焦于这个目标。这个目标之所以是我们党的努力方向和全国各族人民的共同愿景，是因为无论是实现全面建成小康社会，还是实现中华民族伟大复兴的中国梦，都充分体现了我们党的性质和宗旨，都与人民群众最关心最直接最现实的利益问题紧密相关，都与民生问题密不可分。党的十八大以来，我国经济社会全面发展，初步预计到2019

年底即新中国成立 70 周年，中国的人均国内生产总值会达到 10000 美元，这将是全面建成小康社会道路上一个崭新的里程碑。据世界银行有关部门估计，预计 2019 年中国人类发展指数大约会高出世界人类发展指数平均数的 12% 以上。

一、全面建成小康社会必须坚持以人民为中心的发展思想

全面建成小康社会没有休止符。2012 年 11 月 15 日，习近平率十八届中央政治局常委与中外记者见面时指出："我们的人民热爱生活，期盼有更好的教育、更稳定的工作、更满意的收入、更可靠的社会保障、更高水平的医疗卫生服务、更舒适的居住条件、更优美的环境，期盼孩子们能成长得更好、工作得更好、生活得更好。"[1] 这十个分量颇重的"更"，涵盖了教育、就业、收入分配、社会保障、医疗保障、住房、环境等有关全面建成小康社会的方方面面，都是人民群众最关心最直接最现实的利益问题。千方百计改善民生是党和政府的天职。习近平郑重表示："人民对美好生活的向往，就是我们的奋斗目标。""我们的责任，就是要团结带领全党全国各族人民，继续解放思想，坚持改革开放，不断解放和发展社会生产力，努力解决群众的生产生活困难，坚定不移走共同富裕的道路。"[2]

"人民"这个神圣的字眼不仅仅在口号里，而且应该时刻在我们的心头上。2016 年 1 月 18 日，习近平在省部级主要领导干部学习贯彻党的中共十八届五中全会精神专题研讨班上强调："要着力践行以人民为中心的发展思想。人民为中心的发展思想，不是一个抽象

---

[1]《十八大以来重要文献选编》（上），中央文献出版社 2014 年版，第 70 页。
[2]《十八大以来重要文献选编》（上），中央文献出版社 2014 年版，第 70 页。

的、玄奥的概念，不能只停留在口头上、止步于思想环节，而要体现在经济社会发展各个环节。我国正处于并将长期处于社会主义初级阶段，我们要根据现有条件把能做的事情尽量做起来，积小胜为大胜，不断朝着全体人民共同富裕的目标前进。"

2013 年 7 月 23 日上午 9 时，习近平在武汉主持召开湖北省领导干部座谈会，在谈到对这次考察点的印象时说，"武汉市民之家"很恢宏、很宽敞。为老百姓服务的场所、便民利民的场所搞得好一点，我看着心里舒服。如果是"官衙"搞得堂皇富丽，我看着不舒服。习近平说，这两天看了不少东西，接了地气，颇有收获。转变作风就是要打破"围城"、"玻璃门"和无形的墙，深入基层，深入群众，多接接地气很好。

二、全面建成小康社会必须坚持在发展中保障和改善民生

发展是硬道理，五大发展理念是最硬的道理。保障和改善民生必须厚植于发展的土壤之上。一切离开发展谈保障和改善民生无异于缘木求鱼。党的十九大报告指出："坚持人人尽责、人人享有，坚守底线、突出重点、完善制度、引导预期，完善公共服务体系，保障群众基本生活，不断满足人民日益增长的美好生活需要，不断促进社会公平正义"。

坚持在发展中保障和改善民生是全面建成小康社会必须遵循的原则。我们必须多谋民生之利、多解民生之忧，在发展中补齐民生短板、促进社会公平正义，在幼有所育、学有所教、劳有所得、病有所医、老有所养、住有所居、弱有所扶上不断取得新进展，深入开展脱贫攻坚，保证全体人民在共建共享发展中有更多获得感，不断促进人的全面发展、全体人民共同富裕。

2012 年 11 月 30 日，在第 25 个世界艾滋病日到来之际，习近平来到北京市丰台区蒲黄榆社区卫生服务中心参加世界艾滋病日活动，并同艾滋病感染者亲切握手、交谈。习近平指出，防治艾滋病是一个复杂的医学问题，也是一个紧迫的民生问题、社会问题，要从个人健康、家庭幸福、社会和谐的角度，看待艾滋病防治工作，全民参与、全力投入、全面预防。防治艾滋，有治无类。要让每一个艾滋病感染者和病人都能感受到党和政府的关怀、感受到社会的温暖。

2013 年 2 月 4 日上午，习近平来到兰州市一家"虚拟养老院"的养老餐厅了解有关情况，看到服务员盛好一份套餐，他说："我也给老人端一份菜。"他端起餐盘，发现 72 岁的退休职工杨林太面前还没有饭菜，就径直走过去，递到老人手里，亲切地说："请老人家吃饭。"

2014 年 4 月 28 日，习近平来到疏附县托克扎克镇中心小学六年级一班教室。两个孩子分别用汉语念了一段《做客喀什》课文。"家离学校远吗""中午饭吃得好吗""双语从几年级开始学"……习近平总书记关切询问。他问学习委员再努然姆长大后做什么，孩子说："当一名教师。"习近平总书记对此表示肯定。

2016 年 7 月 28 日，习近平在唐山抗震救灾和新唐山建设 40 年之际，来到河北唐山市考察。他前往唐山市截瘫疗养院，看望正在做康复训练的截瘫伤员，同杨玉芳、高志宏夫妇亲切交谈。得知他们长期参加力所能及的劳动和工作，努力融入社会、自食其力，习近平很高兴。

2017 年 6 月 21 日下午，习近平来到山西省忻州市岢岚县赵家洼村看望贫困群众。习近平到特困户刘福有、曹六仁、王三女家中看望。得知刘福有和自己 71 岁的妻子、92 岁的母亲一家三口都有病在身，习近平要求有关负责同志高度重视因病致贫、因病返贫问题。曹六仁告诉总书记，特困户能得到党和政府这么多扶助，过去做梦都不敢想。习近平对他说，党和政府就是为老百姓服务的，让大家生活越过越好是我们的职责。王三女的丈夫、儿子已经去世，孙子、孙女有残障，习近平安慰她好好生活，叮嘱当地干部安排好她孙子和孙女的特殊教育。

2019 年 1 月 17 日，习近平来到天津市和平区新兴街朝阳里社区，为社区志愿者们点赞。他说："志愿者是为社会作出贡献的前行者、引领者。志愿服务是社会文明进步的重要标志，是广大志愿者奉献爱心的重要渠道。各级党委和政府要为志愿服务搭建更多平台，更好发挥志愿服务在社会治理中的积极作用。"

与此同时，习近平对食品安全工作作出重要指示：民以食为天，加强食品安全工作，关系我国 13 亿多人的身体健康和生命安全，必须抓得紧而又紧。习近平强调，要加强食品安全依法治理，加强基层基础工作，建设职业化检查员队伍，提高餐饮业质量安全水平，加强从"农田到餐桌"全过程食品安全工作，严防、严管、严控食品安全风险，保证广大人民群众吃得放心、安心。

三、全面建成小康社会需要打好三大攻坚战

全面建成小康社会不仅要开好头，而且要收好尾。2017 年 10 月 18 日，习近平在党的十九大上作了题为《决胜全面建成小康社会 夺取新时代中国特色社会主义伟大胜利》的报告，标志着中国全面建成小康社会工程到了收官时期。报告指出："从现在到二〇二〇年，是全面建成小康社会决胜期。要按照十六大、十七大、十八大提出的全面建成小康社会各项要求，紧扣我国社会主要矛盾变化，

统筹推进经济建设、政治建设、文化建设、社会建设、生态文明建设，坚定实施科教兴国战略、人才强国战略、创新驱动发展战略、乡村振兴战略、区域协调发展战略、可持续发展战略、军民融合发展战略，突出抓重点、补短板、强弱项，特别是要坚决打好防范化解重大风险、精准脱贫、污染防治的攻坚战，使全面建成小康社会得到人民认可、经得起历史检验。"只有打好三大攻坚战，全面建成小康社会才不会有遗憾。

一要打好防范化解金融风险攻坚战，要坚持底线思维，坚持稳中求进，抓住主要矛盾。要以结构性去杠杆为基本思路，分部门、分债务类型提出不同要求，地方政府和企业特别是国有企业要尽快把杠杆降下来，努力实现宏观杠杆率稳定和逐步下降。要稳定大局，推动高质量发展，提高全要素生产率，在改革发展中解决问题。要统筹协调，形成工作合力，把握好出台政策的节奏和力度。要分类施策，根据不同领域、不同市场金融风险情况，采取差异化、有针对性的办法。要集中力量，优先处理可能威胁经济社会稳定和引发系统性风险的问题。要强化打好防范化解金融风险攻坚战的组织保障，发挥好金融稳定发展委员会重要作用。要抓紧协调建立中央和地方金融监管机制，强化地方政府属地风险处置责任。2019年2月22日下午中共中央政治局就完善金融服务、防范金融风险举行第十三次集体学习。习近平在主持学习时强调，要深化对国际国内金融形势的认识，正确把握金融本质，深化金融供给侧结构性改革，平衡好稳增长和防风险的关系，精准有效处置重点领域风险，深化金融改革开放，增强金融服务实体经济能力，坚决打好防范化解包括金融风险在内的重大风险攻坚战，推动我国金融业健康发展。

二要打好精准脱贫攻坚战，要咬定总攻目标，严格坚持现行扶贫标准，不能擅自拔高标准，也不能降低标准。要整合创新扶持政策，引导资源要素向深度贫困地区聚焦，精准施策，有效帮扶特殊贫困群体。产业扶贫要在扶持贫困地区农产品产销对接上拿出管用措施。易地搬迁扶贫要着力加强产业配套和就业安置。就业扶贫要解决劳务组织化程度低的问题。教育扶贫要突出提升义务教育质量。健康扶贫要降低贫困人口就医负担。要形成勤劳致富、脱贫光荣的良好导向。要完善督战机制，压实责任，改进考核监督，整顿脱贫攻坚作风，加强一线力量，做好风险防范。2013 年 11 月 3 日，习近平来到十八洞村考察扶贫开发，首次提出"精准扶贫"理念，为脱贫攻坚提供了一把"金钥匙"。中国大地上，成千上万个十八洞村的命运开始得到根本性的改变。2018 年 2 月 11 日上午，雪后的大凉山艳阳高照，沿途雾凇银光闪闪。习近平乘车沿着坡急沟深的盘山公路，往返 4 个多小时，深入大凉山腹地的昭觉县三岔河乡三河村和解放乡火普村看望贫困群众。三河村平均海拔 2500 多米，是一个彝族贫困村。习近平沿着石板小路步行进村，察看村容村貌和周边自然环境。他先后走进村民吉好也求、节列俄阿木两户贫困家庭看望，详细观看门前的扶贫联系卡，同主人亲切拉家常，询问生活过得怎么样，发展什么产业，收入有多少，孩子有没有学上。他饶有兴趣地听 10 岁小女孩吉好有果唱《国旗国旗真美丽》，并带头鼓掌。在村民节列俄阿木家，习近平同村民代表、驻村扶贫工作队员围坐在火塘边，一起分析当地贫困发生的原因，谋划精准脱贫之策。习近平饱含深情地说，我一直牵挂着彝族群众，很高兴来到这里，看到大家日子一天天好起来，心里十分欣慰。全面建成小康社会最艰巨最繁重的任务在贫困地区，特别是在深度贫困地区，无论这块骨头有多硬都必须啃下，无论这场攻坚战有多难打都必须打赢，全面小康路上不能忘记每一个民族、每一个家庭。

三要打好污染防治攻坚战，要明确目标任务，到 2020 年使主要污染物排放总量大幅减少，生态环境质量总体改善。要打几场标志性的重大战役，打赢蓝天保卫战，打好柴油货车污染治理、城市黑臭水体治理、渤海综合治理、长江保护修复、水源地保护、农业农村污染治理攻坚战，确保 3 年时间明显见效。要细化打好污染防治攻坚战的重大举措，尊重规律，坚持底线思维。各级党委、各部门党组（党委）要把污染防治放在各项工作的重要位置，层层抓落实，动员社会各方力量，群防群治。要坚持源头防治，调整"四个结构"，做到"四减四增"。一是要调整产业结构，减少过剩和落后产业，增加新的增长动能。二是要调整能源结构，减少煤炭消费，增加清洁能源使用。三是要调整运输结构，减少公路运输量，增加铁路运输量。四是要调整农业投入结构，减少化肥农药使用量，增加有机肥使用量。要坚持统筹兼顾、系统谋划，体现差别化，体现奖优罚劣，避免影响群众生活。2019 年 1 月 16 日，习近平来到雄安新区"千年秀林"同当地护林员代表交流。蓝天、碧水、绿树，蓝绿交织，将来生活的最高标准就是生态好。雄安新区过去有一定的基础，现在搞"千年秀林"，将来这里一定是最宜居的地方。绿水青山就是金山银山，雄安新区就要靠这样的生态环境来体现价值、增加吸引力。

四、不断增强人民的获得感、幸福感、安全感

全面建成小康社会，我们不仅要在客观上实现，更要关心人民群众的主观感受，不断提高人民群众的主观认同。2017 年 10 月 25 日，习近平在十九届中共中央政治局常委同中外记者见面时强调："2020 年，我们将全面建成小康社会。全面建成小康社会，一个不

能少；共同富裕路上，一个也不能掉队。我们将举全党全国之力，坚决完成脱贫攻坚任务，确保兑现我们的承诺。我们要牢记人民对美好生活的向往就是我们的奋斗目标，坚持以人民为中心的发展思想，努力抓好保障和改善民生各项工作，不断增强人民的获得感、幸福感、安全感，不断推进全体人民共同富裕。我坚信，中国人民生活一定会一年更比一年好。"

百姓的获得感必须是实实在在的。习近平在 2015 年 2 月 27 日主持召开中央全面深化改革领导小组第十次会议时强调：要科学统筹各项改革任务，协调抓好中共十八届三中、四中全会改革举措，在法治下推进改革、在改革中完善法治，突出重点，对准焦距，找准穴位，击中要害，推出一批能叫得响、立得住、群众认可的硬招实招，处理好改革"最先一公里"和"最后一公里"的关系，突破"中梗阻"，防止不作为，把改革方案的含金量充分展示出来，让人民群众有更多获得感。与此同时，要把不断做大的"蛋糕"分好，让社会主义制度的优越性得到更充分体现，让人民群众有更多获得感。要扩大中等收入阶层，逐步形成橄榄型分配格局。

幸福必须是感同身受的。当你能够感觉你愿意感觉的东西，能够说出你所感觉到的东西的时候，当你能够实现你感觉到的东西的时候，这就是非常幸福的时候。习近平在多个场合强调"幸福都是奋斗出来的""奋斗本身就是一种幸福""新时代是奋斗者的时代"。因此，提升幸福感一方面离不开党的坚强领导，另一方面离不开自己的辛勤耕耘。

安全必须是万无一失的。习近平 2014 年 4 月 15 日主持召开中央国家安全委员会第一次会议时指出：必须坚持总体国家安全观，以人民安全为宗旨，以政治安全为根本，以经济安全为基础，以军事、文化、社会安全为保障，以促进国际安全为依托，走出一条中国特色国家安全道路。我们既重视国土安全，又重视国民安全，坚持以民为本、以人为本，坚持国家安全一切为了人民、一切依靠人民，真正夯实国家安全的群众基础。

五、撸起袖子加油干 一张蓝图绘到底

我们是党的干部，是人民公仆，一定要把群众的安危冷暖挂在心上，以"天下大事必做于细"的态度，真心诚意地为人民群众办实事、做好事、解难事。群众的小事，做到细微之处，这也是一种责任和担当。因此，每到年关，习近平总是念念不忘民生工作，总是念念不忘全面小康社会建设。他在 2014 年新年贺词中说："让老百姓过上更加幸福的生活，还有大量工作要做。我们要谦虚谨慎、艰苦奋斗，共同谱写伟大祖国发展的时代新篇章。"

习近平在 2015 年新年贺词中说："我们要让全面深化改革、全面推进依法治国如鸟之两翼、车之双轮，推动全面建成小康社会的目标如期实现。"全面建成小康社会要求越来越高、难度越来越大，必须依靠全面深化改革、全面依法治国来实现。

习近平在 2016 年新年贺词中说："2016 年是我国进入全面建成小康社会决胜阶段的开局之年。""我们要树立必胜信念、继续埋头苦干，贯彻创新、协调、绿色、开放、共享的发展理念，着力推进结构性改革，着力推进改革开放，着力促进社会公平正义，着力营造政治上的绿水青山，为全面建成小康社会决胜阶段开好局、起好步。"今后几年全面建成小康社会进入了决赛期，必须取得决定性的胜利。

习近平在 2017 年新年贺词中说："小康路上一个都不能掉队！""上下同欲者胜。只要我们 13 亿多人民和衷共济，只要我们

党永远同人民站在一起，大家撸起袖子加油干，我们就一定能够走好我们这一代人的长征路。"全面建成小康社会既是全体中国人的事业，也是中华民族的盛宴。

习近平在 2018 年新年贺词中说："我们的民生工作还有不少不如人意的地方，这就要求我们增强使命感和责任感，把为人民造福的事情真正办好办实。各级党委、政府和干部要把老百姓的安危冷暖时刻放在心上，以造福人民为最大政绩，想群众之所想，急群众之所急，让人民生活更加幸福美满。"树立正确的政绩观，是决胜全面建成小康社会的重要保障。

习近平在 2019 年新年贺词中说："2019 年，有机遇也有挑战，大家还要一起拼搏、一起奋斗。减税降费政策措施要落地生根，让企业轻装上阵。要真诚尊重各种人才，充分激发他们创新创造活力。要倾听基层干部心声，让敢担当有作为的干部有干劲、有奔头。农村 1000 多万贫困人口的脱贫任务要如期完成，还得咬定目标使劲干。要关爱退役军人，他们为保家卫国作出了贡献。这个时候，快递小哥、环卫工人、出租车司机以及千千万万的劳动者，还在辛勤工作，我们要感谢这些美好生活的创造者、守护者。大家辛苦了。"

第六节　经验举世公认　模式自成　体

"走自己的路，让别人去说吧！"全面建成小康社会是中国特色社会主义的重大实践，是人类关于发展中国家踏上现代化之路的一种有益探索。新中国七十年在人类历史上并不太长，也就是两代人的时光。但是，这七十年是由 24920 个日日夜夜组成的，一路走来波浪起伏、波澜不惊。全面建设小康社会是一个系统工程，决不仅仅指单纯的物质文明，还包括精神文明、政治文明、社会文明和生态文明。因此，全面建成小康社会是凝聚全党智慧开拓的中国富裕之路，全面建成小康社会是中国政府谋划的初级现代化之路，全面建成小康社会是全国五十六个民族艰苦努力的真抓实干之路。

一、实践出真知

"桃李不言，下自成蹊。"全面保障和改善民生贯穿新中国七十年发展的全过程，无论是社会主义改造，还是改革开放都是为了不断改进民生，让人民生活更美好。毛泽东是新中国的缔造者，1956年发表的《论十大关系》阐述了他关于处理政治、经济、文化建设中的十大关系和矛盾的想法，被认为体现了全面改善中国民生的思想体系。《时代》周刊也将毛泽东评为20世纪最具影响100人之一。邓小平是小康社会的开创者，致力于全面建设小康社会的布局谋篇，着力摆脱整体贫困、改善人民生活；他倡导的"改革开放"及"一国两制"政策理念，改变了20世纪后期的中国，也影响了世界，因此在1978年和1985年，曾两次当选《时代》周刊"年度风云人物"。江泽民着力于解决生活温饱、迈向总体小康；胡锦涛着力于改善公共服务、更新小康目标；习近平既是小康社会的收官人，也是新时代的开拓者，着力于补基本公共服务短板、不断增强人民群众获得感，并开启全面实现社会主义现代化的新征程。国际社会保障协会社会保障杰出成就奖是对某一个国家在社会保障方面作出的非凡承诺和杰出成就的世界性认可。2016年11月17日，国际社会保障协会（ISSA）在第三十二届全球大会期间，将"社会保障杰出成就奖"（2014—2016）授予中华人民共和国政府，以表彰中国近年来在扩大社会保障覆盖面工作中取得的卓越性成就。努力保障和改善民生，历经中国共产党五代领导人的励精图治，终于乐见 2020 年将在 960 多万平方公里的土地上全面建成小康社会，改革开放和民生发展的成果普遍惠及全体近 14 亿人民。

历史性的成就值得我们自豪，历史性的经验值得充分挖掘。1949 年到 1977 年，我们建立了中国自己的工业体系，老百姓的生活不断改善。从 1978 年到 2020 年，中国的全面建设小康社会又产生了四次历史性飞跃。我们要感谢改革开放这个伟大的时代。伟大的时代要感谢伟大的党，伟大的党成就了伟大的事业，伟大的事业离不开伟大的人民，伟大的人民响应伟大的领袖。民生建设让生活更美好，既是社会主义发展的根本目的，也是中国共产党的执政宗旨。

总而言之，中国特色社会主义的最大特色就是坚持中国共产党的领导，中国改革开放的最大成就就是中国越来越接近世界舞台的中央，中国道路的最大亮点就是实事求是、求真务实、与时俱进，中国发展模式的典型特征就是发展自己、合作共赢、造福人类，中国全面建成小康社会的最大经验就是全民动员、全民投入、全民创造。这些历史经验不仅成功地指导中国实现了站起来和富起来，今后必将继续指导中国强起来。解放全中国和社会主义改造让中华民族站起来了，改革开放和全面建成小康社会让中华民族富起来了，坚持以人民为中心和全面实现社会主义现代化必将让中华民族强起来。

二、模式铸辉煌

历史已经证明：没有中国共产党，就没有新中国，就没有中国的社会主义现代化。中国模式就是中国发展模式，这是社会主义一般原则和中国特色的社会主义道路的历史性统一。因此，中国模式的逻辑既截然不同于在资本主义的一般发展模式，又是对经典社会主义发展模式的继承性创新。中国模式是一种不断自我完善、自我更新的革命模式。全面建成小康社会、全面深化改革、全面依法治国、全面从严治党，构成新时代党中央治国理政的内在逻辑，充分体现了从治标到治本，目标意识与问题导向相结合的哲学思考。创新、协调、绿色、开放、共享的新发展理念，丰富和发展了中国发展模式的理论基础，新时代新发展理念集中体现了我国的发展思路、发展方向、发展着力点。经济建设、政治建设、文化建设、社会建设、生态文明建设"五位一体"总体布局，是对当下中国"实现什么样的发展、怎样发展"这一重大战略问题的科学回答，为"两个一百年"奋斗目标和中国梦的实现，明确了努力的领域和方向。综上所述，中国模式不仅有力地促进了中国和中华民族的发展，而且必将给更多的发展中国家的发展提供有益的方法启示和经验借鉴。

中国故事已经成为历史，未来的篇章需要靠中国梦来进一步开拓创新。在此全国上下隆重纪念新中国成立 70 年之际，既要回望前路、总结经验、梳理心情、增强自信，又要改革创新、继往开来、开拓进取、奋发有为。习近平进一步指出："站立在 960 万平方公里的广袤土地上，吸吮着中华民族漫长奋斗积累的文化养分，拥有 13 亿中国人民聚合的磅礴之力，我们走自己的路，具有无比广阔的舞台，具有无比深厚的历史底蕴，具有无比强大的前进定力。"

未来从党的十九大到二十大，是"两个一百年"奋斗目标的历史交汇期。我们既要全面建成小康社会、实现第一个百年奋斗目标，又要乘势而上开启全面建设社会主义现代化国家新征程，向第二个百年奋斗目标进军。综合分析国际国内形势和我国发展条件，从 2020 年到本世纪中叶可以分两个阶段来安排。

第一个发展阶段，从 2020 年到 2035 年，在全面建成小康社会的基础上，再奋斗十五年，基本实现社会主义现代化。到那时，我国经济实力、科技实力将大幅跃升，跻身创新型国家前列；人民平等参与、平等发展权利得到充分保障，法治国家、法治政府、法治社会基本建成，各方面制度更加完善，国家治理体系和治理能力现代化基本实现；社会文明程度达到新的高度，国家文化软实力显著增强，中华文化影响更加广泛深入；人民生活更为宽裕，中等收入群体比例明显提高，城乡区域发展差距和居民生活水平差距显著缩小，基本公共服务均等化基本实现，全体人民共同富裕迈出坚实步伐；现代社会治理格局基本形成，社会充满活力又和谐有序；生态环境根本好转，美丽中国目标基本实现。

第二个发展阶段，从 2035 年到 21 世纪中叶，在基本实现现代化的基础上，再奋斗十五年，把我国建成富强民主文明和谐美丽的社会主义现代化强国。到那时，我国物质文明、政治文明、精神文明、社会文明、生态文明将全面提升，实现国家治理体系和治理能力现代化，成为综合国力和国际影响力领先的国家，全体人民共同富裕基本实现，我国人民将享有更加幸福安康的生活，中华民族将以更加昂扬的姿态屹立于世界民族之林。

综上所述，在新时代里机遇和挑战并存，理想与梦想同在。前进的道路不可能一帆风顺，也可能遇到大风大浪。只要我们坚持党的有力领导，以习近平新时代中国特色社会主义思想为指导，奋力创新，攻坚克难，一心一意朝着全面实现社会主义现代化的新目标不断奋进，中华民族伟大复兴的中国梦一定能够如期实现！

（执笔人：杨宜勇　黄燕芬）

第二章　幼有所育　幸福起点

　　在新中国成立初期到20世纪70年代末的第一阶段，学前教育行政管理机构成立，对幼儿园和托儿所的职能及管理也作了明确规定，新中国0—6岁幼有所育制度和政策体系初步搭建，但随后经历了冒进和不进反退的重大曲折。在改革开放初期到20世纪80年代末的第二阶段，学前教育的行政管理机构得以恢复，中共中央、国务院转发了《全国托幼工作会议纪要》，幼儿园和托儿所工作规范制定实施，学前教育纳入了《宪法》保障，幼儿教育明确归口到教育部门主责，幼儿园工作开展了法治化探索。在20世纪90年代初到新千年第一个十年的第三阶段，国家包办和政府包揽幼儿教育的办法被改变，民办学前教育重要性上升，学前教育的法治保障和规范约束得到加强，幼有所育相关工作纳入履行国际承诺的重要文件和国家改革发展大计的谋划中。在2010年至今的第四阶段，基本普及学前教育的战略目标明确了，国务院关于学前教育的专门文件"国十条"颁布了，特别是党的十八大以来，学前教育在"三年行动计划"的实施中飞跃发展，幼有所育的新方略在党的十九大报告中正式提出。总结近七十年来幼有所育事业的改革发展经验，一是党政重视，纳入公共议程；二是体系覆盖，铺设服务网络；三是多方协作，调动社会力量；四是试点先行，鼓励改革创新；五是因地制宜，立足发展阶段；六是兼容并包，借鉴国际经验。建议加快构建幼有所育的服务体系，对3—6岁儿童，应将学前教育全面纳入基本公共教育的保障范围；对0—3岁儿童，需要建立国家和社会对家庭的支持体系，增强家庭的照护和教育能力。

儿童是家庭的希望，是国家和社会的未来。幼有所育是改革开放以来老百姓一直关注、新时代特别凸显出来的美好生活需要，事关"全面两孩"政策效应的发挥，事关全生命周期的人力资本积累，事关2035年和2050年战略目标的实现。本章所述的幼有所育是指0—6岁幼儿的养育和教育，包括0—3岁托幼和儿童早期发展和3—6岁学前教育这两个阶段。基于政策和实践，以3—6岁学前教育为主线来梳理和分析。

新中国成立初期，全国仅有约1300所幼儿园，幼有所育的政策只有少数家庭能够受益。经过逐步探索和建章立制，新中国的幼有所育制度与政策体系在20世纪50年代中后期正式确立，但随后又遭遇了重大曲折。改革开放以来，全国幼儿园的数量从1978年的16.4万所增加到2017年的25.5万所，在园儿童数从787.7万人增加到4600.1万人，专任教师数从28万人增至243万人，生师比从28.1∶1下降到18.9∶1。尤其是党的十八大以来，3—6岁学前教育实现了从少数人特权到多数人普享、从小众教育到接近普及、从"两条腿走路"到政府主导的历史性转变。目前，以早期保育和教育为重要内容的0—3岁儿童早期综合发展，已经列入了党和政府的重要议事日程，目前正通过试点积累经验。在党的十九大提出了幼有所育的新方略新要求以后，我国的学前教育和托幼服务有望在不久的将来进一步扩大受益范围，进一步满足人民在这方面的需要。

（单位：所）　　　　　　　　　　　　　　　　　　　　　　（单位：万人）

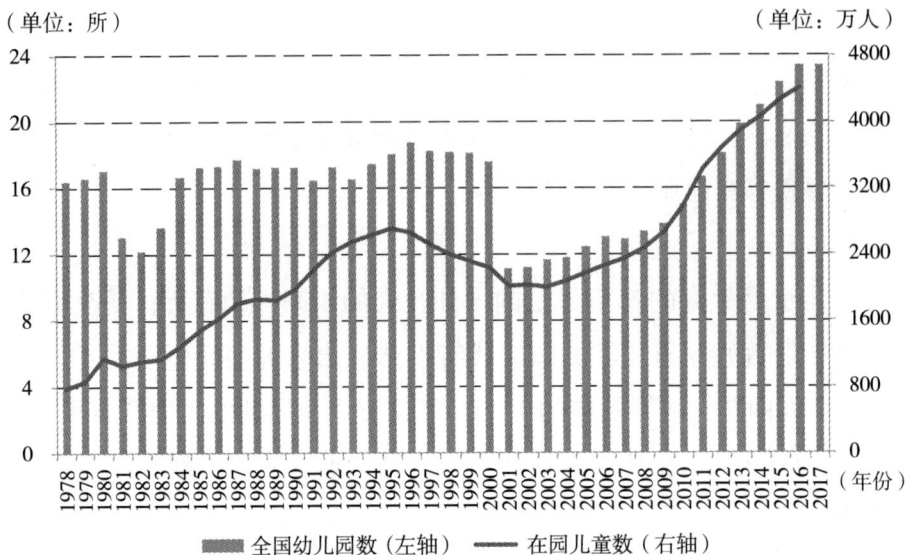

■ 全国幼儿园数（左轴）　　　—— 在园儿童数（右轴）

图 2-1　改革开放以来全国幼儿园和在园儿童数量

数据来源：教育部《全国教育事业发展统计公报》，1978—2017 年各期。

（单位：万人）

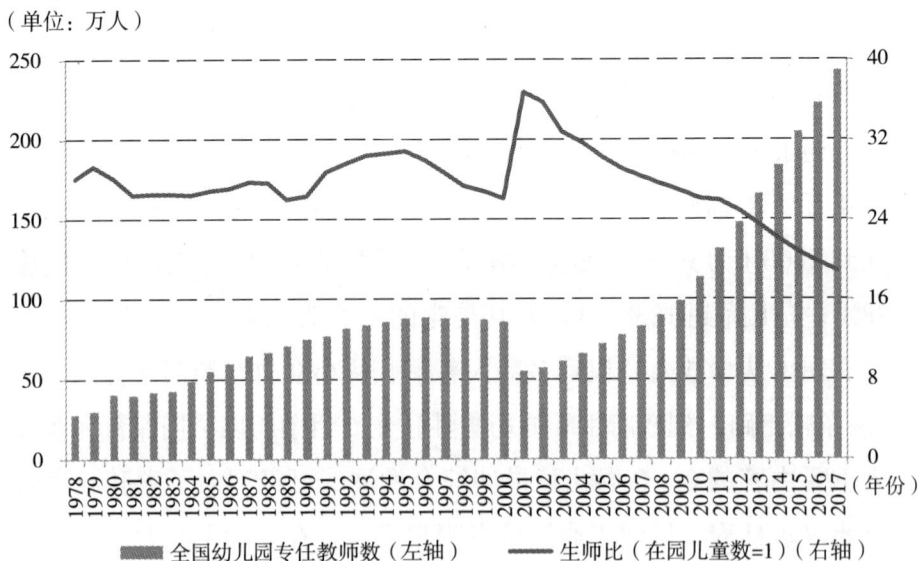

■ 全国幼儿园专任教师数（左轴）　　　—— 生师比（在园儿童数=1）（右轴）

图 2-2　改革开放以来全国幼儿园专任教师数和生师比

数据来源：教育部《全国教育事业发展统计公报》，1978—2017 年各期。

第一节　起步阶段　曲折探索

从新中国成立初期到 1978 年改革开放之前，是我国幼有所育的曲折探索阶段。新中国刚刚成立时，全国仅有大约 1300 所幼儿园，只有不到半数县区拥有自己的学前教育机构。那时候，学前教育还只是少数家庭享有的"特权"。

成立管理机构、学习苏联经验、推进建章立制，新中国幼有所育的制度框架和服务体系在短短的几年里迅速建立起来，1952 年全国幼儿园增至约 6500 所，1956 年进一步增至 1.8 万所。然而，20 世纪 50 年代末的冒进发展、20 世纪 60 年代以后的不进反退，幼有所育的探索出现了重大曲折。

一、新中国学前教育制度和服务体系的初步建立

中华人民共和国中央人民政府成立一个月后，教育部正式成立，并且在初等教育司内设立了幼儿教育处，作为领导和管理全国幼儿教育事业的行政机构。1949 年 12 月 23—31 日在北京召开了新中国第一次全国教育工作会议。

参加第一次全国教育工作会议的有部分大行政区、省、市、自治区的教育部、厅、局相关负责人和中央有关部门的负责同志，共 200 多人。政务院副总理兼文化教育委员会主任郭沫若、副总理黄炎培、中央人民政府委员徐特立、文化教育委员会副主任陆定一等出席了大会。

首任教育部部长马叙伦致开幕词指出："新中国的教育应该是反映新中国的政治、经济，作为巩固与发展人民民主专政的一种斗争

工具的新教育。由于我们的国家是以工农联盟为基础的人民民主专政的国家，我们的教育也应该以工农为主体，大量地培养工农出身的新型知识分子，作为我们国家建设的坚强骨干。"

第一次全国教育工作会议明确了"坚持教育为工农服务，为生产建设服务的方针"并提出：今后相当长的时期内，发展教育应以普及为主，着重为工农服务，使普及与提高正确结合。同时，会议也提出了"以老解放区新教育经验为基础，吸取旧教育某些有用的经验，特别要借助苏联教育建设的先进经验"。次年，苏联幼儿教育专家戈琳娜受聘担任中央教育部的幼儿教育顾问。三年以后，另一位苏联专家马努依连柯接替担任教育部顾问。苏联的幼儿教育理论与实践很快在全国传播，用于指导幼儿园的教育教学和师资培训。

1951年8月27日至9月11日，教育部合并召开第一次全国初等教育会议和第一次全国师范教育会议，讨论制定发展建设新中国初等教育和师范教育的方针和任务。会议提出，争取十年内基本普及小学教育，以正规师范教育与大量短期培训相结合，五年内培养百万小学教师。会议通过了《幼儿园暂行规程（草案）》和《幼儿园暂行教学纲要（草案）》，并于次年3月开始施行。

《幼儿园暂行规程（草案）》统一将幼稚园改名为幼儿园、幼儿园教师称作教养员，并规定了幼儿园的任务：一是根据新民主主义教育方针教养幼儿，使他们的身心在入小学前获得健全的发育；二是减轻母亲养育幼儿的负担，使母亲有时间参加政治生活、生产劳动、文化教育活动等。同时，也提出了幼儿园对幼儿进行初步的全面发展的教养工作的主要目标是：（1）培养幼儿基本的卫生习惯，注意其营养，锻炼其体格，保证幼儿身体的正常发育和健康；（2）培养幼儿正确运用感官和语言的基本能力，增进其对环境的认识，以发展其智力；（3）培养幼儿爱国思想、国民公德和诚实、勇敢、团结、友爱、守纪律、有礼貌等优良品质和习惯；（4）培养幼儿爱美的观念和兴趣，增进其想象力和创造力。招收 3—7 岁的幼儿，以整日制为主，根据需要也可办寄宿制或季节性幼儿园，以不放寒暑假为原则。幼儿活动项目有：体育、语言、认识环境、图画手工、音乐、计算。不教识字，不举行测验。对领导管理、组织编制、经费设备等也作了规定。

《幼儿园暂行教学纲要（草案）》在重申幼儿园的双重任务和四个方面培养目标以外，提出了幼儿园教养原则：一是使幼儿全面发展；二是使教养内容和幼儿生活实际相结合；三是使幼儿有独立活动完成简单任务的机会，使幼儿习惯于集体生活；四是使必修作业、选修作业以及户外活动配合进行；五是使幼儿家庭教育和幼儿园教育密切配合。此外还规定了幼儿园教养活动项目，包括体育、语言、认识环境、图画手工、音乐、计算六项，规定了这六科的具体目标要求、教材大纲、教学及设备要点等。

1952 年 7 月，教育部颁布《师范学校暂行规程（草案）》，共 13 章，包括总则、学制设置领导、教学计划、教材、教导原则，成绩考查、升级、留级、转学毕业、学生待遇，服务、组织、编制、会议制度、经费、设备，社团、附属学校，初级师范学校，附则等内容共 60 条，其中规定：师范学校的任务是根据新民主主义教育方针，以理论与实际一致的方法，培养具有马克思列宁主义和马克思列宁主义与中国革命实践相结合的毛泽东思想的初步基础，中等文化水平和教育专业的知识技能，全心全意为人民教育事业服务的初等教育和幼儿教育的师资；并且要求师范学校附设幼儿师范科。至此，幼儿教育的师资培养也开始制度化、成体系地推进。

此后两年，苏罗金娜的《学前教育学》、查包洛塞兹的《幼儿心理学》等几十种苏联著作和教材被翻译引进，作为我国师范院校培养幼儿教育师资队伍的教学和参考用书。教育部组织了京津两市幼儿园教养员的工作经验交流会并出版了工作经验集，还组织编写了《幼儿教育工作指南》。

1953年召开的第二次教育工作会议明确了"两条腿走路"的方针，提出幼教机构"也要从实际出发，在整顿巩固的基础上有计划有重点地发展"。1955年，国务院转发了教育部《关于工矿、企业自办中、小学和幼儿园的规定》，明确提出各工矿企业"根据需要与可能的原则，得独立或联合创办职工子女中、小学和幼儿园"，同时要求地方教育行政部门对这些机构的"有关教育方针、政策、学制、教学计划、教学大纲及教材用书"等给予"规定、指示、布置与检查"。

1956年2月，教育部、卫生部、内务部联合印发《关于托儿所幼儿园几个问题的联合通知》，对托儿所、幼儿园的发展方针、领导制度及培训干部等问题作了规定，提出托儿所和幼儿园依儿童的年龄来划分，明确托儿所统一由卫生行政部门领导，幼儿园统一由教育行政部门领导；应当按照"全面规划、加强领导"和"又多、又快、又好、又省"的方针，根据需要与可能的条件，积极兴办托儿所和幼儿园；在城市提倡由工矿、企业、机关、团体、群众举办，在农村提倡由农业社举办；此外还提出应有计划地培训保教人员。至此，新中国0—6岁幼有所育的制度框架和政策体系已经搭建起来。

二、幼有所育事业遭遇重大曲折

受"大跃进"的影响，1958年9月，"全国应在三年到五年的时间内……完成使学龄前儿童大多数都能入托儿所和幼儿园的任务"被提出来。同年 12 月，中共八届六中全会通过的《关于人民公社若干问题的决议》提出公社"要办好托儿所和幼儿园，使每一个孩子比在家里生活得好，教育得好"。全国幼儿园从 1957 年的 1.6 万所增至 1960 年的 78 万所，同期幼儿师范学校从 20 所增加到 89 所。

1961 年，幼儿园和幼儿师范学校开始大量减少，高等师范院校的学前教育专业全部停止招生，教育部的幼教处被撤销。到 1965 年，全国幼儿园降至 1.9 万所，幼儿师范学校降至 19 所。此后十年，幼儿教育事业几乎遭遇了"灭顶之灾"。到 1976 年，全国仅剩一所幼儿师范学校。

第二节　恢复发展阶段　百废待兴

从改革开放之初到 20 世纪 80 年代末，是幼有所育事业的恢复发展阶段。

改革开放初期，全国有 16.4 万所幼儿园，在园儿童 787.7 万人。全国幼儿园教职工 46.9 万人，其中专任教师 27.8 万人。幼儿园的生师比为 28.3 ：1，高于同期小学和初中的生师比，远高于高中阶段和高等教育的生师比。平均来看，一所幼儿园 50 个孩子、2 位老师，是那个时候的"标配"。

全国政协委员、北京师范大学教授刘焱，1978 年进入北京师范大学学习，成为恢复高考后我国学前教育专业的第一届本科生。据她回忆，当时，"学前教育"在很多人眼里是个陌生的字眼。当她拿到北京师范大学学前教育专业的录取通知书时，很多人问她："什么是学前教育？""毕业以后做什么工作？"有位邻居说，"我知道，学前教育专业是专门为中央首长家培养保姆的。"可见，在改革开放之初，学前教育是比较"小众的"，只有少数人能接触到，更只有较少的适龄儿童能够入园接受保教。

那时，全国幼儿师范学校仅剩一所，只有极个别的高等师范院校保留着学前教育专业，教育部甚至连学前教育的专门管理机构都没有。

一、学前教育行政管理机构的恢复

1978年，教育部在普通教育司设立幼教特教处，恢复了1961年撤销的幼教行政管理机构。幼教特教处处长孙岩同志，当时已经58岁。她是1938年入党的"老革命"，曾经在陕北公学、中央马列学院学习，毕业后在陕甘宁边区教育厅编审科工作，之后到米脂女校当了三年小学教师。1945年抗战胜利后，在重庆新华日报社工作一年，辗转上海，后在香港群众周刊杂志社工作三年。新中国成立后调回北京，应康克清同志要求到妇联工作，但她执意要求到一线做托幼工作。经组织批准，在当时的中央托儿所任职六年。1955年，她到北京师范大学学前教育专业脱产进修了两年，之后先后任北京市幼儿师范学校校长、书记，北京师大女附中校长、书记，北京市教育局中教处处长等职务。"文化大革命"期间，孙岩同志到陕西农村劳动改造。1977年底彻底平反后，她写信请求到教育部做幼教工作。1978年4月，出任改革开放后首任幼教特教处处长。

在党中央、国务院的正确领导和有力支持下，以孙岩为代表的幼教管理者，面对遭受严重破坏的祖国幼儿教育事业，下决心拨乱反正，为尽快恢复幼儿教育下大力气狠抓三件大事：一是组织召开了全国托幼工作会议，二是推动制定了《城市幼儿园工作条例（试行草案）》和《幼儿园教育纲要（试行草案）》，三是主持出版了我国第一套"统编"幼儿教材。

1979 年 6 月，五届全国人大二次会议《政府工作报告》中提出，"要十分重视发展托儿所、幼儿园，加强幼儿教育"。

二、中共中央、国务院转发《全国托幼工作会议纪要》

经中央批准，1979 年 7 月 24 日至 8 月 7 日，教育部、卫生部、劳动总局、全国总工会和全国妇联联合召开了全国托幼工作会议。全国各省、自治区、直辖市五个部门的有关负责同志和先进地区代表 200 多人参会。时任副总理方毅在会上讲了话，时任副总理陈慕华也出席了会议。1979 年 10 月 11 日，中共中央、国务院转发了《全国托幼工作会议纪要》（中发〔1979〕73 号）。党中央和国务院认为会议"是开得好的，同意这个会议纪要"；指出"加强对婴幼儿的保健和教育工作，培养体魄健壮、品德良好和智力发达的后一代，是关系到国家和民族前途的根本大计"；要求"各级党委和各级政府应关怀和重视托幼事业，积极抓好这项工作"。

《全国托幼工作会议纪要》提出，建议国务院设立托幼工作领导小组，贯彻执行党中央、国务院有关托幼工作的方针、政策和指示；研究制定托儿所、幼儿园的发展规划，推动托幼事业发展和提高；研究解决托幼工作中的重大问题，督促有关部门贯彻执行；推动有关部门加强托幼工作的宣传，表彰先进；进行调查研究，定期检查托幼工作；调查了解入园婴幼儿的情况，加强卫生保健和教育工作。参加托幼工作领导小组各有关部门的任务如下：

计划部门，负责将托幼事业所需人力、物力、财力列入各级计划；财政部门，负责有关托幼事业的经费开支；教育部门，负责幼儿教育的业务领导，包括对托儿所内 3 岁以上幼儿班进行业务指导，培训幼儿园的园长和保教人员，办好示范性幼儿园，加强幼教科研工作的领导；卫生部门，负责托儿所业务领导及幼儿园卫生保健业务指导，培训托儿所的所长和保育、医务、炊事等人员，拓展卫生保健、营养等知识，办好示范性托儿所，加强对幼儿保健科研工作的领导；商业部门，负责幼儿商品、服装、用具和玩教具的供应；劳动部门，会同有关部门研究解决托儿所、幼儿园工作人员的工资、劳动保险、福利待遇等问题；建委、城建局和房管部门，统筹规划与居民人口相适应的托儿所、幼儿园的建筑，负责调剂解决并修缮园所用房；妇联和工会，负责发动群众和组织社会力量，推动托幼事业的发展，协助主管部门加强对托幼工作人员的政治思想教育，工会着重协调工交、财贸、文教等企事业单位办好托幼事业；其他部门，各按自己的业务范围，为办好托幼事业提供有利条件。

《全国托幼工作会议纪要》还提出了坚持"两条腿走路"的方针，恢复、发展、整顿、提高各类托幼组织。既要积极恢复和发展卫生部门、教育部门兴办的示范性托儿所、幼儿园，又要继续提倡机关、部队、学校、工矿、企事业等单位积极恢复和建立哺乳室、托儿所、幼儿园。在农村要大力发展农忙托幼组织，有条件的社队要举办常年托儿所、幼儿园；在有条件的市、区，进行托幼组织社会化的试点。

三、幼儿园和托儿所工作规范的颁布

1979 年 11 月，教育部颁布了《城市幼儿园工作条例（试行草案）》，提出了幼儿园必须贯彻保教结合的原则和勤俭办园的方针，要求各地应办好一批示范性幼儿园，并对幼儿园的卫生保健和体育

锻炼、游戏和作业、思想品德教育、教养员和保育员及其他工作人员、组织编制及设备等进行了规范。城市幼儿园的正常工作秩序迅速得到恢复。

1980年11月，卫生部颁布了《城市托儿所工作条例（试行草案）》，明确了托儿所是"三岁前儿童集体保教机构"的定位，以及托儿所"教养三岁前婴幼儿"和"解放妇女劳动力"的双重任务，并对婴幼儿卫生保健工作、婴幼儿教养工作、组织编制及工作人员职责、房屋和设备等进行了具体规定。1981年6月，卫生部又颁布了《三岁前小儿教养大纲（草案）》，提出"教养工作必须从小儿生理心理特点出发，集体教育和个别教育相结合""教养任务应与保教措施相结合进行"等原则，列举了1个月到3岁间17个阶段小儿神经心理发育的主要标志，安排了生活环节教育、语言发展、动作发展、认识能力培养、成人和小朋友相互关系培养等方面的教养任务。

1981年10月，教育部颁布了《幼儿园教育纲要（试行草案）》，提出关于对幼儿进行初步的体、智、德、美全面发展教育的具体任务，生活卫生习惯、体育活动、思想品德、语言、常识、计算、音乐、美术八个方面的教育内容与要求，游戏、体育活动、上课、观察、劳动、娱乐和日常生活等教育手段及注意事项。同年11月，五届全国人大四次会议《政府工作报告》进一步提出，"要培训大批合格的幼儿教师，使更多的学龄前儿童能够进入幼儿园，并且能够得到适应他们身心特点的教育"。这一年，人民教育出版社出版了与《幼儿园教育纲要（试行草案）》相配套的教材和挂图。

四、学前教育纳入《宪法》保障

1982年12月4日第五届全国人民代表大会第五次会议通过并

于同日公告公布施行的《中华人民共和国宪法》，第一章总纲第十九条规定："国家举办各种学校，普及初等义务教育，发展中等教育、职业教育和高等教育，并且发展学前教育。"同一次会上通过的《中华人民共和国国民经济和社会发展第六个五年计划（1981—1985）》第四编科学研究和教育发展计划中提出要"积极发展幼儿教育"，并且规划了"1985年，入园的幼儿数从1980年的1151万名增加到1800万名"的目标。

1983年的《政府工作报告》再次强调："幼儿教育十分重要，要有计划地发展，并且从办好幼儿师范抓起，逐步加以整顿和提高"。同年，国家教育部门印发《关于发展农村幼儿教育的几点意见》，针对农村幼儿教育事业发展缓慢、办园条件很差、教师待遇低等状况，提出要积极创造条件，有计划地发展幼儿教育，并围绕幼儿教师队伍的建设、保教质量的提高、资金的筹集、领导和管理的加强等事项进行了安排。

1985年5月27日通过的《中共中央关于教育体制改革的决定》（中发〔1985〕12号），提出"在实行九年制义务教育的同时，还要努力发展幼儿教育""要采取特定的措施提高中小学教师和幼儿教师的社会地位和生活待遇，鼓励他们终身从事教育事业""从幼儿师范到高等师范的各级师范教育，都必须大力发展和加强"等要求。

五、幼儿教育明确归口教育部门

1987年10月15日，《国务院办公厅转发国家教委等部门关于明确幼儿教育事业领导管理职责分工的请示的通知》（国办发〔1987〕69号），明确了幼儿教育既是教育事业又是福利事业的双重属性，提出在政府统一领导下实行"地方负责，分级管理"和有关部门分工负责的原则，并重新安排了各有关部门对幼儿教育工作的职责分工。

　　教育部门负责贯彻党中央、国务院有关幼儿教育工作的方针、政策、指示，拟订行政法规和重要的规章制度；研究拟订幼儿教育事业发展方针，综合编制事业发展规划；负责对各类幼儿园的业务领导，建立视导和评估制度；组织培养和训练各类幼儿园的园长、教师，建立园长、教师考核和资格审定制度；办好示范性幼儿园；指导幼儿教育科学研究工作。卫生部门负责拟订有关幼儿园卫生保健方面的法规和规章制度，对幼儿园卫生保健业务工作进行指导。计划部门负责将幼儿教育事业发展和建设等列入各级计划。财政部门负责会同有关部门研究制定有关幼儿教育事业经费开支的制度和规定。劳动人事部门负责会同有关部门研究制定幼儿园工作人员的有关编制、工资、劳动保护、福利待遇等方面的制度和规定。城乡建设环境保护部门负责统一规划与居住人口相适应的幼儿园设施，并督促有关部门和单位进行建设。轻工、纺织、商业部门按各自的分工，负责幼儿食品、服装、鞋帽、文化教育用品、卫生生活用具和教具、玩具的研制、生产和供应。实际上，国务院办公厅的这份文件针对1982年机构改革撤销全国托幼工作领导小组及其办事机构以后，造成相关工作任务一直未明确由哪个部门承担、各部门对幼儿教育工作的管理分工不清和职责不明、进而影响幼儿教育事业发展的问题，明确了教育部门作为幼儿教育事业的行政主管部门，同时明确了地方承担推进幼儿教育事业发展的主要责任。

　　1988年8月15日，《国务院办公厅转发国家教委等部门关于加强幼儿教育工作意见的通知》（国办发〔1988〕38号）提出要"动员和依靠社会各方面力量，通过多种渠道、多种形式发展幼儿教育事业""建立一支合格、稳定的幼儿园师资队伍""端正办园指导思想，深化教育改革，全面提高保育、教育质量""明确职责，加强领导"等意见。

六、幼儿园工作的法治化探索

1989年6月5日，国家教委颁布《幼儿园工作规程（试行）》（1990年2月1日起施行），明确了幼儿园"是对三周岁以上学龄前幼儿实施保育和教育的机构，属学校教育的预备阶段""实行保育与教育相结合的原则"，提出了幼儿园保育和教育的主要目标，以及招生与编班、卫生保健、教育、园舍与设备、工作人员、经费、管理等方面的具体规范和要求。同年8月20日，国务院批准了《幼儿园管理条例》；9月11日国家教育委员会以第4号令的形式发布，与《幼儿园工作规程（试行）》一并于1990年2月1日起施行。这是新中国成立后的第一个幼儿教育行政法规。这两个文件是我国政府加强对幼儿教育管理和指导的重要行政法规，使我国幼儿教育逐步走上了依法治教的轨道，推动了幼教事业的健康发展和管理工作的科学化。

至此，我国改革开放后以3—6岁儿童学前教育为主、兼顾0—3岁儿童早期发展，教育部门牵头、地方政府主责、社会力量参与，保育与教育相结合的幼有所育制度框架、政策体系、行业规范，得到了全面恢复和重新确立。1978年至1989年，全国幼儿园从16.4万所波动增加到17.3万所，增加了5%；在园儿童从787.7万人大幅增至1847.7万人，增加了1.3倍以上；专任教师则从28万人迅速增至71万人，增加了1.5倍以上。同期，幼儿园的平均在园儿童规模从48人增加到107人，生师比从28∶1下降到26∶1，办园条件明显改善。

第三节　多元化法治化阶段　转入正轨

在基本的制度框架、政策体系、行业规范初步确立后，幼有所育事业进一步发展，进入了多元化、法治化的阶段。这一阶段从20世纪90年代初开始，到新千年第一个十年接近结束时止。

一、改变国家包办和政府包揽

1992年10月，党的十四大确立了建立社会主义市场经济体制的经济改革总目标。与之相呼应，在教育领域，党的十四大报告在提出"各级政府要增加教育投入"的同时，也明确要求"鼓励多渠道、多形式社会集资办学和民间办学，改变国家包办教育的做法"。

1993年2月13日，中共中央、国务院印发了《中国教育改革和发展纲要》（中发〔1993〕3号）。在改革办学体制的要求中，进一步提出："改变政府包揽办学的格局，逐步建立以政府办学为主体、社会各界共同办学的体制"。同时，也提出了在20世纪90年代"大中城市基本满足幼儿接受教育的要求，广大农村积极发展学前一年教育"的目标。

既要积极发展学前教育，又要改变国家包办和政府包揽，这就给民间力量举办学前教育机构，开了政策口子。与此同时，党的十四大提出"转换国有企业特别是大中型企业的经营机制，把企业推向市场，增强它们的活力，提高它们的素质"和"实行政企分开，落实企业自主权，使企业真正成为自主经营、自负盈亏、自我发展、自我约束的法人实体和市场竞争的主体，并承担国有资产保值增值的责任"等国有企业改革的任务后，由国有企业直接兴办、本质上由政府财政兜底、具有职工福利性质的学前教育机构，也开始被推向市场。

1997年7月17日，国家教委印发《全国幼儿教育事业"九五"发展目标实施意见》（教基〔1997〕12号），提出"继续贯彻国家、集体和公民个人一起办园（班）的方针"，"在地方政府举办幼儿园的同时，仍应积极鼓励和大力支持企、事业单位、社会团体、街道居委会，农村乡、镇和村委会，公民个人举办幼儿园或捐资助园。其形式可因地制宜、灵活多样，在努力办好幼儿园的同时，可采取巡回辅导站、幼儿活动站、计时制幼儿班、游戏小组等非正规教育形式，让更多的幼儿接受一定程度、一定期限的学前教育，以满足家长的不同需求。"

2003年1月27日，《国务院办公厅转发教育部等部门（单位）关于幼儿教育改革与发展指导意见的通知》（国办发〔2003〕13号）提出了2003—2007年幼儿教育改革与发展的目标。其中，幼儿教育改革的总目标是："形成以公办幼儿园为骨干和示范，以社会力量兴办幼儿园为主体，公办与民办、正规与非正规教育相结合的发展格局。根据城乡的不同特点，逐步建立以社区为基础，以示范性幼儿园为中心，灵活多样的幼儿教育形式相结合的幼儿教育服务网络。为0—6岁儿童和家长提供早期保育和教育服务。"幼儿教育事业发展的总目标是："学前三年儿童受教育率达到55%，学前一年儿童受教育率达到80%；大中城市普及学前三年教育；全面提高0—6岁儿童家长及看护人员的科学育儿能力。"

1991年底，我国共有民办幼儿园1.2万所，占全国幼儿园总数的比例只有7%；民办幼儿园在园儿童38.5万人，占比还不到2%。到1996年，民办幼儿园数量已经翻了一番并接近2.5万所，占比达到 13%；民办幼儿园在园儿童 130.4 万人，5 年增长了 2.4 倍，占比接近 5%。到 2009 年，全国民办幼儿园超过 8.9 万所，占比达到 65%；民办幼儿园在园儿童 1134.2 万人，占比 43%。民办幼儿园成为学前教育的重要支撑。

当然也应看到，这一阶段，民办幼儿园的重要性上升，也有公办幼儿园大量减少的原因——政府和国有企业兴办的城市公办幼儿园在 21 世纪初出现了急剧的下滑，同一时期的农村税费改革也一度带来农村公办学前教育难以为继的窘迫局面。2001 年，全国幼儿园从上年的 17.6 万所大幅减少到 11.2 万所，在园儿童减少了 220 多万人，专任教师减少了 30 万人以上。在公办幼儿园数量萎缩的同时，部分社会力量兴办的幼儿园办学条件较差、师资队伍不稳定、安全事件频发，学前教育供求矛盾和质量问题凸显了出来。此外，在这一阶段，由于缺少资金、场地、师资等支持，面向 3 周岁以下儿童提供保教服务的托儿所也纷纷停办，0—3 岁儿童幼有所育的功能大体上完全还给了家庭。

二、加强法治保障和规范约束

一方面是深化教育事业发展的要求，另一方面是回应新出现的突出问题，幼有所育的法治化和规范化建设在这一阶段进展迅速。

1991 年 4 月 26 日，国家教委发布《教育督导暂行规定》，明确规定教育督导的范围"现阶段主要是中小学教育、幼儿教育及其有关工作"。这对监督、检查、评估、指导地方政府及其教育行政部门、幼儿园的工作，保证国家有关幼儿教育的方针、政策、法规的贯彻执行，以及学前教育目标的实现，提供了行政法规保障。

1991 年 9 月 4 日，七届全国人大常委会第二十一次会议通过了

《中华人民共和国未成年人保护法》，明确了国家、社会、学校、家庭保护包括婴幼儿在内的未成年人的法律责任。其中，第三章学校保护第十九条专门规定，幼儿园应当做好保育、教育工作，促进幼儿在体质、智力、品德等方面和谐发展；第四章社会保护第三十三条规定，地方各级人民政府应当积极发展托幼事业，努力办好托儿所、幼儿园，鼓励和支持国家机关、社会团体、企业事业组织和其他社会力量兴办哺乳室、托儿所、幼儿园，提倡和支持举办家庭托儿所。其他条款还作出了"学校、幼儿园的教职员应当尊重未成年的人格尊严，不得对未成年学生和儿童实施体罚、变相体罚或者其他侮辱人格尊严的行为""学校和幼儿园安排未成年学生和儿童参加集会、文化娱乐、社会实践等集体活动，应当有利于未成年人的健康成长，防止发生人身安全事故""任何人不得在中小学、幼儿园、托儿所的教室、寝室、活动室和其他未成年人集中活动的室内吸烟""卫生部门应当对儿童实行预防接种证制度，积极防治儿童常见病、多发病，加强对传染病防治工作的监督管理和对托儿所、幼儿园卫生保健的业务指导""各级人民政府和有关部门应当采取多种形式，培养和训练幼儿园、托儿所的保教人员，加强对他们的政治思想和业务教育"等规定。

1993年10月31日，八届全国人大常委会第四次会议通过了《中华人民共和国教师法》，其第十一条第（一）款规定：取得幼儿园教师资格，应当具备幼儿师范学校毕业及其以上学历。这是改革开放以来，首次对幼儿园教师的资格作出法律规定。

1994年10月全国人大常委会通过了《中华人民共和国母婴保健法》，将婴儿健康纳入法治保障。同年12月，卫生部、国家教委颁发《托儿所、幼儿园卫生保健管理办法》，在这两类机构中规范和加强了保健管理。

1995 年 3 月 18 日，八届全国人大三次会议审议通过了《中华人民共和国教育法》。第二章教育基本制度第十七条明确规定：国家实行学前教育、初等教育、中等教育、高等教育的学校教育制度。

1996 年 3 月 9 日，经过近七年的试行并进行了必要的修改后，《幼儿园工作规程》正式施行。2001 年 7 月 2 日，经过近二十年都处于草案状态的《幼儿园教育纲要（试行草案）》，升格为《幼儿园教育指导纲要（试行）》（教基〔2001〕20 号）。

20 世纪 90 年代初，国家教委还制定了《关于改进和加强学前班管理的意见》、《关于加强幼儿园安全工作的通知》、《幼儿园玩教具配备目录》、《三年制中等幼儿师范学校教学方案（试行）》、《关于开展幼儿园园长岗位培训工作的意见》、《全国幼儿园园长任职资格、职责和岗位要求（试行）》、《关于师范教育改革和发展的若干意见》等规范性文件。

2005—2006 年，针对越发凸显的幼儿安全问题，教育部先后制定了《关于做好 2005 年中小学幼儿园安全工作的意见》、《加强中小学幼儿园安全和管理工作》、《关于加强中小学幼儿园校车安全管理的紧急通知》、《关于进一步做好中小学幼儿园安全工作六条措施》，并会同公安部、司法部、建设部、交通部、文化部、卫生部、国家工商行政管理总局、国家质量监督检验检疫总局、新闻出版总署制定发布了《中小学幼儿园安全管理办法》。

三、纳入国际承诺和国家大计

1990 年召开的世界儿童问题首脑会议通过了《儿童生存、保护和发展世界宣言》和《执行九十年代儿童生存、保护和发展世界宣

言行动计划》。1991 年 3 月，中国政府签署了这两个文件。1992 年
2 月 16 日，国务院下达了《九十年代中国儿童发展规划纲要》（国
发〔1992〕9 号）——这是我国政府作为签约国，对所作出承诺的
具体履职安排。该纲要由国务院妇女儿童工作协调委员会编制，包
括九十年代我国儿童生存、保护和发展的主要目标，策略与措施，
领导与监测等主要部分，涉及人口计划生育、妇幼保健与营养、生
活与环境质量、基础教育与扫盲、社区家庭保障、困难儿童保护、
儿童权益保护、优生优育优教等方面的内容。其中专门提出：积极
发展学前教育，坚持"动员社会力量，多渠道、多形式地发展幼儿
教育"的方针，城市入园（班）率达 70%、农村学前一年幼儿入园
（班）率达 60%；在经济不发达的农村和人口居住分散、交通不便
的山区、牧区要利用多种形式进行学前教育。

2001 年，我国第二部十年期的《中国儿童发展纲要（2001—
2010 年）》正式颁布，按照《中华人民共和国国民经济和社会发展
第十个五年计划纲要》的总体要求，根据我国儿童发展的实际情况，
以促进儿童发展为主题，以提高儿童身心素质为重点，以培养和造
就 21 世纪社会主义现代化建设人才为目标，从儿童与健康、儿童与
教育、儿童与法律保护、儿童与环境 4 个领域，提出了 2001—2010
年的目标和策略措施。其中，在儿童与教育部分，明确提出"适龄
儿童基本能接受学前教育""发展 0—3 岁儿童早期教育""大中城
市和经济发达地区适龄儿童基本能接受学前 3 年教育，农村儿童学
前 1 年受教育率有较大提高"等目标任务。

2001 年国务院印发的《国务院关于基础教育改革与发展的决定》
（国发〔2001〕21 号）也提出，要"重视和发展学前教育。大力发
展以社区为依托，公办与民办相结合的多种形式的学前教育和儿童

早期教育服务。加强乡（镇）中心幼儿园建设并发挥其对村办幼儿园（班）的指导作用"。

在党中央、国务院印发的文件中，幼有所育的内容也越来越重要。前述 1993 年 2 月由中共中央、国务院印发的《中国教育改革和发展纲要》，就对大中城市和农村的学前教育作出了部署。1999 年 6 月，《中共中央　国务院关于深化教育改革，全面推进素质教育的决定》印发，提出"实施素质教育应当贯穿于幼儿教育、中小学教育、职业教育、成人教育、高等教育等各级各类教育""要重视婴幼儿的身体发育和智力开发，普及婴幼儿早期教育的科学知识和方法""积极发展以社区为依托的、公办与民办相结合的幼儿教育"。此前，国务院 1999 年 1 月批转的《面向 21 世纪教育振兴行动计划》中，也提出"实施素质教育，要从幼儿阶段抓起，要用科学的方法启迪和开发幼儿的智力，培养幼儿健康的体质、良好的生活习惯、活泼开朗的性格与求知的欲望"。

2006 年 12 月 17 日，中共中央、国务院印发《关于全面加强人口和计划生育工作统筹解决人口问题的决定》（中发〔2006〕22 号），提出"大力普及婴幼儿抚养和家庭教育的科学知识，开展婴幼儿早期教育"的要求。

2007 年 10 月，党的十七大报告在加快推进以改善民生为重点的社会建设中，明确提出要"重视学前教育"，作为优先发展教育，建设人力资源强国的重要举措之一。

在党中央、国务院高度重视下，在多元化法治化的道路上，2004 年，全国幼儿园总量开始回升，到 2009 年恢复到 13.8 万所，在园儿童 2657.8 万人，比 1989 年增加 810 余万人；专任教师接近 100 万人，比 1989 年增加近 30 万人。

第四节　加快普惠阶段　全民共享

2010年以来特别是党的十八大以来，我国幼有所育事业进入了加快普惠的新阶段，学前教育加快普及，普惠性幼儿园快速发展，婴幼儿照护和儿童早期教育服务也提上了党和政府重要议事日程。

一、基本普及学前教育的战略目标

2010年7月，《国家中长期教育改革和发展规划纲要（2010—2020年）》发布，将学前教育作为专门一章，同义务教育、高中阶段教育、职业教育、高等教育、继续教育、民族教育、特殊教育并列作为发展任务之一。在战略目标中，明确提出到2020年"基本普及学前教育"。规划了到2015年和2020年学前一年、两年、三年毛入园率的目标；其中，到2020年，要普及学前一年教育，基本普及学前两年教育，有条件的地区普及学前三年教育。在学前教育的发展任务中，特别强调"明确政府职责。把发展学前教育纳入城镇、社会主义新农村建设规划。建立政府主导、社会参与、公办民办并举的办园体制。大力发展公办幼儿园，积极扶持民办幼儿园。加大政府投入，完善成本合理分担机制，对家庭经济困难幼儿入园给予补助"。此外，还提出了"重视0—3岁婴幼儿教育"和"重点发展农村学前教育"。

表 2-1　《国家中长期教育改革和发展规划纲要（2010—2020 年）》中的学前教育目标

发展指标	2009 年	2015 年	2020 年	2020 年 *
幼儿在园人数（万人）	2658	3400	4000	4500
学前一年毛入园率（%）	74	85	95	—
学前两年毛入园率（%）	65	70	80	—
学前三年毛入园率（%）	50.9	60	70	85

注：* 表示《国家教育事业发展"十三五"规划》更新的目标。

二、国务院学前教育专门文件"国十条"

2010 年 11 月 21 日，《国务院关于当前发展学前教育的若干意见》（国发〔2010〕41 号）印发。这是国务院为贯彻落实中共十七届五中全会、全国教育工作会议精神和《国家中长期教育改革和发展规划纲要（2010—2020 年）》，制定的关于学前教育的专门文件，具有里程碑意义。由于明确提出了十条意见，这份国务院文件在业内俗称"国十条"：一是把发展学前教育摆在更加重要的位置；二是多种形式扩大学前教育资源；三是多种途径加强幼儿教师队伍建设；四是多种渠道加大学前教育投入；五是加强幼儿园准入管理；六是强化幼儿园安全监管；七是规范幼儿园收费管理；八是坚持科学保教，促进幼儿身心健康发展；九是完善工作机制，加强组织领导；十是统筹规划，实施学前教育三年行动计划。

"国十条"最重要的作用，是给学前教育重新确定了性质和方向——"学前教育是终身学习的开端，是国民教育体系的重要组成部分，是重要的社会公益事业""办好学前教育，关系亿万儿童的健康成长，关系千家万户的切身利益，关系国家和民族的未来"，"发展学前教育，必须坚持公益性和普惠性，努力构建覆盖城乡、布局合理的学前教育公共服务体系""必须坚持政府主导,社会参与,公办民办并举,落实各级政府责任,充分调动各方面积极性""各级政府要充分认识发展学前教育的重要性和紧迫性,将大力发展学前教育作为贯彻落实教育规划纲要的突破口,作为推动教育事业科学发展的重要任务,作为建设社会主义和谐社会的重大民生工程,纳入政府工作重要议事日程,切实抓紧抓好""大力发展公办幼儿园,提供'广覆盖、保基本'的学前教育公共服务""各级政府要将学前教育经费列入财政预算。新增教育经费要向学前教育倾斜。财政性学前教育经费在同级财政性教育经费中要占合理比例,未来三年要有明显提高"。

为深入贯彻教育规划纲要,落实《国务院关于当前发展学前教育的若干意见》,帮助广大幼儿园教师和家长了解3—6岁幼儿学习与发展的基本规律和特点,全面提高科学保教水平,教育部组织专家研究制定了《3—6岁儿童学习与发展指南》(教基二〔2012〕4号),于2012年10月9日印发。

三、党的十八大以来学前教育的飞跃发展

党的十八大报告,在改善民生和创新管理中加强社会建设这部分强调"办好学前教育",作为努力办好人民满意的教育的重要一环。2012年,全国幼儿园总数达到18.1万所,恢复到了20世纪90年代后期的水平;在园儿童达到3685.8万人,不但创造了历史新高,而且提前完成了《国家中长期教育改革和发展规划纲要(2010—2020年)》提出的到2015年的目标;专任教师接近150万人,也创造了历史新高。2013年,首期学前教育三年行动计划实施完成,全国幼儿园进一步增加到19.9万所,在园儿童增至3894.7万人,专任教师

166 万人，这三项指标均超过了此前的最高水平。同年，学前教育毛入园率达到 67.5%，比 2010 年提高了 10.9 个百分点，明显超过了《国家中长期教育改革和发展规划纲要（2010—2020 年）》中 2015 年的目标，也创造了历史新高。

2014 年 11 月 3 日，经国务院同意，教育部、国家发展改革委、财政部印发《关于实施第二期学前教育三年行动计划的意见》（教基二〔2014〕9 号），提出"到 2016 年，全国学前三年毛入园率达到 75% 左右"的新目标，比《国家中长期教育改革和发展规划纲要（2010—2020 年）》安排的 2020 年目标还要高出 5 个百分点。同时还提出："城镇和经济发达地区的农村全面普及学前三年教育，其他农村地区特别是集中连片特困地区学前三年毛入园率有较大增长。初步建成以公办园和普惠性民办园为主体的学前教育服务网络。逐步建立起以公共财政投入为主的农村学前教育成本分担机制。幼儿园办园水平和保教质量显著提高。"

到第二期学前教育三年行动计划实施完成的 2016 年，全国幼儿园已近 24 万所，在园儿童增至 4413.9 万人，专任教师 223 万人，学前教育毛入园率达到 77.4%，再次超额完成了既定的目标任务。

2017 年 4 月 13 日，教育部、国家发展改革委、财政部、人力资源和社会保障部四部门印发《关于实施第三期学前教育行动计划的意见》（教基〔2017〕3 号），部署了三个方面的重点任务和五个方面的政策措施，提出到 2020 年，基本建成广覆盖、保基本、有质量的学前教育公共服务体系，全国学前三年毛入园率达到 85% 的新的更高目标。

随着党中央和国务院越来越重视，并且"真金白银"持续加大了财政投入的力度，学前教育的发展迈上了新的台阶，达到了新的历史高度，群众反映强烈的"入园难"问题得到一定程度的缓解。

四、党的十九大提出幼有所育新方略

习近平总书记在党的十九大报告中，提出了新时代坚持和发展中国特色社会主义的十四条基本方略。其中第八条"坚持在发展中保障和改善民生"，明确提出了"幼有所育"的新要求。当年的中央经济工作会议提出："解决好婴幼儿照护和儿童早期教育服务问题"。

在前述《中共中央国务院关于深化教育改革，全面推进素质教育的决定》《中国儿童发展纲要（2001—2010年）》《国务院关于基础教育改革与发展的决定》《关于全面加强人口和计划生育工作统筹解决人口问题的决定》《国家中长期教育改革和发展规划纲要（2010—2020年）》等重要文件中，已经有关于婴幼儿早期教育、0—3岁儿童早期教育、婴幼儿抚养等幼有所育相关表述，但还没有形成关于幼有所育的完整的政策话语体系。

2011年7月30日，国务院印发了《中国妇女发展纲要（2011—2020年）》和《中国儿童发展纲要（2011—2020年）》（国发〔2011〕24号）。在儿童发展纲要中，提出"促进0—3岁儿童早期综合发展"的目标和"积极开展0—3岁儿童科学育儿指导""积极发展公益性普惠性的儿童综合发展指导机构，以幼儿园和社区为依托，为0—3岁儿童及其家庭提供早期保育和教育指导""加快培养0—3岁儿童早期教育专业化人才"等任务。使用儿童早期综合发展这一表述，与国际上的"Early Childhood Development"表述实现了接轨。

2011年11月23日，国务院印发了《国家人口发展"十二五"规划》（国发〔2011〕39号），提出"加强婴幼儿早期教育""探索建立以家庭为中心的人口计生公共服务体系，开展……儿童早期发展、家庭教育指导"等任务。

2012年4月17日,《教育部办公厅关于开展0—3岁婴幼儿早期教育试点工作有关事项的通知》（教基二厅函〔2012〕8号）印发。为贯彻落实教育规划纲要精神,探索发展0—3岁婴幼儿早期教育的模式和经验,教育部决定选择部分地（市）先行开展0—3岁婴幼儿早期教育试点。同年6月14日,教育部印发了《国家教育事业发展第十二个五年规划》（教发〔2012〕9号）,提出"加强对学前教育机构、早期教育指导机构的监管和教育教学的指导""加强学前教育科学研究,推动学前教育和家庭教育相结合,依托幼儿园,利用多种渠道,积极开展公益性0—3岁婴幼儿早期教育指导服务""发挥市场机制的作用,鼓励发展……早期教育服务"等任务。

上述文件的制定和实施,为党的十八大以来关于0—3岁婴幼儿早期综合发展相关政策的制定,为党的十九大正式提出"幼有所育"的新方略新要求,进行了有益的探索。

2014年12月25日,国务院办公厅印发《国家贫困地区儿童发展规划（2014—2020年）》（国办发〔2014〕67号）,提出"依托幼儿园和支教点,为3岁以下儿童及其家庭提供早期保育和教育指导服务"。

2016年12月30日,国务院印发了《国家人口发展规划（2016—2030年）》（国发〔2016〕87号）,提出"加强科学预测,合理规划配置儿童照料、学前和中小学教育、社会保障等资源,满足新增公共服务需求""引导和鼓励社会力量举办非营利性妇女儿童医院、普惠性托儿所和幼儿园等服务机构""建立完善包括生育支持、幼儿养育……在内的家庭发展政策""完善税收、抚育、教育、社会保障、住房等政策,减轻生养子女家庭负担""探索适合国情的儿童早期综合发展指导模式,发展适度普惠型儿童福利制度"

等要求。

2017年1月10日，国务院印发了《国家教育事业发展"十三五"规划》（国发〔2017〕4号），提出："继续扩大普惠性学前教育资源，基本解决'入园难'问题。以区县为单位实施学前教育行动计划及后续行动。支持企事业单位和集体办园，扩大公办学前教育资源。完善普惠性民办幼儿园扶持政策，鼓励地方通过政府购买服务、补贴租金、培训教师等方式，加快民办普惠性幼儿园发展。发展0—3岁婴幼儿早期教育，探索建立以幼儿园和妇幼保健机构为依托，面向社区、指导家长的公益性婴幼儿早期教育服务模式。"

可以预见，以年龄阶段来划分，3—6岁的学前保育和教育、0—3岁的婴幼儿早期综合发展，将构成我国幼有所育体系的两个重要支撑；从性质来看，公益性和普惠性的服务应该是主体，营利性的托幼服务和学前教育作为重要组成部分；从主体来看，政府兜底具有基本公共服务属性的事项，家庭是幼有所育的基础，市场主体和社会力量以多种形式广泛参与。

第五节　主要经验和未来展望

一、改革开放以来推进幼有所育的主要经验

纵观新中国成立七十年来，幼有所育相关工作的改革和发展历程，不难提炼出以下几点经验。

一是党政重视，纳入公共议程。不论是学前教育行政管理机构的恢复，还是学前教育三年行动计划的实施，背后都是党中央的正确决策和国务院的安排部署。不论是3—6岁的学前教育，还是0—

3 岁的婴幼儿早期教育，都离不开地方党委和政府的重视，如此才能真正落地发展，进而产生实效。中国特色幼有所育事业，是以党的领导和政府主导为鲜明特色的。

二是体系覆盖，铺设服务网络。幼有所育是针对婴幼儿及其家庭的重大方针和重要政策，需要服务体系和服务网络，具体来说就是服务设施和服务人员对服务对象的直接覆盖和间接辐射。服务体系覆盖越广，受益人群越多。服务网络越注重向基层铺设，政策的效果就越实。未来建设新时代的幼有所育服务体系，可以借鉴社会保障体系、社会福利体系、基本公共服务体系等的方法论。

三是多方协作，调动社会力量。0—6 岁儿童数以亿计，其家庭以千万计，不可能全部由政府来提供服务和保障，一定需要市场主体和社会力量广泛而深入地参与，家庭自身也应发挥好在育幼中不可替代的基础作用。不同的主体发挥各自的比较优势，提供多层次、多样化的服务，可以形成互补；再通过协作进一步形成整体合力，有利于幼有所育事业的充分发展。

四是试点先行，鼓励改革创新。几千年前就提出的"幼吾幼以及人之幼"，随着时代的变化，总要面临新的情况、新的问题、新的挑战，不可能一招制胜，也不可能一步到位。有必要通过试行、试点、草案等方式在先期推动，一边试验一边总结，不断提炼经验，诚恳吸取教训，深入剖析所需条件，适时向条件成熟的地区推开。

五是因地制宜，立足发展阶段。中国幅员辽阔，各地区在经济发展水平、地域文化特征、社会力量培育等方面存在较大的差别。由中央政府宏观指导，由地方政府承担直接责任和具体任务，把全国的共性同地方的特性相协调，兼顾一般和特殊，符合马克思主义的基本要求，能够实事求是地推动幼有所育相关工作。国家和地方立足发展阶段，积极而为、量力而行，有利于可持续发展。

六是兼容并包，借鉴国际经验。联合国儿童基金会等国际组织、多数发达国家以及一些发展中国家，在学前教育和儿童早期发展领域积累了大量的案例，从制度框架和服务体系的搭建到法律法规和规划政策的制定，再到提供方式和流程机制的设计，都可以从国际上的宝贵经验中汲取丰富的营养。在经过符合国情的本土化改造、改进、改良后，就能形成接地气儿的具体方案。

二、加快构建幼有所育的服务体系

2017 年 12 月，中央经济工作会议在部署 2018 年重点工作中指出，要解决好婴幼儿照护和儿童早期教育服务问题。这是对党的十九大报告关于"幼有所育"新要求的具体部署，是对接连发生侵害婴幼儿事件的强有力回应，也是未来一段时期民生工作的重中之重。

落实党中央的要求，顺应老百姓的期盼，必须首先破除思想观念上存在的障碍。

从携程亲子园事件、红黄蓝幼儿园事件的讨论看，仍然有一些人认为，家庭应该承担儿童照护的全部责任。也有不少人认为，如果由国家提供服务，那就是超越发展阶段的过度福利。这样偏颇的思想观念，既缺乏常识，也缺乏专业知识，而且还缺乏对现阶段国情的认识。

人们常讲，儿童是国家的未来，民族的希望。那么，我们为什么要反对国家对自己的未来进行投入呢？对儿童发展的投入斤斤计较的国家或民族，怎么敢奢谈未来？凭什么让希望变为现实？

我们必须看到，现在正处于婴幼儿阶段的中国小公民们，到 2035 年时，正值高中毕业到研究生毕业的年龄段；到 2050 年时，正处于 35 岁上下这一最年富力强的阶段。也就是说，今天由家庭、国家、社会共同照护起来的婴幼儿，将成为我国基本实现现代化时的新生代建设者，也将成为建成社会主义现代化强国时的社会中坚力量。为今天的婴幼儿照护投入，就是对我们国家未来的投入，这是为实现伟大复兴中国梦而进行的必要投入。

对儿童特别是婴幼儿的投入，实际上是一种人力资本投资，而且是回报率很高的投资。诺贝尔经济学奖得主詹姆斯·赫克曼的研究表明，在婴幼儿阶段进行投资，可以取得几倍甚至是十几倍的回报。这种具有高回报率的投入，显然不是纯粹的福利性质的投入，更谈不上是什么过度福利。

我国的家庭正在经历快速的小型化过程，与之相伴随，家庭进行儿童照护的能力在减弱。再加上城镇化的不彻底，跨地区转移人群的家庭被分割，留守儿童与父母天各一方。家庭需要国家的支持，需要社会的帮助。并不是说家庭放弃应有的责任，可以不管儿童了。而是说国家和社会理应施以援手，帮助家庭更好地履行儿童照护的职责。

国家力量对婴幼儿照护和儿童早期教育的正式介入，可以通过服务体系的加快构建来实现。

针对 3—6 岁儿童，笔者建议将学前教育全面纳入基本公共教育的保障范围。

学前教育不适合成为义务教育，因为义务教育既对国家有强制性，又对家庭有强制性。如果家庭有意愿、有能力自行照护和教育 3—6 岁的儿童，就不宜强制其将儿童送到幼儿园。但只要是家庭有需要，国家就应该提供学前教育的学位及相应的服务，并且由公共财政进行兜底保障，这就是学前教育作为基本公共教育的含义。

针对0—3岁儿童，需要建立国家和社会对家庭的支持体系，增强家庭的照护和教育能力。

3岁以下的儿童，家庭成员的陪伴是必不可少的，但这并不妨碍家庭以外的力量给予帮助。国家可以支持社区建立便捷、规范、安全的托幼服务机构和儿童早期发展平台，家长既可以带孩子共同接受指导、共同参与活动，又可以在特殊情况下得到喘息服务。企业面向自己的员工、公益组织面向特定的人群提供托幼服务机构和儿童早期发展的服务，也应得到鼓励，并且获得专业的帮助。

不论是3—6岁还是0—3岁儿童的照护和发展，都需要三个方面的投入。

一是硬件设施的投入。学前教育机构、托幼服务机构、儿童早期发展公益机构和平台的建设，应当成为当前及今后一个时期民生设施建设的重点工程。笔者建议按照常住人口的一定比例，合理规划并及时补足学前教育的学位，并根据儿童流动状况作出适当调整；同时，应按照儿童的数量和实际的需求，在社区配建托幼和儿童早期教育服务的场地设施。

二是服务人员的投入。硬件设施需要专业化的服务队伍来运转，才能发挥真正的作用。考虑到短期内财政的可承受能力，可以考虑用类似"混合所有制"的办法，组建"混合所有制"的服务人员团队。管理层以体制内、编制内人员为主，一线服务者以聘任制的职工、专业的社会工作者为主。相配套地，要建立起清晰的职业上升通道和有效的薪酬制度，不断扩大专业化、职业化的队伍。

三是公共资源的投入。包括土地资源、编制资源、公共投资、公共财政等投入，确保婴幼儿照护和儿童早期教育服务的用地指标、人员编制，加大基本建设和财政支持的力度。

要在全国范围有效推动中央部署的这项工作，必须在国家层面明确主责部门。教育部作为全国3—6岁学前教育的主责部门，是确定的，没有任何争议。然而，由谁来承担0—3岁阶段的托幼和儿童早期教育服务的主要职责，在很长一段时期还存在争议。这个争议不解决，相关的工作就难以切实推进。

可喜的是，2019年4月印发的《国务院办公厅关于促进3岁以下婴幼儿照护服务发展的指导意见》（国办发〔2019〕15号）明确："婴幼儿照护服务发展工作由卫生健康部门牵头，发展改革、教育、公安、民政、财政、人力资源社会保障、自然资源、住房城乡建设、应急管理、税务、市场监管等部门要按照各自职责，加强对婴幼儿照护服务的指导、监督和管理。"

在明确主责部门以后，还要加快制定行业标准和规范。既要有底线的标准和规范，监管必须严守底线，坚决遏止向下突破；又要有示范性的标准和规范，引导建设和服务向更高的水准看齐。比如，摄像头24小时无死角全覆盖、录像视频定期备份和随时备查，就应该作为底线标准。现阶段，服务人员全员具有专业资质，可以作为示范标准，在服务队伍发展比较充分以后，就需要将其转换为底线标准。服务标准和规范应具体划分为若干等级，收费水平与之挂钩。

幼有所育不仅是家庭的微观关切，更是国家的宏观大计，众人的事情应该让众人参与。工青妇等社会组织、社会企业、专业社工和志愿者、新闻媒体、儿童家长、第三方评估机构乃至智库等社会力量，应尽可能发挥出各自的比较优势，与政府一道，搭建起多主体共同治理的框架，为攸关国家未来和民族希望的大事，共同献计、共同监督、共同推动。

（执笔人：顾严）

第三章　学有所教　提高素质

教育是民族振兴、社会进步的基石，是提高国民素质、促进人的全面发展的根本途径，寄托着亿万家庭对美好生活的期望。七十年来，我国政府高度重视教育发展，坚持教育优先发展战略，建成了完善的教育体系，实现了从人口大国向人力资源大国的转变。从总体来看，改革开放四十年来我国经历了全面恢复、制度重建、大力发展、制度完善四个阶段，形成了现代化的教育体系。我国教育事业发展的主要经验包括法制保障、财力保障及师资保障，教育事业模式可总结为政府主导、社会协同、公效统筹。

十年树木，百年树人。对国家而言，教育既是总体提升人力资本水平、促进经济增长的发动机，又是畅通阶层流动，维护社会公平的压舱石。长期以来，教育事业作为老百姓最关注的民生问题之一，政府一贯对其予以高度重视。改革开放至今，教育事业长足发展，各级各类教育均取得显著成效。其中，普通小学专任教师数量从 523 万人增加到 579 万人；普通初中专任教师数量从 244 万人增加到 350 万人；中等职业教育专任教师数量从 10 万人增加到 83 万人；普通高中专任教师数量从 74 万人增加到 173 万人；高等教育专任教师数量从 21 万人增加到 160 万人。本部分将针对改革开放至今除学前教育以外的教育阶段的事件、政策进行梳理。

第一节　全面恢复　万象更新

新中国成立初期，中国教育制度的发展开始起步，在各级政府通力协作之下，形成了基本的教育制度，教育普及程度得到极大提升。尽管曾遭遇挫折，但总体而言，这一时期的各类教育均取得良好的发展，为之后的教育事业发展打下了坚实的基础。

一、社会主义教育制度初步确立

1949 年到 1957 年中国教育事业的建设重点是普及小学教育。1949 年 10 月 1 日，中华人民共和国成立。经历了多年战争，中国百废待兴，政治、经济、科技、文化等各项建设需要迅速开展，这就赋予了当时教育重大的使命。在 1949 年 12 月召开的第一次全国教育工作会议上，明确了普及与提高相结合的教育工作方针。1951 年 3 月，教育部提出 10 年内基本普及小学教育的目标。同年 10 月，《关于改革学制的决定》对各级各类学校中的学制作出了相应的规定。1952 年，《关于接办私立中、小学的指示》要求逐步将私立中、小学全部由政府接办，改为公立（到 1956 年基本实现）。1954 年 9 月，一届全国人大一次会议通过了《中华人民共和国宪法》（以下简称《宪法》），其中，第九十四条规定："中华人民共和国公民有受教育的权利"，从法律的最高层面确立了我国公民受教育的基本权利。同年 9 月，中共八大提出必须用极大的努力逐步扫除文盲。有资料显示，1949 年，全国普通高等教育学校、中等学校、小学在校生分别只有 11.7 万人、126.8 万人、2439.1 万人，各级各类学校在校生数占全国总人口的 4.76%。1957 年的在校学生数，中等学校达到 708.2 万人，比新中国成立前期最高年（1946年）的 187.9 万人多了 520.2 万人，即增加了 2.8 倍，比 1949 年的 126.8 万人多了 581.3 万人，即增加了 4.6 倍；小学达到 6428 万人，比 1949 年的 2439 万人多了 3989 万人，即增加了 1.6 倍。各级各类学校的教学质量普遍提高，为人民教育事业的长足发展提供了保障。

二、不断探索适合中国的教育制度

至 1965 年"文化大革命"前夕，中国的教育事业发展达到了历史最好水平。这一时期，中国在苏联教育经验的基础上开始逐步探索完善适合中国国情的社会主义教育制度。1958 年 9 月，中共中央、国务院发布《关于教育工作的指示》，指出党的教育方针要坚持教育与生产劳动相结合，并由党来领导，同时提出 3—5 年扫除文盲、普及小学教育的目标。"大跃进"、"反右倾"、自然灾害以及来自苏联方面的经济、政治压力等因素造成中国经济发展在 1959—1961 年间陷入了极度困难的境地。1961 年，中共中央转批了中央文教小组的《关于 1961 年和今后一个时期文教工作安排的报告》，初步形成了国民经济"调整、巩固、充实、提高"的八字方针。1961—1963 年间，先后颁布全日制中学、小学暂行工作条例草案。1964 年，教育部要求进一步贯彻"两条腿走路"的方针，逐步实现"两种教育制度"，并提出在 1965 年以及第二个五年计划期间，积极发展小学教育，特别是简易小学，以解决农村儿童入学的问题。1965 年，全国共有半工半读小学 84.9 万所，在校生达 2518.1 万人，占全国小学在校生总人数的 21.67%。

三、教育事业遭受冲击

1966—1976 年间，"文化大革命"席卷全国，教育领域受到严重影响。中小学教材因为没有充分以毛泽东思想为主要内容，于是被迫重新编写。少数民族教育事业也遭到了严重破坏，大多数民族学校被迫停办或改变性质，教学设备、图书资料甚至校舍与生活品都遭到了不同程度的破坏。

有资料显示，1965 年，全国高中阶段在校生 273.1 万人，其中普通高中在校生 130.8 万人，占在校生总数的 47.9%，中专、技工、职中各类职业技术学校在校生合计 142.3 万人，占在校生总数的 52.1%。而到了 1976 年，普通高中在校生达 1483.6 万人，中专、技工、职中各类职业技术学校在校生人数占高中阶段在校生总数的 1.16%。中等教育结构如此单一化，进一步加深了中等教育对国民经济发展严重的不适应性，大量毕业生无法适应劳动就业的需要。值得一提的是，"文化大革命"对中国农村地区的影响极其深远，促使农村基础教育进一步发展和普及。1962—1976 年间，初中农村在校生占比由 37.1% 增长到了 75.2%，高中农村在校生占比从 7.8% 增长到了 62.3%。

第二节　痛定思痛　拨乱反正

1978—1985 年为我国教育事业的全面恢复阶段，经历了特殊历史时期，我国教育事业百废待兴，伴随着高考的恢复，教育各领域的恢复工作全面启动。

一、教育制度初步恢复

改革开放后，在逐渐恢复原有高校以及增设新高校的同时，开始了教育制度上的重建。从 1977 年起，高校迎来了第一个恢复与增设的高峰，其中包括被撤销的人民大学等高校。1977 年 8 月 8 日，邓小平在《关于科学和教育工作的几点意见》中指出，"在大专院校中先集中力量办好一批重点院校，重点院校除了教育部要有以外，各省市自治区和各个业务部门也要有一点"。1977 年 9 月 19 日，邓小平在《教育战线的拨乱反正问题》中再次提出重点大学问题："重点大学搞多少，谁管，体制怎么定？我看，重点大学教育部要管起来。教育部直属重点大学，双重领导，以教育部为主。教育部要直接抓好几个学校，搞点示范。"1978 年 2 月，国务院转发教育部《关于恢复和办好全国重点高等学校的报告》，第一批确定全国重点学校 88 所。

1982 年 12 月 4 日，五届全国人大五次会议通过的《中华人民共和国宪法》第十九条规定："国家举办各种学校，普及初等义务教育，发展中等教育"。这是新中国成立 33 年来，首次以国家根本大法——宪法的形式对教育作出了明确规定，确立了其法律地位，标志着中华人民共和国教育开始进入以法治教的历程，这是中国教育史上一次重要的飞跃。

1985 年 5 月，中共中央会议上通过了《中共中央关于教育体制改革的决定》（以下简称《决定》）。《决定》认为：要想真的改变教育在制度、结构、内容上的不足，就要从教育体制入手，有系统地改革、有步骤地在初等教育实行九年制义务教育，在中等教育发展职业技术教育，在高等教育中扩大高等学校办学自主权。从20 世纪 50 年代后期开始，由于全党工作重心一直没有转移到经济建设上来，由于"以阶级斗争为纲"的"左"的思想的影响，教育事业没有被放到应有的重要地位，同世界发达国家在许多方面本来已经缩小的差距又拉大了。改革开放之后，我国教育事业得到了全面恢复，《决定》的颁布又标志着教育事业发展进入了新的阶段。

二、高等教育的恢复与增设

1978 年，国务院批准恢复和新建高等师范学校 102 所，全国高等师范学校达 157 所。五届全国人大一次会议提出："充分发挥现有高校的潜力，积极扩大招生人数，加快建设新的高等学校。"在这种思想的指导下，高等学校数量从 1977 年的 404 所猛增到 1978 年的 598 所。

恢复与增设高校的过程也是设置制度的重建过程。1978 年 4 月 14 日《国务院批转教育部关于专科学校改为学院的审批权限的请示》，要求"此后，关于撤销，增加高等学校的决定，应由省、市、自治区革委会或部委上报国务院审批，这包括大学、学院、专科学校。若专科学校改为学院、大学，应由省、市、自治区革委会或部委上报国务院，并抄送教育部代为批示""另外，在学制、科类性质、归属和领导体制不变时，若改变名称，可由省、市、自治区革委会或部委审批，抄送教育部备案，例如沈阳医学院恢复中国医科大学"。1979 年 2 月 16 日，国家劳动总局、教育部联合发出《关于增设四所技工师范学院的通知》，经国务院批准，为了培育技校师资，在山东、天津、河南、吉林设置了 4 所技工师范学院。

1979 年 9 月，在《中共中央　国务院关于加强高等学校统一领导、分级管理的决定（试行草案）》中，决定对高等学校实行中央统一领导，中央和省、市、自治区两级管理的制度，并规定了高校设置的管理权限。中央教育部的主要职责为"审核高等学校的设置，停办和领导管理关系，编制学校的发展计划，提出关于学校发展的规划"。中央各业务部门主要职责为"有关高等学校的发展、专业、修业等提出意见，对高等学校的规划计划提出建议等"。省、市、自治区人民委员会的职责为"设置、调整高等学校，对学校发展提出建议，对高校的事业计划提出意见"。另外，《国防科工委、教育部关于解决国防科技工业三线和边远艰苦地区教育工作若干问题的报告》提出："整顿现有的职业学校，加强领导，相对于各自需要和条件，逐步整改成工业专科学校。"

1983年迎来了第二个高校增设高峰，教育部提出下放高等专科学校的审批权至省、市政府，规定地方政府及国务院各部门都有权成立高等专科学校，但是没有同时制定高等学校审批条例，也没有及时提出审批高等学校的原则和标准。1983年4月，国务院批转了《教育部、国家计委关于加速发展高等教育的报告》，提出：第一，五年内全日制高等学校年度招生人数，由1982年的31.5万人增加到1987年的55万人，增长75%；1987年的在校学生数将增加到176万人，比1982年的115.3万人增长53%，平均每年增加在校生12.1万人。1983年实际招生人数拟安排36万人，比1982年增加45万人，增长14%。在实际执行时，还应力争多招一些。第二，采用其他形式举办的高等教育，要在注重质量的前提下更快地发展。初步设想为招生人数由1982年的29万人增加到1987年的110万人，增长2.8倍。在校学生数由1982年的64万人增加到1987年的237万人，增长2.7倍。由于审批权的下放与高速发展的政策指导，从1983年到1986年，高等教育的发展又进入一个狂热的高峰期，中专升格为大专，大专升格为大学的热潮一浪高过一浪。三年之内，中国奇迹般地涌现出 301 所高等学校，平均每年增加 100 所。

1983 年，匡亚明、刘丹、李曙森、屈伯川联名向中央提出《关于将 50 所左右高等学校列为国家重大建设项目的建议》，即 "835 建言"。在此建议之下，1984 年 4 月，国家计委、教育部经过研究论证，建议将北京大学、清华大学、复旦大学、西安交通大学、上海交通大学、中国科技大学、北京医学院、中国人民大学、北京师范大学、北京农业大学共 10 所高等院校列为当前国家重点建设项目。

三、基础教育目标确立

在高等教育全面恢复的同时，基础教育的恢复工作也紧锣密鼓地展开了。1980 年 12 月 3 日，中共中央、国务院发布《关于普及小学教育若干问题的决定》，提出："在八十年代，全国应基本实现普及小学教育的历史任务，有条件的地区还可以进而普及初中教育。小学教育是整个教育的基础，要提高教育质量，提高全民族的科学文化水平，必须从小学抓起。"该决定对各地推行普及小学教育有重要的指导作用。

1983 年 8 月 16 日，教育部发布的《关于普及初等教育基本要求的暂行规定》提出，普及初等教育必须从实际出发，以统一性和多样性相结合为原则，普及初等教育现阶段一般要达到的基本要求为：学龄儿童的入学率在 95% 以上，在校学生年巩固率在 97% 以上；关于毕业班学生的毕业率，城市是 95% 以上，条件好的农村地区达到 90% 左右，其他地区 80% 左右；有关初等教育的普及率，12—

15 周岁的少年儿童应是 95% 以上,另外应抓好各个地方的教师培养工作。

正式提出"普九"重大任务是在 1985 年 5 月,《中共中央关于教育体制改革的决定》明确指出:我国小学、初中实行九年制义务教育,并从中国社会经济文化发展不平衡的实际出发将全国划分为三类地区,积极而有步骤地、分期分批地实施九年制义务教育。这是自新中国成立以来,我国首次正式提出实施"九年制义务教育",从中国实际出发为"普九"工作因地制宜的发展作出了总体部署,给全国普及义务教育提出了新的奋斗目标,也为义务教育的局部规模的扩张营造了政策层面上的支持,为《中华人民共和国义务教育法》的出台奠定了良好政策平台,是一个具有重大意义的教育事件。

1980 年 12 月,中共中央、国务院印发了《关于普及小学教育若干问题的决定》,正式提出了"两条腿走路"的投资体制模式,也成为相继出台的城乡教育费附加的征收等筹资方式的政策依据。该决定指出:在我们的国家里,人口众多,经济不够发达,那么普及小学教育就不能完全靠国家,应有"两条腿走路"的方针,以国家办学为主体,提高社队集体、厂矿企业的积极性,另外应鼓励群众自筹经费办学。

第三节　立章建制　依法办教

自高考恢复后,经过几年的发展,我国教育事业进入了制度建立阶段,这一阶段为 1986—1994 年,其重要标志是 1986 年《中华人民共和国义务教育法》的颁布。在这一时期我国的各级各类教育均进行了积极的探索和大胆的尝试，得到了相当程度的发展，社会主义教育制度已经基本确立，教育事业有了很大发展，为社会主义建设培养了大批人才，形成了上千万人的教师队伍，办学的物质条件程度不同地有所改善。九年制义务教育开始有计划、分阶段地实施，全国有超过90%人口的地区普及了小学教育；职业和技术教育得到相当程度的发展，中等职业技术学校招生和在校学生人数占高中阶段学生人数的比例均已超过50%，改变了中等教育结构单一化的局面；高等教育发展较快，普通高等学校和成人高等学校在校学生超过400万人，初步形成了多层次、多种形式、学科门类基本齐全的体系；形式多样的成人教育和民族教育也得到很大发展；农村基础教育实行地方负责、分级管理的体制取得了明显效果，教育同科技、农业的统筹结合开始显示出生命力；涌现出一批尊师重教并取得较大成绩的地区、部门和单位。

一、义务教育普及工作全面开展

1986年4月，六届全国人大四次会议审议通过的《中华人民共和国义务教育法》(以下简称《义务教育法》)于7月1日起施行。《义务教育法》对义务教育过程中国家、社会、学校、家长的权利、义务及法律责任等作出了明确规定，这是我国首次对义务教育的专门立法，更是中国教育史上的里程碑事件，不仅全面保障了公民享受教育的权力，同时还体现了公民接受教育的义务。为更好地推动义务教育法顺利实施，1986年9月国务院办公厅转发了国家教委、国家计委、财政部、劳动人事部联合制定的《关于实施〈义务教育法〉若干问题的意见》，对有关普及九年制义务教育的重要问题作了原则性的规定：包括有关九年制义务教育的基本安排、合理要求、九年制义务教育工作的普及要求、工作安排、义务教育的入学年龄、学习年限、相关学校的布置、管理、考核、监督、师资、奖助学金、法律责任、教育经费等。

随着各级各类教育发展目标的确立，细化的实施办法也开始不断出台。1992年3月，经国务院批准，国家教委正式发布施行《义务教育法实施细则》，就义务教育的实施步骤、规划指标、管理体制等作出了原则性的规定。同年10月党的十四大明确提出了"两基"的重大决策，即"到本世纪末，基本普及九年义务教育、基本扫除青壮年文盲"。1993年国务院批转了《国家教委关于加快改革和积极发展普通高等教育的意见》，确定了高等教育的主要任务：坚持社会主义办学方向，改革高等教育办学和管理体制，转变政府管理部门职能，扩大学校办学自主权，改革学校内部管理体制和运行机制，深化教育和教学改革，探索高等教育发展的新路子。通过改革，使规模得到发展，结构得以合理，质量和效益得到提高。

二、职业教育发展走上正轨

第一次全国职业教育工作会议强调，有关高等职业学校、广播学校、高等专科学校应列入职业教育，"高等职业教育"一词从1986年开始使用。这一时期我国的高等职业教育大体上可以归纳为四类：一是高等职业技术师范院校；二是短期职业大学；三是高等专科学校；四是技术专科学校。1986年国务院发布了《高等教育管理职责暂行规定》，有关高校设置职责分配为：国家教委审批高等学校（含高等专科学校，下同）、研究生院的设置、撤销和调整，制订高等学校、研究生院的设置标准。1986年底，国务院发布了《普通高等学校设置暂行条例》，在普通高校设置的标准、学校的命名、审批验收、检查处理等方面作了详尽的规定，这是自新中国成立以来我国第一部关于高校设置的文件，也是高校设置走向制度化规范化的一个重要标志。

1990 年 11 月，国家教委在广州召开全国普通高等专科教育工作座谈会，这是我国首次由国家教育行政部门召开的全面研究专科教育的工作会议。会后正式颁布了《关于加强普通高等专科教育工作的意见》，文件明确阐述了高等专科教育的性质、地位和培养目标。文件提出："普通高等专科教育是一种在普通高中教育基础上的，比本科修业较短的专门行业的教育，培养适应于基层部门和企事业单位需要的，各方面都能得以发展的专门性人才。"1991 年 4 月 28 日，国家教委开始清理整顿普通高等学校分校（分院、教学点），认为目前多数普通高等学校的分校（分院、教学点）实际上已经变成了独立设置的高等教育实体，使得高等教育的布局结构发生变化，出现了很多不必要的重复；普通高等学校在校外设置的分校（分院）和教学点因投入不足、师资不稳定，一般不具备完整的办学条件，教育质量也难以保证。

三、高等教育治理有序展开

在发展义务教育、职业教育的同时，高等教育的整顿也紧锣密鼓地展开了。1990 年 4 月，国家教委发出《关于高等学校治理整顿中几个政策性问题的通知》，要求各地区各部门对办学条件达不到国务院《普通高等学校设置暂行条例》规定标准的学校进行充实整顿。治理整顿期间，国家将严格控制相关普通高等学校的增加，不再增设高等学校。对高等学校从低层次向高层次发展，原则上也不再批准，鼓励各学校各专业在所在层次上办出特色和水平，并对高等学校的联合办学与学校名称问题进行了规定。

四、教育战略地位得到确立

1992 年 10 月，党的十四大提出，"必须把教育摆在优先发展的战略地位，努力提高全民族的思想道德和科学文化水平，这是实现我国现代化的根本大计"。为进一步落实党的十四大精神，1993 年 2 月 13 日，中共中央、国务院转发了《中国教育改革和发展纲要》（以下简称《纲要》），明确了我国教育发展的分阶段目标。其中到 20 世纪末，我国教育发展的总目标是：全民受教育水平有明显提高；城乡劳动者的职前、职后教育有较大发展；各类专门人才的拥用量基本满足现代化建设的需要；形成具有中国特色的、面向二十一世纪的社会主义教育体系的基本框架。再经过几十年的努力，建立起比较成熟和完善的社会主义教育体系，实现教育的现代化。九十年代，在保证必要的教育投入和办学条件的前提下，各级各类教育发展的具体目标是：全国基本普及包括职业技术教育在内的九年义务教育，沿海经济发达地区积极普及高中阶段教育，大中城市基本满足幼儿教育，广大农村积极发展学前一年教育。高中阶段职业技术学校在校学生人数有较大幅度的增加，未升学的初中和高中毕业生普遍接受不同年限的职业技术培训，使城乡新增劳动力上岗前都能得到必需的职业技术训练。高等学校培养的专门人才适应经济、科技和社会发展的需求，集中力量办好一批重点大学和重点学科，高层次专门人才的培养基本上立足于国内，教育质量、科学技术水平和办学效益有明显提高。全国基本扫除青壮年文盲，使青壮年中的文盲率降到 5% 以下。为提高从业人员的思想文化素质和技能水平，进行岗位培训、继续教育和在职教育，各地区各部门根据实际情况确定本阶段发展目标。

在 1994 年召开的全国教育工作会议上，李鹏做了《动员起来，为实施〈中国教育改革和发展纲要〉而努力》的报告，在三个方面提出了要求：一、深化教育改革；二、加强和改进学校的德育工作，提高教育质量；三、各级党委和政府加强领导，努力为教育办实事。这次会议的召开，对全面部署和动员实施《中国教育改革和发展纲要》，研究解决我国教育改革和发展中的重大问题，实现九十年代教育改革和发展的战略目标，促进我国的社会主义现代化建设，产生了重大影响。

第四节　小康社会　教育加速

1995 年到 2009 年为我国教师事业的加速发展阶段。这一阶段，各部门紧密合作，开辟了中国特色社会主义教育发展道路，建成了世界最大规模的教育体系，保障了亿万人民群众受教育的权利。教育投入大幅增长，办学条件显著改善，教育改革逐步深化，办学水平不断提高。进入 21 世纪以来，城乡免费义务教育全面实现，职业教育快速发展，高等教育进入大众化阶段，农村教育得到加强，教育公平迈出重大步伐。教育的发展极大地提高了全民族素质，推进了科技创新、文化繁荣，为经济发展、社会进步和民生改善作出了不可替代的重大贡献。到 2009 年末，我国幼儿园在园儿童数达到 2658 万人，学前一、二、三年毛入园率分别达到 74.0%、65.0%、50.9%；义务教育在校生达到 15772 万人，巩固率达到 90.8%；高中阶段在校生达到 4624 万人，毛入学率达到 79.2%；职业教育中中等职业教育在校生达到 2179 万人，高等职业教育在校生达到 1280 万人；高等教育在校生达到 2826 万人，毛入学率达到 24.2%。

一、教育法制体系全面建立

1998 年，《中华人民共和国高等教育法》的颁布是高校设置制度化的又一个里程碑。在高等教育法中，第三章专门规定了高校设置问题。例如规定设立高等学校，应当符合国家高等教育发展规划，符合国家利益和社会公共利益，不得以营利为目的，应当具备教育法规定的基本条件。大学、学院应有较强的科研教学能力、相应规模、较高科研水平，能实施本专科以上教育。

2006 年 6 月，《中华人民共和国义务教育法》修订，义务教育经费投入开始实行"国务院和地方各级人民政府共同负担，省、自治区、直辖市人民政府负责统筹落实的体制。农村义务教育所需经费，由各级人民政府根据国务院的规定分项目、按比例分担"。这从本质上改变了"以县为主"投入主体的体制，使其成为义务教育经费政策变迁中的一个历史阶段，中央、省级政府由原则性投入转变为明确的投入，成为义务教育投资体制的明确主体。

2007 年，农村义务教育经费保障机制改革工作会议召开，决定今后 5 年将新增农村义务教育经费 2182 亿元，农村中小学生每年每人减免学费 140—180 元，2006—2010 年，我国将逐步把农村义务教育全面纳入公共财政保障范围。2007 年春，"免杂费、免书本费、逐步补助寄宿生生活费"政策推广到了中东部农村地区，覆盖了全国 40 万所农村中小学的近 1.5 亿名学生。2008 年春，我国在 16 个省、自治区、直辖市和 5 个计划单列市建立免除交纳义务教育学杂费的试点。2008 年 7 月 30 日，国务院常务会议召开，决定自 2008 年秋季起免除城市义务教育阶段学生的学杂费，为享受最低生活保障的义务教育学生提供免费的教科书，为经济困难的学生补助生活费。

二、义务教育在普及基础上探索新目标

这一阶段，义务教育更加重视向贫困地区倾斜，1995 年 9 月 14 日，国家教委、财政部发出《关于进行〈国家贫困地区义务教育工程〉项目规划和可行性研究的通知》，正式启动了"国家贫困地区义务教育工程"。此工程是新中国成立以来投入最多、规模最大的全国性工程，采取"集中投入、分步实施"的原则。工程的实施对加快贫困地区、老少边穷地区普及义务教育速度，缩小东西部差距，提高国民素质，促进义务教育的公平、均衡发展等有着重大的意义。

随着义务教育普及成果的扩大，国家开始了对素质教育的重视，1997 年 10 月，国家教委印发了《关于当前积极推进中小学实施素质教育的若干意见》，为义务教育的发展奠定了基础，推动应试教育向素质教育发展，这是对"普九"提出新要求的表现。

2001 年 5 月，国务院发布的《关于基础教育改革与发展的决定》中强调，农村义务教育管理体制即"实行在国务院领导下，由地方政府负责、分级管理，以县为主的体制"实现了农村义务教育办学经费的以农民负担为主转变为以政府负担为主，管理由以乡镇为主转变为以县为主，形成了"地方政府负责、以县为主"的义务教育投资体制。

2002 年 4 月，国务院颁布的《关于完善农村义务教育管理体制的通知》中，进一步强调了各级政府的义务教育责任、农村义务教育经费保障体制、人事编制管理制度。通知进一步强化了政府的责

任、相关教育体制和人事管理制度，"豁免"了乡、镇政府的责任，扫除了在普及义务教育方面的障碍。

2005 年，全国普及九年义务教育人口覆盖率超过 95%，青壮年文盲率下降到 4% 以下，"两基"目标基本实现。经过 10 年的努力，全国普及初中的步伐已大大加快与发展，国民的整体文化程度大大提高，为我国社会主义现代化建设奠定了良好的素质基础。

2005 年 12 月，国务院下发的《关于深化农村义务教育经费保障机制改革的通知》中明确要求，将农村义务教育纳入公共财政保障内，决定从 2006 年春起对义务教育阶段的学生免收学杂费。2007 年，中部地区和东部地区农村义务教育阶段中小学生全部免除学杂费。全国义务教育阶段中小学生免除学杂费政策的实施，有效地提高了义务教育阶段学生的入学率，也有效地治理了中小学乱收费的现象，使义务教育得到了稳步发展。

三、职业教育明晰战略目标

职业教育方面，1996 年 4 月发布了《高等职业教育发展几个问题的汇报》，该汇报表明发展高等职业教育需要明确的相关问题。同年 9 月，《中华人民共和国职业教育法》正式实施，明确规定了"职业学校分为初等、中等、高等职业教育""高等职业学校教育根据需要和条件由高等职业学校实施，或者由普通高等学校实施"。第一次确立了职业教育和职业学校在我国教育结构中的法律地位，这也是我国历史上第一次把高等职业学校教育以法律形式固定下来。

2002 年国务院召开了第四次全国职业教育工作会议，下发了《国务院关于大力推进职业教育改革与发展的决定》，提出要"扩大高等职业教育相关规模，'十五'期间，职业教育应为社会输送 2200 多万名职业技校毕业生，800多万名高职毕业生"。在建立"立交桥"方面，《决定》指出："加强中等职业教育与高等职业教育，职业教育与普通教育、成人教育的衔接与沟通，建立人才成长'立交桥'"。《决定》的针对性和可操作性很强，推动了高等职业教育的发展。

2004年1月，教育部出台《关于以就业为导向深化高等职业教育改革的若干意见》，以就业为导向是高等职业教育的基础，适当调整相关院校的定位、专业、教学教育，明确人才培养目标。

2005年10月，《国务院关于大力发展职业教育的决定》出台，总结了自2002年全国职业教育工作会议以来我国职业教育所取得的成就及存在的一些问题，强调职业教育要坚持以就业为导向，走工学结合、校企合作的发展道路，并且首次提出了"重点建设100所示范性高等职业院校"的发展战略。此后几年，出台的《教育部　财政部关于实施国家示范性高等职业院校建设计划　加快高等职业教育改革与发展的意见》《国家示范性高等职业院校建设计划管理暂行办法》等相关的配套政策，促进了示范性高职院校的建设工作的开展。继《国务院关于大力发展职业教育的决定》之后，教育部又于2006年11月颁布了《关于全面提高高等职业教育教学质量的若干意见》。《意见》一开始指出了高等职业院校教育的重要之处，从几个方面提出了相关要求为高职教育的发展奠定了基础。

四、高等教育着眼国际

1995年11月，经国务院批准，国家计委、国家教委和财政部联合下发了《"211工程"总体建设规划》，"211工程"正式启动，即面向21世纪、重点建设100所左右的高等学校和一批重点学科的建设工程。"211工程"是新中国成立以来由国家立项在高等教育领域进行的规模最大、层次最高的重点建设工作，是中国政府实施"科教兴国"战略的重大举措，是中华民族面对国内国外形势作出的重大决策。

1998 年 5 月 4 日，时任国家主席江泽民在庆祝北京大学建校 100 周年大会上代表中国共产党和中华人民共和国中央人民政府向全社会宣告："为了实现现代化，我国要有若干所具有世界先进水平的一流大学。"这也标志着"985 工程"的开始，1999 年，国务院批转教育部《面向 21 世纪教育振兴行动计划》中指出，要相对集中国家有限财力，调动多方面积极性，从重点学科建设入手，加大投入力度，对于若干所高等学校和已经接近并有条件达到国际先进水平的学科进行重点建设，"985 工程"正式启动建设，这是中国共产党和中华人民共和国国务院在世纪之交作出的重大决策。

1999 年 6 月，国务院召开改革开放以来第三次全国教育工作会议，颁布了《中共中央国务院关于深化教育改革，全面推进素质教育的决定》，提出了一系列重大决策，同时拉开了我国高等教育扩招的序幕。高等教育于 1999 年扩招 46%，本科在校生人数增加了 150 多万人，由 260 多万人增加到 410 多万人；专科在校生人数也增加了 10 多万人，由原来的 70 多万人增加到 80 多万人。从此，我国开始踏上了高等教育大众化的道路。

第五节　制度完善　质量提升

自"十二五"开始，我国教育事业进入了制度完善阶段。截至 2016 年，全国共有义务教育阶段学校 22.98 万所，招生 3239.63 万人，在校生 1.42 亿人；专任教师 927.69 万人，九年义务教育巩固率 93.4%。全国高中阶段教育共有学校 2.47 万所，招生 1396.26 万人，在校学生 3970.06 万人，比上年减少 67.63 万人，高中阶段毛入学率 87.5%。全国各类高等教育在学总规模达到 3699 万人，高等教育毛入学率达到 42.7%。全国共有普通高等学校和成人高等学校 2880 所。

一、全面统筹各类教育协同发展

2010 年出台的《国家中长期教育改革和发展规划纲要（2010—2020 年）》明确了"坚持以人为本、全面实施素质教育"是教育改革发展的战略主题，是贯彻党的教育方针的时代要求，核心是培育什么样的人、如何培养人，重点是面向全体学生、促进学生发展，把学生培养成有社会责任感、有创新精神和善于解决问题的主体。同时提出了"实现更高水平的普及教育""形成惠及全民的公平教育""提供更加丰富的优质教育""构建体系完备的终身教育"及"健全充满活力的教育体制"的重点任务。

2011 年，国务院下发《关于进一步加大财政教育投入的意见》，财政部下发《关于加强对各地 2011—2012 年财政教育投入状况分析评价的通知》。教育部出台了土地出让金 10% 的方法，调整了教育费附加，在各部委的大力配合下，教育部的工作得到了明显推进，这为教育事业的发展和推进提供了一系列支持和保障。一是构建了义务教育经费的国家财政承担机制和非义务教育的政府、受教育者、其他多种渠道并行的多元化经费分担机制。二是明确了教育财政拨款的增长应高于财政经常性收入的增长、在校生人数平均的教育费用增长、保证教师工资和学生人均公用经费增长的"三个增长"和提高财政教育支出占公共财政支出的比重和预算内基建投资用于教育的比重"两个比重"的法定机制。三是形成了多渠道筹集财政性教育经费的财源拓宽机制。四是建立了政府自上而下的纵向监督检查和人大对同级政府横向监督检查相融合的监督评价机制。

二、义务教育均衡发展

自 2010 年以来，我国义务教育进入了全面普及、促进内涵发展的新阶段。2010 年 1 月 4 日，教育部发布《教育部关于贯彻落实科学发展观　进一步推进义务教育均衡发展的意见》，提出："将均衡发展作为义务教育的重点，以县级行政区域内的均衡为工作重点，促进学校与学校间的发展，鼓励有条件的地方推动区域间的均衡发展。"

2012 年 1 月 20 日，教育部出台了《县域义务教育均衡发展督导评估暂行办法》。2012 年 9 月 7 日，国家颁布了《国务院关于深入推进义务教育均衡发展的意见》，设置了义务教育均衡发展的思想、目标、措施和保障。2012 年 10 月，国务院印发了《关于深入推进义务教育均衡发展的意见》，对在新形势下推进义务教育均衡发展提出了基本目标。2012 年 11 月，党的十八大报告以"办好人民满意的教育"为指导思想，提出"均衡发展义务教育"的新理念，实现了义务教育均衡发展政策的提升。2014 年 7 月 8 日，《国家教育体制改革领导小组办公室关于进一步扩大省级政府教育统筹权的意见》指出："切实管理义务教育，将均衡义务教育作为重点，使每一所学校符合办学标准。"

三、构建现代职业教育体系

为不断深化产教融合校企合作，印发了《教育部关于 2013 年深化教育领域综合改革的意见》《教育部关于深入推进职业教育集团化办学的意见》等文件，文件提出要积极促进校企合作，充分发挥企业作用。

2014 年 5 月，国务院印发《关于加快发展现代职业教育的决定》（以下简称《决定》），部署发展现代职业教育，将加快发展职业教育作为党中央和国务院的战略部署，这对于我国的创新驱动战略和加快方式转变发展有重要意义。《决定》明确了今后加快现代职业教育的指导思想和目标任务，提出"到 2020 年，形成适应发展需求、产教深度融合、中职高职衔接、职业教育与普通教育相互沟通，体现终身教育理念，具有中国特色、世界水平的现代职业教育体系"。

2014 年 6 月，教育部等六部门印发《现代职业教育体系规划（2014—2020 年）》，各省陆续发布本省的体系规划，同中央的政策相呼应，描绘了未来 5 年、15 年的发展前景，这是构建现代职业教育的行动指南。为切实加强师资队伍建设，相关部门单独或联合印发了《职业学校兼职教师管理办法》《关于实施卓越教师培养计划的意见》《中等职业学校校长专业标准》《职业院校教师企业实践规定》等文件，以"双师型"教师为重点，完善"双师型"教师培养培训体系，加快建设一支数量充足、素质优良、结构合理、特色鲜明、专兼结合的高素质专业化师资队伍。

在职业教育体制机制改革政策的落实方面，教育部、财政部等部委联合发布或单独发布多项配套文件，如《教育部关于深入推进职业教育集团化办学的意见》（2015 年）、《职业院校管理水平提升行动计划（2015—2018 年）》（2015 年）、《高等职业教育创新发展行动计划（2015—2018 年）》（2015 年）等，都对深化职业教育体制机制改革提出具体要求。

四、"双一流"建设全面启动

在"211""985"基础之上，高等教育发展也翻开了新篇章。2015年8月18日，中央全面深化改革领导小组会议审议通过了《统筹推进世界一流大学和一流学科建设总体方案》，为新阶段的高等教育作出了计划和指挥。每五年一个周期，2016年开始新建设，提出国家将支持不同类型大学的发展和总体规划。建设将更加突出绩效导向，通过建立健全绩效评价机制，动态调整支持力度。不断完善政府、社会、学校相结合的共建机制，形成多元化投入、合力支持的格局。

2017年1月，经国务院同意，教育部、财政部、国家发展和改革委员会印发《统筹推进世界一流大学和一流学科建设实施办法（暂行）》，提出"到2020年，若干所大学和一批学科进入世界一流行列，若干学科进入世界一流学科前列；到2030年，更多的大学和学科进入世界一流行列，若干所大学进入世界一流大学前列，一批学科进入世界一流学科前列，高等教育整体实力显著提升；到本世纪中叶，一流大学和一流学科的数量和实力进入世界前列，基本建成高等教育强国"的总体目标。

2017年9月21日，教育部、财政部、国家发展改革委联合发布《关于公布世界一流大学和一流学科建设高校及建设学科名单的通知》，正式公布世界一流大学和一流学科建设高校名单，首批"双一流"建设高校共计137所，其中世界一流大学建设高校42所（A类36所，B类6所），世界一流学科建设高校95所；"双一流"建设学科共计465个（其中自定学科44个）。

第六节　珍惜经验　巩固模式

新中国成立 70 年来，中国教育事业取得了举世瞩目的成效，既培养了大批优质人力资源，又保障了社会公平。回顾四十年的发展进程和政策脉络，法制保障、财力保障及师资保障是中国教育事业蓬勃发展的重要基础。经过 70 年的发展，中国教育事业已经形成了政府主导、社会协同、公效统筹的发展模式。

一、进展

1. 普惠性学前教育资源逐步扩大

2017 年，国家启动实施第三期学前教育行动计划，重点任务是增加普惠性资源供给、深化体制机制改革、提升保育教育质量，争取到 2020 年，基本建成广覆盖、保基本、有质量的学前教育公共服务体系。提出了发展普惠性幼儿园、理顺学前教育管理体制和办园体制、健全学前教育成本分担机制等五大政策措施，要求各地要按照非义务教育成本分担的要求，建立起与管理体制相适应的生均拨款、收费、资助一体化的学前教育经费投入机制，保障幼儿园正常运转和稳定发展。进一步健全资助制度，确保建档立卡等家庭经济困难幼儿优先获得资助。2016—2017 年，中央财政累计安排支持学前教育发展中央专项资金 298 亿元，2017 年为 149 亿元。

2. 推动了义务教育均衡发展

第一，建立健全了城乡统一、重在农村的义务教育经费保障机制。为推进基本公共服务均等化，2015 年 11 月，国务院印发《关于进一步完善城乡义务教育经费保障机制的通知》，在整合农村义务教育经费保障机制和城市义务教育奖补政策的基础上，建立起了城乡统一、重在农村的义务教育经费保障机制。从 2016 年春季学期开始，国家统一确定生均公用经费基准定额，中西部地区小学年生均 600 元、初中 800 元，东部地区小学年生均 650 元、初中 850 元。对城乡义务教育学校（含民办学校）按不低于定额标准给予补助。适当提高寄宿制学校、北方取暖地区学校和规模较小学校补助水平。鼓励各地结合实际提高公用经费补助标准。从 2017 年春季学期开始，统一城乡义务教育学生"两免一补"政策，实现相关经费可携带。家庭经济困难寄宿生生活费基本补助标准达到每生每天小学 4 元、全年（按 250 天计算）1000 元，初中 5 元、全年 1250 元，中央财政对中西部地区按照落实基本补助标准所需资金的 50% 给予奖励性补助。2016—2017 年，中央财政累计下拨城乡义务教育经费保障机制资金 2269.87 亿元，2017 年为 1170.07 亿元（公用经费补助资金 754.85 亿元，家庭经济困难寄宿生生活费补助资金 80.73 亿元）。

第二，全面改善了贫困地区义务教育薄弱学校基本办学条件。2017 年，教育部、财政部、国家发展改革委三部门印发《关于进一步加强全面改善贫困地区义务教育薄弱学校基本办学条件中期有关工作的通知》，对做好全面"改薄"工作进行再部署，推动各地聚焦贫困地区狠抓落实，全面"改薄"工作成效显著。

第三，加强了乡村小规模学校和乡镇寄宿制学校建设。2018 年 4 月，国务院办公厅印发《关于全面加强乡村小规模学校和乡镇寄宿制学校建设的指导意见》，文件提出了十项改革措施，要求消除义务教育城乡二元结构壁垒，加快推进县域内城乡义务教育学校建设，各省合理确定两类学校基本办学标准，按照"缺什么、补什么"的原则，加快推进标准化建设，力争 2019 年秋季开学前，各地两类学校办学条件达到本省份确定的基本办学标准。

第四，保障了随迁子女等特殊群体公平接受九年义务教育。高度重视进城务工随迁子女、留守儿童、残疾儿童少年、贫困生等特殊群体需求，积极制定并实施义务教育普惠政策，保障其平等的受教育权利，促进教育公平。积极推进义务教育免试就近入学，建立以居住证为主要依据的随迁子女入学办法，简化入学流程和证明手续，实现"应入尽入"，2017 年，随迁子女在公办学校就读或享受政府购买服务达到 87.5%。印发《国务院办公厅关于进一步加强控辍保学提高义务教育巩固水平的通知》，指导包括民族地区在内的广大贫困地区进一步完善控辍保学工作机制，实行精准化帮扶，做到"三避免一落实"，即避免适龄儿童少年因贫、因远、因厌学而辍学，落实政府责任，保障适龄儿童接受义务教育权利。2017 年，小学净入学率达到 99.91%，初中毛入学率达到 103.5%，九年义务教育巩固率达到 93.8%，九年义务教育普及率超过世界高收入国家平均水平。

第五，义务教育发展均衡督导评估工作扎实推进。按照《县域义务教育均衡发展督导评估暂行办法》规定的"县级自评、市级复核、省级评估、国家认定"的程序，持续开展义务教育发展均衡督导评估工作。截至 2017 年底，累计 2379 个县通过义务教育基本均衡发展督导评估国家认定，占全国总数的 81%，有 11 个省（自治区、直辖市）整体通过认定。中西部地区整体完成率达到 76.4%，提前一年实现国家《关于加快中西部教育发展的指导意见》中要求的"到 2018 年，中西部地区 75% 的县实现义务教育均衡发展"的目标。

第六，农村义务教育学生营养改善成效显著。教育部会同有关部门与试点地区将营养改善计划作为提高基本公共教育服务水平、打赢教育脱贫攻坚战的重要举措。2016 年 8 月，教育部、国家发展改革委、财政部三部委印发《关于进一步扩大学生营养改善计划地方试点范围实现国家扶贫开发重点县全覆盖的意见》，从 2017 年起实现营养改善计划国家扶贫开发重点县全覆盖。同时，中央财政对营养改善计划地方试点补助水平未达到 4 元的省份，分 1.5 元、1 元、0.5 元三档逐省确定地方试点奖补标准。2016—2017 年，中央财政累计安排学生营养膳食补助资金 374.5 亿元，其中 2017 年为 185.45 亿元。

3. 进一步普及了高中阶段教育

经国务院同意，2017 年教育部等四部门印发了《高中阶段教育普及攻坚计划（2017—2020 年）》，将中西部贫困地区、民族地区、边远地区、革命老区等教育基础薄弱、普及程度较低的地区，特别是集中连片特殊困难地区作为攻坚重点。与四川、江西、河南、广西、海南、贵州、云南、西藏、青海、新疆等 10 个普及水平较低的中西部省、自治区人民政府签署了《关于高中阶段教育普及攻坚备忘录》，建立了部省协同推进机制。

积极推进职业教育东西协作行动计划。2016 年 10 月，教育部、国务院扶贫办联合印发《职业教育东西协作行动计划（2016—2020 年）》，以职业教育和培训为重点，以就业脱贫为导向，瞄准建档立卡贫困人口精准发力。要求东部地区遴选国家示范和重点中职学校，兜底式支持西部地区省（自治区、直辖市）建档立卡贫困家庭学生到东部地区省（市）接受优质中等职业教育。根据当地"十三五"规划，支援方支持受援方建设 2—3 个当地优势产业发展急需的特色专业，建设示范性职业教育实训基地，形成专业建设与产业发展的良性循环。做好内地中职班招生工作，截至 2017 年，内地西藏中职班和新疆中职班分别累计招生 2.11 万人和 2.20 万人。做好藏区援助工作，建立了 17 个东中部职教集团与 17 个地州"一对一"、33 所民办本科学校与 17 个地州原则上"二对一"的对口帮扶机制。从 2016 年至 2020 年，援助南疆的 10 省市要将南疆所有职业院校全部纳入对口支援范围，涉及南疆 50 所中职学校和援助省份的 123 所院校。遴选了东部地区 10 个职业教育集团，以"一对一"的方式对口帮扶滇西边境山区 10 州市和职业学校。

支持改扩建一批普通高中教学和学生生活类校舍，扩大实施教育基础薄弱县普通高中建设项目，继续实施普通高中改造计划，2016—2017 年中央财政预算资金累计投入 161.9 亿元，支持中西部省份贫困地区教学生活设施不能满足基本需求、尚未达到国家基本办学条件标准的普通高中学校改扩建校舍、配置图书和教学仪器设备以及体育运动场等附属设施建设，推动办学条件达到国家规定的基本标准。指导各地落实以财政投入为主、其他渠道筹措经费为辅的普通高中投入机制，截至 2017 年，全国已经有包括广西、内蒙古、西藏、宁夏等自治区在内的 21 个省份制定了普通高中生均拨款制度，有力保障了普通高中学校的基本运转。通过实施学校建设项目和完善投入保障机制，我国高中阶段学校的办学条件和校容校貌发生了巨大变化，为广大学生成长成才创造了良好的环境。截至 2017 年底，全国高中阶段教育毛入学率已经达到 88.3%，中西部贫困地区尤其是集中连片特困地区高中阶段教育毛入学率不断提升。

4. 高等教育高质量发展

第一，高等教育经费投入不断增加。2010—2017 年，我国教育经费支出不断增加，增速下降变动。2017 年，全国教育经费总投入为 42562.01 亿元，比上年的 38888.39 亿元增长 9.45%。其中，高等教育经费支出达到 11109 亿元，占全国教育经费支出的 26.10%，近三年高等教育经费占比均超过 26%。未来，随着我国对高等教育重视程度的提升，高等教育经费的投入规模将进一步扩大。

第二，高等教育结构日益成熟。据教育部发布数据统计，2017 年全国各类高等教育在学总规模达到 3779 万人，高等教育毛入学率达到 45.7%。全国共有普通高等学校 2631 所（含独立学院 265 所），比上年增加 35 所，增长 1.35%。其中，本科院校 1243 所，比上年增加 6 所；高职（专科）院校 1388 所，比上年增加 29 所。全国共有成人高等学校 282 所，比上年减少 2 所；研究生培养机构 815 个，其中，普通高校 578 个、科研机构 237 个。普通高等学校校均规模 10430 人，其中，本科院校 14639 人、高职（专科）院校 6662 人。

第三，人才培养质量逐步提升。2010—2017 年，从在校生人数变动来看，硕士生在校人数增幅最大，博士生人数和普通本科生人数也处于稳步增长中，不过增速不是很大；成人本专科生呈先升后降的趋势，2017 年在校人数略有下降。从数据来看，研究生在校人数的增加一方面受国家高等精英人才需求的影响；另一方面受普通本专科就业市场竞争压力的影响，扩大招生规模所致。随着国家对高端精英人才需求的增加，预计博士生的高、精、尖的深度专业人才需求将会有所提升。高等教育的快速发展为经济社会发展提供了可靠的支撑。

第四，高等教育成果显著。据前瞻产业研究院《中国高等教育行业市场前瞻与投资研究报告》整理显示，我国高等教育质量显著提升。高等教育在校生总规模 3699 万人，比 2012 年增加 373.8 万人，增长 11.2%，占世界高等教育总规模的比例达到 20%。进入四大世界大学排行榜前 500 名的内地高校从 31 所增加至 98 所，进入 ESI 前 1% 的学科数从 279 个增加到 770 个，有学科进入 ESI 前 1% 的高校从 91 所增加到 192 所，我国高等教育质量显著提升。高校以全国 9.4% 的研发人员、7% 的研发经费，发表了全国 80% 以上的 SCI 论文。高校科技经费总额达到 6531 亿元，牵头承担 80% 以上的国家自然科学基金项目和一大批"973""863"等国家重大科技任务。

二、主要经验

法制保障　中国教育事业的发展和教育法制的发展密不可分。教育法制确立了教育基本制度和教育治理的基本模式，也为处理教育改革发展的矛盾与问题提供了基本规则和路径，对教育事业改革发展发挥了重要的引领、规范、支撑和保障作用。教育立法明确了教育优先发展的战略地位，使教育优先发展、科教兴国战略成为重要的国家意志，有力地推动了教育事业发展。如在《中华人民共和国教育法》中明确规定了"三个增长"，为实现教育财政性经费占国内生产总值的 4% 奠定了基础。把《宪法》规定的受教育权通过具体教育法，转化为法律规定，成为法律权利，为培养全面发展的合格公民打下了基础。《中华人民共和国义务教育法》《中华人民共和国职业教育法》《中华人民共和国高等教育法》等各领域教育法明确了国家教育方针，确立了中国特色的教育制度、义务教育制度、职业教育与成人教育制度、国家教育考试制度、学业证书制度、学位制度、教育督导制度和教育评估制度等基本制度，成为推动和保障教育改革的重要的制度资源。各项教育法规规定了教育的基本法律关系和教育关系中各主体的权利义务，确立了学校内部管理制度和权利义务、学生的权利义务、教师的法律地位和权利义务等。将教育改革的重大成果目标法定化，促进了教育的进一步改革和发展。

财力保障 保障教育投入是教育优先发展的基础。在财政部、教育部、国家发展改革委等各政府部门的通力配合下，教育支出保障工作得到了明显的推进，为推动教育改革、推进教育发展、促进教育公平提供了有力保障。一是构建了关于义务教育经费的国家承担体制和政府、受教育者的承担机制。二是明确了教育财政拨款增加应高于其他财政经常性收入的增长、在校生人数平均的教育费用增长、保证教师工资和学生人均公用经费增长的"三个增长"和提高财政教育支出占公共财政支出的比重和预算内基建投资用于教育的比重"两个比重"的法定机制。三是确立了多渠道筹集财政教育经费的机制。四是明确了相关监督机制。到2017年，全国教育经费总投入为42557亿元，其中国家财政性教育经费（主要包括公共财政预算安排的教育经费，政府性基金预算安排的教育经费，企业办学中的企业拨款，校办产业和社会服务收入用于教育的经费等）为34204亿元。分领域看，学前教育经费总投入为3255亿元，义务教育经费总投入为19358亿元，高中阶段教育经费总投入为6637亿元，高等教育经费总投入为11109亿元，全国其他教育经费总投入为2198亿元。

师资保障 改革开放以来，各地区各有关部门采取一系列政策措施，大力推进教师队伍建设，取得显著成绩。几年来，幼儿园教师以补足配齐为主，加强幼儿园教育队伍的培训，中小学教师以农村教师为主，吸引更多人才到农村去。职业学校教师队伍建设以"双师型"教师为重点，完善了"双师型"教师培养培训体系，健全了技能型人才到职业学校从教制度；高等学校教师队伍建设以中青年教师和创新团队为重点，优化了中青年教师成长发展的制度环境，培育了跨学科、跨领域的科研与教学相结合的创新团队。我国形成了一支师德高尚、业务精湛、结构合理、充满活力的高素质专业化教师队伍。专任教师数量满足各级各类教育发展需要；教师队伍整体素质大幅提高，普遍具有良好的职业道德素养、先进的教育理念、扎实的专业知识基础和较强的教育教学能力；教师队伍的年龄、学历、职务（职称）、学科结构以及学段、城乡分布结构与教育事业发展相协调；教师地位待遇不断提高，农村教师职业吸引力明显增强；教师管理制度科学规范，形成富有效率、更加开放的教师工作体制机制。

三、模式：政府主导、社会协同、公效统筹

经过 70 年努力，中国逐步形成了政府主导、社会协同、公效统筹的发展模式。教育具备一般公共产品特征，同时又代表着社会公平的根基，我国长期以来一直坚持教育领域政府主导的总体方针。政府主导下的教育更好地处理了政府、社会与家庭的关系，有效化解了各种教育资源和教育机会分配等问题带来的挑战。在政府主导的同时，作为社会力量兴办教育主要形式的民办教育不断发展壮大，形成了从学前教育到高等教育、从学历教育到非学历教育，层次类型多样、充满生机活力的发展局面，有效增加了教育服务供给，为推动教育现代化、促进经济社会发展作出了积极贡献，已经成为社会主义教育事业的重要组成部分。随着教育事业不断发展，中国政府审时度势，不断调整教育事业发展思路，统筹各级各类教育发展，

兼顾了教育的公平与效率问题。在各级各类政府部门不懈努力下，我国逐渐构建了均衡的基础教育、对接市场需求的职业教育以及国际化的高等教育，人力资源水平得到显著提升，为经济社会发展作出了重要贡献。

（执笔人：田帆）

第四章　劳有所得　共同富裕

　　新中国成立七十年，我国促进就业工作取得了巨大成就，从计划经济体制下的劳动力计划管理到社会主义市场经济下的就业优先战略，人口大国正在通过政策创新不断实践更加充分和更高质量就业的奇迹。在通过计划经济实现充分就业阶段（1949—1977 年），城镇建立了"统包统配"的城镇劳动力计划管理和就业制度，确保了就业形势稳定，但也形成了城乡完全不同的就业和社会保障体系，农村成为调节劳动力供求的蓄水池。在通过市场手段破冰就业问题阶段（1978—1992 年），一方面提出"三结合"就业方针，打开了城镇就业渠道；另一方面推动农村改革，开辟了多种经营和非农就业渠道。在踏上市场经济重建劳动就业体制阶段（1993—2002 年），初步建立了法律制度和管理服务两大体系，并努力做好再就业服务和转移就业两大工作。在面向实现充分就业实施积极就业政策阶段（2003—2012 年），既为就业工作提供了坚实的法律和制度保障，又为全体劳动者创造了平等有序的就业环境。在实现更充分和更高质量就业的就业优先战略阶段（2012—2020 年），不仅在新的战略高度上认识和把握就业问题，还将重点群体就业摆在突出重要的位置。概括新中国成立以来中国促进就业的四点主要经验是，形成就业与民生关系的理念、采取综合手段解决就业问题、构建体系化的促进就业政策及探索经济波动下的就业机制。

新中国成立后，我国实行了高度集中的计划经济体制，这种体制强调权力集中，并且排斥商品经济和市场机制发挥作用，因此形成了劳动力计划配置、统包就业、行政调配、城乡分割的劳动就业制度。改革开放后的40年来，我国基本完成了劳动就业体制改革转轨，通过实施有针对性的政策措施，充分调动了用人单位和劳动者的工作积极性。在改革各个阶段，陆续解决了大量新生劳动力、农村富余劳动力和国企下岗职工的就业问题，保持了就业形势总体稳定。在劳动力资源丰富同时就业总量压力大的情况下，实现了城乡就业人数稳步增加。

1978年，我国城乡就业总人数为40152万人，2016年增加到77603万人，增加了37451万人。同时，就业结构优化。城镇就业比重最终超过乡村就业比重，第三产业就业比重逐步占多数，非公有制经济就业人数逐步占主体。1978年，三大产业的就业比重分别为70.5%、17.3%和12.2%，第一产业就业人数占据绝大多数。到2016年，三大产业的就业比重分别为27.7%、28.8%和43.5%，第一产业就业比重下降42.8个百分点，第二产业和第三产业就业比重均上升，尤其是第三产业就业比重增长了31.3个百分点。此外，多样化就业形式迅速发展。1978年，国有单位和集体单位就业人数比重为99.8%，到2016年，国有单位和集体单位总就业人数比重只有16.0%，其他所有制经济就业人数和比重大幅增加，尤其是私营企业和个体就业人数最为显著，2016年私营企业和个体就业人数占城镇总就业人数的50.0%。最后，劳动关系和谐稳定。劳动合同签订率和履行质量不断提高，2016年末，全国企业劳动合同签订率达到90%以上。

在改革过程中，建立了较完整的劳动就业法律法规体系，建立起与市场经济体制相适应的积极就业政策体系和公共劳动就业创业服务体系，逐步形成了统一的人力资源市场，逐步建立健全了劳动就业法律法规体系，为未来劳动就业工作奠定了坚实基础。

第一节　依靠计划经济　实现充分就业

新中国成立之后，城镇是国家劳动就业工作的重心。国家一方面对城镇劳动力实行统一计划、统包就业，对单位用人实行统一招收；另一方面对全国的劳动力调剂也实行统一调配。在城镇是就业重心的体制下，农村成为调节劳动力供求的蓄水池，用于减轻城镇的就业压力，如20世纪60年代初精减1600万名职工回乡参加农业生产和六七十年代1700万名知识青年上山下乡。相比之下，国家对农村的劳动力开发和就业却缺少指导，农村劳动力在城乡间合理流动的正常渠道并不畅通。

一、建立"统包统配"的城镇劳动力计划管理和就业制度

新中国成立初期，为了应对当时复杂的国际环境以及尽快实现赶超式的发展，我国试图尽快建立工业体系，选择了优先发展重工业的经济战略。而在一个积贫积弱的国家实行重工业优先发展的策略，使得我国在经济组织方式上必然要更多地依赖于计划经济体制，在劳动用工领域也不例外，随着20世纪50年代一系列政策的出台，逐步将劳动力管理纳入国家计划。于是，在相当长的一段时间内，我国采取了集中统一的经济管理体制，这就要求对劳动力进行统一的招收、调配和管理，有计划地分配和使用劳动力。第一个五年计划期间逐渐形成了对劳动力的计划管理，通过计划在地区间和部门

间分配劳动力，以求得劳动力资源和配置的相对平衡。其中，由国家直接控制的职工增长计划具有很强的法令效力，以计划作为配置劳动力资源的基础性手段。[1]

为争取财政经济状况的基本好转与政局稳定，对旧社会遗留下来的外国企业和官僚资本主义企业的职工，对所有旧公教人员及一切公私企业富余职工全部包下来，失业人员也由劳动部门介绍就业。此后，又对大学、中专、技校毕业生实行国家统一分配；对城镇复员军人实行归口包干，统一安排为固定职工；不再升学的初高中毕业生也都包干安置。所谓"统包统配"，是指国家承担高校毕业生的全部培养费，学生毕业后，全部由国家的指令性计划以国家干部的身份分配到全民所有制单位。新中国成立后，这种以"统"和"包"为特征的就业政策在我国实施了35年之久，从新中国成立初期一直延续到20世纪80年代中期。

在"文化大革命"前，我国实施高校毕业生国家分配工作的就业政策。其主要特点是毕业生全部由国家分配到全民所有制单位当干部。国家下达计划，层层分解到具体的学校和用人单位，学校按照"一个萝卜一个坑"原则将学生一一对号入座进行分配。用人单位和学生事先不见面，有人戏称这种就业制度为"包办婚姻"。

在"文化大革命"中，高校毕业生就业经过了"统包统配"、恢复调整阶段。1967—1970年的毕业生不再统一分配，全国的高校陷入了瘫痪状况，高校的招生工作全面停止。1972—1979年被称为"工农兵学员"的这批毕业生"一般按照返回原单位、原地区工作的原则，特殊需要由国家统一分配"，即"三来三去"政策："社

---

[1] 杨河清主编：《劳动经济学》（第5版），中国人民大学出版社2018年版。

来社去""厂来厂去""哪来哪去"。直到 1981 年 2 月,《关于改进1981 年普通高等学校毕业生分配工作的报告》指出"国家统一计划下,实行'抽成调剂,分级安排'的办法"分配毕业生,基本分配状态才得以恢复。

实际上,国家对全国的劳动力调剂实行统一调配,这一行政手段的作用是十分广泛的,上至部门、地区、单位之间劳动力的平衡调剂,组织支援重点项目建设;下至解决夫妻分居职工的团聚或上班路远之困难,均依靠统一调配,即使是对集体所有制单位职工的调动也有统一规定。调配权则根据调动人数与范围不同,分别由产业主管部门、地方劳动部门或国家劳动管理机构掌握。[1]对于高校毕业生,国家从毕业生人数较多的华东、中南、西南三个大区抽调部分毕业生支援重点建设地区,即东北区,另从华北区抽调部分毕业生充实中央党政机关。[2]1950 年 6 月,国家发布《为有计划地合理地分配全国公私立高等学校今年暑期毕业生工作的通令》,要求"对毕业生一般应说服争取他们服从政府的分配,为人民服务。其表示愿自找职业者,可听由自行处理"。从 1951 年 10 月到 20 世纪 80 年代中期,高等学校毕业生的就业工作由国家负责,实行"统包统配""包当干部"的政策。

这一阶段的高校毕业生等城镇新增劳动力分配制度是我国计划经济体制的产物。主要特征是政府编制计划与高校实施计划相结合。高校毕业生就业被当作一项严肃的政治任务,由政府统一按计划分配,学生由国家统包学习费用,由国家统包分配就业。政府的行政

[1] 杨河清主编:《劳动经济学》(第 5 版),中国人民大学出版社 2018 年版,第 312—313 页。

[2] 莫荣、丁赛尔、王伯庆等:《高校毕业生就业研究——产业转型升级下的机遇与挑战》,社会科学文献出版社 2018 年版,第 177—179 页。

计划处于主导地位，学校处于从属地位；政府成为学校与社会联系的中介，学校与社会缺乏直接沟通的渠道。同时，高等学校和高校毕业生数量十分有限，高校毕业生被看作社会"精英"和稀缺宝贵资源，其就业由国家根据经济建设需要进行统一安排，大多数的毕业生被分配到全民所有制单位当"国家干部"。此外，社会主义建设急需高层次人才。因此，高等学校毕业生就业政策以国家利益为最大价值导向，即以服从国家需要和安排为中心。毕业生的就业以个人利益服从国家利益为最大前提，分配都是以国家和社会发展需要为最大需要，即完全服从国家经济建设的大局。

总之，新中国成立之后到 20 世纪 80 年代之前的一段时间内，我国的就业制度以上述特征为主。虽然期间也有各种争论和变化，但并没有从根本上改变"统包统配"的格局。如人们对于劳动就业制度中的一些问题，特别是"统包统配"政策和固定工的做法，早在 20 世纪 50 年代后期就有一定程度的认识，并着手进行改革，但囿于历史的局限性，改革被中断，直至沿着老路走到尽头。而且，我们也必须承认，在特定的历史条件下形成的这套就业制度，在一个时期内，对于促进经济建设、加快工业化进程、扩大劳动者就业、保障社会安定曾经发挥过积极作用。我国计划经济时期就业和失业情况如表 4-1 所示。

表 4-1　1949—1975 年我国就业和失业基本情况　　　　（单位：万人）

年份	1949	1952	1957	1962	1965	1970	1975
全国从业人员合计	—	20729	23771	25910	28670	34432	38168
城镇失业人员	474.2	376.6	200.4	—	—	—	—
城镇失业率（%）	23.6	13.2	5.9	—	—	—	—

资料来源：《中国劳动工资统计资料（1949—1985）》，中国统计出版社 1987 年版；《中国统计年鉴（1999）》，中国统计出版社 2001 年版。

二、形成城镇与农村完全不同的就业和社会保障体系

与劳动力计划管理和统包就业相适应，国家对单位用人的数量和招收范围实行严格的审批程序，审批权一般集中到省、自治区、直辖市政府，直至国务院。用人单位和劳动者没有更多的选择余地。劳动者一旦被招用，便以国家职工的身份终身固定下来，不能自由流动。城市工商业部门雇佣劳动力都需要取得用工指标，不得自行从社会上招工，也不得随意辞退正式员工。这种管理体制在几次经济调整中不断强化，久而久之，造成人们认识上的偏差，以为解决就业问题是靠"计划"，就业工作的出发点和落脚点就是"招工指标"。城市中每年的新增劳动力的就业也由国家统一安排。与此同时，对手工业和私营工商业在进行社会主义改造后，个体经济与私营经济的发展受到一定的限制，形成了单一的全民所有制经济，各类人员通过劳动部门安排到全民单位当固定工几乎成了唯一的就业渠道。

与这种"统包统配"相适应的是一套完善的与就业紧密挂钩的社会福利制度。政府为城镇就业人员提供了全面的社会福利，不但为职工个人提供医疗、养老、生育等各种保障，甚至还为直系亲属提供半公费医疗及死亡时的丧葬补助等，此外还提供几乎免费的子女教育、住房等。①

新中国成立之初，我国90%的人口都生活在农村，农村人口不在这一"统包统配"的劳动力管理制度下，社会保障水平也远远低于城市，存在城乡严重的二元对立。大量的农业剩余劳动力希望

---

① 杨河清主编：《劳动经济学》（第5版），中国人民大学出版社2018年版，第313页。

能在城市谋得职业。为了防止大量人口涌入城市，严格的户籍管理政策因此逐渐形成。1957 年 12 月 13 日国务院《关于各单位从农村中招用临时工的暂行规定》明确宣布，城市"各单位一律不得私自到农村中招工和私自录用盲目流入城市的农民"，甚至连"招用临时工"也"必须尽量在当地城镇招用，不足的时候，才可以从农村中招用"。政府严格控制每年的"农转非"的指标，农民只有通过当兵、上学等非常有限的渠道才有可能转为城镇户籍。在重工业优先的经济发展策略和城乡分割的户籍制度、劳动就业制度、社会保障制度下，我国的城市化率仅从 1960 年的 16.2% 提高到 1978 年的 18.6%。

可以说，这一时期，如何迅速凝聚资源和力量以建成门类齐全的工业体系，是经济建设的首要任务，为了实现资源在城市工业部门的集聚，我国在建立保障完备的城市劳动用工制度的同时，采取了严格的户籍管理政策，将城镇户口、社会保障和就业紧密地捆绑在一起。

一般而言，计划经济下社会主义的就业"重平等，轻效率"，立足于保证人的劳动权利，基本上解决了在资本主义制度下难以解决的社会失业问题，这无疑是一个巨大的历史进步。同时，在这一制度下，优质劳动力迅速集中到重点生产部门，适应了当时重工业优先发展的战略，培养了一批技术骨干。但是，计划经济下社会主义国家把就业的社会效益放在过重的地位，忽视了就业的经济效益与经济功能。从表面上来看，社会上不存在严重的就业压力，几乎劳动者都能就业，但这是以牺牲效率为代价的。劳动者和企业、事业单位都丧失了自主权，单位经常面对"想要的人得不到，不想要的人硬往里塞"的情况，劳动者也难以自主选择单位，用人单位很难辞退劳动者，也降低了劳动者积极性，僵化的用人制度影响了劳动力配置的效率。

此外，在这种体制下，企业无法根据生产经营需要吞吐劳动力，经济效益不高，严重地束缚着生产力的发展。同时，劳动者既没有选择职业的自由，也无须承担创造就业机会的义务，加上一次分配定终身，"铁饭碗""大锅饭"的消极作用十分普遍。企业和劳动者的积极性都受到影响，国家成了用人与就业的双重主体，竭尽全力为劳动者提供就业岗位，仍不能满足需要，路子越走越窄。而与城镇就业相分割的农村就业，同样是高投入、低产出、劳动力资源严重浪费。

第二节　发展市场调节　破冰就业问题

改革开放初期，我国经济建设面临严重困难，大量企业停产、半停产，勉强开工的企业也是生产效率低下。城镇就业渠道十分狭窄，但却面临知青返城的就业压力和新中国成立后生育高峰带来的就业高峰。与此同时，在人民公社体制和"以粮为纲"指导思想束缚下，农村劳动力基本固定在土地上从事单一的种植业生产，林、牧、副、渔业受到限制，自谋生路被排斥。此时，解决城乡就业问题成为政府亟须面对的一个重要课题。

一、"三结合"就业方针打开城镇就业渠道

"文化大革命"期间，我国在劳动力安排上采取了城乡大对流政策，大批城镇知识青年下乡，同时从农村招收大约 1300 万人安排在

城镇各行业^①。"文化大革命"后大批知识青年返城，工作需要妥善解决，加上同期进入劳动年龄的城镇新生劳动力大量增加，工作也需要解决。大量知识青年集中回城就业，原有的"统包统配"制度难以解决，继而采取了三个主要措施：一是恢复高考制度；二是号召职工提前退休，允许子女顶替；三是国营企业利用自身条件，以"全民办集体"的形式解决职工子女就业问题。

然而，上述措施很快就达到了极限。1980年8月，中共中央转发全国劳动就业会议文件《进一步做好城镇劳动就业工作》，明确提出，在国家统筹规划和指导下，实行劳动部门介绍就业、自愿组织起来就业和自谋职业相结合的方针，即"三结合"就业方针。1981年10月，中共中央、国务院发布《关于广开门路，搞活经济，解决城镇就业问题的若干决定》，重申了"三结合"就业方针，要求大力提倡和指导待业青年组织起来在集体单位就业，发展城镇劳动者个体经济，增加自谋职业的渠道。主要做法是：由过去主要依靠国有（全民所有制）单位安排就业转变为国有、集体、个体共同发展，并通过私营经济和外商投资经济扩大就业；由过去主要依靠发展工业特别是重工业吸收劳动力，转变为通过发展劳动密集型的第三产业和消费品工业扩大就业；由过去消极等待国家招工安置转变为鼓励劳动者积极创业，其中一个创举是依靠社会多方面力量和待业人员的积极性，兴办劳动就业服务企业；由过去单位依靠行政调配手段组织管理就业转变为运用行政、经济和社会服务相结合的手段促进就业。

"三结合"就业方针是对计划经济体制下就业形式的突破，不仅

---

① 参见刘庆唐：《劳动经济论文集》，中国劳动社会保障出版社2003年版。

打开了国营、集体、个体经济三条就业渠道，也使政府"统包统配"的责任发生了一定变化，鼓励劳动者积极创业，也激发了劳动者作为就业主体的就业积极性。在"三结合"就业方针推动下，青年就业问题基本得到了解决。

二、农村改革开辟多种经营和非农就业渠道

1978年，安徽凤阳小岗村开始实行土地家庭联产承包责任制，拉开了我国改革的序幕。1980年，中共中央召开省（自治区、直辖市）党委第一书记座谈会，会后印发了《关于进一步加强和完善农业生产责任制的几个问题》的通知，充分肯定了农民自己创造的"包产到户"农业生产责任制形式。家庭联产承包刺激了农民生产积极性，有力地促进了农业生产效率提高，大批农村劳动力得以释放，这为农村劳动力开展多种经营和参加非农就业提供了条件。1982年开始，中共中央连续五年的"一号文件"均为"三农"问题，提出改革农产品统购统销制度，疏通农产品流通渠道，并鼓励发展林、牧、副、渔等产业。

此一时期，农村劳动力非农就业的两个主要途径是乡镇企业和进城务工经商。其中，乡镇企业成为农村劳动力转移就业的主阵地。乡镇企业由社队企业发展而来——为了转移更多农村富余劳动力实现多渠道，国家从鼓励农村兴办副业开始，对社队企业给予了充分肯定和政策扶持，使社队企业不断发展壮大，从1984年开始改称乡镇企业。乡镇企业就业人数呈现逐年增加的势头，从1978年的2826万人增加到1992年的10624万人，增长了275.9%。相比之下，农村劳动力进城务工经商是逐步实现的。农村劳动力乡城流动在1984—1988年才被允许。1984年中央"一号文件"明确提出，允许

务工、经商、办服务业的农民自理口粮到集镇落户，主要措施包括：允许农民进城兴办服务业和提供各种劳务；允许企业招用国家允许从农村招用的人员；将劳务输出作为贫困地区劳动力资源开发的重点；允许民间劳务组织和能人进入贫困地区劳务市场。1989 年，农村劳动力的盲目流动受到控制。由于农民大规模流动带来交通运输、社会治安等方面的负面效应，以及整顿经济秩序造成了城市和乡镇企业新增就业机会减少，使得政府对农村劳动力流动政策进行了局部调整，主要措施包括严格控制"农转非"过快增长、建立临时务工许可证和就业登记制度、重点清退来自农村的计划外用工等。

第三节　确定市场经济　重建劳动就业

1993 年中共十四届三中全会设计了一幅继续深化改革、建立社会主义市场经济体制的总体蓝图，标志着我国进入全面推进市场经济的新阶段。《中共中央关于建立社会主义市场经济体制若干问题的决定》正式使用了"劳动力市场"概念，提出要改革劳动制度，广开就业门路，更多地吸纳城镇劳动力就业，鼓励和引导农村剩余劳动力逐步向非农产业转移和地区间有序流动，市场改革方向和目标确立。

一、初步建立法律制度和管理服务两大体系

1995 年《中华人民共和国劳动法》实施，结束了新中国成立 45 年来没有劳动法的历史，作为第一部全面调整劳动关系、确定劳动标准的基本法，是我国劳动法制建设的重要里程碑。该法肯定了改

革开放以来劳动就业体制改革的成果，以法律形式首次对改革开放后的新型劳动关系进行了确认，赋予了劳动者择业自主权和用人单位用人自主权，对进一步深化劳动就业体制改革，完善劳动力市场，建立现代企业制度起到强有力的推动作用和保障作用。在此期间，国务院及劳动部又先后颁布了一系列劳动法规和规章，包括《劳动监察规定》（1993年）、《关于实施最低工资保障制度的通知》（1994年）、《职业指导办法》（1994年）、《集体合同规定》（1994年）、《企业经济性裁减人员规定》（1994年）、《工资支付暂行规定》（1994年）、《未成年工特殊保护规定》（1995年）、《国务院关于修改〈国务院关于职工工作时间的规定〉的决定》（1995年）、《国务院关于深化企业职工养老保险制度改革的通知》（1995年）、《劳动部关于进一步完善劳动争议处理工作的通知》（1995年）、《违反〈劳动法〉有关劳动合同规定的赔偿办法》（1995年）等，初步建立了适应市场经济发展需要的劳动法律法规体系。

此外，劳动就业服务体系得以建立。为适应转变企业经营机制和深化劳动制度配套改革的需要，提高劳动者素质，促进待业职工再就业。1992年《劳动部关于加强待业职工转业训练工作的通知》下发，提出职业介绍、生产自救、待业保险与转业训练工作紧密结合。1993年以后，职业介绍所获得快速发展，民营和外资机构纷纷以市场行为加入职业介绍行业，定位服务不同层次的人群。劳动就业服务业呈现出快速发展的局面。1995年以后，劳动部先后颁布《职业介绍规定》《职业介绍服务规程（试行）》，进一步规范和丰富了就业服务的内容。为缓解就业压力，调节劳动力供给，提高青年劳动者的素质和就业能力，1997年，劳动部开始在全国范围内有计划、有步骤地实施劳动预备制度试点。1998年，劳动部推出《"三年千万"再就业培训计划》，即在1998—2000年3年内，组织1000万名下岗职工参加职业指导和转业培训。随着下岗职工在再就业服务中心3年协议期满，大部分再就业条件较好的下岗职工都能实现再就业，但部分年龄偏大、技能单一的人员仍然面临就业困难。2001年5月，劳动和社会保障部下发《关于开展再就业援助行动的通知》，帮助下岗职工解决出中心后遇到的再就业和社会保障等方面的难题。

为贯彻中共中央、国务院发布的《关于切实做好国有企业下岗职工基本生活保障和再就业工作的通知》中关于"按照科学化、规范化、现代化的要求，大力加强劳动力市场建设"的指示，劳动和社会保障部组织开展了劳动力市场"三化"建设试点工作，确定100个再就业任务较重且就业工作具有一定基础的城市进行试点，加快市场建设和建立市场机制的步伐，在全国范围起示范作用。试点提出三大工作目标：一是初步建成城市劳动力市场信息网络，在再就业工作中充分发挥作用。二是初步建立起统一的劳动力市场管理、服务制度和业务规范，形成较好的劳动力市场秩序。三是健全职业介绍、职业指导、失业保险、职业培训有机结合的工作机制和服务网络，服务的效率和质量明显提高。经过近3年的努力，试点城市基本完成了预定任务。

二、努力做好再就业服务和转移就业两大工作

实施再就业工程是妥善安置城镇国有企业富余人员的重要举措。随着国有企业转换经营机制、建立现代企业制度，为落实企业用工自主权，这一时期开始配套进行劳动制度改革，触及原先未进行实质改革的固定工制度，也就是要推进劳动力存量的市场化改革。把国有企业富余人员分流出去，为企业卸下人浮于事的包袱，是搞活

固定工制度的一个重要环节。1993 年，劳动部正式提出了再就业工程计划，并于次年初开始在上海、沈阳、青岛、成都、杭州等 30 个城市搞试点。1995 年，国务院批准并转发了劳动部《关于实施再就业工程的报告》，再就业工程开始在全国范围内实施。再就业工程的重点对象是失业 6 个月以上有求职要求的失业职工和 6 个月以上无基本生活收入的企业富余职工。

建立再就业服务中心是在上海市实施再就业工程的经验中总结出来，并受到国家肯定和推广的。1997 年 8 月，劳动部等部门联合下发《关于在企业"优化资本结构"试点城市建立再就业服务中心的通知》。1998 年 8 月，中共中央、国务院发布《关于切实做好国有企业下岗职工基本生活保障和再就业工作的通知》，要求各地凡是有下岗职工的国有企业，都要建立再就业服务中心或类似托管机构。再就业服务中心作为特殊时期的过渡性市场就业服务机构，有效缓解了大批职工下岗可能引发的社会震荡。进入再就业服务中心的对象，主要是实行劳动合同制度以前参加工作的国有企业正式职工，以及实行劳动合同制度以后参加工作，合同期未满的合同制职工中，因企业生产经营等原因而下岗，但尚未与企业解除劳动关系，没有在社会上找到其他工作的人员。在建立再就业服务中心的同时，构筑了"三条保障线"，即国有企业下岗职工基本生活保障、失业保险和城市居民最低生活保障，为不同的低收入群体提供基本的生活保障。

截至 1998 年底，所有有下岗职工的国有企业均建立了再就业服务中心，全国国有企业下岗职工 610 万人，其中进中心 604 万人，90% 以上领到了基本生活费。1998—2001 年，全国国有企业下岗职工累计 2550 万人，绝大多数先后进入再就业服务中心，按时领到基本生活费。先后有 1800 多万人通过多种渠道和方式实现了再就业。

按照"三三制"原则，全国共筹集专项资金 847 亿元，其中中央财政补助 434 亿元。在社保体系不完善的情况下，国有企业下岗职工基本生活保障制度为保障下岗职工基本生活、促进国企改革、维护社会稳定发挥了重要作用。

与此同时，农村劳动力转移就业取得新突破。自 1992 年以来，农村劳动力流动的政策逐渐发生了变化，从控制盲目流动转向了鼓励、引导和实行宏观调控下的有序流动，并实施了以就业证卡管理为中心的农村劳动力跨地区流动的就业制度，对小城镇户籍管理制度进行改革。1994 年 8 月，劳动部发布《促进劳动力市场发展，完善就业服务体系建设的实施计划》，其中加强农村劳动力流动服务体系建设是一个重点。同年劳动部颁布《农村劳动力跨省流动就业管理暂行规定》，对用人单位用人、农村劳动力就业和在各类服务组织中从事有关服务活动的行为提出了具体要求。1995 年中共中央办公厅、国务院办公厅发布了《中央社会治安综合治理委员会关于加强流动人口管理工作的意见》，对实行统一的流动人口就业证和暂住证制度作出了安排。1997 年 11 月，国务院办公厅转发了劳动部等部门《关于进一步做好组织民工有序流动工作的意见》，进一步提出了要加快劳动力市场建设，建立健全劳动力市场规则，建立完善的劳动力市场信息服务系统，加强对劳动力市场的监管，维护劳动力市场的正常秩序。1998 年 10 月，《中共中央关于农业和农村工作若干重大问题的决定》发布，提出为了适应城镇和发达地区发展的需要，需要进一步引导农村劳动力合理有序流动。2000 年 1 月，劳动和社会保障部办公厅出台了《关于做好农村富余劳动力流动就业工作的意见》，提出要建立就业信息预测预报制度，促进劳动输出产业化，发展和促进跨地区劳务合作，开展流动就业专项监察，保障流动就业者的合法权益。2001 年,"十五"计划纲要提出要打破城乡分割体制,逐步建立市场经济体制下的新型城乡关系。随着城乡就业壁垒的逐步打破,农村劳动力转移绝对规模和相对规模都逐步扩大。根据国家统计局的数据,1998—2001 年,我国农村转移劳动力数量分别为 13806 万人、13985 万人、15164 万人和 15773 万人,占农村劳动力的比重分别为 28.16%、28.55%、30.99% 和 32.13%。

第四节 面向充分就业 实施积极政策

2003 年以后,以全面建设小康社会为目标,推进充分就业被列上日程。党和政府首次提出就业是民生之本、安国之策的施政理念,继而强调就业是经济社会发展的优先目标和保障改善民生的头等大事,制定实施积极的就业政策。围绕此一时期实施的三轮积极就业政策,到 2012 年党中央就实施更加积极的就业政策进行集体学习。此一时期,我国促进就业工作进入了一个新的阶段,充分体现出以人为本和科学发展的原则。把就业摆在了经济社会发展更加重要的地位,强调就业是经济社会发展的优先目标和保障改善民生的头等大事,并在就业理念上改变了被动应付就业压力的局面,主动实施了三轮积极就业政策,解决了体制转轨遗留的就业问题,从容应对经济形势变化带来的就业压力。

一、为就业工作提供坚实的法律和制度保障

2002 年 9 月,中共中央、国务院召开全国再就业工作会议,会后下发了《中共中央 国务院关于进一步做好下岗失业人员再就业工

作的通知》。在全面总结我国就业再就业工作经验的基础上，针对当时和今后一个时期就业再就业的新形势和新特点，围绕解决下岗失业人员的再就业问题，提出了积极的就业政策。根据通知精神，劳动保障部、国家计委、国家经贸委等部门和单位，制定出台了8个配套文件，细化了资金管理、税费减免、小额担保贷款等扶持政策的操作。这些文件使《关于进一步做好下岗失业人员再就业工作的通知》的规定具体化，并项配套，共同构筑了积极就业政策体系的基本框架。

2004年，国务院发布了《劳动保障监察条例》，总结了10多年来劳动保障监察工作的经验，规范了劳动保障监察程序，明确了劳动保障行政部门、用人单位和劳动者在劳动保障监察工作中的权利与义务，强化了劳动保障监察执法手段。

2005年，国务院下发《关于进一步加强就业再就业工作的通知》，确立了新一轮积极就业的政策体系。根据新形势和新任务，国务院再就业工作部际联席会议制度调整为国务院就业工作部际联席会议制度，充实了成员单位，完善了议事规则。中央明确，此后3年重点解决好体制转轨遗留的下岗失业人员再就业问题，同时努力做好城镇新增劳动力就业和农村富余劳动力转移就业工作，有步骤地提高城乡统筹就业和劳动者素质，探索建立市场经济条件下促进就业的长效机制。

2007年2月，国务院颁布《残疾人就业条例》，指明了残疾人就业的基本方针，界定了残疾人就业的责任主体，提出了促进残疾人就业的一系列要求，明确了残疾人就业的主要方式，建立了促进残疾人就业的激励机制。

2007年6月，《中华人民共和国劳动合同法》颁布实施。这是自《中华人民共和国劳动法》颁布实施以来，我国劳动和社会保障法制建设中的又一个里程碑，对于更好地保护劳动者合法权益，构建和发展和谐稳定的劳动关系，促进社会主义和谐社会建设，具有十分重要的意义。《中华人民共和国劳动合同法》坚持了《中华人民共和国劳动法》确立的劳动合同制度的基本框架，包括双向选择的用人机制，劳动关系双方有权依法确定各自的权利和义务，依法规范劳动合同的订立、履行、变更、解除和终止等。同时，又对《中华人民共和国劳动法》确立的劳动合同制度作出了较大修改，使之进一步完善，包括加重了用人单位不订立劳动合同的法律责任、对劳务派遣进行了规范、加大对试用期劳动者的保护力度、在用人单位与劳动者订立无固定期限劳动合同方面提出更高要求、根据实际需要增加维护用人单位合法权益的内容。

2007年8月，《中华人民共和国就业促进法》颁布实施。这是继《中华人民共和国劳动合同法》之后，我国劳动保障法制建设取得的又一重大成果。《中华人民共和国就业促进法》将促进就业的各项政策措施法制化和制度化，对于扩大就业、减少失业，提高就业质量和水平具有重要作用。特别是从法律角度明确了"劳动者自主择业、市场调节就业、政府促进就业"方针政策，建立了市场就业、平等就业和统筹就业的基本制度，提出了规范人力资源市场和就业服务及就业援助的措施，为我国就业促进工作提供了坚实的法律保障。

2007年12月，《中华人民共和国劳动争议调解仲裁法》颁布实施。该法确定了劳动争议调解和仲裁的范围、程序、机构、人员和处理机制等内容，为协调劳动关系、处理劳动争议、维护当事人的合法权益提供了程序上的法律保障。

2008年初，《国务院关于做好促进就业工作的通知》下发，明确了积极的就业政策与法律衔接的有关规定，并对进一步做好就业和再就业工作提出了明确要求。

2008年以来，我国先后发生四川汶川特大地震、青海玉树地震、甘肃舟曲泥石流等重特大自然灾害，与此同时，国际金融危机蔓延，世界经济大幅衰退，我国经济也受到严重冲击，就业工作面临严峻挑战。党中央、国务院果断决策，采取灵活审慎的宏观经济政策，实行积极的财政政策和适度宽松的货币政策，扩大内需，拉动消费，提高城乡居民特别是低收入群体的收入水平，促进经济平稳较快增长，以更多地拉动就业，在保持经济增长的同时，实施更加积极的就业政策。从2008年9月底到2009年2月初，国务院为做好就业工作先后出台了4个文件，包括1个综合性文件和3个专门文件，涉及促进创业带动就业、高校毕业生就业、农民工就业的相关政策；国务院就业工作部际联席会议有关部门联合制定了3个文件，涉及减轻企业负担稳定就业、实施特别职业培训计划、开展就业服务系列活动等相关工作。这些政策措施形成了为应对危机稳定和扩大就业的新政策体系框架。在更加积极的就业政策支持下，在各部门、各地区努力工作下，我国就业形势保持了基本平稳。

2012年2月20日，中共中央政治局就实施更加积极的就业政策进行第三十二次集体学习，明确提出要把促进就业放在经济社会发展的优先位置，实施更加积极的就业政策，努力实现社会就业更加充分。同时强调要切实落实就业优先战略，切实支持劳动者多渠道就业，切实做好重点人群就业工作，切实加强就业服务和管理。

二、为全体劳动者创造平等有序的就业环境

统筹城乡劳动者就业持续推进，城乡一体化的劳动力市场逐步建立。2003年，《国务院办公厅关于做好农民进城务工就业管理和

服务工作的通知》要求取消对农民进城务工就业的不合理限制，对农民工和城镇居民应一视同仁，并切实解决拖欠和克扣农民工工资问题，改善农民工的生产生活条件，做好农民工培训工作，多渠道安排农民工子女就学，加强对农民工的管理服务工作。2004 年，《国务院办公厅关于进一步做好改善农民进城就业环境工作的通知》下发，要求清理和取消针对农民进城就业等方面的歧视性规定及不合理限制，开展有组织的劳务输出，完善对农民进城就业的职业介绍服务，做好对农民工的咨询服务工作，加强对农民进城就业的培训工作，切实维护农民进城就业的合法权益。

2004 年，《中共中央　国务院关于促进农民增加收入若干政策的意见》明确提出，进城就业的农民工已经成为产业工人的重要组成部分。2006 年，《国务院关于解决农民工问题的若干意见》印发，标志着我国农村富余劳动力转移工作进入了一个新阶段，将农民工工作提上了重要工作日程。该意见提出，农民工问题事关我国经济和社会发展全局，维护农民工权益是需要解决的突出问题，解决农民工问题是建设中国特色社会主义的战略任务。意见涉及农民工工资、就业、技能培训、劳动保护、社会保障、公共管理和服务、户籍管理制度改革、土地承包权益等各个方面的政策措施。同年 3 月，为加强对农民工工作的组织领导，国务院农民工工作联席会议制度正式建立。同年，劳动和社会保障部、国家发改委、财政部和农业部联合下发《关于印发统筹城乡就业试点工作指导意见的通知》，明确了统筹城乡就业试点工作的目标、主要任务，在成都、嘉兴等 27 个地区启动试点，在开发就业岗位、提高素质能力、实现公平就业和促进稳定就业方面加大了工作力度。

2008 年国际金融危机发生后，我国出现农民工"返乡潮"，为

稳定农民工就业，国家出台了一系列有针对性的政策措施。2008 年，
《中共中央关于推进农村改革发展若干重大问题的决定》提出，要统
筹城乡劳动就业，加快建立城乡统一的人力资源市场，引导农民有
序外出就业，鼓励农民就近转移就业，扶持农民工返乡创业；加强
农民工权益保护，逐步实现农民工劳动报酬、子女上学、公共卫生、
住房租购等与城镇居民享有同等待遇，改善农民工劳动条件，保障
生产安全、扩大农民工工伤、医疗、养老保险覆盖面，尽快制定和
实施农民工养老保险关系转移接续办法；统筹城乡社会管理，推进
户籍制度改革，放宽中小城市落户条件，使在城镇稳定就业和居住
的农民有序转变为城镇居民；推动流动人口服务和管理体制创新。
同年 12 月，《国务院办公厅关于切实做好当前农民工工作的通知》
下发，要求采取多种措施促进农民工就业，加强农民工技能培训和
职业教育，大力支持农民工返乡创业和投身新农村建设，确保农民
工工资按时足额发放，做好农民工社会保障和公共服务，切实保障
返乡农民工土地承包权益。

　　此外，人才市场和劳动力市场得以整合，各类劳动者可以平等
享受就业服务管理。法律制度体系的健全完善，为人力资源市场发
展和劳动就业服务体系完善提供了保障。原人事部、劳动和社会保
障部先后颁布了《人才市场管理规定》（2001 年施行，2005 年修正）、
《就业服务与就业管理规定》（2008 年施行）、《中外合资人才中介机
构管理暂行规定》（2003 年）以及《关于〈中外合资人才中介机构
管理暂行规定〉的补充规定》（2008 年）、《中外合资中外合作职业
介绍机构设立管理暂行规定》（2001 年）、《流动人员人事档案管理
暂行规定》（1996 年）、《境外就业中介管理规定》（2002 年）等。

　　《人才市场管理规定》和《就业服务与就业管理规定》对人力

资源服务机构的审批设立、从事业务范围、监管等作出了详细规定。从业态类型来看，两部规章分别对人才中介服务机构和职业中介机构可以从事的业务范围作出了规定，意味着上述业务范围纳入了管理制度中。从公共和私营人力资源服务机构管理角度来看，《人才市场管理规定》未对公共和私营机构作出明确区分，原则上采取一视同仁的管理政策。《就业服务与就业管理规定》对劳动保障行政部门举办的公共就业服务机构和经劳动保障行政部门审批的职业中介机构分别作出管理规定，其中对公共就业服务机构的业务范围、资金来源等作出了规定，并规定政府部门不得举办或者与他人联合举办经营性的职业中介机构；另外，对经营性职业中介机构的设立条件、审批过程、业务范围、禁止从事业务、罚则等作出了专门规定。

人事部和劳动保障部两部合并以后，为稳步推进人才市场、劳动力市场的逐步整合和统一规范人力资源市场的建设，加强人力资源市场管理，2010年人力资源和社会保障部下发《关于进一步加强人力资源市场监管有关工作的通知》，对明确监管职责、统一换发许可证、做好新设立服务机构的审批工作、加强人力资源市场监督检查、指导和鼓励经营性人力资源服务机构积极参与社会公益服务、推动经营性人力资源服务机构诚信服务、做好调查摸底工作、做好人力资源市场信息发布工作等方面作出具体部署。2011年又进一步下发《关于加强统一管理切实维护人力资源市场良好秩序的通知》，要求进一步做好人力资源市场统一管理工作，依法查处和打击非法中介行为，切实维护劳动者和用人单位合法权益，确保市场良好秩序。

上述部门规章和部门文件对服务机构设立以及行为准则，劳动力市场和人才市场监管、两部合并后整合问题作出了比较详细的规定，对维护市场秩序、促进机构和行业发展发挥了重要作用。人才市场和劳动力市场开始整合，覆盖城乡的公共就业人才服务制度和体系基本形成，对公共就业人才服务体系发挥了重要作用。

第五节　着力更高质量　就业优先战略

就业是最大的民生。党的十八大以来，以习近平同志为核心的党中央着眼于实现中华民族伟大复兴的中国梦，协调推进"四个全面"（全面建成小康社会、全面深化改革、全面依法治国、全面从严治党）战略布局，把人民过上美好幸福生活作为治国理政的核心理念，高度重视民生建设，要求提高就业质量和人民收入水平。

一、在新的战略高度认识和把握就业问题

党的十八大报告明确提出，要推动实现更高质量的就业，并将就业更加充分作为全面建成小康社会的重要目标。同时，党的十八大报告对就业工作确定了新目标、提出了新要求、制定了新方针，为做好新时期的就业工作指明了方向。总目标是"就业更加充分"；总要求是"推动实现更高质量的就业"；总方针是劳动者自主就业、市场调节就业、政府促进就业和鼓励创业；总基调是实施就业优先战略和更加积极的就业政策。工作重点是促进以高校毕业生为重点的青年人和农村转移劳动力、城镇困难人员、退役军人四大群体就业。党的十八大报告第一次将促进就业上升到新的战略高度，明确提出实施就业优先战略和更加积极的就业政策。党的十八大以来的五年，深入贯彻以人民为中心的发展思想，就业状况持续改善，城镇新增就业年均 1300 万人以上。

党的十九大对就业工作提出了更高的目标和要求，为做好新时代的就业工作指明了方向。总目标是"实现更高质量和更充分就业"；总要求是"提高就业质量"；总基调是坚持就业优先战略和积极就业政策。工作重点是大规模开展职业技能培训，注重解决结构性就业矛盾，鼓励创业带动就业。提供全方位公共就业服务，促进高校毕业生等青年群体、农民工多渠道就业创业。破除妨碍劳动力、人才社会性流动的体制机制弊端，使人人都有通过辛勤劳动实现自身发展的机会。完善政府、工会、企业共同参与的协商协调机制，构建和谐劳动关系。

在我国发展进入新常态的关键时期，2015年4月《国务院关于进一步做好新形势下就业创业工作的意见》指出，面对就业压力加大形势，必须着力培育"大众创业、万众创新"的新引擎，实施更加积极的就业政策，把创业和就业结合起来，以创业创新带动就业，催生经济社会发展新动力，为促进民生改善、经济结构调整和社会和谐稳定提供新动能，并围绕深入实施就业优先战略、积极推进创业带动就业、统筹推进高校毕业生等重点群体就业、加强就业创业服务和培训等，提出了具体政策措施。2017年4月，《国务院关于做好当前和今后一段时期就业创业工作的意见》发布，针对部分地区、行业、群体失业风险有所上升，招工难与就业难并存的结构性矛盾加剧，新就业形态迅速发展等情况，围绕坚持实施就业优先战略、支持新就业形态发展、促进以创业带动就业、抓好重点群体就业创业、强化教育培训和就业创业服务等，提出了具体政策措施。上述两项政策成为指导新形势下就业创业工作的纲领性文件。

2018年12月，《国务院关于做好当前和今后一个时期促进就业工作的若干意见》（以下简称《意见》）指出，经济运行稳中有变，经济下行压力有所加大，对就业的影响应高度重视。必须把稳就业放在更加突出位置，深入贯彻习近平新时代中国特色社会主义思想和党的十九大精神，全面落实党中央、国务院关于稳就业工作的决策部署，坚持实施就业优先战略和更加积极的就业政策，支持企业稳定岗位，促进就业创业，强化培训服务，确保当前和今后一个时期就业目标任务完成和就业局势持续稳定。《意见》的出台，体现了中央政治局会议对2018年下半年经济工作将"稳就业"作为"六稳"之首的决策部署，作为经济社会发展的重中之重。《意见》的出台是贯彻落实中央精神要求的具体举措，是党中央、国务院关于稳就业工作部署的具体行动。《意见》是"就业优先战略"在政策层面的具体体现，也是对我国积极就业政策的进一步丰富拓展。

《意见》针对支持企业稳定发展、鼓励支持就业创业、积极实施培训、及时开展下岗失业人员帮扶等，提出了重要的政策措施。主要政策内容可以概括为几个方面：一是扶持企业稳就业存量。通过加大企业稳岗补贴、失业保险费返还、加强对小微企业金融支持等政策措施，对面临暂时经营困难的企业尤其是小微企业进行帮扶，以维持企业正常经营和用工稳定，不出现规模性的集中裁员减员，以保持就业规模和局势稳定。二是鼓励创业扩就业增量。通过加大创业担保贷款贴息及奖补政策支持力度，支持创业载体建设，推动创业创新向更高水平更高质量发展，充分发挥创业带动就业倍增效应，扩大就业容量。三是加强培训提就业能力。通过支持困难企业开展职工在岗培训开展失业人员培训、放宽技术技能提升补贴申领条件，扩大培训范围，加强对失业和下岗转岗劳动者的职业技能培训，提高他们的就业和职业转换能力，应对经济下行和结构调整可能带来的失业风险，支持企业实现转型升级、结构调整或生产经营转换。四是夯实保障兜就业底线。通过实行常住地失业登记和就业援助、落实失业保险待遇、保障困难群众基本生活，为可能遭遇失业风险的劳动者提供基本生活、医疗保险和公共服务支持，织密织实社会保障安全网，兜底民生底线。五是强化责任重落实。《意见》明确人力资源社会保障部要统筹协调促进就业政策制定、督促落实、统计监测等工作，财政部要加大资金支持力度，保障促进就业政策落实到位等，同时地方各级人民政府要建立由政府负责人牵头、相关部门共同参与的工作机制，结合本地实际和财力水平合理确定享受政策的困难企业范围、突出重点帮扶对象、合理确定补贴等标准，确保各项政策尽快落地。《意见》同时明确要以实名制方式建立管理服务信息系统，在信息采集、办事流程、资金保障等方面都作出明确规定。

与以前的政策相比，《意见》的政策目标突出"稳"。就业是经济的"晴雨表"，更是社会的"稳定器"，要把稳就业放在更加突出的位置，作为宏观政策的优先目标。根据国家统计局所公布的国民经济和社会发展主要指标，前三季度我国就业形势总体稳定。2018年1—10月，累计实现城镇新增就业1200万人，同比增加9万人。10月份全国城镇调查失业率为4.9%，与上月和上年同月均持平。三季度末，就业困难人员实现就业136万人，同比增加3万人。全国城镇登记失业率为3.82%，降至10多年来低位。随着2019年以来国内外经济环境的变化、经济下行压力加大以及国内就业结构性矛盾带来的就业压力仍然存在，稳就业仍然是当前及今后一段时期内就业工作的突出重点内容。

《意见》的政策内容重在"实"。政策内容具有很强的针对性、创新性和可操作性，政策内容符合实际需要，政策要求明白清楚，资金渠道、规范标准、责任主体清晰明确。企业和老百姓能从中获得实实在在的利好。《意见》将措施标准通过数字化进行了明确和细化，比如在加大稳岗支持力度方面，《意见》提出对面临暂时性生产经营困难但坚持不裁员或少裁员的参保企业，失业保险返还标准可按 6 个月的当地月人均失业保险金和参保职工人数确定，或按 6 个月的企业及其职工应缴纳社会保险费标准的 50% 确定；再比如小微企业当年新招用符合条件人员数量达到企业现有在职职工人数 25%（超过 100 人的企业达到 15%）并与其签订 1 年以上劳动合同的，可申请最高不超过 300 万元的创业担保贷款等。

《意见》的政策对象范围"宽"。《意见》在确定政策对象方面，抓住了未来可能失业风险点，比如将失业青年、就业困难群体、下岗失业人员、零就业家庭、困难企业等重点群体，提供可操作性强的有效扶持措施。

《意见》进一步扩大了部分政策覆盖范围，比如《意见》明确提出各地可因地制宜适当放宽创业担保贷款申请条件，就业见习补贴范围由离校未就业高校毕业生扩展至 16—24 岁失业青年，技术技能提升补贴申领条件由企业在职职工参加失业保险 3 年以上调整至参保 1 年以上等。这可以让更多的企业和劳动者享受到公共政策福利。

《意见》的政策扶持力度"大"。一些政策在原有基础上，进一步提高政策扶持力度。比如对符合申请条件的自主创业人员，创业担保贷款可申请额度有原来的 10 万元提高到不超过 15 万元。提出支持稳定就业压力较大地区可以为失业人员自主创业免费提供经营场地，支持困难企业开展职工在岗培训，对就业困难人员和零就业家庭成员在培训期间再给予生活费补贴、对符合条件的生活困难的下岗失业人员给予临时生活费补贴等，同时明确大龄、残疾、低保家庭等劳动者可在常住地申请认定为就业困难人员，享受当地就业援助。

此外，《意见》突出强调在做好就业工作方面要做好政策的协调落实，发挥各方面积极性。在政策主体上协调中央与地方、地方政府和各部门关系，要强调发挥企业、劳动者和高校及各类市场主体作用，《意见》提出支持各类职业院校（含技工院校）、普通高等学校、职业培训机构和符合条件的企业承担失业人员职业技能培训或创业培训，强调企业履行社会责任，引导劳动者树立政策就业观念。同时，还特别明确要发挥企业和劳动者等各方的社会责任，形成共同推进就业工作，保持大局稳定的合力。《意见》不仅进一步明确了相关扶持资金的列支范围，同时将各类资金资源整合，互补促进，保证政策措施有效执行。比如《意见》提出不裁员或少裁员的参保企业失业保险费的返还由失业保险基金列支、各地政府性融资担保基金应优先为符合条件的小微企业提供低费率的担保支持、放宽的创业担保贷款的贴息资金由地府财政承担、困难企业组织开展的职工在岗培训经费从企业职工教育经费中列支（不足部分可由就业补助资金予以适当支持）、技术技能提升补贴由失业保险基金列支、符合条件的失业人员应缴纳的基本医疗保险费从失业保险基金列支以及从工业企业结构调整专项奖补资金中安排部分资金由地方统筹纳入就业补助资金等。

此时，鼓励创业被纳入了就业方针。党的十八大报告提出，要贯彻劳动者自主就业、市场调节就业、政府促进就业和鼓励创业的方针，第一次将鼓励创业纳入就业方针。新的就业方针进一步明确了劳动者、市场、政府在促进就业中应发挥的作用。党的十九大报告对创业提出了新的更明确的要求，鼓励企业家、农民、高校毕业生等青年群体、农民工和台湾同胞等各方面、更多的社会主体投身创业和多渠道就业创业。

为鼓励创业，国务院出台了一系列重要的政策措施，同时也是对积极就业政策的延续和完善。2013年10月，国务院常务会议部署改革注册资本登记制度，以进一步简政放权，构建公平竞争的市场环境，调动社会资本力量，促进小微企业特别是创新型企业成长，带动就业。2014年11月，《国务院关于扶持小型微型企业健康发展的意见》发布，从资金支持、财税优惠、创业基地建设、促进企业信息互联互通等10个方面提出一系列政策措施，扶持小微企业（含个体工商户）健康发展。2015年是创业政策频繁出台的年份。2015年3月，《国务院办公厅关于发展众创空间推进大众创新创业的指导意见》发布，要求加快发展众创空间等新型创业服务平台，营造良好的创新创业生态环境。2015年6月，《国务院关于大力推进大众创业万众创新若干政策措施的意见》发布，从9大领域30个方面明确了96个政策措施；国务院召开常务会议，确定实施"三证合一"登记制度改革，方便创业创新。2015年，《国务院关于大力发展电子商务加快培育经济新动力的意见》和《国务院关于促进快递业发展的若干意见》相继发布，就放宽电子商务市场主体登记条件、将网络从业人员纳入保险、引导创投基金支持等作了相应规定，同时针对快递业专业人才队伍建设、落实就业创业和人才引进政策、快递从业人员参加相关职业培训和职业技能鉴定、按规定给予补贴等提出具体要求。2015年7月，《国务院关于积极推进"互联网+"行动的指导意见》发布，提出"互联网+"创业创新、"互联网+"协同制造等11个具体行动。2015年8月，《国务院关于印发促进大数据发展行动纲要的通知》发布，明确要加快大数据部署，深化大数据应用，使开放的大数据成为促进创业创新的新动能。2015 年 9 月，《国务院关于加快构建大众创业万众创新支撑平台的指导意见》发布，从创新发展理念，着力打造创业创新新格局；全面推进"众创"，释放创业创新能量；积极推广"众包"，激发创业创新活力；立体实施"众扶"，集聚创业创新合力；稳健发展"众筹"，拓展创业创新融资等方面对优化政策扶持，构建持续发展环境提出要求。2015 年 11 月，《国务院办公厅关于简化优化公共服务流程方便基层群众办事创业的通知》发布，要求解决困扰基层群众的"办证多、办事难"等问题，提高公共服务质量和效率。2015 年 4 月，国务院出台《关于进一步做好新形势下就业创业工作的意见》，初步形成了促进创业带动就业的政策体系，为开展创业工作指明了方向。2016 年 9 月，《国务院关于促进创业投资持续健康发展的若干意见》发布，针对培育多元创业投资主体、多渠道拓宽创业投资资金来源、加强政府引导和政策、扶持完善创业投资相关法律法规、进一步完善创业投资退出机制、优化创业投资市场环境、推动创业投资行业双向开放、完善创业投资行业自律和服务体系等提出具体要求。2017 年 4 月，《关于做好当前和今后一段时期就业创业工作的意见》发布，明确要求营造鼓励"大众创业、万众创新"的良好环境，加快培育发展新动能，从促进以创业带动就业、抓好重点群体就业创业、强化教育培训和就业创业服务等方面，提出了一系列支持创业的政策措施。人力资源社会保障部贯彻国务院部署，一方面积极配合有关部门推进商事制度改革，将企业登记制度由"三证合一"拓展为"五证合一"，持续规范行政审批事项，清理非行政许可审批，主动削减超过 70% 的职业资格，为创业创新提供良好的制度环境；另一方面，会同有关部门切实加大对重点群体就业创业的税收优惠、担保贷款、资金补贴、基金支持等政策扶持力度，持续降低社会保险费率，为劳动者创业创新提供了有力支撑。2017年7月，《国务院关于强化实施创新驱动发展战略进一步推进"大众创业、万众创新"深入发展的意见》发布，针对加快科技成果转化、拓展企业融资渠道、促进实体经济转型升级、完善人才流动激励机制、创新政府管理方式等提出具体要求。2018年12月，《国务院关于做好当前和今后一个时期促进就业工作的若干意见》进一步扩大了创业担保贷款政策的覆盖范围，明确提出各地可因地制宜适当放宽创业担保贷款申请条件。此外，进一步提高政策扶持力度。比如对符合申请条件的自主创业人员，创业担保贷款可申请额度有原来的10万元提高到不超过15万元。提出支持稳定就业压力较大地区可以为失业人员自主创业免费提供经营场地。

同时，不断优化创业服务。各地依托覆盖城乡的公共就业服务体系，不断完善创业服务功能，为劳动者提供项目开发、开业指导、融资服务、政策咨询、跟踪扶持等创业服务。很多地方探索设立了综合服务中心，为创业者集中提供"一站式""一条龙"服务。普遍依托各类园区，着力打造创业孵化基地、创客空间等载体，为创业者提供低成本、便利化、全要素的综合服务，形成创业孵化网络。一些地方充分运用就业创业服务补助，通过政府购买等方式，调动市场服务机构、专业团队，为创业者提供服务，有效扩大了服务供给。

二、将重点群体就业摆在突出重要的位置

在高校毕业生就业方面，形成了就业促进、创业引领、基层成长等一整套促进高校毕业生就业创业的政策体系，打出了多渠道、重基层、全覆盖的引导、鼓励、服务、管理政策组合拳。在农民工就业方面，国务院办公厅先后出台两个促进农民工等人员返乡创业的文件，加大创业培训、资金支持、孵化服务、场地安排等方面的支持力度。在困难人员就业方面，更加注重强化分类帮扶和实名制动态管理，完善就业援助政策，通过"一对一"就业援助，确保零就业家庭至少一人实现稳定就业。围绕脱贫攻坚，瞄准农村贫困家庭劳动力转移就业，开创了劳务协作试点、技能脱贫、创建就业扶贫车间等新路径。同时，还围绕供给侧结构性改革大局，把职工安置提到化解过剩产能工作的突出位置，明确了企业主体、地方组织、依法依规的基本原则，拓展职工安置渠道，确保职工转岗不下岗、转业不失业。

2013年5月，《国务院办公厅关于做好2013年全国普通高等学校毕业生就业工作的通知》下发，要求深入落实高校毕业生就业政策，拓宽高校毕业生就业渠道，鼓励高校毕业生自主创业，加强高校毕业生就业服务，开展就业帮扶和就业援助，大力促进就业公平。2014年5月，《国务院办公厅关于做好2014年全国普通高等学校毕业生就业创业工作的通知》下发，提出要聚焦重点难点，继续把高校毕业生就业创业摆在就业工作的首要位置和整个经济社会发展的重要位置。从2012年开始，人力资源和社会保障部每年年初下发一个做好当年高校毕业生就业创业工作的通知。国务院相关部门先后制定下发了关于做好高校毕业生就业创业金融服务、就业实名统计、离校未就业高校毕业生就业促进计划、技能就业专项活动、就业见习计划、求职补贴发放等相关政策文件，为提高高校毕业生的技能水平和就业创业能力提供政策保障，促进其尽快实现就业和稳定就业。

2013 年 6 月，为进一步加强对农民工工作的组织领导，国务院决定成立国务院农民工工作领导小组。国务院农民工工作领导小组办公室设在人力资源和社会保障部，承担领导小组日常工作。专门为某个人群成立国务院工作领导小组是少见的，足以说明党中央和国务院对农民工工作的重视程度。

2014 年 9 月，《国务院关于进一步做好为农民工服务工作的意见》发布，对于维护农民工权益、有序推进农民工市民化、促进从根本上解决农民工问题具有十分重要的意义。

2015 年 6 月，《国务院办公厅关于支持农民工等人员返乡创业的意见》发布，提出了促进产业转移带动返乡创业、推动输出地产业升级带动返乡创业、鼓励输出地资源嫁接输入地市场带动返乡创业、引导一二三产业融合发展带动返乡创业、支持新型农业经营主体发展带动返乡创业等主要任务，要求健全基础设施和创业服务体系和加强具体的政策措施。

2016 年 4 月，针对近年钢铁、煤炭行业化解产能过剩，需要大批安置职工的现实要求，国家发改委等 7 个部门联合发布《关于在化解钢铁煤炭行业过剩产能实现脱困发展过程中做好职工安置工作的意见》，提出支持企业内部分流、促进转岗就业创业、符合条件人员可实行内部退养、运用公益性岗位托底帮扶等方式多渠道分流安置职工，并妥善处理劳动关系，加强社会保障衔接。

注重强化就业服务与培训，风险防范，兜牢稳定就业民生底线。党的十八大以来，覆盖城乡的公共就业创业服务体系不断健全，创业服务功能进一步完善，公共就业创业服务均等化、标准化、信息化持续推进。为优化服务供给，明确提出充分运用就业创业服务补贴，创新政府购买服务成果方式，支持购买社会服务，为劳动者提供职业指导、创业指导、信息咨询等专业化服务，以及对农村劳动力有组织劳务输出。为加大职业培训力度，提升人力资源质量，国务院文件明确提出要扩大职业培训规模，定期发布重点产业职业培训需求、职业资格和职业技能等级评定指导目录，更好对接产业发展需求和劳动者就业创业需求，不断完善职业培训补贴政策，创新提出了失业保险基金对参保职工的技能提升补贴。

党中央、国务院明确提出要增强风险意识和底线思维，加强形势研判，切实防范化解失业风险。国务院文件明确提出要制定应对规模性失业风险预案，确定了分级预警、分层响应、分类施策的原则，并授权省级政府在应对中可实施提高稳岗补贴标准、以工代赈、合理降低企业人工成本、阶段性延长领取失业保险金期限等措施。同时，还瞄准重点困难地区，实施替代产业培育行动计划，加大基础设施建设力度，实施就业援助行动，切实缓解转型中的就业压力。

据统计，2012年以来，年均有近1亿人次劳动者享受各项补贴政策，近200万名困难人员通过公益性岗位安置等渠道实现托底就业，100多万名创业者得到了创业担保贷款支持，2000万人次参加政府补贴的职业培训，中国特色积极就业政策体系成为稳局势、助发展的重要利器。

创业是实现就业的另一种形式。在推进大学生、农民工等人员、科技人员、留学归国人员等重点群体创业方面出台了多项举措，成效显著。2014年5月，人力资源和社会保障部会同9部门启动了新一轮创业引领计划。通过运用政府公共资源，充分动员社会资源，提升大学生的创业意识和创业能力，健全支持大学生创业的政策制度和服务体系，完善政府激励创业、社会支持创业、大学生勇于创业的机制，力争实现 2014—2017 年引领 80 万名大学生创业的预期目标。2016 年，人力资源和保障部会同教育部出台就业创业促进计划，开展创业引领行动，积极建立健全涵盖学校内外各阶段、就业创业全过程的服务体系，促进高校毕业生就业创业。推动各地建设创业孵化基地、大学生创业园等载体，为高校毕业生创业提供场地、项目、培训等综合性服务。随着这些政策措施的逐步落实，大学生创业呈现出蓬勃发展的态势。2016 年，在工商部门新登记注册的大学生创业者总数为 61.5 万人，比上年增长 10.2%。大学生创业者规模持续增加，并保持了稳步增长的势头。

2015 年 6 月，国务院办公厅印发《关于支持农民工等人员返乡创业的意见》，提出一系列政策措施，制定了《鼓励农民工等人员返乡创业三年行动计划纲要（2015—2017 年）》。各地强化组织领导，把返乡创业作为扶贫攻坚、发展县域经济的重要抓手。创新扶持政策，不仅将创业担保贷款、场地安排、收费减免等创业扶持政策覆盖到返乡创业者，还积极探索更具含金量和操作性的政策。加强融资支持，努力破解资金难题。加强培训服务，提升创业能力。大力宣传典型，营造良好氛围。经过各地区、各部门的共同努力，农民工返乡创业工作取得阶段性成效。2017 年二季度监测数据显示，20.2 万名返乡农民工中有 11% 选择了创业。

2017 年 3 月，人力资源和社会保障部出台指导意见，支持和鼓励事业单位专业技术人员创新创业。主要政策有：鼓励事业单位选派专技人员到企业挂职或者参与项目合作，鼓励事业单位专技术人员兼职创新或者在职创办企业，鼓励事业单位专技人员离岗创新创业，鼓励事业单位设置创新型岗位。这些政策在鼓励事业单位科技人员创新创业方面产生了热烈的反响。同时，留学人员回国创业工作也取得显著成效。先后出台支持留学人员回国创业一系列政策文件，形成了较为完善的政策支持体系。通过实施中央"千人计划"、人力资源和社会保障部"中国留学人员回国创业启动支持计划"等一批专项人才计划，留学人员回国创业项目支持力度不断加大，回国创业服务体系逐步完善。

第六节　经验总结　再创辉煌

我国促进就业的经验可高度概括为如下四点：

一、形成就业与民生关系的理念

2002 年 9 月，党中央、国务院从战略和全局的高度，深入分析了经济发展、国有企业改革、结构调整和就业工作的形势，提出了"就业是民生之本"[①] 的理念。党的十九大报告进一步阐释了就业在民生中的地位，提出了"就业是最大的民生"的判断。从"就业是民生之本"到"就业是最大的民生"，将就业问题提升到战略和全局的高度来认识和处理。

在"就业是最大的民生"理念指导下，做好就业工作，就要重点处理好以下五个方面的关系。第一，要正确处理发展经济和扩大就业的关系，通过发展经济扩大就业，通过扩大就业推动经济发展，实现发展经济与扩大就业的良性互动。通过发展经济来扩大就业，是解决就业问题的根本途径。

---

① 《江泽民文选》第三卷，人民出版社 2006 年版，第 504—513 页。

第二，要正确处理经济结构调整和扩大就业的关系，使经济结构调整和劳动力结构调整协调推进。因此，在提高产业科技含量的同时要重视发展劳动密集型产业，在增强国有经济竞争力的同时要加快发展多种所有制经济，在培育一批大型企业集团的同时要大力发展中小企业。

第三，要正确处理深化改革和扩大就业的关系，坚持减员增效和促进再就业相结合、职工下岗分流和社会承受能力相适应的原则。要全面理解和正确贯彻"鼓励兼并、规范破产、下岗分流、减员增效、实施再就业工程"的方针，统筹考虑减员增效和促进再就业。企业职工下岗分流，要充分考虑财政、企业、职工和社会保障的承受能力，量力而行。

第四，要正确处理城乡经济协调发展和扩大就业的关系，把引导农村富余劳动力转移和解决农业、农村、农民问题紧密联系起来。在重点做好城镇下岗失业人员再就业工作的同时，要统筹兼顾城镇新增劳动力和农村富余劳动力的就业工作。通过发展农村经济，积极稳妥地推进小城镇建设，发展乡镇企业和服务业，为农村劳动力开辟更多生产门路和就业门路。对农民进城务工要公平对待，合理引导、完善管理、搞好服务，组织和引导农村富余劳动力有序流动，加强信息服务和职业培训，维护农民工的合法权益。

第五，要正确处理完善社会保障体系和扩大就业的关系，通过实行"两个确保"解决保障基本生活的当务之急，通过促进再就业解决下岗失业人员的根本出路，通过完善社会保障体系为深化改革和扩大就业提供保障。就业工作和社会保障，要整体部署、协调推进。要进一步完善社会保障体系，建立和完善"三条保障线"，同时要建立健全养老保险和医疗保险，并逐步走上法治的轨道。

二、采取综合手段解决就业问题

做好就业工作，始终是国家工作中一项重大而紧迫的任务，要有针对性地采取一些综合性的经济社会政策措施来解决就业和再就业问题。这些政策[①]包括以下四个方面：

第一，多渠道开辟就业门路。主要面向六个领域：一是调整产业结构，大力发展第三产业；二是调整所有制结构，鼓励发展就业容量大的个体、私营、外商投资、股份合作等多种所有所经济；三是调整企业结构，发展有市场需求的中小企业；四是充分发挥劳动力资源优势，积极发展具有比较优势和市场需求的劳动密集型产业和企业；五是适应企业用工需求和就业方式变化，鼓励下岗失业人员通过非全日制、临时性、季节性、弹性工作等灵活多样的方式实现就业；六是面向国内国外两个市场，对内鼓励跨地区劳务协作，对外实施"走出去"战略，努力开拓国际劳务市场。

第二，完善和落实促进再就业的扶持政策。主要着力于以下四个方面：一是通过实行税费减免和小额贷款政策，支持下岗失业人员自谋职业；二是通过实行社会保险补贴和税收减免政策，鼓励服务型企业吸纳下岗失业人员；三是通过实行再就业援助，帮助就业困难对象再就业，对从事社区公益性岗位工作的，实行社会保险补贴和岗位补贴政策；四是通过实行免征所得税政策，鼓励国有大中型企业通过主辅分离和辅业改制分流安置富余人员。

第三，改进就业服务，加强再就业培训。进一步健全公共就业服务制度，落实免费职业介绍和免费再就业培训。加快劳动力市场

[①] 参见张左己：《做好新时期就业和再就业工作的强大思想武器》，《人民日报》2002年10月18日。

信息化建设，为下岗失业人员及时准确地提供就业信息。大力加强再就业培训，形成以培训促进创业、以创业促进就业的良性机制。

第四，加强对就业的宏观调控。要把控制失业率和增加就业岗位作为国家和各地区宏观调控的重要指标，纳入国民经济和社会发展计划。

三、构建体系化的促进就业政策

促进就业政策主要包括五项内容。一是以提高经济增长对就业的拉动能力为取向的宏观经济政策。主要是通过保持较高经济增长速度，调整产业结构、所有制结构、企业结构等，扩大就业总量、创造就业岗位。二是以促进重点群体就业为取向的扶持政策。主要是运用税费减免、资金信贷等优惠政策杠杆，将所创造的岗位优先用于吸纳重点群体就业。三是以实现劳动力与就业需求合理匹配为取向的劳动力市场政策。主要是通过强化就业服务和职业培训帮助劳动者了解需求信息、提高就业能力，缓解结构性失业问题。四是以减少失业为取向的宏观调控政策。主要是通过严格规范企业减员、建立失业预警制度等措施，减轻社会失业压力。五是以既能有效地保障失业人员基本生活，又能积极促进就业为取向的社会保障政策。上述五项内容在层次上依次递进、各有侧重，在内容上相互配套、缺一不可，在功能上相互支撑、相互促进，构成了促进就业政策的基础架构。

这种体系化突出体现在政策制定和实施中的五个结合。具体如下：

第一，实行积极就业政策与宏观经济政策更加紧密地结合。针对金融危机使就业矛盾更加尖锐突出的特点，国家出台的系列宏观经济政策中，明确了保增长、保稳定、保民生的核心是保就业，把就业作为经济好转的"晴雨表";明确提出在扩大内需和发展经济中注重促进就业增长,建立政府投资与扩大就业的联动机制。不少地区在安排政府投资和重大项目时,也制定了扩大就业的计划和目标,一些中西部地区注重挖掘本地外向度低、劳动密集型企业的潜力,实现了就业增长。从中央到地方都形成了关注就业,将就业政策与宏观经济政策更加紧密结合的氛围。

第二,扩大就业与稳定就业相结合。2002年以来,中国结合实践制定实施了积极的就业政策,以扩大和促进就业为首要任务,解决了大量国有企业下岗职工的再就业问题,为国有企业的改革和结构调整奠定了基础。金融危机发生以来,首次出现就业岗位净减,保企业和稳定就业被摆在了突出的位置。政府明确提出稳定的目标和政策措施,实现了稳定就业与扩大就业的并举。在稳定就业方面,通过"五减四缓三补两协商"政策来保企业、保岗位,通过特别培训计划稳定企业职工队伍,以降低就业存量的减少,通过社会保险补贴来稳定灵活就业人员的就业。在政策注入的同时,还鼓励企业承担社会责任,通过轮班工作、在岗培训、协商薪酬等多种方式稳定劳动关系,鼓励企业不减员、不裁员。在扩大就业方面,通过政策扶持,广开就业门路,重点解决困难就业群体的就业,以实现就业岗位的增加。

从就业和社会保险的角度率先出台的稳定就业政策不仅稳定了企业的就业,也带动了其他宏观经济政策加强对企业的保护和支持,如出台了财政补贴消费、减税、退税、信贷支持和产业发展等减轻企业负担、促进产业发展的政策,极大地增强了企业走出金融危机的信心。

第三,实施短期应急对策措施与形成长效机制相结合。短期应急政策主要是针对金融危机对就业的冲击出台的,如对困难群体直接发放一次性生活补贴；允许困难企业缓缴社会保险费最长不超过6个月；阶段性降低社会保险费率使用失业保险基金支付困难企业的社会保险补贴和岗位补贴。这些政策对缓解危机冲击、降低企业成本、帮助困难群体都是直接、快速和有效的。此外，政府还推出了关系长远发展的就业政策。如特别培训计划虽是为应对金融危机影响而专门实施的，但从长远来看，该计划致力于为劳动者储备技能，提高其就业、再就业和创业能力，促进劳动力资源的有效配置，适应就业市场未来的需求。又如公共服务能力建设，包括机构体系建设和服务能力建设，对改善公共就业服务质量、健全公共就业服务体系功能、提高运行效率具有长远意义。

第四，政府引导与市场调节相结合。在应对金融危机的政策中，政府制定的政策继续遵循了"劳动者自主择业、市场引导就业、政府调节就业"的原则，实现政府引导与市场调节相结合。在强化政府促进就业责任的同时，注重通过发挥市场机制的作用来促进就业。

在解决受影响最大的农民工群体的就业方面，政府既帮助企业稳定农民工就业，同时也鼓励农民工返乡创业，加强返乡农民工的职业技能培训和就业服务。在充分体现政府引导企业、稳定农民工就业的同时，鼓励农民工通过市场自主择业，通过创业自主就业。

针对大学生就业面临的困难和迷茫，政府通过政策引导，开拓就业门路，强化就业服务，创造了较好的就业环境，鼓励大学生在市场上通过双向选择实现就业，从而给大学生吃了"定心丸"，稳定了就业局势。

在鼓励企业稳定就业方面，采取的是"五缓四减三补贴"的政策引导，帮助企业稳定就业岗位，而不是采取简单的不允许企业裁员的强制性要求，体现了政策引导与企业市场决策的结合。

第五，中央政策资金投入与发挥地方主动性相结合。本轮应对金融危机的就业新政与 10 年前解决下岗职工基本生活保障和再就业有所不同。当时中央进行统一部署，地方也要求中央的政策越细越好。而这次各地受金融危机冲击的方式、程度和时间均有较大差别，因而中央在制定相应政策的同时，允许地方在不触动税收等红线的基础上，制定本地区的具体政策措施，采取有针对性的办法来解决金融危机的影响，给地方留下了更多空间。这一做法取得了良好的效果。一方面，中央解决就业问题的要求明确，就业投入大大增加，政策措施含金量大；另一方面，地方积极性高、主动性强，政策结合实际，政策效应发挥良好。

四、探索经济波动下的就业机制

作为一个从计划经济体制向市场经济体制转轨的新兴经济体，在如何应对大规模长时间的经济波动带来的就业危机方面，中国还缺乏实践的经验。在科学发展观的思想理论指导下，为应对此轮金融危机，党和政府初步探索出了市场体制下应对经济波动的就业机制。这种机制主要体现在如下几方面。

第一，突出重视就业在应对危机中的作用，将促进就业作为解决经济社会危机的核心环节，明确就业优先的原则。就业优先的原则，一方面，要求政府的财政、货币、金融政策都应以稳定、增长和就业为最终目标，刺激经济和复苏方案应致力于带来最佳的就业效果，促进就业岗位的创造和实施有效的就业和劳动力市场政策，鼓励企业用人和劳动者寻找工作，建立了政府投资与扩大就业的联动机制，通过实施推动经济增长的一揽子计划来拉动就业，不少地区在安排政府投资和重大项目时同步制订扩大就业的目标计划，较好地实现了就业增长——经济增长的良性互动；另一方面，通过就业为劳动者及其家庭提供可靠的收入和有效的社会保护支撑，以便恢复人们的信心，通过恢复消费和投资达到迅速恢复经济增长的目的。

第二，形成了由政府主导，通过扩大公共投资和制定公共政策，来引导和鼓励企业在稳定和促进就业中发挥主体性作用，同时加强公共服务，疏通就业障碍，鼓励和支持社会成员自主创业，拓展就业空间，形成稳定和促进就业的合作机制。为应对金融危机，在维持市场机制作为资源配置的基础性作用的同时，更加强调政府、企业、社会组织和社会成员个体在应对金融危机及其引致的就业危机中的主体性作用，在充分调动社会各类行为主体积极性的基础民，形成以人为本的价值共识，同时遵循"就业优先"的政策原则，优化各类资源配置，强调通过公共资源的配置和引导，协调各个主体之间利益关系，强调从劳资对立到共克时艰，"抱团"过冬，维护和创造良好的就业条件和环境，共同促进社会成员顺利就业，实现社会就业比较充分的目标。

第三，形成特殊时期稳定和扩大就业的一整套政策体系。在不到半年的时间里，国务院制定出台就业方面的一个综合性文件和三个专门文件，国务院就业工作部际联席会议有关部门及时出台减轻企业负担等三个文件，之后一系列配套的政策和具体实施细节相继推出，逐步形成了应对危机、稳定和促进就业的完整政策体系。在统筹考虑国内和国外、城镇和农村两个市场的同时，努力实现公共就业服务的均等化，统筹做好各类就业人群的职业培训和就业服务工作。为困难企业职工提供技能提升培训和转岗转业培训，为农民工提供职业技能培训，为失业人员提供再就业培训，为新成长劳动力提供劳动预备制培训，为退役士兵提供免费职业培训。其中重点是做好大学毕业生就业、农民工就业、就业困难人群就业的工作。

　　第四，形成合理的资源配置机制。在应对危机过程中，就业资源配置方式的一个明显特征就是多样化：既有通过积极财政政策和宽松的货币政策进行的直接投资，也有通过减税和社会保险费缓减免政策进行的间接投资；既有通过直接发放消费券的方式，也有通过政府购买服务的方式；既有公共财政直接投入建设基础项目和民生工程的方式，也有通过公共资源进行市场配置的方式。从投资的就业目标来看，主要是四个方面：一是创造新的就业岗位的投资，主要是对基础建设项目、科研活动的直接投资和对公益性岗位购买的投资，以及进行创业扶持的投资；二是针对稳定就业的投资，主要是通过减税政策、财政补贴和社会保险补贴、社会保险费的缓减免政策等进行的投资；三是打造就业蓄水池的投资，主要是针对返乡农民工和企业职工的特别培训计划和技能培训计划投资；四是针对少数失业困难群体的保障性投资。在这个过程中，公共资源的投资取向更加强调对于社会底层弱势群体的保护和发展。在中国的经济和就业结构中，在大量处于低端产业的生产企业中就业的农民工以及原国有企业下岗职工，构成了一个庞大的劳动力市场边缘群体，轻微的经济波动，就能将他们震荡出劳动力市场，针对这一就业弱势群体进行的保护性和发展性投资，成为应对经济动荡中就业危机的核心策略。这种投资策略，显然具有更大的经济与社会边际效益：一是满足了基本的民生需求，使得这一群体免受基本生存危机的逼迫；二是维护了社会的稳定，为经济复苏和发展提供良好的社会环境支撑；三是通过职业培训人力资本投资，提升了人力资源的技能结构，为当时正在进行的经济结构调整和产业升级提供了可能。

（执笔人：王阳）

第五章　病有所医　健康一生

没有人民健康就没有全面小康，推进健康中国建设，深化医疗卫生体制改革，建立健全基本医疗卫生制度，实现人人享有基本医疗卫生服务，是我国社会体制改革和全面小康社会建设的重大任务，也是积极回应"看病难，看病贵"社会关切，更好地实现人民群众病有所医的根本制度保障。新中国成立以来，我国积极搭建覆盖全民的基本医疗卫生服务网络，持续推进医疗卫生体制改革，形成了以健康引领定、"三医联动"、重点攻坚和全民医保为主要内容的"医改中国模式"，在促进和改善城乡居民健康水平，增强医疗可及性条件，减轻城乡居民就医负担等方面成效显著，人均预期寿命等主要健康指标位居中高收入国家前列，医疗机构床位数等卫生服务能力指标大幅提升，合理就医需求充分释放，居民个人卫生自付水平降至 30% 以下。大国医改中国经验为世界发展中国家、中等收入国家提升国民健康素质，防范重大健康风险，化解医疗服务总量短缺和供需失衡结构性矛盾，提供了积极的发展范式和经验参考。

习近平总书记指出，没有人民健康就没有全面小康，人民群众身体健康水平直接关系人民群众的生活质量，与全体人民群众的根本利益和生活感受休戚相关，是实现美好生活目标，提高生活获得感、幸福感和安全感的最基本依据和最关键指标。新中国成立以来，党和政府高度重视人民健康对于美好生活的支持和保障作用，深入推进医疗卫生体制改革，完善医疗保障制度，加快药品生产流通体制改革，提高医疗卫生服务供给水平和供给质量。

经过 70 年的努力，我国已经建立起完备的医疗卫生服务体系，基本医疗保险覆盖全民，公共卫生服务水平不断提高，公立医院改革走向深入，人民就医可及性有所改善，就医负担有所减轻，健康水平显著提高。确保人民群众病有所医、医有所保、药有所安，为提高全民健康水平，增进全民健康福祉打下了坚实的制度基础。

第一节　政府主导　预防为主

1949 年，全国仅有医疗卫生机构 3670 家，主要为教会医院、军队医院和防疫所，每千人口拥有医疗床位和卫生技术人员数量分别仅为 0.15 张、0.96 人，服务提供能力非常有限，农村医疗卫生基本处于空白状态，再加上药品生产能力短缺，医疗卫生保障制度完全缺位，根本无力解决人民群众的基本健康需求，主要健康指标持续低位徘徊，人均预期寿命仅 35 岁，婴儿死亡率和孕产妇死亡率分别高达 200‰和 1500/10 万。

针对医疗卫生服务体系一穷二白，缺医少药的现实，1952 年 12 月第二届全国卫生会议，明确提出了"面向工农兵、预防为主、团结中西医、卫生工作与群众运动相结合"。以提高医疗卫生服务覆盖面、可及性为中心目标，广泛依托宝贵中医资源，搭建了与当时经济社会发展制度相适应，覆盖全民的医疗卫生服务网络和多方筹资机制，在经济发展水平还不发达的阶段，以较低的医疗卫生投入，有力地保障了人民群众基本健康所需和传染病等重大卫生风险防范，实现了医疗卫生服务支出较高水平分担，初步解决了病有所医、医有所保的目标。其中农村合作医疗制度，被世界卫生组织誉为"发展中国家解决卫生经费的唯一典范"，为发展中国家搭建覆盖全民的初级医疗卫生网络提供了宝贵的经验。

一、大力开展群众性公共卫生运动

自 1952 年开始，我国把革命时期群众运动工作方法大规模应用于公共卫生事业，积极开展群众性爱国卫生运动，并将其作为我国人民卫生事业的重要组成部分，在各级政府下建立了爱国卫生运动委员会指导各企事业单位和群众开展工作。爱国卫生运动在培养个人卫生生活习惯，消灭病虫害、传染病中介源，美化城乡生活环境和卫生条件等方面，取得了良好效果。

爱国卫生运动根据工作重点，大体可以分为三个阶段（如表5-1所示）。第一阶段从 1952 年开始，着重做好基层卫生防疫和卫生环境建设工作。截至 1952 年底，全国共清除垃圾 7400 万担，疏通沟渠 28 万余公里，新建改建厕所 490 多万个，改建水井 130 多万方。在城市填平大量"龙须沟"改建为公园和居住新村，建设地下排水管网，较短时间内使旧中国遗留下来的不良卫生条件有效改善。同时，逐步实行全民免费接种牛痘和卡介苗，通过强制性接种和创建卫生环境，初步控制了鼠疫、霍乱等恶性传染性疾病暴发。

从 1958 年开始，爱国卫生运动进入第二阶段，工作目标为"除四害，讲卫生，消灭疾病，保护人民健康，人人振奋，移风易俗，改造国家"，具体包括消除"四害"和其他传染病中介媒介物，建立卫生制度，培养卫生习惯等内容。这一阶段，我国针对恶性传染病开展专项防治，大力发动群众消灭老鼠、苍蝇、钉螺等传染病媒介物和孳生物，"四害"密度大幅下降，并针对脊髓灰质炎、麻疹、乙脑、白喉、破伤风、百日咳和结核病等展开免费计划接种，使主要恶性传染病疫得到了全面控制，如鼠疫、疟疾、黑热病、血吸虫病、天花等恶性传染病疫情基本消灭或全面消灭。其中天花全面消灭时间早于发展中国家平均水平 16 年。

在"文化大革命"期间，我国医疗卫生工作受到极大破坏，部分传染性疾病重新死灰复燃。为控制疾病流行，爱国卫生运动又一次作出重大调整，工作重心转向农村"两管"（管理粪便垃圾、管理饮用水源）、"五改"（改良厕所、畜圈和禽圈、水井、环境、炉灶）和城市环境卫生整治。到 70 年代末，全国 9 亿农村人口中超过 50% 可获得比较清洁安全的饮用水，城乡环境卫生面貌得到了较好的保持，传染病防治等工作成果进一步巩固。

表 5-1　改革开放以前我国爱国卫生运动发展阶段及成绩

时间	重点工作	主要成绩
1952—1957 年	基层卫生防疫和卫生环境建设	初步控制了鼠疫、霍乱等恶性传染病，有效改善了不良卫生条件
1958—1965 年	除"四害"和其他传染病媒介物，建立卫生制度，培养卫生习惯	鼠疫、疟疾、黑热病、血吸虫病、天花等恶性传染病疫情基本消灭或全面消火
1966—1978 年	农村"两管""五改"和城市环境卫生整治	城乡环境卫生面貌得到了较好的保持，传染病防治等工作成果进一步巩固

除群众性爱国卫生运动外，这一时期也搭建起正规化的公共卫生服务体系。一方面，各级卫生防疫站、妇幼保健站等公共卫生

机构自上而下建立。各公立医院、企事业单位卫生室和农村基层卫生服务机构，也承担着包括预防接种、传染病防治、健康教育在内的公共卫生职能，与专门的公共卫生机构密切协作、相互配合。同时，针对皮肤病、肺结核等传染性疾病和血吸虫病、大骨节病、克山病等地方性疾病，建立了专门的防治机构，兼顾疾病预防和临床治疗。

二、建立起适应国情的卫生服务提供机制

新中国成立后，我国政府高度重视卫生事业发展。在城市以行政区划为依据，分级建立了综合性医院和中医医院，在民族自治地区建立民族医学医院，并要求机关事业单位普遍建立医务室，厂矿企业单位根据职工人数建立医务室、医务所或者医院，使城市居民可以就近接受一定质量的医疗服务。同时，医疗机构专业技术水平大幅提升，在器官移植、烧伤治疗、心脏外科、泌尿科、肾病科等重点临床方向和专科形成了具有中国特色的治疗经验，协和、同仁、华西、同济等部分高水平公立医院技术服务能力已经接近世界先进水平。1965 年 6 月 26 日，毛泽东主席针对医疗机构集中于城市的情况，提出"把医疗卫生的工作重点放到农村去"。"六二六"指示引导医疗卫生服务力量进一步向基层、向农村延伸，卫生经费中用于农村医疗卫生服务的比例逐步提高至 60%。此后，我国加快建立起了包括村卫生室、公社医务所和县医院在内的农村三级卫生服务网络。农村三级卫生服务网络、"赤脚医生"和农村合作医疗制度，一度被称为解决我国农村医疗问题的三大法宝。

在相关政策的支持下，1949—1978 年，医疗床位数、医务人员数等服务能力指标保持持续增长（如表 5-2 所示）。服务能力的进步

极大地提升了城乡居民服务可及性，带来主要健康指标的明显改善。到 1978 年，我国人均寿命已由 1949 年的 35 岁提高到将近 70 岁，婴儿死亡率由 1949 年的 200‰降至 34.7‰，孕产妇死亡率也大幅下降。

表 5-2　计划经济时期我国医疗卫生服务能力增长情况

年份	医疗卫生机构数（个）	医疗床位数（万张）	卫生人员总数（万人）
1949	3670	8	51
1957	122954	30	104
1962	217985	69	141
1965	224266	77	153
1978	169732	185	246

专栏 5-1　"赤脚医生"与农村初级卫生保健

　　所谓"赤脚医生"由村集体内部成员或者下乡知青中选拔产生，通过短期速成培训方式使他们掌握初步的问诊、治疗技术能力。以"赤脚医生"为代表的农村初级卫生服务人员，重点提供预防性服务，能够为农村居民提供常见病甄别、诊断和治疗，并负责开展卫生习惯培育等公共卫生管理工作，满足农村居民急迫的医疗卫生服务需要。由于医疗技术水平不高，再加上资金和可使用药品非常有限，"赤脚医生"在开展服务时，广泛依托我国宝贵的传统医学和中医药资源，就近用各种"土方""土药"解决农村居民就医需求。

三、形成多方负担的医疗保障和卫生筹资制度

　　在城市，职工及其家属根据所服务单位性质不同，可分别参加公费医疗和劳保医疗制度。其中公费医疗制度面向机关事业单位工作人员，由本级财政根据单位人员数量和标准直接向供养的机关事业单位下达卫生费用，用于职工及家属的就医费用报销。劳保医疗在劳动保险制度下统筹管理，所需资金最初在劳动保险费项目下支出，并可以从企业福利费中补充，在劳动保险蜕化为企业保障后，

统一在企业职工福利金项目下列支。在两种制度下，职工可以获得合规医疗费用约90%比例的报销，职工家庭中未就业配偶、未成年子女可以获得医疗费用约50%的报销。必须指出，公费医疗、劳保医疗均不是所谓免费医疗制度，而是在医疗行为发生后，进行后付费的结算支付。公费医疗和劳保医疗制度均需遵循定点首诊、逐级转诊的分级诊疗管理，有效地约束了就医秩序，提升了资金利用效率。

在农村，由合作医疗筹资并提供初级卫生服务。由公社在集体经济收入提取合作医疗基金、集体经济成员适当缴费，并规定了"赤脚医生"和其他初级医疗卫生人员在本村集体计算"公分"等方式，保障公社卫生所及农村医务室所需药品、服务和人员支出。其中个人筹资比例在个人收入的0.5%—2%之间，总体量约占合作医疗基金的30%—50%。到1976年，有超过93%的人民公社已经建立了合作医疗制度。合作医疗在扩大卫生服务和医疗保障覆盖范围，解决农村医疗卫生从无到有方面发挥了历史性的贡献，并得到了世界的认可和肯定。世界卫生组织在对中国合作医疗制度进行多次考察后多次表示，合作医疗"向人民提供低费用和适宜的医疗保健技术服务，满足大多数人的基本卫生需求"，"是低收入国家举世无双的成就"，有力促进了"中国卫生状况的显著改善和居民期望寿命的显著增加"，并将其作为范本向发展中国家推广。世界银行也将中国合作医疗制度誉为"卫生革命"。但也要看到，合作医疗的服务和保障水平是非常基础且不稳定的，"赤脚医生"不能进行复杂疾病的诊治，当村集体成员需转诊至县级及以上医疗机构后，合作医疗是否提供报销，以及实际报销范围、报销比例，均由本集体经济的合作医疗基金管理人员考虑盈余程度确定，农民遇到大病仍然需要"自掏腰包"。

第二节　拨乱反正　恢复供给

"文化大革命"期间，我国医疗卫生事业在曲折中发展，尽管出现了农村合作医疗制度等局部亮点，但总体来看，医疗卫生服务整体供给能力受到较大打击。濒临崩溃的国民经济和薄弱的财政基础，导致卫生费用长期短缺。医疗高等教育中断，医疗卫生队伍青黄不接。医疗机构硬件设施落后，国际交流近乎空白，专业人员知识水平老化，医疗技术能力低下。传统公费医疗体制可持续性面临挑战，部分建厂历史久、退休职工多、工伤职业病多发的老企业难以承受公费医疗报销压力，按照医疗费用定额包干或仅对超支部分按一定比例报销的办法。

1978 年，我国正式开启改革开放新的历史时期，要求医疗卫生制度加快进行适应性调整，加强卫生事业管理，恢复医疗卫生供给，调整医疗机构补助方式和水平，提升医疗服务绩效和技术能力。同时，公费医疗制度运行不稳定和抗风险能力弱的弊端逐步暴露，建立社会共担的医疗保险制度呼声逐步渐强。受改革初期"按经济规律办事"思路的影响，经济手段开始应用于医疗卫生事业领域和医疗保障制度建设，在医保方案设计中也出现了与个人利益挂钩的情况，医改市场化导向正在孕育。1978—1982 年，可以视为我国医疗卫生服务供给能力恢复阶段。

一、扩大卫生服务供给能力

卫生部以加强医疗卫生人员培养和规范医疗机构服务机构建设为抓手，及时恢复和提高城市卫生服务能力，卫生人员数量明显增长，服务范围和数量有所扩大。从 1978—1992 年，我国卫生人员数量从 310.6 万人增长到 514 万人，增幅 65.5%；卫生机构数量从 16.98 万个增加到 20.48 万个，增幅 20.6%；卫生机构床位数量从 107.9 万张增加到 199.3 万张，增幅 84.7%。医疗卫生服务能力的改善使城乡居民就医需求得到合理释放，1980—1992 年，城市医疗机构诊疗人次从 10.53 亿人次增长到 15.35 亿人次，增幅达到 45.8%。

二、逐步调整医疗卫生筹资来源

1985 年，国务院批转了卫生部《关于卫生工作改革若干政策问题的报告》，扩大医院自主权，允许医院根据服务技术和设施投入情况调整服务收费标准。1989 年，国务院转批了卫生部、财政部等五部门《关于扩大医疗卫生服务有关问题的意见》，在医疗机构内部推进各种形式的承包责任制，鼓励开展有偿业务服务，并要求卫生事业单位实行"以副补主"和"以工补医"等。

相关政策在激发机构服务活力、扩大服务有效供给的同时，也一定程度上恶化了医疗卫生筹资结构，使个人负担有所加重。在卫生总费用中，政府预算卫生支出占比从 1978 年的 32.2% 下降到 1989 年的 27.3%，社会卫生支出占比从 1978 年的 47.4% 下降到 1989 年的 38.6%，而个人现金卫生支出占比快速攀升，由 1978 年的 20.4% 增长到 1989 年的 34.1%，较改革开放初期增长约 1.5 倍。

三、试点多元化办医

1980 年，国务院批转了卫生部《关于允许个体开业行医问题的请示报告》，允许过去领有开业执照、现无工作、仍能继续行医者，因各种原因目前未在国家或集体医疗机构工作的中医（包括民族医）、西医、助产士和牙科技工，以及一部分原在国家或集体医疗机构工作现已退休的医生、助产士和牙科技工等三类人员，作为个体开业医生行医。这初步改变了医疗机构"一公二大"的格局，在一定程度上弥补了国家对医疗资源投入的不足，促使国有医院的改革更加顺利地进行。

四、探索以社会统筹为基础的医疗保险制度

1984 年 4 月 28 日，卫生部和财政部联合发出《关于进一步加强公费医疗管理的通知》，提出要积极慎重地改革公费医疗制度，开始了政府对传统公费医疗制度改革探索的新阶段。此后，部分地方开始通过区域、行业大病统筹方式控制卫生费用，如河北石家庄地区自 1985 年 11 月起，先后在六个县、市开展离退休人员医疗费用社会统筹试点。

1988 年 3 月 25 日，经国务院批准，成立了由卫生部牵头，国家体改委、劳动部、卫生部、财政部、医药管理总局等 8 个部门参与的医疗制度改革方案研究并对医疗改革试点进行指导。同年 7 月，该小组推出《职工医疗保险制度设想（草案）》，明确以大病医疗费用社会统筹为基础构建基本医疗保险制度，作为国企改革和医疗制度改革的重要配套。在相关政策指导下，1990 年起，丹东、四平、黄石、株洲进行医疗保险制度改革试点。1991 年 11 月，海南省颁布了《海南省职工医疗保险暂行规定》，并于 1992 年起施行；1991 年 9 月，深圳市成立医疗保险局，并于 1992 年 5 月颁布了《深圳市职工医疗保险暂行规定》及《职工医疗保险实施细则》。

第三节　完善筹资　曲折前行

1992 年 10 月，党的十四大明确提出经济体制改革的目标是建立社会主义市场经济体制。1993 年，党的十四届三中全会通过了《中共中央关于建立社会主义市场经济体制若干问题的决定》。在卫生医疗领域，继续探索适应社会主义市场经济环境的医疗卫生体制成为改革主要目标。受经济体制市场化改革影响和"效率优先"理念浸润，以 1992 年国务院下发的《关于深化卫生医疗体制改革的几点意见》为标志，医疗卫生服务体制改革正式启动。从 1992 年到 2002 年的医改，重点在于全面提升医疗卫生服务筹资能力，"建设靠国家，吃饭靠自己"的市场化理念成为医改主旋律，刺激了医疗卫生机构和人员创收，弥补了国家卫生投入不足，在提升了医疗卫生服务筹资能力并联动扩大服务积极性的同时，也严重影响了医疗卫生服务体系公益性，扭曲的费用偿付机制使"看病难、看病贵"问题突出，群众反映强烈。

一、卫生费用筹资结构出现根本扭曲

1992 年 9 月，国务院下发《关于深化卫生医疗体制改革的几点意见》，要求拓宽卫生筹资渠道，完善费用补偿机制；鼓励采取部门和企业投资、单位自筹、个人集资、银行贷款、社团捐赠、建立基金等多种形式，多渠道筹集社会资金，用于卫生建设；同时，要求打破平均主义分配方式，在支持医疗单位在实行工资总额包干的基础上，对包干结余和创收部分，在保证事业发展和完成科教任务的前提下，可由单位自主支配，支持有条件的单位办成经济实体或实行企业化管理，做到自主经营、自负盈亏。该文件进一步刺激了医疗机构的经济利益导向，为一些机构通过开大处方、大检查方式进行过度医疗和诱导医疗提供了政策通道。卫生部在落实相关政策精神时，进一步提出了"建设靠国家、吃饭靠自己"的理念，在此理念下，在"以工助医、以副补主"等方面取得新成绩，鼓励医疗机构积极创收，弥补国家财政资助的不足，但使医疗机构的公益性发挥受到极大影响。

1997年，《中共中央　国务院关于卫生改革与发展的决定》虽然重申了公立卫生机构是非营利性公益事业单位，并明确提出了增加卫生投入和医药分开核算的改革要求，但同时把政府支付责任局限在了政府办的各类卫生机构的基本建设及大型设备的购置费、维修费，离退休人员费用和卫生人员的医疗保险费，预防保健机构的人员经费和基本预防保健业务经费等有限的几种支出上，而医药分开政策没有得到落实，使医疗机构对各类有偿医疗行为和"以药养医"、"检查养医"的依赖程度不断加深。

受相关政策导向影响，我国卫生费用筹资结构出现了根本性逆转。1990—2002年，政府和社会卫生支出占卫生总费用的比重由59.64%下降为32.58%，个人卫生支出占卫生总费用的比重由40.36%上升为67.42%，政府卫生投入明显不足。其中，个人现金卫生支出大约占个人卫生支出的90%，绝大多数医疗费用需要由个人直接负担，医保对于医疗费用的分担能力日趋弱化，酿成较为严重的"看病贵"问题。

二、医疗卫生服务能力发展陷入停滞

由于政府卫生投入长期不足，再加上鼓励医疗机构"吃饭靠自己"，造成了机构运营出现短视化倾向，医疗机构既缺少设备购置和扩大服务能力的资金，也逐步丧失支持机构长期持续发展的动力，造成医疗卫生服务能力建设长期陷入停滞。1993—2000 年，卫生机构人员数、卫生机构床位数、每千人口医生数、每千人口床位数等关键指标分别仅增长了 7.21%、2.52%、8.39% 和 0.85%，没有显著提升和改善，其中每千人口床位数指标甚至出现了阶段性负增长情况。

农村医疗卫生服务能力大幅衰退。我国农村合作医疗制度一度覆盖了 93% 的生产大队和 85% 的农村人口，是村级卫生的主要提供方式和农村三级卫生服务购买来源。但随着经济体制改革深化和集体经济普遍转型，农村合作医疗制度全面瓦解，村级卫生受到严重冲击。由于缺少稳定的服务购买支持，乡镇卫生院和县医院服务能力大幅衰退，县级医院、乡镇卫生院床位数从 1990 年的 123.74 万张下降至 2001 年的 101.73 万张，县级及以下医疗机构卫生技术人员数从 1990 年的 171.26 万人下降到 163.6 万人。农村三级卫生服务网络断裂，使农村居民"病无所医"问题重新出现。

医疗服务供给发展停滞，而城乡居民收入增长和医保制度建立带来的医疗需求激增，医疗供需总量失衡形势严峻，城乡居民就医可及性受到较大挑战，"看病难"问题凸显。

三、"统账结合"职工基本医疗保险制度确立

在借鉴国际医保个人账户相关做法基础上，1994 年，国家体改委、财政部、劳动部、卫生部共同制定了《关于职工医疗制度改革的试点意见》，经国务院批准，在江苏省镇江市、江西省九江市进行了试点，即著名的"两江试点"。"两江试点"初步建立了医疗保险

"统账结合"（社会统筹与个人账户相结合）的城镇职工医疗保险模式。此后，统账结合基本医疗保险制度试点范围先后扩大到 58 个城市，由于制度比较充分尊重了退休职工的医疗保险权益，且个人账户制度设计与改革初期强调个人权责对应的社会理念相适应，有效地调动了在职职工参保积极性，"统账结合"模式试点效果良好，社会反映积极。

1998 年 12 月，《国务院关于建立城镇职工基本医疗保险制度的决定》正式下发，在全国范围内统一职工基本医疗保险政策框架，要求 1999 年在全国范围内建立覆盖全体城镇职工的基本医疗保险制度。截至 2000 年底，全国已经有 320 个统筹地区出台医保改革方案，284 个地区组织实施，参保人数 4332 万人。

第四节 积极探索 三医联动

随着"看病难、看病贵"问题日益凸显，医疗卫生领域内的政府主导和市场主导之争逐步成为管理部门、理论界和社会所关注的焦点问题。2002 年，党的十六大提出了全面建设小康社会的奋斗目标，把社会更加和谐、人民生活更加殷实作为小康社会的重要指标。2003 年的"非典"事件充分暴露了城乡基层医疗卫生服务能力的"短板"和公共卫生体系的不完善，倒逼政府增加公立医疗机构的设施、设备和人员投入。在此背景下，从 2003—2008 年，医疗卫生服务体制改革的大方向也开始扭转，由市场化导向转向重新强调医疗服务的社会事业公益属性，统筹推动三医联动，提升医疗卫生服务公益性，筑牢城镇基层服务和农村三级服务网底。同时，重建农村基本医疗保障制度，推动医保广覆盖，以减轻个人就医压力。

一、明确"三医联动"基本框架，政府责任逐步回归

针对个人医疗费用负担增长过快、"看病难、看病贵"现象突出的问题，2000年国务院办公厅转发了国务院体改办等八部门《关于城镇医药卫生体制改革的指导意见》，明确了要同步推进职工基本医疗保险制度、医疗卫生体制和药品生产流通体制三项改革，用比较低廉的费用提供比较优质的医疗服务，满足城镇广大职工基本医疗服务的需求，从而初步确定了推动医疗卫生体制改革需要医疗、医药和医保"三医联动"的医改架构。这是我国医疗卫生体制改革过程中又一里程碑式的指导政策。

在"三医联动"框架指导下，政府对于人民群众健康促进的主体责任得到了初步明确，政府预算卫生支出水平大幅提高，20世纪80年代以来政府卫生投入持续下降的趋势得到了初步扭转。2000年至2008年，政府卫生支出的绝对水平从709.5亿元提高到3593.9亿元，年均增幅达到19.75%，高于同期卫生总费用增幅约6.3个百分点。政府预算卫生支出占卫生总费用的比例从2000年的14.9%提高到2008年的24.7%。

但此轮医改虽然认识到了破除"以药养医"对降低就医负担的积极意义，但未能根本上解决公立医疗机构的费用补偿问题，医疗机构依然通过药品、耗材弥补服务成本，并且在逐利动机驱动下，大检查、大处方现象普遍。人均药品支出快速攀升，药品支出占医疗卫生费用成本比例仍处于高位。2008年，我国门诊、急诊病人次均药费为74.0元，药占比为50.5%，住院病人次均药费为2400.4元，药占比为43.9%，门急诊和住院的次均药费较2000年分别增长了

4.39%和5.95%，药占比为较2000年分别仅下降8.1个和2.2个百分点。

二、公共卫生服务体系全面重建

2003年"非典"事件暴露出我国城镇公共卫生体系存在严重的末梢"肌无力"问题，各级各类公共卫生机构长期以来忙于有偿服务，公共卫生基本职能濒于崩溃。2003年开始，我国以加强疾控中心系统建设和基层社区卫生服务组织建设为重点，着力恢复城镇公共卫生体系功能。

一方面，恢复发展疾病预防控制体系。2005年1月，卫生部颁行《关于疾病预防控制体系建设的若干规定》，要求建立国家、省、设区的市、县四级疾病预防控制网络，并强化各级医疗机构的公共卫生职能。并明确疾控职能的经费落实，城乡基层疾病预防控制任务主要由城镇社区卫生服务中心、村卫生室、乡村医生等提供，并按其服务数量与质量予以合理经费补助。疾病预防控制机构向社会提供公共卫生服务所需经费，由同级政府预算和单位上缴的预算外资金统筹安排。对涉及面广、危害严重的重大传染病预防控制、地方病和职业病的预防控制、突发公共卫生事件应急处理、重大灾害防疫等项目，中央财政和省级财政予以补助。

同时，加强城市基层社区卫生设施和组织建设。2006年初，国务院下发《关于发展城市社区卫生服务的指导意见》，明确社区卫生服务以基层医疗机构为主体，以全科医生为骨干，以解决社区主要卫生问题、满足基本卫生需求为目的，使城市居民可以享受到与经济社会发展水平相适应的基本卫生服务。我国社区卫生服务中心（站）数量由2002年的8221个，增加至2008年的24260个，增长近2倍。

三、恢复和提升农村卫生服务能力

2003 年，我国开始试点并推广新型农村合作医疗制度。基本医疗保险为各类农村卫生机构提供了稳定的筹资支持，使农村三级医疗卫生网络得到了恢复和重建，服务能力和实际服务供给显著提升。县级医院数量从 2003 年的 2057 所增加至 2008 年的 8874 所，增长了 3.31 倍；乡镇医院床位数从 2003 年的 68.6 万张增加至 2008 年的 84.7 万张，增长了 23.5%。

新农合制度的普遍覆盖和农村卫生服务能力提升，极大地改善了农村居民就医可及性和便利性，合理诊疗需求得到有效满足，"病有所医"矛盾得到较大缓解。2003 年到 2008 年，县医院诊疗人次和入院人数分别从 1.5 亿人次和 849.8 万人增加到 5.9 亿人次和 3353.0 万人，增幅分别为 293.3% 和 294.6%；乡镇卫生院诊疗人次和入院人数分别从 6.9 亿人次和 1608 万人增加到 8.3 亿人次和 3313 万人，增幅分别为 20.3% 和 106.0%。

四、中国特色"全民医保方案"实现制度全覆盖

新型农村合作医疗制度基本覆盖。2003 年 1 月，国办转发《卫生部等部门关于建立新型农村合作医疗制度的通知》，要求从 2003 年起开始试点建立新型农村合作医疗制度。新型农村合作医疗制度是以农村居民为对象，由政府组织、引导、支持，农民自愿参加，个人、集体和政府多方筹资，以大病统筹为主的基本医疗保险制度。到 2008 年，全国已经有 2729 个县（市、区）开展了新型农村合作医疗，参合农民 8.15 亿人，参合率达到 91.5%。

城镇居民医疗保险制度开始试点。在新型农村合作医疗制度前

期试点并取得积极成效基础上，国务院于 2007 年 7 月下发《国务院关于开展城镇居民基本医疗保险试点的指导意见》，以没有医疗保障制度安排的主城镇非从业居民为对象，开展城镇居民基本医疗保险制度试点。2008 年 10 月进一步明确，在校大学生群体纳入城镇居民医保试点范围，中国特色的"全民医保"体系实现了制度全覆盖。

专栏 5-2　"全民医保"体系"中国方案"

我国以建立新型农村合作医疗和城镇居民基本医保为突破，不断完善基本医疗保险制度设计，丰富保障内涵，实现制度全民覆盖，为发展中国家扩大社会保障覆盖范围和各国解决非就业人员社会保障兜底提供了有益经验参考。由于我国在扩大基本医疗保险等社保制度覆盖面方面的突出贡献，国际社会保障协会 2016 年授予我国政府杰出成就奖。

一是建立面向非正规就业群体的医保制度。在建立面向城镇正规就业群体的职工基本医疗保险制度基础上，统筹考虑农村居民、城镇非就业居民的负担能力和保障需要，建立专门居民医疗保险制度，实现不同经济特征人群在保障供需方面各得其所。

二是根据主体负担能力循序渐进提高保障水平。居民医保财政补助水平由制度建立初期的 10 元，逐步提高至每年 4500 元左右，政策内住院报销比例达到 70% 左右，报销上限不低于本地城乡居民人均收入水平 8 倍。

三是根据保障对象需要完善制度框架和运行机制。针对重特大疾病带来的高额医疗费用分担需要，引入市场机制，建立大病保险制度。逐步建立门诊统筹或门诊特殊病制度，减轻城乡居民在常见病、慢性病方面的就医经济负担，使参保对象受益更加广泛。

城镇职工基本医疗保险制度不断扩面。2003 年，劳动保障部先后出台了《关于城镇职工灵活就业人员参加基本医疗保险的指导意见》《关于推进混合所有制企业和非公有制经济组织从业人员参加医疗保险的意见》，将灵活就业人员、混合所有制企业和非公有制经济组织从业人员以及农村进城务工人员纳入职工医疗保险范围。并从 2006 年启动农民工扩面专项行动，以省会、大中城市中农民工比较集中的加工制造业、建筑业、采掘业和服务业等行业为重点，通过

三年时间已基本将城镇单位建立劳动关系农民工纳入职工医保覆盖范围。截至 2008 年底，职工基本医疗保险参保人数达到 19996 万人，较 2000 年增加了 361.59%，制度应保尽保基本实现。

第五节　顶层设计　全面改革

2005 年，国务院发展研究中心关于"前期医改基本不成功"的论断引爆社会舆论。各类碎片化医改政策难以治本，医疗卫生领域资源总量不足且配置不合理，基层卫生服务体系薄弱，医疗保障制度不完善，公立医院公益性质淡漠，药品耗材流通混乱且价格虚高问题突出，"看病难、看病贵"的核心矛盾未能得到解决，倒逼医改加快向纵深推进。

2008 年底，成立了 16 部委组成的深化医药卫生体制改革领导小组，统筹协调医改中的重大问题。2009 年 4 月，《中共中央国务院关于深化医药卫生体制改革的意见》正式发布，标志着我国新医改全面启动。2016 年 10 月，《"健康中国 2030"规划纲要》发布，从国家战略层面统筹深化医疗卫生体制改革，并明确了国民健康中长期目标。与以往"头痛医头"的应急式改革不同，在健康中国战略指导下的新医改，着力于搭建"四梁八柱"医疗卫生改革政策体系，建立覆盖城乡居民的基本医疗卫生制度，加强顶层设计，构建系统性医改体系，全面提升医疗卫生服务能力和医疗保障水平，有效减轻居民就医费用负担，切实缓解"看病难、看病贵"问题，提升人民群众健康水平。

一、"四梁八柱"改革主体框架确立

在《中共中央国务院关于深化医药卫生体制改革的意见》中明确提出，到2020年，基本建立覆盖城乡居民的基本医疗卫生制度，在深入推进前序改革基础上，着力改革药品供应保障体系，建立比较科学的医疗卫生机构管理体制和运行机制，形成多元办医格局，进一步提高人民群众的健康水平。

为实现总体目标，新医改方案着力强调政策体系的顶层设计，形成了"四梁八柱"的制度框架。其中，"四梁"是指建设覆盖城乡居民的医疗服务体系、公共卫生服务体系、医疗保障体系、药品供应保障体系，形成"四位一体"的基本医疗卫生保障制度，四大体系相辅相成，配套建设，协调发展；"八柱"是指完善医药卫生的管理体制、运行机制、投入机制、价格形成机制，加强科技与人才保障、信息系统、监管体制机制、法制建设，保障医药卫生体系有效规范运转。"四梁八柱"既是医疗卫生体系的基本制度框架，也是新医改的改革重点内容和关键领域。

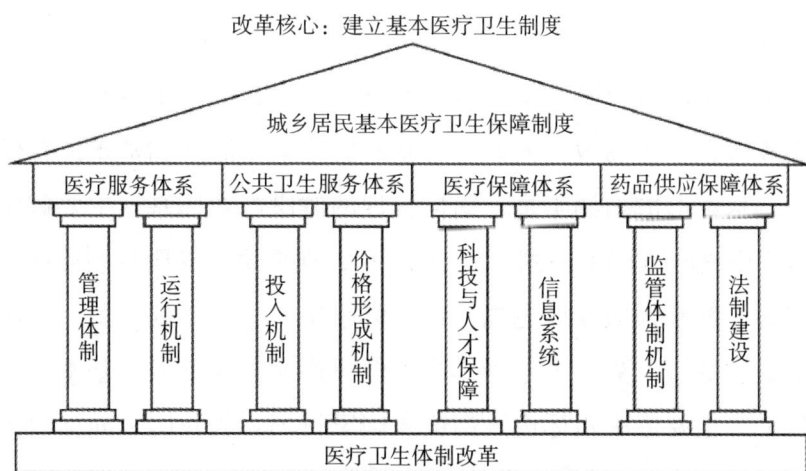

图5-1　新医改"四梁八柱"总体框架

二、"健康中国 2030"明确中长期发展方向

2016 年 10 月，中共中央、国务院印发《"健康中国 2030"规划纲要》，提出要以提高人民健康水平为核心，以体制机制改革创新为动力，以普及健康生活、优化健康服务、完善健康保障、建设健康环境、发展健康产业为重点，把健康融入所有政策，加快转变健康领域发展方式，全方位、全周期维护和保障人民健康，大幅提高健康水平，显著改善健康公平。"健康中国 2030"从国家战略层面统筹各类健康保障和健康促进政策，将深化医疗卫生体制改革和健全医疗保障体系作为"健康中国 2030"重要组成部分统筹谋划、全面推进，对深化医改提供了更高的定位和更坚实的政策指引。党的十九大报告中明确提出，深化医药卫生体制改革，全面建立中国特色基本医疗卫生制度、医疗保障制度和优质高效的医疗卫生服务体系，健全现代医院管理制度。进一步强调了在健康中国战略下，统筹医改"四梁八柱"基本政策，全面深化改革。

根据《"健康中国 2030"规划纲要》，到 2020 年，建立覆盖城乡居民的中国特色基本医疗卫生制度，健康素养水平持续提高，健康服务体系完善高效，人人享有基本医疗卫生服务和基本体育健身服务，基本形成内涵丰富、结构合理的健康产业体系，主要健康指标居于中高收入国家前列。到 2030 年，促进全民健康的制度体系更加完善，健康领域发展更加协调，健康生活方式得到普及，健康服务质量和健康保障水平不断提高，健康产业繁荣发展，基本实现健康公平，主要健康指标进入高收入国家行列。为我国全面深化医改指明了中长期发展方向（如表 5-3 所示）。

表 5-3 我国中长期健康指标

指标类型	指标	2020 年	2030 年
健康水平	人均预期寿命（岁）	77.3	79.0
	婴儿死亡率（‰）	7.5	5.0
	5 岁以下儿童死亡率（‰）	9.5	6.0
	孕产妇死亡率（1/10 万）	18.0	12.0
	城乡居民达到《国民体质测定标准》合格以上的人数比例（%）	90.6	92.2
健康生活	居民健康素养水平（%）	20	30
	经常参加体育锻炼人数（亿人）	4.35	5.3
健康服务与保障	重大慢性病过早死亡率（%）	比 2015 年降低 10%	比 2015 年降低 30%
	每千常住人口执业（助理）医师数（人）	2.5	3.0
	个人卫生支出占卫生总费用的比重（%）	28 左右	25 左右
健康环境	地级及以上城市空气质量优良天数比率（%）	＞80	持续改善
	地表水质量达到或好于Ⅲ类水体比例（%）	＞70	持续改善
健康产业	健康服务业总规模（万亿元）	＞8	16

三、政府卫生投入责任得到落实

新医改以来，遵循"保基本、强基层、建机制"的改革要求，全面实施国家基本公共卫生服务和重大公共卫生项目，加大基层医疗卫生机构补助力度，支持高水平公立医疗机构较快发展，政府卫生投入责任得到比较充分落实。2017 年，全国财政医疗卫生支出规模超过 1.4 万亿元，约为新医改启动前水平的 4.4 倍。卫生总费用中，政府卫生支出由 2009 年的 4816.2 亿元增长至 2017 年的 15517.3 亿元，增长约 2.22 倍，政府卫生支出占卫生总费用比例由 2009 年的 27.5% 攀升至 30.1%。

同时，在政府财政支持下，全民医保体系功能得到更加充分发挥，卫生偿付能力不断提升，促进卫生筹资结构实现根本性优化。新医改以来，我国社会卫生支出占卫生总费用比例由 35.1% 升至 41.1%，个人卫生支出比例由 37.5% 降至 28.8%，社会卫生支出已经成为医疗卫生服务的主要筹资来源，个人就医负担进一步减轻（如图 5-2 所示）。

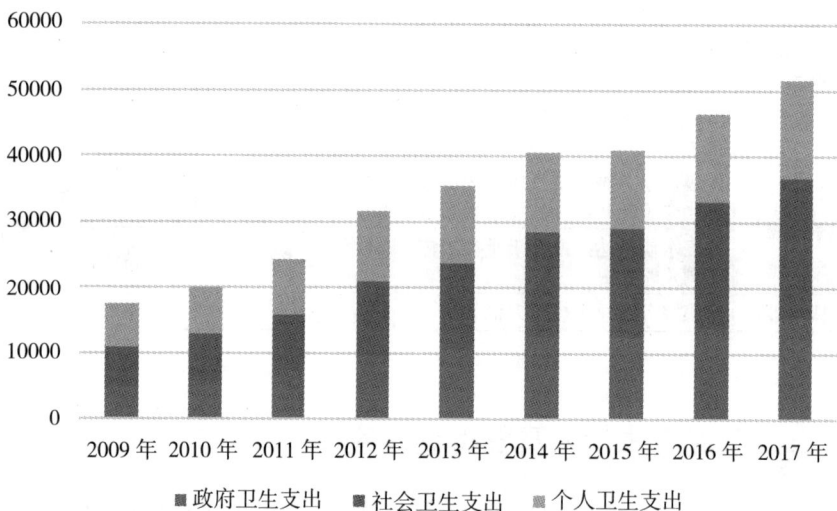

图 5-2　新医改以来我国卫生筹资结构变化（2009—2017 年）

四、医疗卫生服务体系更加优质高效

一是医疗卫生资源有效供给水平全面提升。一方面，医疗卫生资源有效供给水平持续保持快速增长，2017 年，全国医疗卫生机构床位 794.0 万张，其中医院床位数 612.0 万张，占 77.1%。医疗床位数水平较 2009 年增长了 79.76%，年均增幅达到 7.6%（如图 5-3 所示）。同时，医疗资源分配得到了整合优化，等级公立医疗机构配置结构更加均衡，增强了优质医疗的辐射集聚和纵向流动。各地以市级高水平公立医院为龙头，以县级医院为支撑的"1小时优质医疗服务圈"基本形成，城乡居民就医诊疗意愿得到了充分释放，"看不到病"的时代一去不复返。

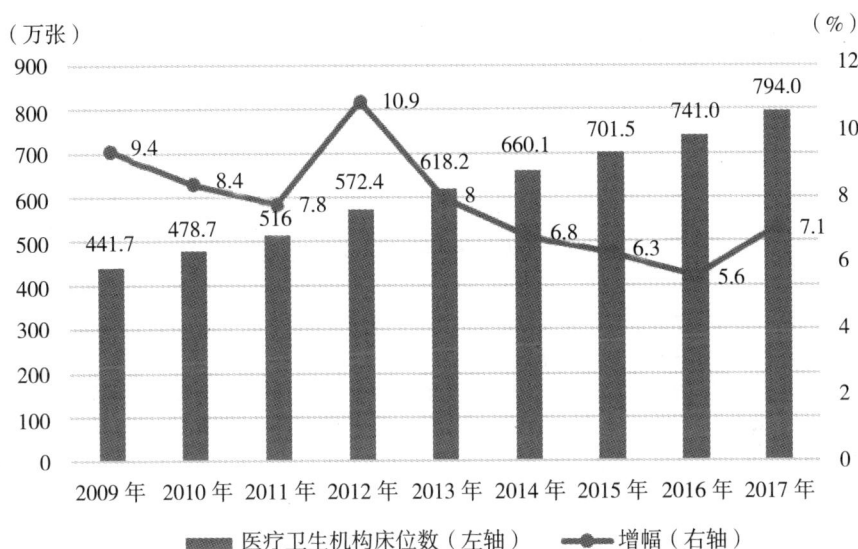

图 5-3　新医改以来全国医疗卫生机构床位数增长情况

二是"破除"以药养医迈出关键一步。深入推进公立医院改革是新医改的重中之重，而破除"以药养医"的不合理医疗费用偿付机制义是公立医院改革的关键领域。2010年2月，卫生部等五部门联合发布《关于公立医院改革试点的指导意见》，开始在17个城市试点公立医院改革，推进医药分开，取消药品加成，完善医疗保障支付机制。2012年又以医药分开为重点，启动县级公立医院综合改革。到2015年，增设城市公立医院改革试点城市66个，并要求全国所有县级医院全面实施医药分开。到 2016 年底，公立医院药占比已经由 2009 年的 46% 下降到 2016 年底的不到 40%。在前期两轮试点的基础上，明确 2017 年底城市公立医院全部取消药品加成，利用服务收费和政府补助两个渠道弥补医药收入缺口，预计可以使个人医药费用负担下降 600 亿—700 亿元。至此，药品销售从医疗机构的收入来源转变为成本构成，在医疗机构层面"以药养医"问题得到了根本解决。同时，全面推进公立医疗机构价格综合改革，降低检查治疗和检验价格，避免"用耗材""大检查""多化验"等不合理获利手段，推动形成"以技养医"的公立医疗机构费用偿付新格局。

专栏 5-3 破除"以药养医"政策"组合拳"

一是全面取消药品加成。各级各类公立医疗机构于 2017 年 9 月前全部取消药品加成，除中药饮片外其他药品实施"零差率"销售，推动破除"以药养医"。

二是优化医疗服务价格结构。动态调整医疗服务价格，试点推广医事服务费制度，重点提高诊疗、手术、康复、护理等体现医务人员技术劳动价值的项目价格，以提供科学、合理、优质诊疗服务作为公立医疗机构主要收益来源，推动形成"以技养医"格局。同时大幅降低设备检查治疗和检验价格。

三是医保分担有增有减。把调整后的医疗服务类收费纳入医保支付范围，不增加参保人员的经济负担。加强医保控费管理，为医疗服务价格调整和药品"零差率"改革腾出空间。

四是做好财政投入政策衔接。对于药品"零差率"政策实施形成的收入缺口，服务费用调整后仍然不能弥补的部分，由各级财政按比例予以补助。

三是分级诊疗优化就医秩序取得积极进展。为合理配置医疗资源，促进基本医疗卫生服务均等化发展，2015 年 9 月，《国务院办公厅关于推进分级诊疗制度建设的指导意见》发布，要求到 2017 年建立起基层首诊、双向转诊、急慢分治和上下联动的分级诊疗体系，通过提高县级公立医院综合服务能力，推进区域医疗资源共享，鼓

励优质医疗下沉基层，建立公立医院床位调控机制，推进医保支付机制改革等手段合理规范就医秩序。2017 年我国三级医院病床使用率为 98.6%，较 2009 年和 2012 年分别下降 3.7 个和 5.9 个百分点，表明服务需求开始向二级以下基层医疗机构分流，分级诊疗改革成效有所体现（如表 5-4 所示）。

表 5-4　新医改以来我国医院病床使用率情况　　　　　（单位：%）

年份	医院床位使用率	其中：公立医院	其中：三级医院
2009	84.8	87.7	102.5
2010	86.7	90.0	102.9
2011	88.5	92.0	104.2
2012	90.1	94.3	104.5
2013	89.0	93.5	102.9
2014	88.0	92.8	101.8
2015	85.4	90.4	98.8
2016	85.3	91.0	98.8
2017	85.0	91.3	98.6

四是"互联网 +"医疗健康全面启动。2018 年 4 月，国办下发《国务院办公厅关于促进"互联网 + 医疗健康"发展的意见》，要求积极发展"互联网 +"医疗服务，创新"互联网 +"公共卫生服务，优化"互联网 +"家庭医生服务等，为各地公立医院发展互联网医院并在咨询、问诊、挂号等轻量化业务基础上，向在线复诊、远程诊疗等业务延伸提供了政策空间。

五、多层次医保体系更加坚实

一是基本医疗保险制度结构更加完善。2016 年 1 月，国务院印发《关于整合城乡居民基本医疗保险制度的意见》，要求各地整合新农合和城镇居民基本医疗保险，并统一覆盖范围，统一筹资政策，统一保障待遇，统一医保目录，统一定点管理，统一基金管理。目前，城乡居民医保整合基本完成，在报销目录、重特大疾病保障、国家谈判药目录等关键环节实现了制度统一，促进制度更加公平发展。调整居民基本医保待遇结构，门诊统筹普遍建立，城乡居民负担较重的负担较重的多发病、慢性病费用得到部分分担。

二是试点税收优惠健康保险政策丰富保障层次。2015年5月8日，财政部、国家税务总局和中国保监会联合发出《关于开展商业健康保险个人所得税政策试点工作的通知》，明确试点地区个人和企事业单位购买符合规定的商业健康保险产品的支出允许在当年（月）个人计算应纳税所得额时予以税前扣除，扣除限额为2400元/年（200元/月），对商业健康保险筹资扩大起到了进一步促进和推动作用。

专栏5-4　我国个人税收优惠商业健康保险的基本特征

一是自愿参保，税收优惠。个人商业健康保险由商业保险公司公开发售，由企业和有意愿投保的人员自主、自愿购买。所缴保费可按照2400元/年的限额标准予以税前扣除，降低了被保险人购买健康保险的经济支出。

二是万能保险，保障双全。目前出台产品均采用万能保险方式，包括医疗保险和个人账户积累两项责任，医疗保险对投保期间的医疗费用进行承保分担。个人账户设计使投保人员部分缴费能够保值增值，保障功能向退休延伸，用于支付退休后的健康保险费用和个人医疗自负。

三是覆盖广泛，持久投保。保障人群为16周岁以上、未满法定退休年龄、适用健康保险税收优惠政策的纳税人，投保时根据其健康状况确定为既往症人群在投保前连续纳税满1年也可投保。健康险产品保证续保至法定退休年龄，在保证续保期间内，不得因被保险人的健康状况而拒绝投保人续保。

四是责任全面，紧密衔接。个人税优商业健康保险提供包括住院及住院前后门（急）诊保险责任、特点门诊和慢性病门诊责任及健康管理责任等全方位保障。产品设计与基本医疗保险紧密衔接，在基本医疗保险基础上提供补充报销。

三是制度保障能力明显增强。城乡居民大病保险全面建立，运用市场机制对重特大疾病参保对象高额医疗费用进行二次报销，有效防止发生家庭灾难性医疗支出，遏制因病致贫、因病返贫现象发生。国家谈判药目录出台，使一批专利药、靶向药、创新药进入医保目录，使药品医保支付价格和患者实际自付水平大幅下降，极大地缓解了重特大疾病就医负担。

四是医保运行机制更加规范。医保支付改革纵深推进，全面推进付费总额控制，加快推进按病种、按人头等付费方式，积极推动按病种分组付费试点，相关改革提高了医保基金利用效率，医保第三方支付在规范医疗服务行为、控制医疗费用不合理增长方面的作用更加积极发挥。异地就医结算更加便利，截至2017年三季度，所有统筹地区均已接入国家异地就医结算系统，已经全面实现跨省异地就医直接结算。

六、医疗卫生治理体制更加顺畅

一是"福建模式"发挥改革标杆作用，"三医联动"效应充分显现。2012年以来，福建省三明市以整合管理体制为突破，强化"三医联动"为重点，统一医疗、医保、医药管理。同时，针对目前确实存在的医疗、医药腐败利益链条，在全国率先启动公立医院薪酬改革、"两票制"改革、医保基金集中支付药品耗材联合限价采购等改革措施，形成了具有典型示范效应的医改"福建模式"，在规范医疗服务行为，降低药价虚高方面成效卓著，统一医保管理、药品零差率销售、"两票制"等改革举措已经在全国推广复制，为全国深化医改提供了成功的先行试点经验和改革引领示范。

专栏 5-5　医改"福建模式"的主要内容

一是统一医改管理体制。在借鉴三明医改领导小组和医保局改革方案基础上，成立了福建省医疗保障管理委员会，整合医保管理、药品采购、制定医疗服务价格、医改决策等相关职能，从管理体制上解决"九龙治水"问题。

二是挤压药品流通成本。一方面，实施公立医院药品采购"两票制"，生产企业到流通企业开一次发票，流通企业到医疗机构开一次发票，减少药品流通中间环节和不合理加价。另一方面，开展药品耗材联合限价采购，鼓励机构带量议价，发挥集中采购优势，制定和实施医保支付标准，挤掉流通环节水分。

三是深化公立医院改革。全面实施公立医院医务人员年薪制，加强院长对公立医院绩效管理负责制。推动药品"零差率"销售，降低检查价格，联动提高医疗服务价格，严格控制药占比、检查占比。

二是优化调整国家医疗管理职能。2018 年 3 月，《深化党和国家机构改革方案》正式实施，在整合国家卫计委、国家医改办、国家老龄办、工信部和国家安监总局等部门有关职能基础上，组建国家卫生健康委员会，作为推动实施健康中国战略主要职能部门，推动卫生健康工作从以治病为中心转向以人民健康为中心。

三是重点理顺了医保管理体制，将人力资源和社会保障部的城镇职工和城镇居民基本医疗保险、生育保险职责，国家卫生和计划生育委员会的新型农村合作医疗职责，国家发展和改革委员会的药品和医疗服务价格管理职责，民政部的医疗救助职责整合，成立了国家医疗保障局。以医保管理机构改革为契机，统一管理体制，整合信息网络，强化制度衔接，打通服务梗阻，进一步织牢织密多层次医保体系。国家医保局第三方服务集中购买方定位更加清晰，管理职能不仅体现在医疗服务支付环节，并向前延伸至药品和耗材的招标和管理，能够更加有力治理医疗卫生领域资源配置扭曲现象，约束公立医院过度医疗、费用失控势头。

第六节　中国卫生　经验丰富

经过七十年改革发展，我国医疗卫生体制和医疗保障制度建设取得了长足进步，坚持健康引领定、三医联动、重点攻坚和全民医保的改革思路，在促进和改善城乡居民健康水平，增强医疗可及性条件，减轻城乡居民就医负担等方面成效显著，人均预期寿命等主要健康指标位居中高收入国家前列，医疗机构床位数等卫生服务能力指标大幅提升，合理就医需求充分释放，居民个人卫生自付水平降至30%以下。大国医改中国经验为世界发展中国家、中等收入国家提升国民健康素质，防范重大健康风险，化解医疗服务总量短缺和供需失衡结构性矛盾，提供了积极的发展范式和经验参考。

一、坚持健康引领，持续改善国民健康水平

新中国成立以来，我国先后启动了多次医疗卫生体制改革，虽然由于不同发展阶段下医疗卫生领域所需迫切解决的主要矛盾存在差异，再加上政策制定者和社会对于医疗卫生基本性质和所负担任务的认识也在逐步深化，造成各轮医改的改革基本理念、总体思路和政策措施不尽相同，但每一轮医改始终把提高人民健康水平作为改革的出发点和根本落脚点，以国民健康水平改善作为衡量医改成功失败的关键标准。2009年新医改以来，重点加大了公共卫生、基层医疗卫生网络等与健康产出密切相关领域建设。2016年，健康中国国家战略全面实施，进一步提出了"健康融入一切政策"的改革要求，把深入推进医疗卫生体制改革作为健康中国建设的重要任务和基础支撑，进一步理顺了深化医改与促进全民健康的政策措施与政策目标关系。

在相关政策支持下，我国健康领域关键指标持续提升，总体上优于中高收入国家平均水平，部分指标达到高收入国家水平。其中，人均预期寿命由 1978 年的 67.9 岁，提高至 2017 年的 76.7 岁，高于全球平均水平 4.7 岁（如图 5-4 所示）。婴儿死亡率从 1991 年的 50.2‰，逐步降至 2017 年的 6.8‰，下降幅度达到 86.5%。孕产妇死亡率从 1990 年的 88.8/10 万，逐步降至 2017 年的 19.6/10 万，降幅达到 77.9%。

（岁）

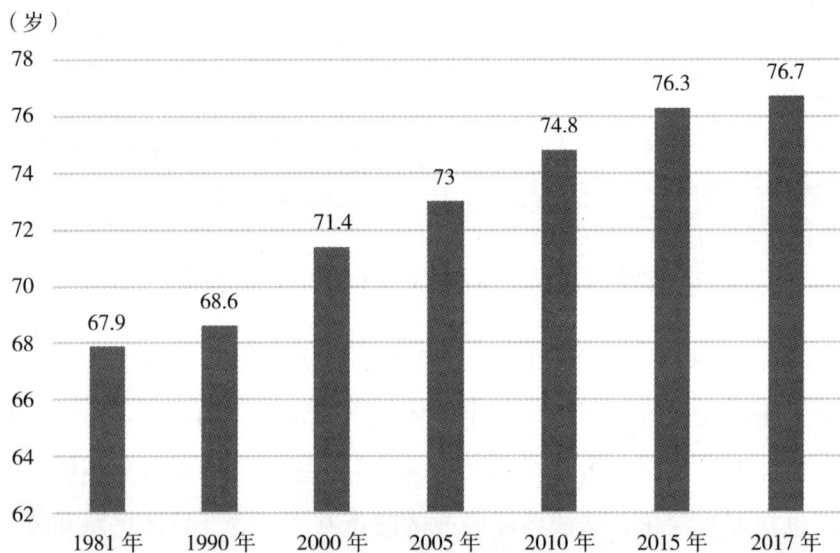

图 5-4　改革开放以来我国人均预期寿命增长情况

从健康绩效产出国际比较来看，2016 年我国人均居民健康预期寿命指标达到 68.7 岁，高于欧洲国家平均水平 0.3 岁，高于美国 0.2 岁，高于全球平均水平 5.4 岁。孕产妇死亡率、婴儿死亡率等关键指标分别在 2014 年和 2007 年提前实现了联合国千年发展目标要求。表明我国仅以不到高收入国家 1/3 的人均卫生投入，实现了跨越式发展阶段质量的国民健康绩效产出（如表5-5所示）。

表5-5　我国与世界主要地区健康投入和产出情况比较

地区/国家	健康投入		健康产出			
	人均卫生费用(/美元)	卫生总费用占GDP比例(%)	人均预期寿命（岁）	健康预期寿命（岁）	孕产妇死亡率(/10万)	婴儿死亡率（‰）
中国	571	6.2	76.7	68.7	19.6	6.8
非洲区	115	6.2	61.2	53.8	542	27.2
美洲区	974	6.9	76.8	67.5	52	7.5
东南亚区	176	4.6	69.5	60.4	164	22.6
欧洲区	2192	7.9	77.5	68.4	16	5.1
东地中海区	557	5.3	69.1	59.7	166	27.7
西太平洋区	920	7.0	76.9	68.9	41	6.5
全球平均	822	6.3	72.0	63.3	216	18.6

二、坚持"三医联动"，系统、整体、协调推进医改

我国在深化医疗卫生体制改革和加强医疗保障制度建设中，深刻认识到医疗、医保和医药改革之间存在内生的关联性。一方面，医疗保障制度是医疗卫生服务的主要购买方，对医疗服务机构行为和资源配置具有明显引导作用，也在通过第三方集中支付医疗服务，直接影响药品耗材使用结构和数量。同时，药品和耗材是重要的医疗卫生服务生产要素，药品耗材流通领域腐败链条，也是造成医疗服务偿付机制扭曲和过度医疗失控的主要原因。医疗卫生体系中三方关系，和医疗、医保、医药之间的杠杆纽带效应，决定了任何单兵突进的医改难见成效，既不能解决牵一发而动全身的体制机制梗阻，也无法破除错综复杂的深层次利益矛盾。

在充分认识相关领域内在逻辑关系基础上，我国形成了协调推进医疗、医保、医药的"三医联动"的顶层设计思路，并以此作为

深化医改"四梁八柱"政策框架基础，以全面提升医改的系统性、整体性、协同性。特别是在医疗卫生体制改革进入深水区后，着力加强三方面政策的相互配合和共同行动，整合管理体制，统一改革方向，协调改革力度。理顺三医管理体制，以机构改革为契机，整合医保职能，延伸医保对药品耗材招标采购管理，发挥好医保支付杠杆效应。联动实施药品零加成、调整医疗服务价格，打破药品流通利益链条，夯实医疗服务体系公益属性。运用医保支付。通过相关"三医联动"政策"组合拳"，使医疗、医保和医药改革步调一致、相互促进，化解体制机制深层次矛盾和既得利益顽疾，促进改革措施落到实处，政策效果倍增释放。

三、坚持攻坚克难，把握阶段性矛盾突破关键"梗阻点"

人民日益增长的健康需要与医疗卫生服务供给水平、供给质量相对不适应的矛盾，是贯穿我国医疗卫生体制改革四十年的总体矛盾。而在每一个发展时期，矛盾的主要方面和表现方式有其阶段性特征。特别是随着医改越向纵深发展，发展中的问题和新出现的问题，有待完成的任务和新提出的任务，就越交织叠加，改革难度逐步加大。我国在持续推进医改过程中，紧紧围绕阶段性矛盾表现，直面各类躲不开、绕不过去的"硬骨头"问题，全力推进重点领域关键环节改革，并与时俱进调整改革重点和改革方案，扭转错误导向和打通制约全民健康的体制机制"堵点""痛点""难点"。在不断深化改革中，切实扩大医疗卫生服务资源本底，改善卫生费用筹资结构，增强资源配置公平和可及性，提升优质高效服务水平。

在改革起步阶段，我国医疗卫生体制矛盾表现为医疗服务绝对数量短缺，在此背景下，以扩大卫生服务供给为着力点，全力调动医疗服务供方和需方两个积极性，迅速恢复卫生供给能力。针对此后暴露出来的医疗卫生服务资源筹资结构恶化、服务发展陷入瓶颈和基层卫生服务网络瓦解问题，我国积极强化政府投入责任，重建基层卫生，发展全民医保，一定程度上缓解了"看病难、看病贵"现象。随着改革向纵深推进，人民群众对于高质量医疗服务的需求更加迫切，一系列深层次矛盾不可避免地显现。通过破除"以药养医"、推进"两票制"、改革医保支付方式等措施，不断完善深层次利益矛盾调整机制，奋力打破利益固化藩篱。利用分级诊疗、发展医联体、"互联网+"等政策工具包，促进优质资源加快普惠，优化健康服务提供方式，构建健康管理服务新体系，实现从以治病为中心向以健康为中心的积极转变。

四、坚持"全民医保"，形成更加合理的卫生费用筹资机制

卫生费用筹资是促进和提升人民健康水平，支撑健康服务体系的物质基础。卫生费用筹资水平和主体负担结构决定了个人卫生费用自付，也影响了医疗卫生体系的服务提供方式和提供行为，构建合理的卫生费用筹资机制，是根本上解决"看病贵、看病难"问题的核心机制设计。自21世纪以来，我国在深化医改过程中，积极推进建立覆盖全民的基本医疗保障制度，形成了具有中国特色的"全民医保"方案，并探索发展多层次医保体系，通过完善健康风险和费用补偿分担机制，使个人医疗负担显著下降，医保对于医疗服务行为引导和资源配置优化作用更充分发挥，并为世界发展中国家、中等收入国家解决非就业人员医疗保障问题，提供了有效的经验借鉴。

　　"全民医保"体系扩大社会和政府卫生筹资，个人卫生支出呈现倒"U"型反转。在医改持续推进过程中，我国一度面临卫生费用筹资结构恶化，个人负担大幅加重的压力。为此，我国在强化政府投入责任同时，以城乡居民基本医疗保险制度建设为突破，形成了覆盖全民的基本医疗保险体系，城乡居民基本医保和职工医保的住院费用政策范围内报销比例稳定在 75% 以上，并建立健全重特大疾病救助、税优健康保险等基本制度。随着多层次健康保障体系的不断完善，政府对基本医疗保险和医疗救助补助水平提高，社会和政府卫生支出规模持续扩大，分别成为卫生总支出的第一和第二筹资来源，并对个人卫生负担形成了有效的分担和替代，个人卫生支出占比出现倒"U"型反转格局，"看病贵"问题得到了根本缓解（如图 5-5 所示）。

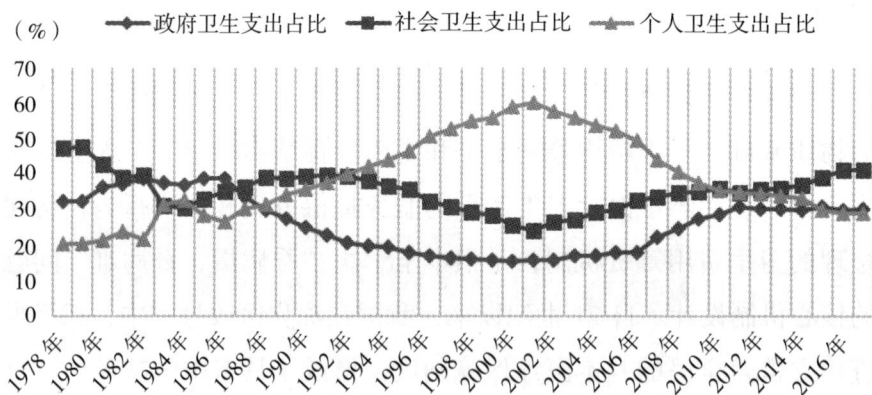

图 5-5　改革开放以来我国卫生总支出比例结构

　　"全民医保"体系的确立和完善使医保能够充分发挥对医疗资源配置和医改利益调节的引领作用。随着医保覆盖范围扩大和筹资水平提升，医保基金收入和支付规模逐年增长，2017 年基本医疗保险支出达到 14422 亿元，医保基金支出占医院收入比例已经接近 70%，成为医院卫生服务的绝对优势购买方。在医保第三方集中支付地位完全确立的背景下，我国及时启动医保管理体制和运行机制改革，合各类医疗保障制度管理，推进医保支付方式改革，形成以按病种付费为主体的多元复合支付机制，制定和实施医保支付标准，发挥医保价格信号效应。相关改革切实提升了医保内涵管理质量，通过医保支付为杠杆，调节医疗费用不合理增长，抑制医疗资源过度利用，推动切实解决长期存在的"以药养医""医药腐败""公益性弱化"顽疾。

（执笔人：关博）

第六章　老有所养　颐享天年

新中国成立以来，我国经历了从自然经济到产品经济再到商品经济的历程，政府机构、所有制结构与分配制度不断调整，人口流动性由弱及强，人口老龄化由浅入深。养老保障的正式制度安排从无到有，因应上述变化，走出了一条市场化、社会化改革之路，并取得了令人瞩目的成就。七十年历程可以分为五个阶段：社会救济恢复，劳保退休初创（1949—1956 年）；社会养老萌芽，工人干部统一（1957—1977 年）；社会福利定位，社会保险重建（1978—1999 年）；社会养老发展，社会保险革新（2000—2012 年）；养老服务改善，社会保障健全（2013 年至今）。七十年的主要经验是经济社会同步，注重规划引领，开展机构改革，坚持市场取向，走向多轨合一。目前我国养老服务不断增量提质，养老保险不断扩面提标，同七十年的不懈探索以及居家为基础、社区为依托、机构为补充、医养相结合的养老保障模式是分不开的。

无论人类追求的理想社会是"大同社会"还是"小康社会"，"老有所养"都是其中比较理想的状态。新中国成立七十年来，我国经历了从自然经济到产品经济再到商品经济的历程，政府机构、所有制结构与分配制度不断调整，人口流动性由弱及强，人口老龄化由浅入深。养老保障的正式制度安排从无到有，因应上述变化，走出了一条市场化、社会化改革之路，初步形成了以居家为基础、社区为依托、机构为补充、医养相结合的养老服务体系，养老服务不断增量提质，养老保险不断扩面提标。

第一节　社会救济恢复　劳保退休初创

新中国成立初期，百废待兴，恢复国民经济、巩固新生政权是首要任务，当时人均预期寿命只有 37 岁，人口年龄结构较轻，人民政府既无实力、也无精力、亦无必要考虑人口老龄化问题。1949—1956年，在服务与现金两种形式的养老保障中，主要是全面接管既有福利机构和设施，探索通过法规政策将养老的经济支持方式固定下来。

一、养老社会救济逐步恢复

经济资源是社会保障的基础。新中国成立之初，工业破产，农业凋敝，交通阻塞，经济混乱，失业严重，财政赤字。在这样的经济基础上，我国通过接管和改造国民政府遗留下来的社会福利机构和设施，逐步恢复了社会救济，但救济范围较小，大多数老人还是依靠家庭养老。

从全国整体看，当时的家庭功能还很强大。在复合式的大家庭中，子、女、媳、侄、孙按照"反馈模式"，共同为年老长辈提供经济支持与生活照料。特别是在农村，依托土地的家庭养老仍然是主流。1950 年 6 月 28 日，中央人民政府委员会第八次全体会议讨论通过了《中华人民共和国土地改革法》。此后的土地改革废除了封建地主的土地私有制，实行了农民的土地私有制。土地是家庭共有财产，家庭作为生产单位，决定在什么时间生产什么、怎样生产。年老农民拥有较多的农业生产和生活经验，掌握着生产资料和家庭财产，在家庭生产和生活中拥有绝对权威。同时，家庭也是农村养老的唯一供给主体，青壮年子女依靠农业劳动获取收入，为包括年老父母提供物质支持、生活照料与精神慰藉。

针对困难老人，逐步建立了城乡二元的社会救济机构。在城市，通过接管和改造国民政府遗留下来的救济院、劳动习艺所和教会办的旧慈善团体及救济机构，创办救济福利事业单位，收容安置社会上流离失所、无依无靠、饥寒交迫的各类人员，对他们进行救济、教育和劳动改造，因此当时大多称这类机构为生产教养院。经过社会主义改造，生产教养院的收容对象逐步明确为无依无靠、无法维持生活的残老孤幼，机构名称演变为养老院、儿童福利院、精神病人疗养院等，工作内容从改造、教育、救济为主转向救济、教育为主。1953年底，全国有城市社会救济福利事业单位920个，收容孤老10万人左右。[①]

在农村，除了家族、邻里之间互助共济等非正式形式外，正式的制度安排也开始探索。1951年，内务部在全国推广河南省唐河县通过自愿联合安置孤老残幼的办法，开启了农村敬老院的先河。这一经验在各地实施后，据不完全统计，到1953年，全国有50多万孤老残幼得到了安置。[②]随着农民所有制向集体所有制转变，在农业

[①] 董红亚：《中国社会养老服务体系建设研究》，中国社会科学出版社2011年版，第56页。

[②] 董红亚：《中国社会养老服务体系建设研究》，中国社会科学出版社2011年版，第58页。

生产主体从农业劳动互助组发展到初级生产合作社后，我国开始探索依托于农业生产合作社的五保供养政策。中央政治局1956年1月通过的《1956年到1967年全国农业发展纲要（草案）》首次明确五保供养："农业合作社对于社内缺乏劳动力，生活无依靠的鳏寡孤独的社员，应当在生产和生活上给以适当的安排，做到保吃、保穿、保烧（燃料）、保教（儿童和少年）、保葬，使这些人的生养死葬都有指靠。"同年6月30日，全国人大三次会议通过的《高级农业生产合作社示范章程》第五十三条规定：农业生产合作社对于缺乏劳动力或者完全丧失劳动力、生活没有依靠的老、弱、孤、寡、残疾的社员，在生产上和生活上给以适当的安排和照顾，保证他们的吃、穿和柴火的供应，保证年幼的受到教育和年老的死后安葬，使他们的生养死葬都有依靠。自同年初开始，各地陆续兴办起敬老院。

二、劳保退休制度初步创制

这一时期，我国人口结构相对年轻，人们步入老年后，在生活自理的情况下可以自我照料；失能以后可以依靠家庭。政府将工作重点放在了经济支持上，主要是为年老工人酝酿劳动保险，为年老干部探索退休制度。

劳动保险的创制早于退休制度。1951年2月，政务院颁布了共和国第一部社会保障法律——《中华人民共和国劳动保险条例》（以下简称"劳动保险条例"），实际上在工人与职员养老、疾病、工伤、生育、死亡等方面建立制度。劳动保险金征集与保管方面，实行社会统筹制度，规定实行劳动保险的各企业行政方面或资方按月缴纳相当于各该企业全部工人与职员工资总额的3%，作为劳动保险金。其中30%存于中华全国总工会户内，作为劳动保险总基金；70%存于各该企业工会基层委员会户内，作为劳动保险基金，支付工人职员抚恤费、补助费与救济费。养老待遇方面，主要规定符合法定工龄的年满 60 岁男性与年满 50 岁女性工人与职员，由劳动保险基金项下按其本企业工龄，以本人工资 35%—60% 的标准，付给养老补助费。劳动保险事业的执行与监督方面，规定全国劳动保险事业的最高领导机关是中华全国总工会，负责统筹全国劳动保险事业；全国劳动保险业务的最高监督机关是中央人民政府劳动部，负责贯彻实施劳动保险条例；执行劳动保险业务的基层单位是各工会基层委员会。由于当时新中国刚刚成立，国家财力有限，开展劳动保险缺乏经验，起初只在两类单位实行：雇用工人与职员 100 人以上的国营、公私合营、私营及合作社经营的工厂、矿场及其附属单位与业务管理机关，铁路、航运、邮电的各企业单位及附属单位。截至1952 年底，共在 3861 个企业实行了劳动保险条例，直接享受该待遇的职工达到了 320 多万人。[①]

在生活照料方面，劳动保险条例也做出了正式安排，规定由中华全国总工会统筹举办，委托各地方工会组织、各产业工会组织办理疗养所、养老院、休养所等集体劳动保险事业，凡在实行劳动保险各企业内工作的工人与职员，均有享受集体劳动保险事业的权利。

到了 1953 年，随着没收官僚资本、建立社会主义国营经济和合理调整工商业等目标的实现，国家经济实力增强，而且开始着手社会主义改造。为了适应新形势需要，我国又在1953 年 1 月颁布了《中华人民共和国劳动保险条例实施细则修正草案》，将退职养老补助费

---

① 《当代中国》丛书编辑部编辑：《当代中国的职工工资福利和社会保险》，中国社会科学出版社 1987 年版，第 305 页。

标准提高到 50%—70%。截至 1956 年底，全国有 1600 多万企业员工实行了劳动保险条例，整个社会保险对各种所有制企业的覆盖率达到了 95%。[①]

当时，国家机关工作人员还不能和企业职工采取同样的办法计算工龄，国家机关和企业部门的工资标准也有差别，因此在国家机关工作人员中还不能立即实行劳动保险条例，而国家机关工作人员退休、退职、病假期间待遇和计算工作年限等问题又亟待处理。在这种形势下，我国一并颁发了《国家机关工作人员退休处理暂行办法》《国家机关工作人员退职处理暂行办法》《国家机关工作人员病假期间生活待遇试行办法》《国务院关于处理国家机关工作人员退职、退休时计算工作年限的暂行规定》，允许各民主党派、各人民团体和国家机关所属的事业费开支的单位参照执行。这些办法和规定明确规定了机关事业单位工作人员的退休条件、退休金标准和工作年限算法。退休金标准为本人工资的 50%—80%，高于企业工人本人工资 50%—70% 的养老待遇标准。这种企事业单位养老保险的双轨制增加了后期并轨的难度。

第二节 社会养老萌芽 工人干部统一

1957—1977 年，我国养老保障经历了由立到废的过程。1957—1966 年是"立"的十年。服务形式的养老保障，主要是以国家和集体为投资主体，对城市"三无"老人和农村"五保"老人提供

[①] 周建华：《建国以来养老保险制度的变迁与展望》，《长春大学学报》2015 年第 5 期。

社会救济，并逐步向社会福利转变。现金形式的养老保障，主要是为党政机关、群众团体和全民所有制企业、事业单位的干部和职工提供退休费，由国家、企业包办。1967—1977 年是"废"的十年。农村敬老院与城市社会福利院大量关闭，劳动保险实际成为企业保险。

一、农村社会养老初具雏形

1957 年，我国第一个五年计划完成，标志着社会主义改造的完成。从全国整体看，大多数老人仍然以家庭养老为主，尤其是在生活照料与精神慰藉方面；但家庭养老功能逐步弱化，具有社会养老性质的、针对普通老人的国家供养与集体供养开始萌芽。1958 年 8 月，中共北戴河会议通过了《中共中央关于在农村建立人民公社问题的决议》，决定在全国农村普遍建立人民公社。随着人民公社化的开展，农民的土地和生产资料在农业合作化的基础上，继续转归集体所有，家庭不再是生产资料和家庭财产的集中地。家庭作为非正式组织的生产功能逐渐弱化，作为正式组织的合作社与人民公社成为生产组织者。家庭作为农业生产所得统一支配者的地位，被合作社与人民公社取而代之。后者在集体劳动、集体核算和统一分配的基础上，根据收益状况对合作社或人民公社成员提供基本生活保障。根据 1962 年的"农村十六条"，老年农民可以按照"人七劳三"或者"人六劳四"，通过集体平均分配获得基本口粮，通过尽所能赚取工分获得按劳动工分分配口粮。从这个意义上讲，农村老人的经济支持并不是来源于子女，而是集体和个人。

人民公社化时期，集体养老的作用不仅表现为经济支持，而且表现在生活照料方面。1962 年 9 月 27 日，中共八届十中全会通过的《农村人民公社工作条例（修正草案）》（又称"人民公社六十条"），明确了社会保险和集体福利事业的费用来源，规定生产队可以从可分配总收入中扣留不超过 2%—3% 的公益金。为了最大限度保证青壮年劳动力集中精力从事农业生产，各个生产队兴办公共食堂、老人院等，安排专门的村民照顾老人。这种情况持续到 1966 年"文化大革命"爆发，十年"文革"使集体养老作用遭到严重破坏。

针对困难老人，我国在城市建立了国家所有制的社会福利院，在农村"五保"的基础上发展了集体所有制的农村敬老院。在城市，社会主义改造完成后，国家专设残疾人、老人和儿童福利院，明确其性质是社会福利机构，收养安置孤寡老人 5.3 万人，社会福利与社会救济工作各自形成独立的系统。1959 年，在湖北召开的现场会议上，规定福利事业单位不再提"教养"二字，残老院更名为社会福利院或养老院。1961 年，当时的内务部重申福利事业单位的社会福利性质，批评不分收养对象一律"以教为主"的办院思想，进一步促使这类机构向以福利服务为主的方向转变。到 1964 年，全国范围内的社会福利机构发展到 733 个，收养"三无"老人近 7.9 万人。[①]同样是在"文革"期间，福利机构发展遭受严重挫折。

在农村，在取消土地报酬的高级社时期，合作社针对不同情况进行分类保障、救济：对完全丧失劳动力的孤寡老人进行全保，而对部分丧失劳动力的老年人实行定额补助或是年终分配时加以照顾。在人民公社时期，我国在大多数农村初步建立了保吃、保穿、保住、保医、保葬的"五保"供养制度。"五保"供养主要由公社、生产

---

① 董红亚：《中国社会养老服务体系建设研究》，中国社会科学出版社 2011 年版，第 56 页。

队负责，对生活自理的"五保"老人实行分散供养、集体支持（俗称"外保"），对生活不能自理的"五保"老人在集体办敬老院集中供养。1958年8月6日，毛泽东同志视察河南省新乡县七里营人民公社敬老院。同年12月，中共八届六次全会通过的《关于人民公社若干问题的决议》明确提出要办好敬老院，为无子女依靠的老年人（五保户）提供一个较好的生活场所。受此鼓励，各地敬老院蓬勃发展，到1958年底全国共有15多万所，收养"五保"对象300余万人。1962年，人民公社六十条进一步明确，"五保"供养资金从生产队公益金列支。但随着社会主义教育运动的开展，尤其是到了"文革"期间，农村"五保"供养制度被"大锅饭"体制代替，敬老院的发展遭受挫折，不少"五保"对象被批斗。到1978年，全国农村敬老院只有7175个，截至年底收养104361人。[①]

二、工人干部保险趋向统一

1957—1965年，我国开始对劳动保险调整完善，逐步统一企业工人与机关事业单位干部的养老待遇。在1957年中共八届三中全会上，周恩来同志作了《关于劳动工资和劳保福利问题的报告》，在充分肯定劳动保险制度成绩的同时，也明确指出了其不适应国情、走得快、办得多、有些制度不合理、管理不善、造成苦乐不均和严重浪费现象等问题，强调"在发展生产的基础上逐步开展对职工的劳动保险"。此后，相关部门为了提高企业职工的养老保险待遇，使其与国家机关工作人员的退休制度相统一，对社会保险制度作了一些

---

① 董红亚：《中国社会养老服务体系建设研究》，中国社会科学出版社2011年版，第58页。

必要的修改。1958 年，国务院发布了《国务院关于工人、职工退职处理的暂行规定（草案）》，统一了国家机关工作人员和企业员工的退休办法，在一定程度上放宽了退职条件，提高了待遇给付标准。

1966 年，"文化大革命"爆发，在很大程度上破坏了劳动保险制度。许多机构被取消，资料丢失严重，政令不畅通，已经建立的社会保险制度被废止，劳动保险基金被挪为他用。1969 年，财政部发布了《关于国营企业财务工作中几项制度的改革意见（草案）》，规定"公营企业停止继续提取劳动保险方面的基金"，"企业内长期生病的职工、已经办理退休手续的职工和其他劳动保险方面的支出，改在营业外列支"。养老保险由过去的社会统筹变为企业保险或单位保障制，其费用由企业全部支付，致使养老保险无法实施，不同企业的负担差别很大。

第三节　社会福利定位　社会保险重建

1978—1999 年，我国服务形式的养老保障，从仅对城市"三无"老人和农村"五保"老人提供救济向对社会老人提供社会福利转变，从以国家、集体作为投资主体向国家、社会、个人共同参与转变；现金形式的养老保障，从为党政机关、群众团体和全民所有制企业、事业单位的干部和职工提供退休费扩大到为各类企业职工和农村居民建立养老保险，从由国家、企业包办向国家、企业、社会、个人共同缴费转变。经过二十多年的改革和发展，我国初步建立了包括老年人社会福利机构、社区为老服务和社会养老保险在内的养老保障体系。

一、社会福利覆盖范围扩大

社会福利机构的工作性质从以救济性为主向以福利服务为主的方向转变，覆盖范围逐步扩大。改革开放后，我国设立了民政部，逐步恢复了在十年"文革"中被破坏的社会福利机构。20世纪70年代末，民政部要求明确这类机构的社会福利性质，提出了"为孤老残幼服务"的口号。1979年，民政部召开全国城市社会救济福利工作会议，允许在收养好"三无"老人的前提下，对孤老职工开展自费收养，迈出了扩大覆盖范围的第一步。1984年，全国城市福利事业单位改革整顿经济交流会议在漳州召开，明确国家办的福利机构由救济型向福利型转变。20世纪80年代中期民政部将福利事业转型纳入五年规划之后，扩大范围的步伐大大加快。部分地区民政部门主办的社会福利院开始向非"三无"老人开放，农村敬老院开始对非"五保"对象开展自费寄养。自1987年起，民政部开始倡导由社区福利服务业、便民利民服务业和职工社会保险管理服务业组成、具有社会福利性的社区服务业，依托街道、镇和居委会的社区组织为老年人等群体提供服务，推动职工福利向社会开放。

20世纪90年代，我国为适应建设有中国特色的社会主义和建立社会主义市场经济体制的需要，充分发挥养老保障的稳定机制作用，进一步扩大了社会福利覆盖面。1992年党的十四大提出建立和完善社会主义市场经济体制，1993年党的十四届三中全会作出《中共中央关于建立社会主义市场经济体制若干问题的决定》。与之相适应，我国1993年提出加快发展社区服务业；1994年颁布实施《农村五保供养工作条例》，推动敬老院发展；1996年提出社会福利院可大力收养社会上的老人。

　　社会福利兴办主体由国家、集体向国家、集体、个人转变。改革之初，我国的养老救济呈现二元特征，城市社会福利院的投资主体是作为全民所有制代表的国家与政企合一的国有企业，农村敬老院的投资主体是作为集体所有制代表的、政社合一的人民公社，同二元经济和两种公有制基本相适应。随着改革的启动，转变政府职能、减轻企业"办社会"包袱的呼声越来越强，由国家和企业包办的福利机构逐步衰落；家庭联产承包责任制度推行、人民公社制度解体，建立在生产队集体经济基础上的"五保"供养制度逐步削弱，迫切要求改变社会福利兴办主体单一的局面。

　　国家早在20世纪80年代就认识到了这个问题，1983年提出通过国家和社会力量相结合发展城市社会福利事业，1984年漳州会议上明确提出"社会福利社会办"，国家办的福利机构要进一步从国家包办向国家、集体、个人共办转变。随着民政"七五"计划的实施，在一些地方出现了民办养老院与个人办敬老院，"七五"期末全国形成了发动社会力量多层次、多渠道、多形式地兴办福利事业的局面。20世纪90年代以后，适应"社会福利社会化"的迫切要求，1994年第十次全国民政会议部长报告提出广泛动员和依靠社会力量兴办社会福利事业，吸引外资兴办社会福利设施，后在13个城市（广州、上海、温州、苏州等）开展社会福利社会化试点。与此同时，农村的社会福利兴办主体与筹资主体也有所扩大。1994年的《农村五保供养工作条例》将"五保"供养定位为农村集体福利事业，规定农村集体经济组织负责提供经费和实物，从村提留或者乡统筹费中列支，有集体经营项目的可以从经营收入和上缴利润中列支，在一定程度上扩大了资金来源。

　　改革开放的前二十年，我国初步建立了碎片化的养老保障制度。

养老福利机构数量、床位和收养人数大大增加，老年人服务体系开始建立。

为老年人提供的城市社会福利和农村"五保"供养不断发展。老年人福利设施数量、床位和收养人数不断增加。1978 年，我国农村敬老院为 7175 个，年末收养人数为 104361 人。[1]经过"六五"和"七五"两个五年计划的努力，到 1991 年，全国城乡各种社会福利院发展到 4.2 万个，床位数发展到 76.2 万张。[2]随着民政事业"九五"计划"加快发展光荣院、社会福利院、老年公寓、敬老院等老年人福利设施"要求的落实，截至 1999 年底，全国光荣院、社会福利院、城镇老年性福利机构、农村老年性福利机构数量分别达到 1294 个、1055 个、282 个、37344 个，床位数分别达到 4202 张、101537 张、17550 张、852673 张，年末收养人数分别达到 30385 人、78472 人、13151 人、648201 人。以敬老院、福利（扶贫）厂、储金会为主干的农村社会保障网络不断增加。农村社会保障网络乡（镇）从 1991 年的 1.3 万个增加到 1999 年的 1.9 万个，年均增长 5.86%。

发端于城市社区服务的居家养老服务开始起步。这一时期，我国城市社区服务蓬勃发展，逐步形成了包括为老服务在内的社区服务体系，形成了以社区服务中心为骨干，以老年人、残疾人、优抚对象服务和便民利民服务为主要内容，以发展社区服务实体来增强自我发展能力的社区服务业格局，社区服务业随着加快发展社区服务业意见和城市社区服务发展规划等的实施迅速发展起来。城镇社

---

[1] 董红亚：《中国社会养老服务体系建设研究》，中国社会科学出版社 2011 年版，第 58 页。

[2]《民政部关于印发〈民政事业发展十年规划和"八五"计划纲要〉的通知》（民办发〔1991〕5 号）。

区服务设施数从 1991 年的 8.5 万个增加到 1999 年的 15.7 万个，年均增长 10.64%；城镇便民、利民服务网点 1999 年达到 405740 个。

二、社会保险覆盖群体增多

养老保险制度恢复重建，工人和干部退休管理从统一模式退回分立模式。"文革"结束后，在国家亟须重建的时候，我国以 1978 年 6 月国务院颁布实施的《国务院关于工人退休、退职的暂行办法》和《国务院关于安置老弱病残干部的暂行办法》为标志，恢复重建了养老保险制度。这两部文件全面修订了 1958 年《条例》，最重要的变化，一是将原来企业和机关、事业单位实行的统一退休、退职制度再次由两个法规来规范；二是将以往按工龄决定退休待遇改为按革命时期（建国前）和革命工作（建国后）分别计算，退休条件也变为男 60 岁、女 55 岁。

养老保险覆盖群体逐步增多。改革开放之初，我国养老保险基本上是自保和单位保相结合，党政机关、群众团体和全民所有制企业、事业单位的干部和职工都能领取退休费，这同当时单一的公有制经济基本适应。而随着改革的推进，国有企业大量改制改组，个体、私营、外资经济发展起来，社会主义市场经济体制逐步建立，养老保险覆盖面不足的矛盾在 20 世纪 90 年代暴露出来。

计划生育推动家庭少子化、小型化，作为"社会保障基点"的家庭养老[1] 功能弱化；土地之外非农收入占农民收入的比重越来越高，土地保障功能"虚化"；[2] 广大下岗工人、个体劳动者与非国有

---

[1] 汤兆云：《新中国成立以来我国养老保险制度的改革探索与发展方向》，《科学社会主义》2014 年第 6 期。
[2] 梁鸿：《土地保障：最后一道防线的虚化》，《发展研究》1999 年第 6 期。

企业职工以及占我国老年人口 80% 的农村老人面临"老无所养"，在东欧剧变带来国内"政治风波"的冲击下成为社会风险点，倒逼我国建立社会养老保险制度。同时，社会保险需求巨大与经济持续高速发展分别为我国建立社会养老保险制度提供了内生动力与经济条件。1991 年，国务院作出《国务院关于企业职工养老保险制度改革的决定》（国发〔1991〕33 号），同时决定改革国家机关、事业单位和农村（含乡镇企业）养老保险制度。1993 年中共十四届三中全会第一次在党的文件中提出建立社会保障制度，1994 年全国人大将社会保险法立法列入当届人大立法规划，推动了社会保险制度化，形成了包括机关事业单位养老保险和企业职工基本养老保险在内的双轨制社会养老保险制度与农村社会养老保险制度。

20 世纪 90 年代的企业职工养老保险与农村养老保险制度改革分别由劳动部和民政部负责，主要任务是扩大养老保险对象范围。针对企业职工养老保险，1995 年《国务院关于深化企业职工养老保险制度改革的通知》（国发〔1995〕6 号）要求将养老保障对象扩大到各类企业职工和个体劳动者，1997 年《国务院关于建立统一的企业职工基本养老保险制度的决定》（国发〔1997〕26 号）努力解决改革试点存在的不同类型企业基本养老保险制度不统一问题。针对农村养老保险，1992 年民政部制定《县级农村社会养老保险基本方案（试行）》（民办发〔1992〕2 号），30 个省（区、市）的 1400 多个县（市、区、旗）开展试点，26 个省（区、市）人民政府颁发地方性法规，1995 年《国务院办公厅转发民政部关于进一步做好农村社会养老保险工作意见的通知》（国办发〔1995〕51 号），努力解决试点中出现的推行难度大、管理不规范、基金被挪用、覆盖面偏小等问题。国家机关、事业单位养老保险制度改革由人事部负责，主要目的是解决双轨制度缴费和待遇差别较大的问题。28 个省（区、市）先后开展机关事业单位养老保险制度改革局部试点，部分科研院所和经营性文化事业单位相继启动"事业转企业"改革。

养老保险筹资主体从国家、企业或集体向国家、企业或集体、个人三方共担转变。改革开放前，国有企业实行的实际上是"国家—企业"保障模式的劳动保险，最后责任人是国家。改革开放后，劳动保险的弊端日益凸显，主要表现为新老国有企业之间养老保险负担差异较大，企业保险无法运用大数法则分散劳动者风险。随着改革开放的深入，要求保险社会化的内在动力越来越强，我国决定由用人单位和个人共同供款形成基金。[①] 以 1997 年《国务院关于建立统一的企业职工基本养老保险制度的决定》为标志，我国劳动保险制度下的退休金制度转型为社会养老保险（城镇职工基本养老保险）。按照要求，各地开始实行社会统筹与个人账户相结合的养老保险制度，建立职工基本养老保险个人账户。针对当时存在的企业负担重、统筹层次低等问题，国务院于 1998 年发出了《关于实行企业职工基本养老保险省级统筹和行业统筹移交地方管理有关问题的通知》（国发〔1998〕28 号），决定 1998 年底以前实行省级统筹，建立基金省级调剂机制，2000 年省内基本实现统一企业缴费比例，统一管理和调度使用基金；1998 年 8 月 31 日以前行业统筹全部移交地方管理。

改革开放之初，我国逐步展开了包括救灾救济扶贫、互助储金会、农村养老保险等在内的农村社会保障体系探索。集体统筹下的

---

① 李珍主编：《社会保障理论》（第三版），中国劳动社会保障出版社 2013 年版，第 42 页。

"农村救灾扶贫互助储金会"自1998年开始被清理整顿。农村社会保障在"八五"计划实施以后逐步由集体统筹向社会统筹转型，在农村养老保险筹资方面主要是个人按经济能力确定交费数额、集体视经济状况适当补助、国家给予政策扶持。经过几年的尝试，农村社会养老保险得到了参保群众、地方政府和乡村干部的认可，取得了比较明显的经济和社会效益。在总结经验的基础上，我国在民政事业"九五"计划中将农村社会保障制度的目标确定为"以农民自我保障为主的，实行国家、集体和个人保障相结合的社会保障制度"。

养老保险与老年人社会救助不断扩面提标。机关事业单位和企业职工养老保险覆盖面较大，待遇逐年提高。截至1999年底，全国离休人员、退休人员分别为175.9万人、3468.7万人，其中企业离休人员、退休人员分别为88.7万人、2712.8万人。平均离休、退休、退职费从1980年的714.0元/人·年增加到1999年的6614.0元/人·年，年均增长43.49%；其中国有单位平均每人离休、退休、退职费从1980年的781.0元/人·年增加到1999年的6369.0元/人·年，年均增长39.75%。农村社会养老保险发展迅速。到1995年，参加保险的农村人口近5000万人，积累保险基金32亿元。养老保险的建立和发展，为广大居民提供了风险分散机制，适应并推动了社会主义市场经济的发展，对当时的经济体制转轨起到了稳定器的作用。[1]农村"五保"分散供养持续发展。享受补助的农村散居"五保"户人数从1995年的249.4万人逐年增加到1999年的303.7万人，年均增长4.30%。

---

[1] 李珍主编：《社会保障理论》（第三版），中国劳动社会保障出版社2013年版，第52页。

第四节　社会养老发展　社会保险革新

"找点空闲，找点时间，领着孩子，常回家看看……"1999 年春晚这首红遍大江南北的《常回家看看》既唱出了广大老人的心声，又反映了我国家庭小型化、老人空巢化的现实。这一年，我国正式步入老龄化社会，呈现基数大、增长快的特征，对建立健全养老保障体系提出要求。而随着社会主义市场经济的发展和城镇化的推进，越来越多的"单位人"变成社会人，越来越多的农民成为失地农民，要求养老服务对象和养老保险覆盖范围扩大到全社会老人，养老服务供给主体涵盖到社会力量，养老保险筹资主体涵盖国家、单位、个人。2000—2012 年，我国进一步扩大养老保障范围，建立社会保障制度，统筹发展居家养老、社区养老和机构养老服务，培育壮大老龄服务事业和产业，推动养老保障体系走向社会化。

一、社会养老服务供需双扩

养老服务对象扩大到全体老人。20 世纪 70 年代实行的计划生育使我国在 1982 年达到了出生率与总和生育率双低，改革开放前二十多年老年人寿命持续延长，出生和死亡双重因素加速了我国人口老龄化进程，并且与经济社会转型期的矛盾相交织。家庭空巢化、小型化、一代二代家庭为主的社会结构扩大了老年人尤其是失能、高龄老人对社会化养老的需求，城镇化带来的人口流动进一步提高了农村的老龄化程度，使农村老人对养老服务和养老保险的需求日益迫切。然而，这一时期的老龄事业总体上滞后于人口老龄化的要求和社会经济的发展，老年设施、产品与服务短缺，社会养老保险制度尚未覆盖到全体人民。同时，我国全面实施社会主义现代化建设第三步发展战略，为解决养老供需矛盾打下物质基础；老年赡养比开始上升，少儿抚养比明显降低，社会总抚养比持续下降，使这段时间成为我国应对2030年人口老龄化高峰的窗口期。在这一时代背景下，我国进一步将养老保障范围扩大到全体老人。

2000年，我国有了《中共中央、国务院关于加强老龄工作的决定》（中发〔2000〕13号）这一顶层设计，有了全国老龄工作委员会这一国务院主管全国老龄工作的高层议事协调机构，有了《中国老龄事业发展"十五"计划纲要（2001—2005年）》这一专项规划。自此，我国养老保障突破部门局限，上升为政府行为，社会化进程由此加快。这一年，国务院办公厅转发民政部等十一部委《关于加快实现社会福利社会化的意见》（国办发〔2000〕19号），提出了推进社会福利社会化的目标，要求社会福利机构除确保国家供养的"三无"对象（无劳动能力、无生活来源、无法定抚养人或赡养人）等特困群体的需求外，还要面向全社会老年人拓展服务领域，扩大服务范围和覆盖面。适应老年人迅速增加的社区照料服务需求，我国对养老的定位从"福利"扩展到"服务"，于2006年决定发展养老服务业。《国务院办公厅转发全国老龄委办公室和发展改革委等部门关于加快发展养老服务业意见的通知》（国办发〔2006〕6号），将养老服务业定义为"为老年人提供生活照顾和护理服务，满足老年人特殊生活需求的服务行业"。2007年，党的十七大确立了"老有所养"的战略目标，第一次从全国层面将全体老人作为保障对象。养老服务人群覆盖面在2006年国务院《农村五保供养工作条例》（国务院令第456号）等文件出台前后持续扩大，全国农村"五保"供养对象到2010年基本实现应保尽保。"十二五"时期，随着第一个老年人口增长高峰到来，社会养老服务需求急剧增加，供需矛盾加剧。2010 年，中共十七届五中全会首次将"优先发展社会养老服务"正式写入党的文献。2011 年，《国务院办公厅关于印发社会养老服务体系建设规划（2011—2015 年）的通知》（国办发〔2011〕60 号），要求社会养老服务体系优先保障孤老优抚对象及低收入的高龄、独居、失能等困难老年人，兼顾全体老年人。同年，民政事业"十二五"规划要求推动有条件的农村敬老院扩大养老服务范围。2012 年修订的《中华人民共和国老年人权益保障法》（以下简称《老年人权益保障法》）以法律形式将积极应对人口老龄化确定为国家的一项长期战略任务，规定老年人有从国家和社会获得物质帮助、享受社会服务和社会优待、参与社会发展和共享发展成果的权利。

养老服务供给主体呈现多元化趋势。我国在 2000 年初步建立了社会主义市场经济体制，但由于社会福利长期由国家和集体包办，存在资金不足、福利机构少、服务水平较低等问题，难以满足老年人口对养老服务日益增长的需要，难以适应社会主义市场经济体制的发展。同时，进一步建立健全养老保障制度，要求广泛动员和依靠社会力量，大力推进社会福利社会化；而我国综合国力的增强，人民群众生活水平的提高，企业"办社会"职能分离后的资源与社会上闲置资源的综合开发利用和置换，国内外一些社会团体、慈善组织和个人的积极参与（捐助或投资），社区养老服务的蓬勃发展，又为实现社会福利社会化创造了有利条件。

在这种背景下，2000 年《中共中央、国务院关于加强老龄工作的决定》要求逐步形成"政府宏观管理、社会力量兴办、老年服务机构按市场化要求自主经营的管理体制和运行机制"，《关于加快实现社会福利社会化的意见》允许企事业单位自愿捐助或利用闲置资源投资社会福利事业，鼓励集体、村（居）民自治组织、社会团体、个人和外资以多种形式捐助或兴办社会福利事业。2006 年《关于加快发展养老服务业意见的通知》将"政策引导、政府扶持、社会兴办、市场推动"确定为发展养老服务业原则，并对政府、社会、市场的作用进行明确界定。针对当时仍然存在的政府投入不足、民间投资规模有限问题，2011 年发布的《社会养老服务体系建设规划（2011— 2015 年）》鼓励有条件或新建的公办养老机构实行公建民营；鼓励民间资本投资建设专业化的服务设施，开展社会养老服务；鼓励社会办养老机构收养政府供养对象。2006 年修订的《农村五保供养工作条例》明确了"五保"供养资金的四种来源——地方人民政府财政、中央财政对财政困难地区的补助、农村集体经营等收入、社会组织和个人提供的捐助和服务。

养老服务体系逐步建立。我国的人口老龄化是在"未富先老"、社会保障制度不完善、历史欠账较多、城乡和区域发展不平衡、家庭养老功能弱化的形势下发生的。加强社会养老服务体系建设，是应对人口老龄化、保障和改善民生的必然要求，是适应传统养老模式转变、满足人民群众养老服务需求的必由之路，是解决失能、半失能老年群体养老问题、促进社会和谐稳定的当务之急。而随着我国综合国力不断增强，城乡居民收入持续增多，公共财政更多地投向民生领域，人民群众自我保障能力提高，社会养老服务体系建设具备了坚实的社会基础。在这一背景下，温家宝在 2010 年《政府工作报告》中明确提出"加快建立健全养老社会服务体系"。

养老服务体系由居家养老、社区养老与机构养老构成，三者的地位在这一时期变化较大。早在 2000 年，《关于加快实现社会福利社会化的意见》就论述了三者关系，要求"在供养方式上坚持以居家为基础、以社区为依托、以社会福利机构为补充的发展方向"。2006年第二次全国老龄工作会议和2008年全国民政工作会议基本上延续了这一思路。而后，针对人口老龄化加速发展带来的养老服务供需矛盾突出等问题，2011年《社会养老服务体系建设规划（2011—2015年）》首次提出"社会养老服务体系建设应以居家为基础、社区为依托、机构为支撑"，2012年《老年人权益保障法》以法律形式延续了这一定位。从"补充"到"支撑"，一词之差凸显了机构养老的重要地位。在党和政府的高度重视下，各地出台政策措施，加大资金支持力度，在城市深入开展社会养老服务体系建设并不断向农村延伸。

2012年，我国初步建立了居家为基础、社区为依托、机构为支撑的养老服务体系。社区居家养老服务发展迅速。2000年"九五"计划收官时，我国基本建立起多种经济成分并存、服务门类多样的社区服务网络，并逐步向社会服务推进。经过十几年的发展，社区养老服务设施进一步改善，社区日间照料服务逐步拓展。包括老龄服务在内的社区服务中心从2000年的6444个增加到2012年的15497个，年均增长11.71%；社区服务站从2007年的50116个增加到2012年的87931个，年均增长15.09%；社区综合服务设施覆盖率从2000年的22.4%提高到2012年的29.5%。2011年底，含日间照料功能的综合性社区服务中心达到1.2万个，留宿照料床位1.2万张，日间照料床位4.7万张。[1]居家养老服务在2008年全国老龄

---

[1]《国务院办公厅关于印发社会养老服务体系建设规划（2011—2015年）的通知》（国办发〔2011〕60号）。

办全面部署居家养老服务工作后发展迅速，初步形成了以保障"三无"、"五保"、高龄、独居、空巢、失能和低收入老人为重点，借助专业化养老服务组织，提供生活照料、家政服务、康复护理、医疗保健等服务的居家养老服务网络。机构养老服务进步较大。随着机构养老在养老服务体系中的功能、地位逐步增强，这一时期的养老服务机构建设取得了较大进步，养老机构数量不断增加，农村养老服务机构床位数与收养救助人数增加较快。城市养老服务机构床位数、农村养老服务机构床位数、社会福利院分别从 2009 年的 5291 个、31286 个、1611 个增加到 2012 年的 6464 个、32787 个、1719 个，年均增长率分别为 7.39%、1.60%、2.23%；城市养老服务机构、农村养老服务机构、社会福利院床位数分别从 2004 年的 37.9 万张、77.5 万张、15.7 万张增加到 2009 年的 49.3 万张、208.8 万张、22.8 万张，年均增长率分别为 6.02%、33.88%、9.04%，每千名老人拥有养老床位数从 2005 年的 10.97 张增加到 2012 年的 21.48 张，年均增长 13.69%；城市养老服务机构收养救助人数从 2004 年的 41.9 万人减少到 2009 年的 32.3 万人，年均下降 4.58%，农村养老服务机构、社会福利院收养救助人数分别从 2004 年的 89.5 万人、16.3 万人增加到 2009 年的 173 万人、16.7 万人，年均增长率分别为 18.66%、0.49%，农村集中供养"五保"人数从 2007 年的 138.0 万人增加到 2011 年的 184.5 万人，年均增长 8.42%。

二、社会养老保险扩面提标

社会养老保险与老年人社会福利、社会救助对象范围不断扩大。社会养老保险制度快速发展，基本养老保险覆盖范围从城镇扩大到农村、从国有企业扩大到各类用人单位、从城镇职工扩大到灵活就业人员和城乡居民。[①]公民参加社会保险和享受社会保险待遇的合法权益得到法制保障：2010 年通过的《中华人民共和国社会保险法》规定国家建立基本养老保险等社会保险制度，2012 年修订的老年人权益保障法规定国家建立多层次社会保障体系。"十一五"末期，老年社会福利与社会救助制度逐步建立，城乡计划生育家庭养老保障支持政策逐步形成，基本养老服务补贴制度覆盖率达到 50%。2011 年民政事业"十二五"规划进一步要求，全面建立困难老年人基本养老服务补贴制度和高龄老人津（补）贴制度，探索建立失能、半失能老人辅具配置制度。

　　基本养老保险对象范围扩大到灵活就业人员和城乡居民。城镇职工社会养老保险覆盖面继续扩大，企业职工社会养老保险逐步建立，事业单位工作人员养老保险制度改革试点顺利。我国在 2005 年建立了"统账结合"的社会养老保险，2009 年出台办法解决城镇企业职工基本养老保险关系转移接续问题，"十一五"规划收官时实现了企业职工基本养老保险制度全覆盖。2008 年，《国务院关于印发事业单位工作人员养老保险制度改革试点方案》（国发〔2008〕10 号），决定在山西省、上海市、浙江省、广东省、重庆市先期开展试点，与事业单位分类改革试点配套推进；未进行试点的地区仍执行现行事业单位退休制度。试点取得的局部经验为以后的全面改革奠定了实践基础。城镇居民基本养老保险和新型农村社会养老保险开始建立。2005 年，我国提出了鼓励个体工商户和灵活就业人员参加社会保险的具体办法，将社会保险对象范围扩大到这部分人群。为了落实 2006 年中共十六届六中全会"到 2020 年，基本建立覆盖城乡居民的社会保障体系"

---

① 李珍主编：《社会保障理论》（第三版），中国劳动社会保障出版社 2013 年版，第 41 页。

的要求，我国自 2011 年开始进行城镇居民基本养老保险试点。在人口快速老龄化与流动迁移的形势下，为了逐步解决更为严重的农村居民老有所养问题，我国从 2009 年开始试点新型农村社会养老保险并逐步扩大范围。2010 年召开的中共十七届五中全会，提出"坚持广覆盖、保基本、多层次、可持续方针，加快推进覆盖城乡居民的社会保障体系建设"。紧接着通过的社会保险法以法律的形式将国家建立和完善城镇居民社会养老保险制度和新型农村社会养老保险制度固定下来，同时允许地方根据实际情况将两种保险合并实施。

养老保险筹资主体呈现多元化趋势。2010 年通过的《中华人民共和国社会保险法》针对城镇职工和居民基本养老保险规定：职工基本养老保险由用人单位和职工共同缴费，无雇工的个体工商户、未在用人单位参加基本养老保险的非全日制从业人员以及其他灵活就业人员由个人缴费；实行社会统筹与个人账户相结合；基本养老保险基金由用人单位和个人缴费以及政府补贴等组成，政府在基金支付不足时给予补贴。规定新型农村社会养老保险"实行个人缴费、集体补助和政府补贴相结合"，同时鼓励其他经济组织、社会公益组织、个人为参保人缴费提供资助。中央财政出资补贴农民养老，堪与 2006 年正式取消延续了数千年的"皇粮国税（农业税）"相提并论。[1] 针对农村老年人家庭养老弱化、社会保险不足等问题，2012 年修订的老年人权益保障法充分肯定了土地养老的作用，允许农村将未承包的集体所有的部分土地、山林、水面、滩涂等作为养老基地，将收益用于老年人养老。

社会养老保险与老年人社会救助扩面提标。2000—2012 年，城镇职工基本养老保险参保人数从 13617.4 万人增加到 30426.8 万人，

---

[1] 黄佳豪：《建国 60 年来农村养老保险制度的历史探索》，《理论导刊》2009 年第 11 期。

年均增长 10.29%，其中职工、离退休人员分别从 10447.5 万人、3169.9
万人增加到 22981.1 万人、7445.7 万人，年均增长率分别为 10.00%、
11.24%（见图 6-1）。农村社会养老保险改革之前，农村社会养老保险
参保人数从 2006 年的 5373.7 万人增加到 2009 年的 7277.3 万人，年均
增长 11.81%；农村社会养老保险改革之后，新型农村社会养老保险参
保人数从 2010 年的 10276.80 万人增加到 2011 年的 32643.45 万人，一
年时间就增加了 2.18 倍。从 2012 年 8 月起，新型农村社会养老保险
制度和城镇居民社会养老保险制度全覆盖工作全面启动，合并为城
乡居民社会养老保险，年末参保人数达到 48369.54 万人。平均离休、
退休、退职费从 2000 年的 7190 元 / 人·年增加到 2005 年的 10761
元 / 人·年，年均增长 9.93%。农村分散供养"五保"人数从 2000 年
的 270.6 万人增加到 2011 年的 366.5 万人，年均增长 3.22%。

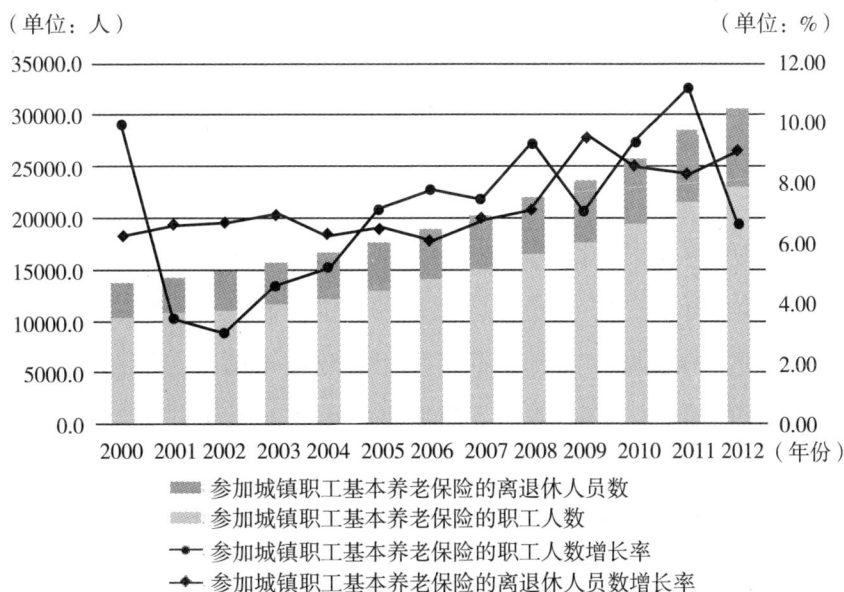

图 6-1　我国城镇职工基本养老保险参保情况（2000—2012 年）

第五节　养老服务改善　社会保障健全

2013 年以来，我国进入人口老龄化快速发展阶段。尽管养老保障体系在上一个阶段逐步健全，但总体上看，养老服务和产品供给不足、市场发育不健全、城乡区域发展不平衡、制度碎片化等问题还十分突出。这一阶段比过去注重扩大养老保障范围和扩展养老保障资金来源的"由一到多"更进一步，更加注重养老保障制度的"由多到一"和养老保障资金来源的"由一到多"。养老服务尤其是针对老年特困人员的救助供养走向城乡一体化，基本养老保险制度中，机关、事业单位与企业职工基本养老保险并轨为城镇职工基本养老保险，城镇居民社会养老保险与新型农村社会养老保险并轨为城乡居民社会养老保险。养老保障体系在上一阶段的基础上更加健全。

一、养老服务体系建立健全

养老服务对象走向统一。我国在改革开放之初将养老服务定性为"救济"，老年人很难找到除政府以外的养老服务提供者，即使是政府提供的养老"救济"，也存在城乡二元经济社会结构下的城乡差别。城市实行"三无"人员救济和福利院供养制度，农村实行"五保"供养制度，造成城乡发展不平衡、相关政策不衔接等问题。随着城乡一体化的推进，我国完成了将城乡特困人员救助供养制度并轨的"三部曲"：在 2006 年国务院发布的《农村五保供养工作条例》中对供养对象采取了同城镇老年居民同样的"三无"界定，在 2014 年国务院发布的《社会救助暂行办法》中将城乡"三无"人员保障制度统一为特困人员供养制度，在 2016 年国务院发布的《关于进一步健全特困人员救助供养制度的意见》中不再区分城乡特困人员。在城乡统一的特困人员救助供养制度下,"无劳动能力、无生活来源又无法定赡养、抚养、扶养义务人,或者其法定赡养、抚养、扶养义务人无赡养、抚养、扶养能力"的老年人属于特困人员,不论其身份是市民还是农民,均可享受政府托底、城乡统一的特困人员救助供养。非"三无"老年人,不论其身份是市民还是农民,均可根据自己的身体、经济和家庭状况,享受社会或市场提供、本人自主选择的居家、社区或者机构养老服务。

养老服务供给主体走向多元并形成制度。2013年以来,我国基本上形成了政府、社会、市场等多元化养老保障资金来源,养老服务业迅速发展。然而,正当养老服务机构如火如荼发展的时候,2015年河南鲁山的一场火灾迫使审批、监管部门尤其是消防部门向其泼来冷水。此后,设立养老机构通过审批的难度加大,市场潜力受到压抑。因此,这一阶段的养老政策更加注重养老服务市场体系建设和制度体系建设,包括价格形成机制、养老服务管理体制等。2013年,《国务院关于加快发展养老服务业的若干意见》(国发〔2013〕35号)要求充分发挥政府作用和社会力量的主体作用。2016年,《国务院办公厅关于全面放开养老服务市场提升养老服务质量的若干意见》(国办发〔2016〕91号)要求降低市场准入门槛,放开外资准入,精简行政审批环节;进一步改进政府服务,完善价格形成机制,加快公办养老机构改革,加强行业信用建设。截至目前,全国共确定240家公办养老机构改革试点单位。2017年国务院《关于印发"十三五"国家老龄事业发展和养老体系建设规划的通知》(国发〔2017〕13号)将"坚持政府引导、市场驱动,深化简政放权、放管结合、优化服务改革,不断增强政府依法履职能力,加快形成统一开放、竞争有序的市场体系"作为基本原则之一，将"有利于政府和市场作用充分发挥的制度体系更加完备"，"市场活力和社会创造力得到充分激发，养老服务和产品供给主体更加多元、内容更加丰富、质量更加优良"作为发展目标之一。伴随着一系列支持政策的实施，我国形成了政府、社会、市场多元供给养老服务的格局，这也是新中国成立 70 年来我国养老服务最显著的成绩之一。

养老服务体系更加健全。面对越来越严峻的人口老龄化形势，我国在上一阶段提出并建立社会养老服务体系的基础上，不断健全社会养老服务体系；在上一阶段提出加快发展养老服务业的基础上，密集出台了 70 余项加快养老服务业发展的相关文件。在落实 2011 年《国务院关于印发中国老龄事业发展"十二五"规划的通知》(国发〔2011〕28 号)将"具有长期医疗护理、康复促进、临终关怀等功能的养老机构"作为政府投资兴建和鼓励社会资本兴办重点的政策基础上，逐步将"医养相结合"纳入养老服务体系。中共十八届三中、四中、五中全会与国家"十三五"规划纲要都应对人口老龄化、加快建设社会养老服务体系、发展养老服务产业等提出明确要求。2013 年，《国务院关于加快发展养老服务业的若干意见》在总结地方经验的基础上，提出了"积极推进医疗卫生与养老服务相结合""推动医养融合发展"。同年《国务院关于促进健康服务业发展的若干意见》(国发〔2013〕40 号)提出"加快发展健康养老服务"，要求"统筹医疗服务与养老服务资源"，"推进医疗机构与养老机构等加强合作"，"发展社区健康养老服务"。2015 年，《国务院办公厅关于印发全国医疗卫生服务体系规划纲要(2015—2020 年)的通知》(国办发〔2015〕14 号)，首次使用"医养结合"的提法。同年，《国务院办公厅转发卫生计生委等部门关于推进医疗卫生与养老服务相结合指导意见的通知》（国办发〔2015〕84 号），作为我国第一份由国务院办公厅转发的针对医养结合的指导性文件，首次明确了医养结合的基本原则与发展目标，提出了推进医养结合工作的重点任务和保障措施。2016 年，国家"十三五"规划纲要再次提出"健康养老""推动医疗卫生和养老服务相结合"。同年，中共中央政治局就我国人口老龄化的形势和对策进行第三十二次集体学习，习近平总书记首次提出"构建居家为基础、社区为依托、机构为补充、医养相结合的养老服务体系"，标志着我国将"医养相结合"纳入养老服务体系。党中央、国务院同年印发的《"健康中国 2030"规划纲要》提出"促进健康老龄化"，进一步要求"推进中医药与养老融合发展"，"促进慢性病全程防治管理服务同居家、社区、机构养老紧密结合"。2017 年，《国务院关于印发"十三五"国家老龄事业发展和养老体系建设规划的通知》（国发〔2017〕13 号）将"医养相结合"作为养老服务体系的四个支柱之一，要求"推进医养结合"，党的十九大报告重申了该要求。2019 年《政府工作报告》明确提出"要大力发展养老特别是社区养老服务业"。2019 年 3 月 29 日，国务院办公厅出台了《关于推进养老服务发展的意见》（国办发〔2019〕5 号）。随着上述政策的出台，我国开展了 42 个养老服务业综合改革试点、90 个居家和社区养老服务改革试点和 90 个医养结合试点，养老服务业快速发展，产业规模不断扩大，服务体系逐步完善。

居家为基础、社区为依托、机构为补充、医养相结合的养老服务体系初步建成。社区居家养老迅速发展。2014—2017 年，全国社区养老服务机构和设施从 1.9 万个剧增到 4.3 万个，年均增长 42.4%；社区互助型养老设施从 4.0 万个增加到 8.3 万个，年均增长 35.2%。截至 2017 年，社区养老服务基本覆盖城市社区和半数以上农村社区。机构养老稳步发展。截至 2017 年底，全国各类养老服务机构和设施达到约 15.36 万个，每千名老年人口养老床位数从 2013 年的 24.4 张增加到 2017 年的 30.9 张（见图 6-2）。医养结合成效初显。截至 2017 年底，养老床位中护理型床位比例达到 47%，以不同形式提供医疗服务的医养结合养老机构比例达到 93%，更加适应高龄、失能老人需求。

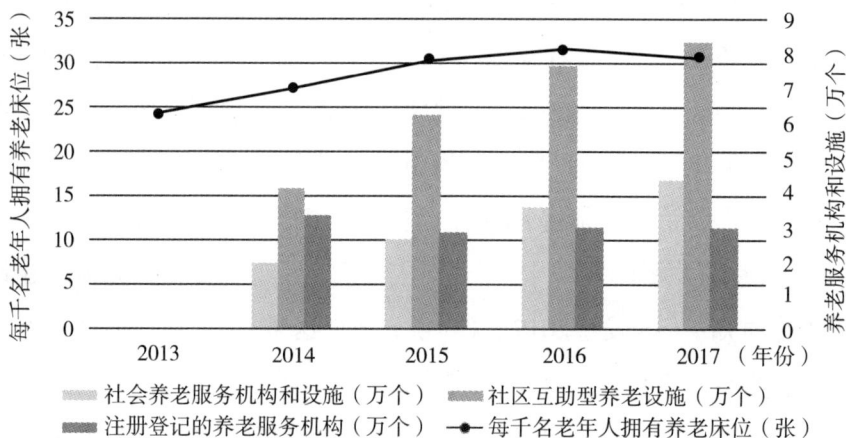

图 6-2 我国养老服务设施建设情况（2013—2017 年）

二、养老社会保障形成体系

基本养老保险制度走向一体化。2013 年以前，我国形成了由居民保险和职工保险构成的养老金制度。前者包括城镇居民社会养老保险和新型农村社会养老保险，后者包括机关事业单位养老保险和城镇职工基本养老保险。不仅在城乡之间，而且在城镇内部，劳动者由于户籍、单位的不同，在养老金制度模式、筹资方式、待遇支付等方面存在较大的差别。2013 年以后，在养老金一体化这一养老金制度改革的世界趋势下，我国努力推动养老保险从碎片化向一体化转变，并在党的十九大上提出"全面建成覆盖全民、城乡统筹、权责清晰、保障适度、可持续的多层次社会保障体系"。主要做法如下：一是加快城乡居民基本养老保险并轨。国务院 2014 年颁布《关于建立统一的城乡居民基本养老保险制度的意见》，决定将新型农村社会养老保险和城镇居民社会养老保险合并实施，在全国范围内建立统一的城乡居民基本养老保险（以下简称城乡居民养老保险）制度。二是加快城镇职工养老保险并轨。在过去试点的基础上，改革机关事业单位工作人员与企业职工的养老金双轨制。国务院 2014 年作出《关于机关事业单位工作人员养老保险制度改革的决定》，决定改革现行机关事业单位工作人员退休保障制度，实行社会统筹与个人账户相结合的基本养老保险制度。

养老保险资金来源走向多层次。这一时期，我国在基本社会养老保险较快发展的同时，初步建立了包括基本社会养老保险、补充社会养老保险、商业养老保险在内的多层次养老保险体系。其中，补充养老保险包括企业年金和职业年金，由单位缴费、个人缴费和税收减免组成；商业养老保险是商业保险机构提供的，以养老风险保障、养老资金管理等为主要内容的保险产品和服务。2017 年，国务院发布了《国务院办公厅关于加快发展商业养老保险的若干意见》（国办发〔2017〕59 号），要求丰富商业养老保险产品供给，大力发展老年人长期护理保险、老年人住房反向抵押养老保险等适老性强的商业保险。针对老年人住房反向抵押养老保险，中国保监会早在 2014 年就将北京、上海、广州、武汉列为试点城市，又在 2016 年到期时延长试点期间、扩大试点范围。随着这些支持政策的实施，我国个人储蓄性养老保险逐步发展，老年人长期护理保险陆续试点。

社会养老保险与老年人福利补贴、社会救助形成体系。包括基本养老保险、补充养老保险和商业养老保险在内的多层次养老保险体系初步建立。截至 2017 年末，全国参加基本养老保险人数为81968 万人，参保率达到 60.2%。其中，参加城镇职工基本养老保险人数为 32218 万人，城乡居民基本养老保险参保人数为 49750 万人。全国基本养老保险基金累计结存 31275 亿元。截至 2017 年末，全国 1000 多万家企业中，有 6.61 万家建立了企业年金，比上年增长 20.8%。在学习借鉴企业年金的运作经验的基础上，我国在山西、上海、浙江、广东、重庆五省市开展了职业年金制度试点，主要针对分类改革后从事公益服务的事业单位和编制内人员。老年人福利补贴制度建立落实、覆盖面增加。推动实现经济困难的高龄老年人津贴制度省级全覆盖，养老服务补贴制度和护理补贴制度分别覆盖30 个、29 个省（区、市）。2015—2017 年，享受高龄补贴、护理补贴和养老服务补贴的老年人分别从 2155.1 万人、26.5 万人、257.9万人增加到 2682.2 万人、61.3 万人、354.4 万人。

第六节　经验丰富　模式独特

新中国成立 70 年来，我国养老保障从制度初建到形成体系再到走向整合，与共和国一样经历了从"站起来"到"富起来"再到"强起来"的过程，推动了"老有所养"的全面实现。总结发展经验，可以归纳为经济社会同步、注重规划引领、开展机构改革、坚持市场取向与走向多轨整合。回顾改革和发展历史，主要是形成了居家为基础、社区为依托、机构为补充、医养相结合的中国特色养老保障模式。

一、七十年来的主要经验

经济社会同步。经济发展水平决定养老保障水平，养老保障要适应经济发展水平，并且适时调整。我国在 1951 年建立的劳动保险制度，就出现了发展超前、不适应经济发展水平的问题。到了 1957 年，周恩来同志在报告中及时指出了上述问题，强调"在发展生产的基础上逐步开展对职工的劳动保险"。1958 年，我国考虑到机关事业单位干部工资与工龄的特殊性，创造性地建立了干部退休制度。随着经济发展水平的提高，为解决农村居民日益迫切的社会养老保险需求，我国又先后开展了农村社会养老保险与新型农村社会养老保险试点，并逐步制度化。

注重规划引领。自民政部成立起，我国就有了民政事业专项计划或规划，养老保障是其中的重要部分。民政事业"六五"计划、"七五"计划、"八五"计划、"九五"计划、"十二五"规划都就扩大养老保障范围和资金来源作出了相应规定。老龄委成立至今，我国已经执行了老龄事业发展"十五"计划、"十一五"规划和"十二五"规划，目前正在执行"十三五"规划。这些规划都在分析我国人口老龄化形势的基础上，就如何积极应对人口老龄化提出了对策。针对医养结合，卫生计生委也牵头制定了若干规划。2011 年卫生部印发的《中国护理事业发展规划纲要（2011—2015 年）》（卫医政发〔2011〕96 号）、2015 年国务院办公厅印发的《全国医疗卫生服务体系规划纲要（2015—2020 年）》（国办发〔2015〕14 号）、2016 年党中央、国务院印发的《"健康中国 2030"规划纲要》、国家卫生计生委印发的《全国护理事业发展规划（2016—2020 年）》（国卫医发〔2016〕64 号）和 2017 年卫生计生委等十三部委联合印发的

《"十三五"健康老龄化规划》，提出了医养结合的发展目标、主要形式和支持政策。我国多层次的社会养老服务体系和社会养老保险制度，正是在执行相应计划或规划的过程中建立健全起来的。

开展机构改革。新中国成立以后到改革开放之初，我国尚未进入老龄化社会，老年社会救济或社会福利主要针对城市"三无"老人和农村"五保"老人。为了做好社会救济或社会福利及其他工作，我国在改革开放之后设立了民政部，主要是恢复在"文革"期间被撤销的内务部及其职能。随着各地对党中央、国务院有关政策和民政部等部门具体政策的贯彻执行，我国养老保障体系开始建立。1999年，我国正式进入老龄化社会，社会主义市场经济体制初步建立。应对老龄化社会挑战，已经不是一个部门的事情，也不可能单纯由一个部门做好，亟须成立议事协调机构。为此，党中央、国务院决定成立全国老龄工作委员会，负责全国老龄工作。随着各级老龄工作委员会及其办事机构的健全和加强，我国老龄事业有了较快发展。2013年以来，在健康老龄化的背景下，我国逐步将医养结合纳入社会养老服务体系。但由于养老机构由民政部门管理，医疗机构由卫生计生部门管理，医保基金由社保部门管理，多头管理的行政格局造成行政标准不统一、登记手续烦杂、资源分散等问题，有关部门各自支配部分政府资源，部门间难以形成政策合力，[1]医养结合发展较慢。为了适应健康老龄化的需要，我国在2018年政府机构改革中，决定组建国家卫生健康委员会，将全国老龄工作委员会办公室的职责整合进来，全国老龄工作委员会日常工作由国家卫生健康委员会承担，民政部代管的中国老龄协会改由国家卫生健康委员

---

① 刘洪银：《推行医养结合中的瓶颈与对策》，《开放导报》2017年第4期。

会代管。根据阶段性任务建立阶段性工作机制。例如，2009 年，为加强对新型农村社会养老保险试点工作的政策协调和组织指导，国务院决定成立国务院新型农村社会养老保险试点工作领导小组。组长由时任国务院副总理张德江担任，成员由有关部委部长担任。办公室设在人力资源和社会保障部，负责日常工作。

　　坚持市场取向。改革开放以来，尤其是新时代以来，我国养老服务迅速发展的主要动力是市场化。从市场化改革的角度看，我国养老服务体系建设的经验主要有：适应经济市场化改革需要，积极推进养老服务市场化改革。社会主义初级阶段仍然存在社会分工，社会生产仍然是商品生产，要求采用市场这种资源配置方式。1978年以后，我国经过十几年的理论探讨与实践探索认识到了这一点，并于 1992 年明确提出建立社会主义市场经济体制。在社会分工深化与社会转型过程中，家庭不再是独立的生产单位，甚至不再是独立的生活单位，由家庭直接提供养老服务变得既无效率又不现实，通过市场交换由专业化养老服务队伍提供养老服务成为必然。立足当时的社会主义市场经济条件，我国在 1997 年制定民政事业发展"九五"计划和 2010 年远景目标时，提出实行两个具有全局意义的根本性转变：一是民政管理体制要从传统的计划经济下的管理模式向社会主义市场经济体制管理新方式转变；二是民政事业发展方式从单纯福利型向公益型和效益型转变，进一步提高民政事业的社会效益以及民政企业的经济效益。其中，养老事业是民政事业的重要组成部分。三年之后的 2000 年，又进一步提出加快实现社会福利社会化，力图探索出一条国家倡导资助、社会各方面力量积极兴办社会福利事业的新路子，建立与社会主义市场经济体制和社会发展相适应的社会福利事业管理体制和运行机制。在这里，养老服务是社会福利的重要组成部分。适应人口形势与养老服务需求变化，多渠道增加养老服务供给。随着计划生育政策的实施，作为"社会保障基点"的家庭养老在 20 世纪 90 年代初走到了十字路口。[①]我国在"社会福利社会办"的理念下，不断扩大养老服务范围，实现养老服务供给主体多元化。我国自 1999 年进入老龄化社会以后，人口老龄化加速发展，老年人口基数大、增长快并且日益呈现高龄化、空巢化趋势，需要照料的失能、半失能老人数量剧增，社会化养老服务需求激增。为此，我国先后通过将"社会福利社会化"上升到顶层设计层面和加快社会养老服务体系建设，为社会力量进入养老服务领域提供多种优惠政策，增加了养老服务供给。

走向多轨整合。回顾新中国成立 70 年历程，我国社会养老保险从无到有，历经重建，从仅对机关事业单位和国有企业职工覆盖到对全体人民实行多轨制的社会养老保险，其中的差别从市民和农民的身份差别逐步向职工和居民的职业差别转变。养老保险一体化是世界各国养老保险制度改革的趋势。城镇职工养老保险与城乡居民养老保险多轨制，既不适应社会主义市场经济对劳动力自由流动的需要，又不利于在统筹城乡发展的背景下实现社会保障公平。为此，我国先后将机关事业单位干部和企业工人养老保险"统一——分立——并轨"，将城镇居民社会养老保险和新型农村社会养老保险并轨，有力地推动了养老保险从碎片化向一体化转变。今后的发展方向是逐步消除职业差别，实现城镇职工养老保险与城乡居民养老保险的大统一。

---

① 汤兆云：《新中国成立以来我国养老保险制度的改革探索与发展方向》，《科学社会主义》2014 年第 6 期。

二、老有所养的主要模式

回顾我国养老保障改革和发展历史，最主要的就是形成了中国特色的模式，建立起居家为基础、社区为依托、机构为补充、医养相结合的社会养老服务体系。

基本内涵。居家养老服务涵盖生活照料、家政服务、康复护理、医疗保健、精神慰藉等，以上门服务为主要形式。社区养老服务是居家养老服务的重要支撑，具有社区日间照料和居家养老支持两类功能，主要面向家庭日间暂时无人或者无力照料的社区老年人提供服务。在城市，结合社区服务设施建设，增加养老设施网点，增强社区养老服务能力，打造居家养老服务平台。机构养老服务以设施建设为重点，通过设施建设，实现其基本养老服务功能。养老服务设施建设重点包括老年养护机构和其他类型的养老机构。老年养护机构主要为失能、半失能的老年人提供专门服务，重点实现生活照料、康复护理、紧急救援功能。医养相结合是指医疗资源与养老资源的有机结合、医疗卫生与养老服务的有机结合。医养相结合有助于满足老年人对康复护理服务的需求。医养相结合的服务对象分为三个层次：对有需求的失能、部分失能老年人，以机构为依托，做好康复护理服务，为特殊困难老年人提供托底保障；对多数老年人，以社区和居家养老为主，通过医养有机融合提供基本健康养老服务；对有需要、有条件的老人提供个性化健康养老服务。

四者关系。居家为基础：我国具有在家养老的文化传统，自理老人一般喜欢在家养老。适应这一情况，我国着力对老年人居住环境进行改造，通过"互联网+"等提供居家养老服务。北京的"9064"模式和上海的"9073"模式，都将居家养老的比例定为90%，既反映了老年人的养老习惯，又有利于节省成本。社区为依托：老人在家养老，家居必然在社区之内。通过发展社区养老，可以让老人就近接受日间照料等服务，同时，将社区作为驿站，更便于服务人员向老人提供上门服务。因此，社区是我国社会养老服务体系的依托。机构为补充：一般情况下，失能或者部分失能老人在缺乏家庭成员照顾的情况下，更愿意入住养老机构，一些经济状况较好的自理老人，也愿意入住养老机构，但总起来说入住机构养老的老人占我国老年人口的比例不高，只能作为居家养老和社区养老的补充，一方面为失能或者部分失能老人提供免费或者低收费的机构养老服务；另一方面为经济状况较好的自理老人提供正常收费乃至高收费的机构养老服务。同时，机构养老的设施设备、服务人员、服务技能也可以就近辐射到社区，采取三种方式相结合的养老服务提供方式。医养相结合：针对我国老年人的基本养老服务需要以生活照料和医疗护理为主的现状，将医养相结合融入到居家养老、社区养老和机构养老中，有利于满足老年人基本养老服务需要，同时提高养老服务质量。

（执笔人：孔伟艳）

第七章　住有所居　摆脱拥挤

　　住房是人类最基本的需求之一，是关系国计民生的重大经济问题和社会问题。新中国成立后，我国住房制度经历了从计划经济时代的完全福利性分房向改革开放后的住房市场化配置的转变，住房制度经历了"实物分房"、住房市场化改革及调控、"房住不炒"理念下的住房长效机制，住房制度改革取得了巨大成就，实现了住房供应和保障制度翻天覆地的转变，初步形成了"政府保基本、市场促发展，以居民自有产权为主、多种产权形式并存"的住房模式，基本建立起能够全覆盖、保障不同需求层次人们住房需求的多渠道供应、多层次保障的住房供应保障体系。居民住房条件大大改善，基本实现了从短缺、拥挤状态向供给较充分、舒适状态转变，住房市场从无到有、从小到大，已从"总量供不应求"转向"总量供求基本平衡，结构性、区域性矛盾突出"的新阶段。迈向新时代，针对住房发展的不平衡不充分矛盾，应在"房住不炒"的理念下，改变过度关注住房经济属性的倾向，让住房回归居住本质属性，针对不同收入、不同区域的差异性，根据分层、分城施策的原则，精准界定不同类型住房产品的属性，加快建立多主体供给、多渠道保证、租购并举的住房制度，让全体人民住有所居。

《黄帝宅经》中有这样一段话，"宅者，人之本。人因宅而立，宅因人得存。人宅相扶，感通天地。"住房作为人类最基本的需求之一，是关系国计民生的重大经济问题和社会问题。"住有所居"既是人类生存发展的基本要求，也是人类社会发展的基本目标。几千年来，中国百姓一直视"住有所居"为衡量生活质量的重要标准。新中国成立70年来，我国住房制度经历了从计划经济时代的完全福利性分房向改革开放后的住房市场化配置转变，住房制度改革进行了多种形式的尝试和创新，经历了"实物分房"、住房市场化改革及调控、"房住不炒"理念下的住房长效机制，我国住房制度改革取得了重大成就，基本建立了"高端有调控、中端有市场、低端有保障"的住房供应和保障体系，形成了"政府保基本、市场促发展，以居民自有产权为主、多种产权形式并存"的住房模式。

第一节　统一管理　实物分配

新中国成立之初，经历了百年战乱的中国大地千疮百孔，房屋损毁严重，数量锐减，人民居住条件恶劣，住房短缺问题是当时面临的主要问题之一。受集中统一管理的计划经济政策的影响，这一时期我国住房制度实施"统一管理，统一分配，以租养房"的公有住房实物分配制度。城镇居民的住房主要由单位解决，住房建设资金主要来自政府拨款。住房建好后，单位以低租金分配给职工居住，住房成为一种福利。但这一时期，我国政府坚持以发展生产为先，住房基本建设投资规模逐年削减。因此，住房供给不足也不断显现成为严重的社会问题。具体来看，这一时期的住房制度改革经历了以下几个阶段。

一、公有住房形成阶段

新中国成立后，经历了百年战乱的中国大地千疮百孔，房屋损毁严重，数量锐减，人民居住条件恶劣。城市居民住房极端短缺，如何缓解城市住房短缺，成为新生的中国政府必须面对的一道难题。早在 1948 年 12 月 20 日中央就颁布了《中共中央关于城市公共房产问题的决定》，明确指出将"以租养房"的住房供应方式作为解决城市居民住房问题的主要手段。1952 年 5 月 24 日，内务部地政司印发《关于加强城市公有房产管理的意见》，其中明确提出了"以租养房"的方针和合理的租金标准。但到 1955 年政府对国家机关工作人员由供给制改薪金制时，考虑到这部分人的承受能力，对他们承租的公有住房实行低租金的过渡办法，即住房租金大约只占薪金收入的2%—3%，随后各地纷纷开始效仿这一做法。尤其是 1956 年以后，在片面强调住房福利制的思想影响下，"以租养房"逐渐被淡化甚至被否认。在"以租养房"原则的指导下，所收取的房屋租金能够基本涵盖折旧费、维修费、管理费、房地产税和合理的利润等内容，使房屋的保养与修缮有了稳定的资金来源，一些大城市走上了房有所养的良性轨道。

这一时期，中央人民政府对城市居民、个体劳动者和工商业者的私有房产采取的是保护措施。1949 年 8 月，《人民日报》"新华社信箱"发表《关于城市房产、房租的性质和政策》，为新中国成立后公私房产管理的基本方针奠定了基础。该文明确指出，承认一般私人所有的房产的所有权，并保护这种产权所有人的正当合法经营。禁止任何机关、团体或个人任意占用私人房屋。同时，允许和鼓励私房出租，对房屋租赁进行管制，以发挥其缓解住房短缺促进住房供给的作用。由此可以看出，在这一时期，我国住房制度公有私有两种所有制形式并存。

二、私有住房公有化阶段

新中国成立后，我国城市人口从 1949 年的 5765 万人猛增到 1953 年的 7826 万人，新建住房严重不足加上原有住房质量恶化，城市居民的居住条件愈加恶劣，已经到了政府不得不对私有房屋进行强制性干预的地步。因此，随着 1954 年资本主义工商业社会主义改造的启动，城市私房公有化也逐步开始推进。这段时期，城市私有房地产的公有化是通过私营房地产业公私合营和私有房产的社会主义改造两个步骤完成的。

一是私营房地产业公私合营。根据中央的要求，私营房地产业改为公私合营，即国家同资本家在企业内部进行合作，国家占有相当股权，公私双方共同经营企业，公方代表居于领导位，使得企业具有更大程度上的社会主义性质。

二是私有房产的社会主义改造。1956 年，在完成工商业社会主义改造之后，中央政府对私有房产的政策发生了重大变化，启动了针对私有出租房屋的社会主义改造运动。1956 年 1 月 18 日中共中央批转中央书记处第二办公室 1955 年 12 月 16 日的《关于目前城市私有房产基本情况及进行社会主义改造的意见》是改造标志性政策文件。该意见提出："对私有房产的社会主义改造，总的要求是加强国家控制，首先使私有房产出租完全服从国家的政策，进而逐步改变其所有制。要和对待私营工商业的改造一样，根据'全面规划，加强领导'的方针，采取先大后小，先集中后分散，先试点后推广的步骤，在一两年内完成对私有房产的社会主义改造。"1956年中央成立城市服务部，下设城市房地产管理局，管理国家手里的公房。私房改造主要有5种形式：一是由国家经租，即由国家进行统一租赁、统一分配使用和修缮维护，并根据不同对象，给房主以合理利润。在此基础上，合理地调整租金，取消一切中间剥削和变相增租的不合理现象。二是公私合营，根据各个城市的实际情况，对原有的私营房产公司和某些大的房屋占有者，可以组织统一的公私合营房产公司，进行公私合营。三是工商业者占有的房屋，可以随本行业的公私合营进行社会主义改造。他们出租的、与企业无关的房屋可由国家经租。四是对于除了自住外尚有少量房屋出租的小房主，及暂时还不能纳入国家经租的其他房主亦须加强管理，使私人房屋出租必须服从国家政策，服从政府关于租金、房屋修缮等的规定。五是一切私人占有的城市空地、街基等地产，经过适当的办法，一律收归国有。

　　私人房产公有化的同时也完成了私人房产所附属的城市地产的公有化，同时私人占有的城市空地、街基等地产也一律被收归国有，所以，私营房地产业公私合营和私有房产的社会主义改造是同时针对城市房产和地产的私人所有制的改造。改造过程中，所采取的国家经租、公私合营、赎买等办法不过是改变所有制的不同方式而已，改造的目标是改城市房地产私有制为公有制。经过两年的住房社会主义改造，到1958年底，私房已经基本不存在。1964年，国家房产管理局正式宣布："（全国城市和一部分镇）纳入改造范围的房屋约有建筑面积一亿平方米，占私有出租房屋的百分之七十左右，基本上消灭了房屋租赁中的资本主义经营，在房管战线上取得了一次社会主义革命的伟大胜利，对支援社会主义建设和改善人民居住条件，起到了积极的作用。"[①]

这一时期，随着时间的推移演化，"以租养房"的思想并没有促进住房的良性循环而是逐渐为一种福利性质更强的住房政策提供了温床。1955年，在国家机关干部供给制改为薪金制之后，为了照顾机关人员的负担能力，国家机关首先为其工作人员进一步降低住房租金标准。《中央国家机关工作人员住用公家宿舍收租暂行办法》规定，国家机关工作人员居住费用平均每平方米月租金0.12元。这一举措引起了各地各单位的效仿，"低租金加补贴"取代了"以租养房"成为通行的住房原则。到1957年，这种"高福利、低工资、低租金"的住房实物福利分配体制已基本形成，在自上而下的单位制度背景下形成了稳定的城市居住空间组织方式。由于房屋建设只有投入没有产出，国家的投资越多所承担的补贴数额就越大，并由此带来沉重的住房建设与保养负担，房屋的再生产步履维艰，城市职工的住房供应也日趋紧张。

三、住房建设停滞阶段

20世纪50年代末以后，我国城市住房供给制度基本上延续了之前的国家投资、国家建设、国家分配、低租金的制度。不同的是，我国城市住房建设基本进入停滞期，我国城市住房建设在国民经济中的地位进一步下降。1958—1962年，住房建设投资额占基本建设投资额的4.1%，远低于"一五"期间9%左右的住房投资比例；1963—1965年，住房建设投资额占基本建设投资额的6.9%；在基

[①] 国家房产管理局对国务院批转的《关于私有出租房屋社会主义改造问题的报告》的说明（1964年7月15日），房产通讯社：《国家房地产政策文件选编（1948年—1981年）》，房产通讯杂志社1982年版，第229页。

本建设投资大幅度增加的情况下，1962年住房投资额仅为3.96亿元，是1952年以来的最低值。到了"文革"时期，由于人口迅速增长和经济建设的滞后，住房供需矛盾逐渐白热化。城市房地产的管理工作也遭到严重打击，许多公有住房甚至被破坏、强占，许多私房被非法接管甚至没收。有限的福利分房越来越难以满足普通居民的住房渴望，"四世同堂"的现象屡见不鲜。20世纪60年代末开始，许多企业由于职工多、建房分房困难，开始集中兴建过渡式住房的集体宿舍，称为"筒子楼"。

第二节　市场配置　多元供给

住房改革是经济体制改革中提出最早，酝酿时间最长，试点的面最广，出台的方案最慎重，在全国铺开最为缓慢的改革[①]。随着改革的不断深入，我国打破了传统的福利分房体系，确立了市场机制配置资源的基础地位，实现了住房供应和保障制度的重大转变，改革取得了重大成就。住房保障体系不断完善，居民住房条件大大改善，已从"总量供不应求"转向"总量供求基本平衡，结构性、区域性矛盾突出"的新阶段，形成了"以居民自有产权为主、多种产权形式并存"的住房保障格局。住房市场从无到有、从小到大，已经成为经济发展不可或缺的重要支柱。在制度层面上已经基本建立起能够全覆盖、保障不同需求层次人们住房需求的多渠道供应、多

---

① 孙清华、陈淑玲、李存先：《住房制度改革与住房心理》，中国建筑工业出版社1991年版。

层次保障的住房供应及保障体系。根据不同时期住房制度改革的背景和特征，可以将其划分为四个阶段。

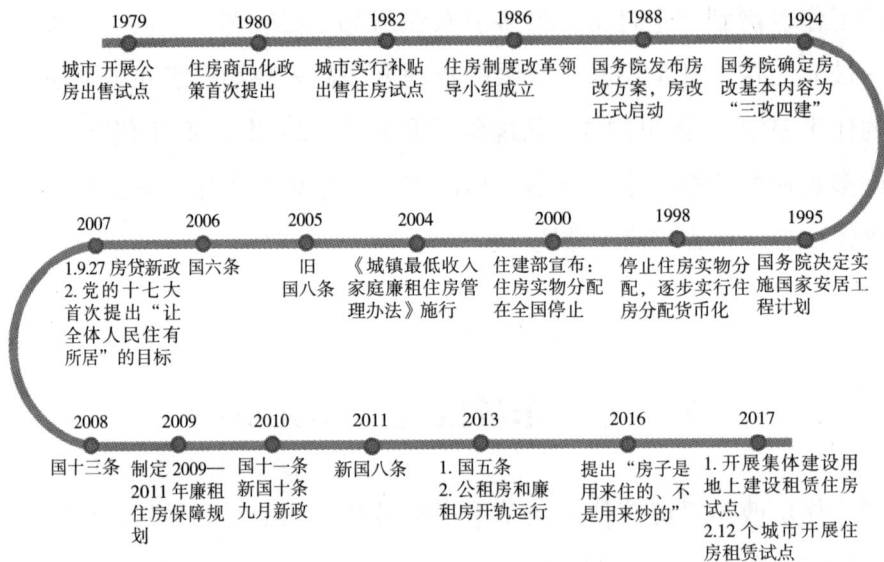

图7-1 改革开放后我国住房制度改革大事记

一、住房实物分配制度改革阶段

新中国成立后，在学习效仿苏联模式的基础上，从1958年到1977年的20年里，我国一直实行住房福利化分配制度。改革开放后，随着经济发展和城镇居民人口的不断增加，公房福利分配的弊端不断显现。一是政府和企业提供住房越来越难以满足职工基本生活需求；二是政府和企业为提供福利住房所承担的负担越来越大；三是住房分配制度成为社会不和谐因素，也阻碍劳动力自由流动，基于上述原因，学术界对住房商品化开展了理论探讨。有的研究依据马克思主义理论指出，让居民购买住房是荒谬而反动的，恢复个人对住宅的所有权是后退；也有研究提出，马克思对个人房屋所有权的论述有特定的历史背景，其没有明确限制住宅不能出售给工人。在此基础上，政府开始思考新的住房供给方式。

1978—1993 年是我国福利分房制度改革不断探索和发展的阶段，这一阶段我国政府为住房制度改革进行了多种形式的尝试和创新，总体改革方向是探索住房商品化。住房商品化改革在 20 世纪 80 年代曾经经历了激烈的争论，但邓小平同志关于住房问题的几次讲话（1978 年和 1980 年），提出了关于房改的问题，由此开启了我国住房制度改革之路。这一时期许多改革试点政策实施并不顺利，并未取得理想的效果，但改革的方向和决心是明确的，确保了住房制度改革的不断深化。

80 年代初，为了给政府和企业甩包袱，我国政府进行了公房出售和补贴出售住房试点，在出售公房的同时，有的地方还实行了住房租金的改革，如"按成本计租，定额补贴"、"超标加租"、对青年公寓实行"新房新租"等，为住房制度改革进行了多种形式的尝试和创新，积累有益的经验，但相关改革试点政策实施效果不理想。1986 年以后，城镇住房制度改革取得了重大突破，掀起了第一轮房改热潮。1986 年，国务院成立住房制度改革领导小组。1988 年，国务院召开第一次全国住房制度改革工作会议。同年，国务院批准印发了《国务院住房制度改革领导小组关于在全国城镇分期分批推行住房制度改革的实施方案》，标志着住房制度改革进入了整体方案设计和全面试点阶段。1991 年，国务院召开第二次全国房改工作会议，确定了租、售、建并举，以提租为重点，"多提少补"或"小步提租不补贴"的租金改革原则。1993 年，第三次房改工作会议改变了第二次房改会议确定的思路，代之以"以出售公房为重点，售、租、建并举"的新方案。

在这一阶段，我国住房制度改革的主要特征是以中央政府为主导自上而下的改革，目的是缓解政府和企业住房建设负担。这一阶段属于住房商品化改革的探索阶段，尚未形成市场化的投资、建设和购买主体。

表7-1　住房实物分配制度改革阶段主要政策文件情况

年份	名称	发布单位	主要举措
1978	《关于加快城市住宅建设的报告》	国家建委国务院批转	提出了调动国家、地方、企业和群众四个方面积极性，努力加快住宅建设的方针
1980	《全国基本建设工作会议汇报提纲》	中共中央、国务院批转	正式提出实行住房商品化政策，准许私人建房、买房、拥有自己的住房，新建住宅和已有住宅都可以出售，由企业、个人和政府各承担房价的1/3（即"三三制"）
1986	《关于城镇公房补贴出售试点问题的通知》	城乡建设环境保护部	城镇公房原则上要全价出售，禁止贱价销售
1988	《国务院住房制度改革领导小组关于在全国城镇分期分批推行住房制度改革的实施方案》	国务院	合理调整公房租金，积极组织公有住房出售等，标志着住房制度改革进入了整体方案设计和全面试点阶段
1991	《国务院关于继续积极稳妥地进行城镇住房制度改革的通知》	国务院	提出分步提租、交纳租赁保证金、新房新制度、集资合作建房、出售公房等多种形式推进房改的思路

二、住房实物分配向住房市场化改革过渡阶段

经历初步探索之后，住房制度改革的市场化特征显现，逐渐形成以权力下放、培育市场主体为特征的改革。住房制度改革的方向是产权改革，引入市场机制，并建立双轨制的住房供应体系。1994—1998年，是住房实物分配向住房市场化改革过渡阶段。在这一阶段的改革过程中，不断鼓励居民自主购房，房地产建设的收益下放至企业和地方政府，专业的房地产企业成立，积极探索金融对住房改革的支持作

用。这一阶段的住房供应模式主要有集资合作建房、经济适用房、廉租住房、安居工程住房等。同时，实物分房尚未完全取消。

1994年，《国务院批转的国家体改委1995年经济体制改革实施要点的通知》提出，促进住房社会化、商品化和住房建设的发展。同年，国务院下发的《国务院关于深化城镇住房制度改革的决定》（以下简称"国发〔1994〕43号文"）为我国住房制度改革制定了目标，确定了住房制度改革的根本目的，该文的颁布开启了城镇住房制度正式改革之路，住房制度改革内容被简称为"三改四建"7项具体改革举措[①]，经济适用房作为中低收入家庭的住房保障产品首次在该决定中提出。为了加强经济适用房的建立和管理，住建部等部门制定并出台《经济适用住房建设管理办法》，这是我国第一部关于住房保障的法规，标志着我国住房保障制度的起步，奠定了我国经济适用住房制度的基础。1995年，为加快城镇住房商品化和社会化进程，国务院决定实施国家安居工程计划，作为转变住房分配机制、建立住房新体制的示范工程。为了进一步推动住房商品化改革，1998年，《国务院关于进一步深化城镇住房制度改革加快住房建设的通知》（以下简称"国发〔1998〕23号文"），提出停止住房实物分配，逐步实行住房分配货币化，建立和完善以经济适用住房为主的多层次城镇住房供应体系，最低收入家庭租赁由政府或单位提供的廉租住房。国发〔1998〕23号文被人们称为中国住房制度改革的里程碑，它宣告了福利分房制度的

---

① 建立与社会主义市场经济体制相适应的新的城镇住房制度，实现住房商品化、社会化；把各单位建设、分配、维修、管理住房的体制改变为社会化、专业化运行的体制；把住房实物福利分配的方式改变为以按劳分配为主的货币工资分配方式；建立以中低收入家庭为对象、具有社会保障性质的经济适用住房供应体系和以高收入家庭为对象的商品房供应体系；同时，建立住房公积金制度，建立政策性和商业性并存的住房信贷体系。

终结和新的住房制度的开始。同时，国发〔1998〕23号文明确了由建
设廉租房、经适房项目、发放住房补贴和推行公积金制度为中低收入
家庭和职工购（租）房提供援助，但"住房保障"或"保障性住房"
的字眼并未出现。1999年8月，原建设部发布《建设部关于进一步推
进现有公有住房改革的通知》，明确各辖区内可出售公有住房和不宜
出售公有住房的范围并向社会公布，城镇成套现有住房除按规定不宜
出售的以外，均应向符合条件、有购房意愿的现住户出售。

这一阶段住房市场化改革是将住房投资、建设和销售的职能从
政府和企业中逐步剥离，理顺政府、专业房地产企业、金融机构和
个人的关系，实现住房商品化、分配货币化。但在此时的住房市场
化改革过渡阶段，以经济适用房为主的保障性住房建设仍占据较大
比重，我国住房制度发展的目标是建立和完善以经济适用房为主的
多层次城镇住房供应体系。

表7-2　住房实物分配向住房市场化改革过渡阶段主要政策文件情况

年份	名称	发布单位	主要举措
1994	《国家体改委1995年经济体制改革实施要点的通知》	国务院批转	公房提租、发展经济适用房和推出住房公积金制度
1994	《国务院关于深化城镇住房制度改革的决定》	国务院	三建四改
1994	《经济适用住房建设管理办法》	建设部、国务院住房制度改革领导小组、财政部	加快经济适用住房建设，提高城镇职工、居民的住房水平，加强对经济适用住房建设的管理
1995	《国家安居工程实施方案》	国务院住房制度改革领导小组	直接以低成本价向中低收入家庭出售，并优先出售给无房户、危房户和住房困难户等
1996	《关于加强国有住房出售收入管理的意见》	国务院住房制度改革领导小组	同意售房收入全部留归售房单位用于住房建设和住房改革
1998	《国务院关于进一步深化城镇住房制度改革加快住房建设的通知》	国务院	停止住房实物分配，逐步实行住房分配货币化，建立和完善以经济适用住房为主的多层次城镇住房供应体系

三、住房市场化全面推行阶段

自从〔1998〕23号文发布后，我国房地产业发展迅速，住房建设规模不断扩大，房地产开发投资额快速增长，住房地产新开工面积增速、开发投资额增速和销售面积增速连续7年以两位数的速度增长，我国住房市场全面进入市场化发展阶段，住房保障处于萎缩阶段（1999—2004年）。尤其是2001年后，以大连市为代表的部分城市提出"经营城市"的理念，以出让土地获取政府预算外收入，导致建设经济适用房的积极性逐渐减弱，一些城市甚至停止了经济适用房建设。从2002年开始，经济适用房投资占房地产投资的比例逐年大幅下降，2005年占比仅为3%，为历史最低点。这一阶段，我国住房供应模式主要有商品房、集资合作建房、经济适用房、廉租房、安居工程住房等，其中商品房供应规模不断扩大。

1999年，为了规范住房公积金管理，促使住房公积金制度逐步纳入法制化和规范化轨道，国务院发布《住房公积金管理条例》，并于2002年进行修订。为了进一步拓展住房消费，健全房地产市场服务体系，2003年，国务院发布了《国务院关于促进房地产市场持续健康发展的通知》（以下简称"国发〔2003〕18号文"），提出将"建立和完善以经济适用住房为主的多层次城镇住房供应体系"改为"多数家庭购买或承租普通商品住房"。至此，住房市场化改革方向更加坚定，房地产业逐渐成为国民经济的支柱产业，城市住房价格不断上涨。在此背景下，为了有效保证低收入人群的住房需要，2004年，建设部、财政部、民政部、国土资源部等共同颁布了《城镇最低收入家庭廉租住房管理办法》，规定了廉租住房保障对象、保障标准和保障方式等。

表7-3　住房市场化全面推行阶段主要政策文件情况

年份	名称	发布单位	主要举措
1999	《住房公积金管理条例》	国务院	规定了住房公积金的缴存、提取使用和监督等，同时，提出住房公积金管理委员会设置、职责等
1999	《建设部关于进一步推进现有公有住房改革的通知》	建设部	各辖区内可出售公有住房和不宜出售公有住房的范围并向社会公布，城镇成套现有住房除按规定不宜出售的以外，均应向符合条件、有购房意愿的现住户出售
2003	《国务院关于促进房地产市场持续健康发展的通知》	国务院	将1998年提出的"建立和完善以经济适用住房为主的多层次城镇住房供应体系"改为"多数家庭购买或承租普通商品住房"
2004	《城镇最低收入家庭廉租住房管理办法》	建设部、财政部、民政部、国土资源部、国家税务总局	廉租住房保障对象、保障标准和保障方式等

四、住房市场调控阶段

国发〔2003〕18号文实施以后，我国住房市场高速发展，但此后，我国住房市场发展不平衡、投资增长过快、供给结构不合理、市场秩序混乱等问题日益突出，与此同时由于房价的过快上涨，也引发了一系列社会问题，百姓住房难问题越来越突出，我国政府采取了一系列以住房价格调控为主的房地产宏观调控政策措施。同时，为了缓解房价上涨给低收入群体带来的住房压力，我国重新重视了住房保障问题，加快保障性住房建设力度，规范保障性住房的管理。2005—2015年，我国进入住房市场调控阶段，政府在调节商品房市场的同时，重新重视住房保障问题。在这一阶段，商品房与经济适用房、廉租房、公租房、限价房等多种保障形式的保障性住房共存。

这一时期，国务院及住建部等部委，相继制定了"旧国八条"、"国六条"、"新国八条"、"国五条"、"新国十条"、"国十三条"等一系列住房市场调控政策措施，从规范土地交易、打击土地囤积、加强房地产信贷管理、提高国内企业投资门槛、限制海外热钱进入商品房流通领域、提高住房贷款利率、规范房地产期房预售制度、项目审批、完善二手房市场交易管理、整顿房地产交易秩序等方面对住房市场进行了规范管理和需求抑制。同时，强调地方政府要切实负起责任遏制房价过快上涨，积极调控并规范住房市场发展，完善住房制度体系。尽管这一时期国家对住房市场调控政策措施之多、力度之大、频率之快、参与部门之多前所未有，但由于政府调控房价的政策一直以行政手段为主，并未真正触及住房价格上涨的深层次原因，调控并未有效抑制住房价格的迅猛上涨，我国住房价格进入"越调控越涨"的怪圈。

这一时期，针对房价上涨过快，中低收入家庭住房支付能力相对下降，住房保障问题又重新受到政府的重视，我国制定了《廉租住房保障资金管理办法》、《廉租房管理实施办法》、《经济适用住房管理办法》、《经济适用住房开发贷款管理办法》、《中央补助公共租赁住房专项资金管理办法》、《公共租赁住房管理办法》等法规，制定了《国务院关于解决城市低收入家庭住房困难的若干意见》[①]、《关于加快发展公共租赁住房的指导意见》等实施意见，实施了公共租赁住房和廉租住房并轨运行、9000 亿元安居工程等政策措施，加快保障性住房建设和管理。同时，党的十七大首次提出"让全体人民

---

① 该意见要求各级地方政府将解决城镇低收入家庭的住房问题作为住房制度改革的重要内容及政府公共服务的重要职责。同时，将保障性住房建设提到前所未有的高度，认为其是中国房地产改革历程具有里程碑意义的制度改革，这标志着住房改革从 1998 年以来的"重市场、轻保障"向"市场、保障并举"的方向回归，标志着我国住房保障制度建设进入加速推进时期。

住有所居"的目标，同时提出"健全廉租住房制度，加快解决城市
低收入家庭住房困难。"这是党代会报告中第一次专门提及住房保障
制度，更是第一次谈到保障方式和保障对象，标志着我国的住房保
障制度已经有了重大调整。这一阶段，我国全面确立了由廉租房、
公租房、经济适用房和限价房 4 类住房构成的保障房实物供应体系。
此外，我国还开展了集中成片棚户区改造，积极推进旧住宅区综合
整治，多渠道改善农民工居住条件。

表 7-4 住房市场调控阶段主要政策文件情况

年份	名称	发布单位	主要举措
2005	《关于切实稳定住房价格的通知》	国务院办公厅	提出稳定房价的八条意见
2005	《关于做好稳定住房价格工作的意见》	国务院办公厅转发	制定了稳定房价的八条措施
2005	《关于加强房地产税收管理的通知》	国家税务总局、财政部、建设部	调整了个人住房营业税税收政策，对期房专卖进行限制
2005	《关于实施房地产税收一体化管理若干问题的通知》	国家税务总局	对 20% 个人所得税进行一体化征收
2006	《关于调整住房供应结构稳定住房价格意见的通知》	国务院办公厅转发建设部等九部委	提出了稳定房价、整顿房地产市场秩序的六项措施
2006	《关于调整住房供应结构稳定住房价格的意见》	建设部等九部委	凡新审批、新开工的商品住房建设，套型建筑面积 90 平方米以下住房（含经济适用住房）面积所占比重，必须达到开发建设总面积的 70% 以上
2006	《关于规范房地产市场外资准入和管理的意见》	建设部等六部委	加强对外商投资企业房地产开发经营和境外机构和个人购房的管理
2006	《城镇廉租房工作规范化管理实施办法》	建设部	规定了廉租房建设的基本目标、主要内容、考核的组织与实施等
2007	《关于解决城市低收入家庭住房困难的若干意见》	国务院	明确了指导思想、总体要求和基本原则、进一步建立健全城市廉租住房制度等

续表

年份	名称	发布单位	主要举措
2007	《关于加强商业性房地产信贷管理的通知》	中国人民银行、中国银行业监督管理委员会	对商业性房地产信贷政策进行了调整
2008	《关于促进房地产市场健康发展的若干意见》	国务院办公厅	支持房地产开发企业积极应对市场变化的意见
2008	《廉租住房建设贷款管理办法》	中国人民银行、银监会	廉租住房建设贷款利率应按中国人民银行公布的同期同档次贷款基准利率下浮10%执行
2008	《关于加强廉租住房质量管理的通知》	住建部	加强廉租房质量管理
2009	《2009—2011年廉租住房保障规划》	住建部、发改委、财政部	用三年时间，基本解决747万户现有城市低收入住房困难家庭的住房问题
2009	《关于利用住房公积金贷款支持保障性住房建设试点工作的实施意见》	住建部、财政部、发改委等七部委	对试点目标原则、职工权益保障、资金使用方向、贷款风险防范、工程建设质量等方面做出了明确规定
2010	《关于坚决遏制部分城市房价过快上涨的通知》	国务院	房价过高地区可暂停发放第三套房贷
2010	《关于加强经济适用住房管理有关问题的通知》	住建部	针对部分地方经济适用住房存在的准入退出管理机制不完善、日常监管和服务不到位等问题，做出了有关规定
2010	《关于加快发展公共租赁住房的指导意见》	住建部、发改委等七部委	规定了公共租赁住房房源管理、筹集、政策支持等
2010	《关于促进房地产市场平稳健康发展的通知》	国务院办公厅	促进房地产市场平稳健康发展的五条措施
2010	《关于加强经济适用住房管理有关问题的通知》	住建部	对经济适用房建设、准入、使用和交易等进行规范
2011	《房地产经纪管理办法》	住建部、发改委和人社部	整顿房地产市场秩序、规范房地产经纪行为，保护房地产交易及经济活动当事人合法权益
2011	《关于进一步做好房地产市场调控工作有关问题的通知》	国务院办公厅	促进房地产市场平稳健康发展新的八条意见
2011	《国务院关于保障性安居工程建设和管理的指导意见》	国务院办公厅	加强和规范保障性住房管理，加快解决中低收入家庭住房困难

续表

年份	名称	发布单位	主要举措
2013	《关于继续做好房地产市场调控工作的通知》	国务院办公厅	加强房地产市场调控的六条措施
2013	《关于坚决遏制违法建设、销售"小产权房"的紧急通知》	国土资源部办公厅、住建部办公厅	坚决遏制最近一些地方出现的违法建设、销售"小产权房"问题
2013	《关于公共租赁住房和廉租住房并轨运行的通知》	住建部、财政部、发改委	从2014年起，各地廉租住房建设计划调整并入公共租赁住房年度建设计划
2014	《关于发展住房公积金个人住房贷款业务的通知》	住建部、财政部、中国人民银行	放宽公积金贷款条件
2015	《关于调整住房公积金个人住房贷款购房最低首付款比例的通知》	住建部、财政部、中国人民银行	对拥有1套住房并已结清相应购房贷款的居民家庭，住房公积金个人住房贷款购房首付比例降低至20%
2015	《人民银行 银监会关于进一步完善差别化住房信贷政策有关问题的通知》	中国人民银行、银监会	各地区自主确定辖内商业性个人住房贷款的最低首付款比例

表7–5 主要保障性住房类型比较

	保障对象	保障方式	产权归属	房屋性质	土地类型
廉租房	城市低收入住房困难家庭	货币补贴或实物配租	无产权	50m² 以内	划拨
公租房	城市中等收入偏下住房困难家庭	实物	无产权	60m² 以内	划拨或出让
经济适用房	城市中低收入住房困难家庭	实物	有限产权	60m² 以内	划拨
限价房	城市中等收入住房困难家庭	实物	有限产权	90m² 以内	招拍挂出让
棚改房	拆迁对象	实物或货币补贴	有限产权	不限	招拍挂出让

第三节　转型升级　房住不炒

　　经过10多年的发展，我国住房总量供不应求的问题已经得到明显缓解，住房保障体系已基本形成，但住房市场区域性供给过剩和有效供给不足共存，保障性住房建立有效性仍显不足，住房的经济属性过强等问题较为突出。面对新时代的新特点新要求，面对住房领域发展不平衡不充分问题，亟须改变住房宏观调控工具化的倾向，改变过度强调住房经济属性的倾向，更加准确界定住房的本质属性。为此，2016 年以来，我国住房调控思路发生重大转变，住房市场进入转型发展新阶段，住房理念发生转变，回归住房基本功能，住房制度长效机制建设开启。

表 7-6　住房调控升级与转型发展阶段主要政策文件情况

年份	名称	发布单位	主要举措
2016	《关于加快培育和发展住房租赁市场的若干意见》	国务院办公厅	提出了培育和发展住房租赁市场的六个具体政策措施
2016	《关于加强房地产中介管理促进行业健康发展的意见》	住建部、发改委等七部委	提出规范中介服务行为等十六条政策措施
2017	《关于加强近期住房及用地供应管理和调控有关工作的通知》	住建部、国土资源部	在租赁住房供需矛盾突出的超大和特大城市，开展集体建设用地上建设租赁住房试点
2017	《关于在人口净流入的大中城市加快发展住房租赁市场的通知》	住建部、发改委等九部委	确定 12 个城市作为首批住房租赁试点单位，支持发展住房租赁市场的四条措施

一、"房住不炒"成为新时代住房制度改革的基石

2016 年中央经济工作会议首次明确提出，坚持"房子是用来住的、不是用来炒的"的定位。"房住不炒"理念的提出，标志着我国住房调控思路发生重大转变，住房市场进入转型发展新阶段，住房理念发生转变，回归住房基本功能。党的十九大进一步提出："坚持房子是用来住的、不是用来炒的定位，加快建立多主体供给、多渠道保证、租购并举的住房制度，让全体人民住有所居。"党的十九大

报告关于住房制度改革的论述，系统阐述了未来一个阶段我国住房政策的价值取向、制度框架和发展目标，为解决新时代住房领域的不平衡不充分矛盾提供了一个清晰的路线图和解决方案。这既反映了党中央对满足人民群众住房需求的重视，更为满足人民群众住房需求指明了方向。"十三五"以来，我国住房调控经历了限购、限贷、限价、限售、限商等"五限"为核心的行政性调控，再到租售同权，住房租赁试点等住房供应体系的调控。随着信息联网、不动产登记、房地产税等相继落地，房地产调控长效机制逐渐开启。

表 7–7 "十三五"以来重要会议关于住房制度建设的重要论述

时间	会议	主要内容
2015 年 12 月	中央经济工作会议	1. 要按照加快提高户籍人口城镇化率和深化住房制度改革的要求，通过加快农民工市民化，扩大有效需求，打通供需通道，消化库存，稳定房地产市场； 2. 明确深化住房制度改革方向，以满足新市民住房需求为主要出发点，以建立购租并举的住房制度为主要方向，把公租房扩大到非户籍人口
2015 年 12 月	中央城市工作会议	要深化城镇住房制度改革，继续完善住房保障体系，加快城镇棚户区和危房改造，加快老旧小区改造
2015 年 10 月	中共十八届五中全会	1. 构建以政府为主提供基本保障、以市场为主满足多层次需求的住房供应体系，优化住房供需结构，稳步提高居民住房水平，更好保障住有所居； 2. 以解决城镇新居民住房需求为主要出发点，以建立关租购并举的住房制度为主要方向，深化住房制度改革； 3. 多渠道筹集公共租赁房房源。实行实物保障与货币补贴并举，逐步加大租赁补贴发放力度
2016 年 12 月	中央经济工作会议	1. 加快建立多主体供应、多渠道保障、租购并举的住房制度； 2. 要发展住房租赁市场特别是长期租赁，保护租赁利益相关方合法权益，支持专业化、机构化住房租赁企业发展； 3. 完善促进房地产市场平稳健康发展的长效机制，保持房地产市场调控政策连续性和稳定性，分清中央和地方事权，实行差别化调控
2017 年 10 月	党的十九大	坚持房子是用来住的、不是用来炒的定位，加快建立多主体供给、多渠道保障、租购并举的住房制度，让全体人民住有所居

时间	会议	主要内容
2018 年 7 月	中央政治局会议	1. 下决心解决好房地产市场问题，坚持因城施策，促进供求平衡，合理引导预期，整治市场秩序，坚决遏制房价上涨； 2. 加快建立促进房地产市场平稳健康发展长效机制

资料来源：作者整理。

二、分类调控、因城施策的住房调控体系逐渐形成

"十三五"以来，我国住房调控方式发生了较大的变化，住房调控更加注重精准施策，各地依据实际情况通过限购、限售、限贷、限商等多形式差别化的调控政策，对不断上涨的住房价格进行调控，分类调控、因城施策逐渐成为住房调控的主要方式。2017 年，全国超 100个城市共出台逾 200 多项调控政策。以去库存政策为例，不同城市政策内容各有特色。苏州市发布的《关于加快引导推进苏州市区商业办公用房去库存工作的实施意见（试行）》，针对建设单位已取得国有建设用地使用权、尚未开发建设完成或已竣工尚未实现销售的商业办公用房或项目，实施分类处置政策。通过调整用地规划，促进销售利用，加快推进商办库存去化；邵阳市《关于化解房地产库存促进房地产市场健康发展的意见》则提出根据房地产库存情况，科学调整土地供应规划和规模，加大棚户区改造货币化安置力度，从土地供应角度控制库存数量。

表 7-8　2017 年部分城市住房市场差别化调控措施

城市	限购政策		限贷政策（最低首付）	
	本市户籍	非本市户籍	首套房	二套房
上海	单身 1 套 家庭 2 套	限购 1 套 （社保或个税满 5 年）	无房无贷 35% 无房有贷 50% 非普通住房 70%	普通住房 50% 非普通住房 70%
广州	单身 1 套 家庭 2 套	限购 1 套 （社保或个税满 5 年）	无房无贷 30% 无房有贷： 普通住房 40% 非普通住房 70%	普通住房： 无贷 / 已结清 50% 贷款未结清 70% 非普通住房 70%

续表

城市	限购政策		限贷政策（最低首付）	
	本市户籍	非本市户籍	首套房	二套房
深圳	单身1套 家庭2套	限购1套 （社保或个税满5年）	商贷： 无房无贷30% 无房有贷50% 公积金贷：30%	70%
成都	限购1套	限购1套 （社保或个税满2年）	30%	70%
武汉	限购2套	限购1套 （社保或个税满2年）	30%	普通住房50% 非普通住房70%
南京 （市区）	限购2套	限购1套 （社保或个税满2年）	首次购房30% 无房有贷50%	贷款未结清50% 非普通住房80%
郑州	单身1套 家庭2套	限购1套 （社保或个税满2年）	30%	60%
厦门	单身1套 家庭2套	限购1套 （社保或个税满3年）	30%	贷款未结清60% 非普通住房70%
杭州	单身1套 家庭2套	限购1套 （社保或个税满2年）	无房无贷30% 无房有贷60%	60%
青岛	不限购	限购1套 （社保或个税满1年）	首次和二次住房公积金贷款 购新住房30%，购二手房40%	
三亚	限购2套	限购1套 （社保或个税满1年）	30%	50%

资料来源：作者整理。

三、多主体供应、多渠道保障、租购并举的住房制度建设逐渐开启

"十三五"以来，在"房住不炒"的理念指导下，房地产长效机制建设逐渐开启，多主体供应、多渠道保障、租购并举的住房制度"轮廓初现"。在多主体供应方面，除了国有建设用地建设住房外，增加了集体建设用地，北京等城市还鼓励国有企事业单位利用自有土地建设保障房；在多渠道保障方面，除了各级政府提供的保障房这个主渠道外，还增加集体建设用地建设租赁住房，国有企事业单位利用自有土地建设的保障房，也是补充渠道之一。目前，在住房供应方面，我国已经形成了共有产权房、公共租赁房等保障性住房及商品房、租赁住房等多

种形式的住房供应体系；在"租购并举"建设方面，2016 年国务院办公厅印发的《关于加快培育和发展住房租赁市场的若干意见》提出，允许改建房屋用于租赁。2017 年 4 月，住建部、国土部印发的《关于加强近期住房及用地供应管理和调控有关工作的通知》提出，在租赁住房供需矛盾突出的超大和特大城市，开展集体建设用地上建设租赁住房试点。鼓励个人依法出租自有住房，盘活存量住房资源。同年，住建部、国家发展改革委等九部委联合印发《关于在人口净流入的大中城市加快发展住房租赁市场的通知》，决定在 12 个城市开展住房租赁试点。

第四节　成绩斐然　成就显著

新中国成立后至改革开放前，在低租金福利住房制度下住房建设资金只有投入没有回报，同时政策上长期压制住房建设，住房的投融资机制被严重扭曲，住房投资长期匮乏，住房短缺问题始终是居民面临的主要民生问题。我国人均居住面积从 1950 年的 4.5 平方米下降到 1978 年的 3.6 平方米（建筑面积 6.7 平方米），缺房户占当时城镇总户数的 47.5%。存量房中还存在大量危房和棚户区，住房质量得不到保障。1978 年对全国 182 个城市的统计显示，当时人均住房面积仅有 3.6 平方米，缺房户有 689 户，占这些城市总户数的 35.8%。另外，20 世纪 70 年代末，全国城市每月公房租金是 0.13 元／平方米，不到维护成本的一半，在缺乏经济激励的条件下，新建成的公房建筑质量也非常低劣，配套设施简陋不全，大大降低了居民的居住感。改革开放后，我国住房制度改革打破了传统的福利分房体系，确立了市场机制配置资源的基础地位，实现了住房供应体系的重大转变，取得了巨大成就。

一、住房保障体系不断完善，居民住房条件大大改善

住房保障体系不断完善，住房保障成就显著。改革开放后，我国初步建立了适应社会主义市场经济体制的住房保障体系，形成了以居民自有产权为主、多种产权形式并存的产权格局，出现了商品房、经济适用房、限价房、廉租房、公租房、共有产权房、自住房等近 10 种形式的住房类型，住房市场从无到有、从小到大，已经成为经济发展不可或缺的重要支柱。

（单位：平方米）

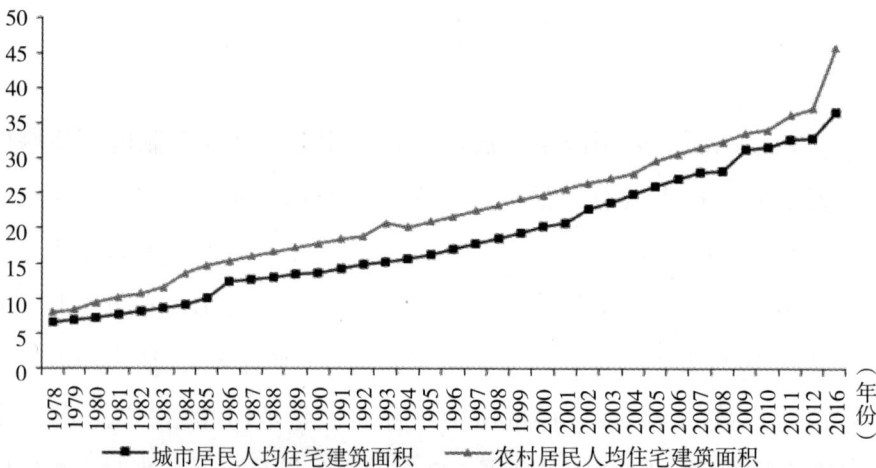

图 7-2　我国居民人均住宅建筑面积增长情况

数据来源：《中国统计年鉴》，2016 年数据来源于统计局网站，其中 2013—2015 年数据缺失。

人均住房建筑面积不断增加，居民住房条件大大改善。城市和农村居民人均住宅建筑面积从 1978 年的 6.7 平方米、8.1 平方米增至 2016 年的 36.6 平方米、45.8 平方米，分别增长了约 4.5 倍和 4.7 倍。根据不同研究及调查数据显示，2010 年左右，我国城镇居民户均住

房套数已达到1套①。居民住房资产不断增加，从2004年的32.74万亿元增加到2014年的136.52万亿元，8年增加了100多万亿元，占居民非金融资产的比重一直在90%以上。

二、住房市场规模不断扩大，极大地拉动了经济增长

住房市场发展迅速，房地产开发投资规模不断扩大。住宅地产销售面积从1978年的1834.95万平方米增至2016年13.75亿平方米，年均增长11.70%，39年共销售127.95亿平方米。住房平均销售价格从1991年的756元增至2016年的7203元，16年增长了8.5倍。房地产开发投资规模从1986年的101亿元增至2017年的109799亿

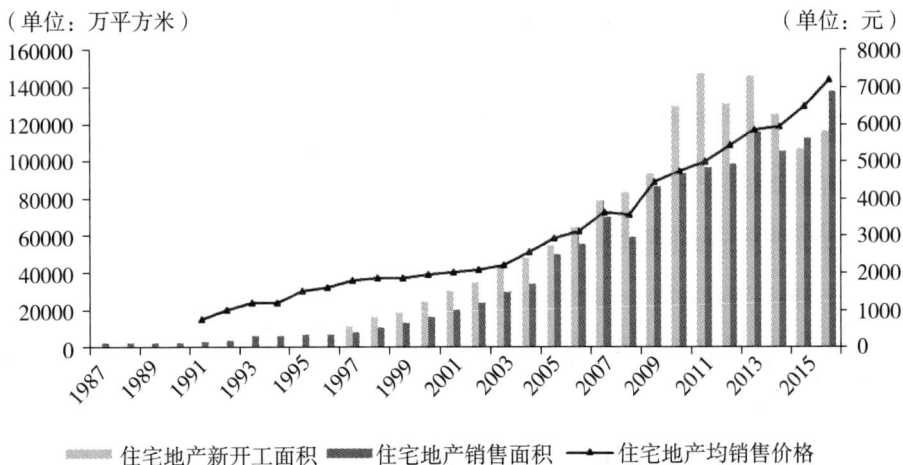

图7-3　历年住宅地产新开工和销售面积
数据来源：中国统计年鉴。

---

① 西南财经大学和人民银行共同发布《中国家庭金融调查报告》显示，2011年中国城市户均拥有住房已经为1.22套；根据第六次人口普查数据和相关数据推算，2010年我国户均住房套数约1.02套；央行调查统计司研究也显示2011年我国城镇户均住房套数约为1套。

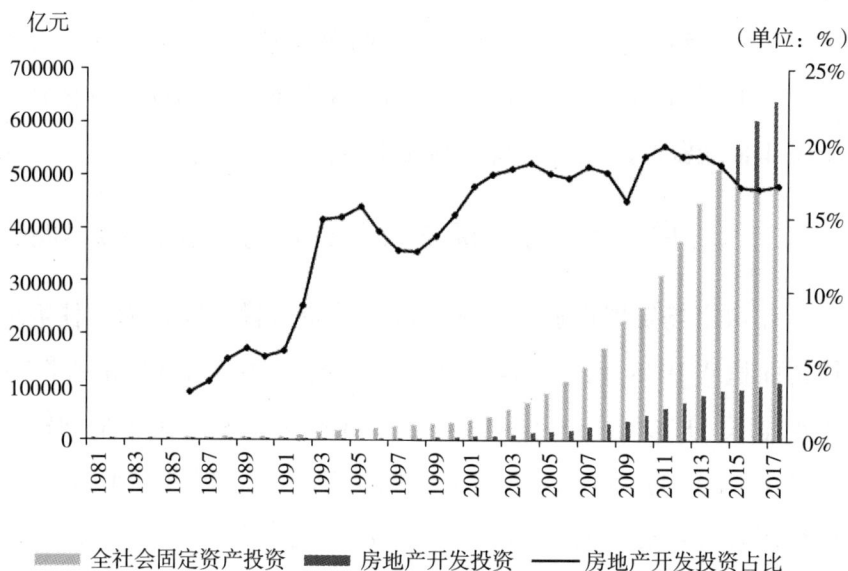

图7-4　历年房地产开发投资情况

数据来源：中国统计年鉴。

元，年均增速高达 20.81%，2000 年以来，房地产开发投资占全社会
固定资产投资的比重均在 15% 以上。

2000—2017 年，房地产开发投资增量占 GDP 增量的比重达到
14.42%。有学者研究发现，1997—2006 年房地产开发投资对经济增
长的弹性系数为 0.18。2004 年以来，房地产开发投资对 GDP 增长的
贡献均在 5.8% 以上，其中，2009 年最高为 13.3%。从投入产出的角
度来看，房地产业具有很强的产业关联性，处于国民经济链条的中
间环节，房地产投资需求能够通过对关联产业的相互作用对城市经
济产生影响。相关研究结果显示，房地产开发投资拉动建筑业增加
值占建筑业增加值的比重为 43.1%，拉动水泥、玻璃、钢铁、化工、
五金等工业行业增加值占工业增加值的比重的 10.7%。

三、住房市场总体保持稳定，长效机制建设逐渐开启

"十三五"以来，尤其是在"房住不炒"理念提出后，我国坚持分类调控、因城施策，落实地方政府主体责任，部分城市为了抑制不断上涨的住房价格，出台了包括限购、限贷、限商等"五限"政策在内的一系列有针对性的措施，住房调控政策显现了较好的调控效果，住房市场总体保持稳定，2015—2017年，我国住房开发投资总额年均增速为5.17%，低于"十二五"时期8.51个百分点。住房待售面积处于"十二五"以来最低水平，2017年仅30163万平方米。目前，一线城市和部分热点二线城市新建商品住宅价格同比涨幅回落，三四线城市的房价也趋于稳定。

自2016年中央经济工作会议首次明确提出"房住不炒"理念以来，我国住房调控思路发生重大转变，住房市场进入转型发展新阶段。党的十九大报告关于住房制度改革的论述，是未来一段时期建立房地产市场健康稳定发展长效机制的核心指导思想。随着租售同权、住房租赁试点、集体建设用地建设租赁住房等一系列住房供应政策的出台，以及信息联网、不动产登记、房地产税等措施的相继落地，我国住房调控政策开始以"五限"为主体的短期调控向长效机制转变，房地产调控长效机制逐渐开启。

第五节　经验可鉴　模式铸就

一、住房制度市场化改革经验

（一）坚持试点先行，鼓励改革创新

试点先行—系统评估—全国铺开是我国改革开放40年来各领域

改革得以顺利推进的宝贵经验之一。在住房制度改革方面，我国许多重大改革创新政策大部分采取了自上而下和自下而上相结合的先试点再推广的做法。如果试点成果达到了预期的政策效果，该项政策将在全国广泛推广，如果试点并未达到政策预期目标，该项政策将不会出台。我国住房制度改革试点既有成功的案例，也有失败的教训。但我国住房制度改革试点，一方面有地方政府自行试点成功后全国推行的自下而上的形式。如，1991年，上海借鉴新加坡公积金制度的成功经验，率先在全国建立了住房公积金制度；1992年，北京、天津等城市相继建立了住房公积金制度，全国各地随之而逐步推行；1994年7月，在部分大中城市试点经验的基础上，国务院发布了《国务院关于深化城镇住房制度改革的决定》，明确提出要全面推行住房公积金制度。另一方面，也有中央为推行某项政策而选择部分区域自上而下的试点的形式。如，1982年，鉴于城镇居民工资水平低、购买能力有限，原国家建委和原城市建设总局决定在郑州、常州、四平和沙市四个城市试行公有住房的补贴出售，即政府、单位、个人各负担房价的1/3，但在试点中暴露出许多问题，1985年终止了这种做法。

（二）坚持市场化和政府保障相结合，构建多主体供给体系

在住房制度改革过程中牢牢坚持市场化和政府保障相结合，在住房市场化改革的基础上构建保障房政策体系，充分体现了住房的多重属性。尽管在不同时期由于改革重点不同，我国住房制度市场化改革方向和政府保障各有侧重，但我国房地产市场从未出现单一主体供应的情况，从未有过单一类型的住房形式。截至目前，在住房市场改革过程中，我国住房市场共有商品房、经济适用房、限价房、廉租房、公租房、共有产权房、自住房等近10种形式的住房类型。市场化是我国住房制度改革的大方向，我国住房市场化改革大大改善了居民的住房条件，促使住房市场快速发展，房地产业成为国民经济支柱行业。但我国是中国共产党领导的社会主义国家，全心全意为人民服务是中国共产党的根本宗旨，因此在住房制度改革过程中，考虑到保障和改善民生的需要，为了解决低收入家庭住房问题，必须落实政府责任，充分发挥政府兜底保障作用。

（三）坚持分类调控、因城施策

分类调控在房地产领域已成为出台调控政策的一个共识，是十几年来我国房地产调控总结出来的经验。我国地域差别较大，不同地区、不同城市住房市场面临的情况不同，不同人群对住房需求的目的不同，我国的住房调控将根据不同城市的不同特点，尤其是一二线城市和三四线城市的不同情况，以及城市居民对住房的需求不同状况，实行分类调控政策，分类调控、分城施策。目前，各城市最常用的房地产分类调控的手段，主要包括差别化的货币政策、财税政策、土地政策及"限购"等行政措施。2017 年，部分城市为了抑制不断上涨的住房价格，采取了从限购和限贷等方面，通过区分户籍隶属和购房数量分别制定差别化的调控措施。

（四）坚持渐进改革，强化宏观调控

我国住房制度改革过程是一条渐进性改革路径，这一改革路径与改革开放后我国经济体制渐进式改革路径相一致，都是在"摸着石头过河"的逻辑下，采取"试点—推广—再试点—再推广"的改革路径。在住房制度改革的初期，国务院先后四次选择不同城市进行试点改革，这些试点城市的改革措施，为后来的全国改革积累了丰富的经验教训[①]，

---

① 朱亚鹏：《住房制度改革——政策创新与住房公平》，中山大学出版社 2007 年版。

2000 年以来，面对住房价格的不断上涨，我国对住房市场依然采用渐进式的通过货币政策、财税政策、土地政策及"限购"等行政措施进行宏观调控，中国渐进式的房改避免了激进式改革中因利益关系迅速调整而引发的社会震荡，较好地实现了房改深化、经济发展和社会稳定的共同目标。总之，我国住房制度改革循序渐进向前推进的经验，符合"实践—认识—再实践—再认识"的规律。通过不断试点和循序渐进的改革，一条适合中国国情的住房制度改革之路慢慢形成，我国平稳告别住房福利化时代，实现了住房商品本性的回归，居民的住房条件有了翻天覆地的变化，城市面貌焕然一新，房地产业得到长足发展。

二、住房制度市场化改革模式

改革开放 40 年来，我国住房市场在坚持市场化改革大方向的同时，政府积极调整和优化保障性住房制度体系，确立了市场机制配置资源的基础地位，实现了住房供应和分配制度的重大转变，在较短时间内初步建立了具有中国特色的住房供应体系，即高收入家庭通过商品房市场满足个性化的居住需求，中低收入家庭通过购买商品房或由政府为其提供经济适用房，城镇低收入家庭由政府为其提供廉租房，这种"高端有调控、中端有市场、低端有保障"的住房供应和保障体系已基本建立，初步形成了"政府保基本、市场促发展，以居民自有产权为主、多种产权形式并存"的住房模式。

政府保基本，即政府在住房市场改革过程中通过直接分配或租金补贴等方式，保障城市中低收入家庭基本住房需求。在我国住房制度改革过程中，政府既是市场化改革的坚定推动者，同时，积极落实政府解决低收入家庭住房问题的责任，不断加强保障性住房建设力度，着力构建多主体供给、多层次保障的住房制度。目前，我国已建立以公共租赁住房为主，经济适用房、限价房、共有产权房、自住房等多种保障房类型，有效改善了城市中低收入家庭的住房条件，圆了广大中低收入家庭的安居梦。

市场促发展，即积极坚持住房市场化改革方向，充分发挥市场在资源配置中所起的决定性作用，激发市场活力，满足群众自住性、改善性住房需求。市场化始终是住房制度改革的基本方向和主线，住房市场化改革取得了巨大成效，居民住房条件得到较大改善，住房市场发展迅速，极大拉动了经济增长。今后，房地产长效机制建立的过程中仍应坚持市场化改革方向，充分激发市场活力，构建多主体供给、多渠道保障、租购并举的住房制度。

以居民自有产权为主、多种产权形式并存，即商品房以居民自有产权为主，保障房以多种产权形式供给。在住房市场化改革过程中，充分尊重居民对自购商品房的所有权。同时，对政府提供的保障性住房，以有限产权、共有产权或无产权的形式向中低收入家庭供应。

（执笔人：范宪伟）

267

第八章　弱有所扶　共享发展

对困难地区和困难群体进行帮扶，关注和保障全体国民的生存权、发展权，这是党和国家七十年来始终坚持的基本立场和工作方针。新中国成立之后至改革开放之前，我国计划经济体制下的社会福利制度对促进经济发展和保障民生发挥了重要作用。改革开放以来，针对严峻的贫困形势以及社会主义市场经济体制探索、建立和完善的过程中出现的各种困难群体，党和国家不断调整和完善扶贫开发政策，建立和健全中国特色社会救助制度，推进残疾人事业快速发展。新中国成立 70 年来，我国减贫成就举世瞩目，新型社会救助体系不断完善，残疾人事业成就显著。弱有所扶、实现共同发展，这是党和国家的庄严承诺，也是我国社会主义制度优越性的重要体现。

新中国成立以后至改革开放之前，我国逐渐建立了具有深刻的计划经济体制烙印的社会福利制度，对促进经济发展和保障民生发挥了重要作用。改革开放以来，党和国家不断加大对困难地区和困难群体的扶持力度，脱贫攻坚成就举世瞩目，社会救助体系不断建立健全，残疾人事业发展成绩斐然。弱有所扶、实现共同发展，这不仅是我国社会主义制度优越性的重要体现，更是我们党和政府向服务型政党、服务型政府转型的重要体现。

第一节 建国初期 注重福利

新中国成立后至改革开放之前，我国社会福利制度的发展经历了两个阶段。新中国成立初期（1949—1956年），我国的社会福利制度主要包括民政福利和职工福利两大板块。1957年至改革开放前，随着社会主义三大改造相继完成，我国正式进入了计划经济时期。在这一时期，我国逐渐形成了以国家负责、板块分割、封闭运行为基本特征的社会福利制度。

一、改革开放之前社会福利制度的成就

改革开放之前，我国的社会福利制度具有鲜明的计划经济体制的烙印，存在着很大的历史局限性。然而，这种社会福利制度是中国历史上第一次建立起相对稳定和制度化的国家社会福利体系，其不仅对促进经济发展和保障人民生活起到了至关重要的作用，而且为构建未来的社会福利制度体系提供了丰富的经验。

（一）在中国历史上首次建立起相对稳定和制度化的国家社会福利体系

在我国，社会福利具有非常深厚的理论基础和实践经验。比如，春秋时期管仲提出的"民本"思想，先秦百家争鸣时期儒家提出的"仁政"、"惠民"、"大同"等社会福利思想，近代以来洪秀全、康有为、孙中山等人对"福利国家"的宏伟设想等。然而，这些思想有的仅

仅停留在思想层面，有的仅仅如流星一般划过夜空，均未能在全国层面建立起相对稳定的、制度化的社会福利体系。

新中国成立以来，随着国民经济的恢复和发展，中央人民政府在建立劳动保险制度的同时，开始着手建立主要由民政福利和职工福利两个部分组成的社会福利制度。1957年以后，随着社会主义公有制和计划经济体制的建立，我国逐渐形成了以国家负责、板块分割、封闭运行为基本特征的国家社会福利制度体系。尽管这一时期的社会福利制度带有明显的计划经济体制的烙印，但是它是中国历史上第一次建立起体系较为健全、结构较为合理、基本符合当时我国实际的、趋于制度化的社会福利制度和体系。这种国家社会福利制度体系的建立，对当时的经济发展和社会稳定均起到了非常积极的促进作用。

（二）对保持社会稳定发挥了重要的促进作用

新中国成立初期，长期战乱、自然灾害频发等因素导致城市失业人口、游民、需要救助的孤老残幼人员以及受灾农民在我国总人口中占有相当大的比重。据统计，1949年全国受灾农田面积约1.4亿亩，受灾人口约4555万人。此后几年，我国仍然水灾不断，受灾群众的生活极其困难。与此同时，我国城市的失业人员也在不断增多。1950—1951年，武汉、广州、长沙等14个城市紧急救济人口超过100万人。1952年，全国152个城市常年得到定期救济的人口达到120多万人，得到冬令救济的人口超过150万人，有些城市享受社会救济的人口占城市总人口的20%—40%。正是由于在广大城乡建立了社会福利制度，使灾民、困难群众、弱势群体的吃饭、养老、医疗等问题得到了一定程度的改善，彻底改变了旧中国贫富两极分化和绝大多数社会成员在贫困线上挣扎的悲剧局面。在这一时期，我国的社会福利制度虽然存在着水平不高、运行机制不健全等弊端，但是其较好地解决了全体社会成员的基本生活保障问题，帮助城乡最脆弱的社会成员摆脱了生存危机，从而有效地维护了社会的稳定。

（三）为构建未来的社会福利制度体系提供了丰富的经验

在计划经济体制下，国家除了对遭遇困境的弱势群体进行特殊救济之外，还普遍关注更多的民众，这充分体现了社会主义国家社会福利制度的优越性。在职工福利方面，我国几乎所有的企业职工均享受到了比较全面的生活、住房、劳动保险、教育、医疗等福利项目和保障。这些福利面向企业所有员工而非特殊群体，它对企业全体职工生存和发展权益都给予关注和保障。这不仅符合现代社会福利思想和制度的基本理念，而且对于我国社会主义市场经济条件下社会福利制度的构建，具有非常重要的借鉴和启示作用。此外，在计划经济时期，我国的社会福利制度具有明显的"普惠制"色彩，其致力于对全体国民的生存权和发展权的关注与保障，这符合被国际社会认可的"发展型社会福利"的取向，对于构建面向未来的、具有中国特色的现代化社会福利制度具有重要的参考价值。

二、改革开放之前社会福利制度的发展历程

（一）新中国成立初期社会福利制度的发展阶段

从新中国成立后至1956年，随着国民经济的恢复和发展，中央人民政府在建立劳动保险制度的同时，开始着手建立社会福利制度。在这一时期，我国的社会福利制度主要包括民政福利和职工福利两大板块。

1.民政福利的初步形成

建国初期，民政福利是我国社会福利制度的基本组成部分，主

要面向无依无靠的城镇孤寡老人、孤儿或育婴和残疾人等。这一制度安排分为社会福利事业和社会福利企业两大类，前者主要包括各种福利院、精神病院等收养性机构，后者则是通过建立福利企业吸收残疾人就业的方式来解决他们的生活保障问题。由于这项工作一直由内务部（即民政部的前身）作为主要指导和管理部门，因此被称为"民政福利"。

在这一时期，民政福利主要通过以下两个途径建立起来：一是民政部门在全国各大中城市创办了一大批救济福利事业单位（包括一部分生产教养院）；二是接收、调整、改造国民政府官办的救济院、劳动习艺所及地方民办的慈善堂、外国教会举办的慈善机构等，使之成为新中国官办的福利机构。据统计，截至1953年底，全国共有城市福利救济事业单位920个，先后收容的孤老、孤儿、精神病人及其他人员37.4万人。在这一阶段，由于民政福利与社会救济紧密结合，因此被统称为"救济福利事业"。

与救济福利事业相比，社会福利生产指的是国家、集体和社会为帮助残疾人就业而组织的各项生产经营活动的统称。从1952年起，一些城市本着"生产自救"的方针，开始组织由烈军属和城市贫民参加的手工业或小型工业生产。在这些生产单位发展起来后，逐渐吸收部分残疾人参加生产活动。1956年之后，民政部对这些自救性生产单位进行了统一规划，把相当一部分改变成为专门安置残疾人的企业，即后来的社会福利企业。1956年12月，内务部在北京召开城市残老教养、烈军属贫民生产工作座谈会。在这次座谈会上，首次提出了"社会福利生产"的概念。

此外，在中央人民政府的倡导下，一些全国性的民间社会福利团体逐渐建立起来。1950年4月，中国人民救济总会成立；1950年

8月，中国福利基金会更名为中国福利会；1953 年 3 月，中国第一个残疾人福利组织——中国盲人福利会成立；1956 年 2 月，中国聋哑人福利会成立。从 1956 年 5 月起，内务部开始对盲人福利会和聋哑人福利会进行直接领导。这些全国性的民间福利组织在建立新中国的社会福利工作组织体系、巩固和扩大社会福利界统一战线、组织救灾救济和提供直接福利服务等方面发挥了重要作用。

2. 职工福利的基本建立

在民政福利只覆盖极少数特殊人群的情况下，城镇绝大多数居民的福利保障则主要通过各个机关、企事业单位提供的职工福利的形式来获得。职业福利由职工所在单位举办，以职业为依托、以城镇职工为主体，只要凭单位的正式职工身份即可享受，是消费基金分配的一种形式。职工福利作为新中国社会福利制度最重要的组成部分，大体可分为以下三种类型：

一是为职工生活提供方便、减轻家务劳动而举办的集体福利设施。1953 年 1 月，劳动部公布的《劳动保险条例实施细则修正草案》规定：实行劳动保险的企业应根据工人职员的需要及企业经济情况，单独或联合其他企业设立疗养所、营养食堂、托儿所等，其房屋设备、工作人员的工资及一切经常费用，完全由企业行政方面或资方负担。1956 年，教育部、卫生部、内务部联合发出《关于托儿所、幼儿园几个问题的联合通知》，指出"为了帮助母亲们解决照顾和教育自己的孩子的问题，托儿所和幼儿园必须有相应的增加。""一五"时期，住房建设投资相当于国家基建投资的 9.1%，建成职工住宅 9454 万平方米。大量的职工从解放初住的草棚、木板房搬进了工人新村，较快地改善了职工的住宅条件。很多大中型企业和机关事业单位办起了职工食堂、浴室，有些单位还建立了理发室、休息室等。

二是为减轻职工生活费用开支而建立的福利补贴。1953 年 5 月，财政部、人事部发布《关于统一掌管多子女补助与家属福利等问题的联合通知》，初步确立了面向城镇居民家庭的津贴政策；1954 年 3 月，政务院发布《关于各级人民政府工作人员福利费掌管使用办法的通知》，对机关事业单位工作人员的福利待遇及经费来源、管理和使用作出规定；1955 年 9 月，财政部、卫生部、国务院人事局联合发出《关于国家机关工作人员子女医疗问题的通知》，家属享受半费医疗待遇成为新的福利政策；1956 年 12 月，国务院发布《关于国家机关和事业、企业单位 1956 年职工冬季宿舍取暖补贴的通知》，确立了城镇职工家庭的冬季取暖福利政策；1956 年，全国总工会向各级工会发出了《职工生活困难补助办法》，对有关职工困难补助的原则、补助对象、经费来源、补助办法等都进行了明确的规定。

三是为丰富职工生活建立的文化福利设施和组织的活动。1950 年 6 月颁布的《中华人民共和国工会法》规定：工会有改善工人、职员群众的物质生活与文化生活的各种设施之责任，各级政府应拨给工会以必要的房屋与设备，作为工会办公、会议、教育、娱乐及举办集体事业等之用。到 1954 年，全国市文化宫和俱乐部增至 12376 个。工人图书馆发展到 9650 个，藏书达 1170 万册。

为了建立职工福利设施和发展文化福利事业，国家在经费上给予保证。1950 年，全国总工会规定基层组织工会会费收入的 20％用作会员困难补助费。1953 年，政务院财经委员会规定国营企业可按工资总额 2％提取工会经费，其中 1％作为文娱体育费及业余文化补习学校经费。

到 1956 年前后，我国初步建成了以国家为责任主体，覆盖国家机关、企事业单位职工生活方方面面的福利制度。职工从集体福利事业中，得到了生活上的方便，享受了经济上的实惠。

（二）计划经济时期社会福利制度的发展阶段

从 1957 年到改革开放之前，我国处于计划经济时期。在这一时期，我国的社会福利制度经过 20 年的探索，逐渐形成了国家负责、板块分割、封闭运行的社会福利制度框架。

1.职工福利成为社会福利制度的核心内容

针对建国初期职工福利存在的某些项目混乱、制度规定不合理和管理不善、福利待遇过高等问题，1957 年 1 月和 5 月国务院先后发出了《关于职工生活方面若干问题的指示》和《关于国家机关工作人员福利费掌管使用的暂行规定的通知》，就职工住宅、上下班交通、生活必需品供应、困难补助以及职工福利费用的来源和掌管使用等作出明确规定。同年 9 月，中共八届三中全会（扩大）要求必须在继续贯彻执行发展生产的基础上，逐步开展职工福利事业的方针；"二五"期间要对劳保福利工作和制度进行整顿，改进不合理的制度，适当降低过高的福利待遇；提倡依靠群众集体力量办福利，提倡用互助互济的办法解决职工生活中的某些困难问题。1965 年 8 月，内务部下达了《关于国家机关和事业单位工作人员福利费掌管使用问题的通知》，规定福利费仍以解决工作人员及其家属生活困难为主，如有结余，可以补贴工作人员家属统筹医疗费用的超支和用于哺乳室、托儿所、幼儿园、少年之家、理发室、浴室的零星购置费的开支、慰问住院的患病工作人员少量慰问品的开支。

"文革"期间，职工福利事业受到严重干扰。1969 年 11 月，取消了财政部和国家经济委员会 1962 年规定的国营企业提取企业奖金的制度（其中有一部分可用于改善职工物质文化生活的各种集体福利设施）。财政部在《关于做好 1969 年决算编审工作的通知》中规定，中央国营企业原按工资总额 2.5% 提取的福利费、3% 提取的奖励基金和 5.5% 提取的医疗卫生费实行合并，统一按照工资总额的 11% 提取职工福利基金，直接计入成本；如果 11% 提取的福利基金仍不敷使用，企业可以从税后留利中提取职工福利基金进行弥补。这种办法完全和企业经营成果脱钩，不利于调动职工的生产积极性。

2. 城市民政福利获得新的发展

1958 年 6 月，内务部召开了第四次全国民政会议，总结和推广了兴办残疾人习艺所、精神病人疗养院、退休人员公寓、贫民疗养院等福利事业的经验。此后，从城市到县各地民政部门新建和扩建了许多养老院、精神病人疗养院和儿童福利院等社会福利机构。与 1958 年相比，1964 年我国城市社会福利事业单位数量增加了超过 2 倍，收养的人员增加近 1 倍。其中，增加较多的是儿童福利院和精神病人疗养院。对于社会福利生产组织，1959 年 7 月召开的第五次全国民政工作会议进行了分类定型，明确以安置残疾人就业为主的生产单位为社会福利企业，享受国家政策的特别扶持。经过 20 世纪 60 年代初的调整之后，全国城市民政部门直属的社会福利企业基本稳定在 1000 多家。此外，在这一阶段还建起了近 30 家的生产假肢等助残器材的福利工厂，开办了一批盲人按摩诊所等。"文革"期间，民政福利的发展也受到严重影响。1968 年内务部被撤销后，各种行之有效的规章制度被废弃，许多福利事业单位被强行合并或撤销，福利设施遭到破坏，福利事业的服务质量普遍下降。

3. 农村五保供养制度的建立与发展

在计划经济时期，我国农村的社会福利主要是五保供养制度。在这一时期，农业集体化的兴起和发展为解决农村社会福利问题开辟了新的途径，为农村社会弱势群体从事生产、改善生活创造了有利条件。1956 年 6 月，第一届全国人大第三次会议通过的《高级农业生产合作社示范章程》规定的保吃、保穿、保烧、保教和保葬，简称"五保"，享受这种照顾的家庭和人被称为"五保户"和"五保对象"。此后，五保供养制度就成为党在农村的一项长期政策，成为各级政府以及民政部门的一项经常性工作。

五保制度依托农村集体经济和国家救助，使五保对象在制度上得到了社会福利保证，成为中国农村社会福利的一个亮点。据统计，1958 年全国农村享受五保的有 413 万户、519 万人。为了解决一些老年人无人照料的问题，有些地方开始试办敬老院，对五保对象实行集中供养。尽管五保制度在发展过程中经历了许多挫折和起伏，制度的保障水平不高甚至存在着缺陷，但它作为新中国一项农村社会保障制度，从建立之日起就使得农村这部分最弱势的群体彻底摆脱了旧中国流离失所、无依无靠的悲惨境况，基本生活得到了保障。

第二节　扶贫攻坚　共奔小康

贫穷不是社会主义，社会主义要消灭贫穷。改革开放以来，党和国家高度重视推进扶贫事业的发展，不断加强对扶贫事业的组织和领导，促进我国扶贫事业取得举世瞩目的辉煌成就。在过去的四十年中，随着扶贫攻坚任务的变化，党和国家对扶贫战略随之进行相应的调整，从而使我国扶贫事业经历了不同的发展阶段。

一、扶贫事业的成就

改革开放以来，我国经济实现了高速增长。2018 年，我国的 GDP 总量达到约 13.6 亿美元，人均 GDP 达到约 9780 美元，稳居世界银行定义的"中上收入国家"（Upper-middle-income Group）行列。我国经济的持续高速增长带动了贫困的减少。无论以我国的官方贫困线，还是世界银行的贫困标准来衡量，我国的减贫事业都取得了举世瞩目的成就。

（一）我国官方统计口径下减贫成就

改革开放以来，我国对贫困线标准进行了多次调整，但是无论采取哪一种贫困线标准，我国的贫困人口数量都呈现出逐年下降的趋势。具体而言，根据 1978 年的标准，我国的贫困人口数量从 1980 年的 2.2 亿人下降到 2007 年的 1479 万人，年均减贫人数达到 760 万人；根据 2008 年的标准，我国的贫困人口数量从 2000 年的 9422 万人减少到 2010 年的 2688 万人，年均减贫人数超过 670 万人。需要指出的是，2010 年以来尤其是党的十八大以来，虽然我国的贫困线标准大幅提高，但是每年减少的贫困人口数量仍然超过 1000 万人，贫困人口数量从 2010 年的 1.6567 亿人减少到 2018 年的 1660 万人，年均减贫人数达到 1690 万人，贫困发生率也从 2010 年的 17.27% 下降到 2018 年的 1.7%，下降了 15.57 个百分点。

（二）国际标准统计口径下我国减贫成就

1. 贫困发生率连续性下降

为了监测全球贫困人口的变动情况，世界银行在 1990 年的《世界发展报告》中引入了"1 美元 / 天的国际贫困线"概念。此后，世界银行多次根据购买力平价（PPP）对国际贫困线进行调整。1993 年，该贫困线为 1.08 美元，2005 年上调至 1.25 美元，2011 年再次上调到 1.9 美元。根据世界银行的监测数据，无论是哪一种贫困标准，我国的贫困发生率一直呈现出快速下降的趋势。具体而言，按照 1.25 美元的标准，我国的贫困发生率从 1990 年的 60.2% 下降到

2010 年的 11.8%，下降了 48.4 个百分点；按照 1.9 美元的标准，我国的贫困发生率从 1990 年的 66.58% 下降到 2014 年的 1.4%，下降了 65.18 个百分点；按照 3.2 美元的标准，我国的贫困发生率从 1990 年的 90.1% 下降到 2014 年的 9.5%，下降了 80.6 个百分点。

2. 对世界减贫事业贡献巨大

改革开放以来，我国在减少贫困人口方面对世界减贫事业作出了巨大的贡献，得到国际社会的广泛认可和赞誉。根据世界银行 1.25 美元的标准，从 1981 年到 1990 年，我国有 1.52 亿人脱离贫困，而世界其他地区脱离贫困的人数仅为 0.31 亿人；从 1990 年到 1999 年，我国有 2.37 亿人脱离贫困，而世界其他地区脱离贫困的人数仅为 1.69 亿人。也就是说，如果没有中国在减贫方面取得的巨大成就，那么在 1981 年到 1999 年的近 20 年间，世界贫困人口的规模是在增加的。从贡献率的角度来看，从 1999 年到 2010 年，我国有 2.89 亿人脱贫，占全世界脱贫人数的 54.9%；从 1990 年到 2010 年，我国有 5.26 亿人脱贫，占全世界脱贫人数的 75.7%。也就是说，在进入 21 世纪后的第一个十年，中国对世界减贫事业的贡献率超过了一半，而如果从世界银行发布《世界发展报告》的第一年开始到 2010 年，我国对世界减贫事业的贡献率更是超过了四分之三。

3. 我国的人类发展指数不断上升

1990 年，联合国开发计划署（UNDP）在当年的《人类发展报告》中提出了人类发展指数（HDI）的概念，用于衡量全球各个国家的发展进程。人类发展指数由预期寿命、成人识字率和人均 GDP 的对数三个指标构成，分别反映人的长寿水平、知识水平和生活水平。目前，人类发展指数已经被看作是衡量一个国家减贫事业发展进程的重要指标。改革开放以来，我国的人类发展指数呈现出持续性快速上升的态势，世界排名不断上升，目前已经稳步进入高人类发展水平国家行列。根据联合国开发计划署公布的数据，我国的人类发展指数从 1980 年的 0.423 上升到 2018 年的 0.752，世界排名也从 92 位上升到 86 位，上升了 6 位。

二、扶贫事业发展历程

改革开放以来，随着各方面改革不断深入以及综合国力不断增强，我国在扶贫开发工作中采取了不同的策略，并取得了举世瞩目的成就。根据不同时期扶贫开发政策的特征，我们可以把我国扶贫事业的发展历程划分为五个阶段。

（一）以农村经济体制改革推动减贫阶段

新中国成立以来，我国在农村地区推行的人民公社制度抑制了农民的生产积极性，结果导致农村地区有 40%—50% 的人长期处于生存贫困的状态。从 1978 年到 1985 年，我国实施了以农村经济体制改革推动减贫的战略。在这一时期，我国建立和推广以家庭承包经营为基础、统分结合的双层经营体制，同时实施提高农产品价格、发展农村商品经济等配套改革，极大地解放了农村的生产力。农村经济体制的深刻变革，为这一时期我国农村经济的超常规增长和贫困人口的急剧减少提供了强劲动力。从 1978 年到 1985 年，我国农民人均纯收入从 133.6 元增加到 397.6 元，人均拥有的粮食、棉花、油料、肉类产量分别增长 14%、74%、176% 和 87.8%，农村绝对贫困人口从 2.5 亿下降到 1.25 亿左右，年均减少 1786 万人，贫困发生率也由 30.7% 下降到 14.8%。

在这一阶段，农村土地制度、市场制度和就业制度的改革对缓解贫困发挥了至关重要的作用。通过农村土地制度、农贸市场制度、支持农村发展的金融组织和劳务输出制度的改革，农村经济取得快速发展，无法解决温饱问题的绝对贫困人口大幅度减少。然而，自然、历史等多种致贫因素逐渐显现。对此，党和国家采取相应的扶贫政策，并实施一系列扶贫帮困活动，以支持经济发展明显落后、贫困人口较为集中的地区脱贫。1983 年，国家对生态脆弱地区的贫困人口采取自愿移民的措施。1984 年，中共中央、国务院下发《关于帮助贫困地区尽快改变面貌的通知》，在全国范围内划定了 18 个贫困片区进行重点扶持，并开展"以工代赈"贫困地区基础设施建设。在改善农村贫困地区生产生活条件的同时，国家也开始逐渐重视农村教育，出台了一系列改善农村教育的社会政策。

表 8-1　以农村经济体制改革推动减贫阶段的主要政策文件

年份	名称	发布单位	主要举措
1984	《关于帮助贫困地区尽快改变面貌的通知》	中共中央、国务院	对贫困地区实行比一般地区更灵活、更开放的政策，彻底纠正集中过多、统得过死的弊端，给贫困地区农牧民以更大的经营主动权，集中力量解决十几个连片贫困地区的问题

（二）区域开发式扶贫阶段

从 1986 年到 1993 年，我国的扶贫事业进入了实施区域开发式扶贫战略的阶段。随着经济体制改革不断深入推进，我国农村区域发展不平衡的问题逐渐凸显，农村地区尤其是"老、少、边、穷"地区在经济、社会和文化发展水平方面与沿海发达地区的差距呈现不断拉大的趋势，成为"需要特殊对待的政策问题"。从贫困人口的分布上看，我国的贫困人口呈现出明显的区域集中特点，主要分布在"老、少、边、穷"地区，需要推行有组织、有计划、大规模的帮扶措施。1986 年 4 月，第六届全国人大第四次会议通过的《中华人民共和国国民经济和社会发展第七个五年计划》将"老、少、边、穷地区的经济发展"单列一章。从此，解决大多数贫困地区贫困人口的温饱问题成为我国政府扶贫工作的一个长期目标。1986年，我国政府成立了专门的扶贫机构——国务院贫困地区经济开发领导小组，使农村扶贫开发更加规范化、机构化、制度化，标志着我国的扶贫工作实现了从道义式扶贫向制度性扶贫的转变。

在这一阶段，我国的开发式扶贫以区域开发带动扶贫为重点。在一些贫困地区，"促进区域经济增长带动扶贫"的项目开发式反贫困战略演变为"贫困地区工业化项目投资"的开发式战略。实践证明，这一方式有利于推动贫困地区县域经济的发展，但是与贫困农户缺乏直接联系，因此不利于其脱贫。总体上看，这一阶段采取的专门性扶贫措施取得了一定的效果，但是由于同期农村经济增长速度放缓，再加上剩余贫困人口脱贫难度增加，因此与前一阶段相比，这一阶段贫困人口下降的速度有所减缓，返贫的现象却有所增加。根据世界银行的估算，在1985年至1989年的四年时间内，我国甚至出现了农村贫困人口绝对数增长700万人的贫困反弹现象。

表8-2　区域开发式扶贫阶段的主要政策文件

年份	名称	发布单位	主要举措
1987	《关于加强贫困地区经济开发工作的通知》	国务院	明确工作重点，扶贫落实到户；发展商品经济，强化社会服务体系；因地制宜，兴办乡村扶贫经济实体；扶贫项目要公开招标，实行承包开发；资金要按使用效益分配；功夫要花在项目的准备和管理上；把智力开发摆到重要的位置；科学技术作为经济开发的支柱；贫困县要带领群众解决温饱、脱贫致富作为全部工作的中心任务；国家机关各部门要为贫困地区经济开发作出更大贡献

续表

年份	名称	发布单位	主要举措
1990	《国务院贫困地区经济开发领导小组关于九十年代进一步加强扶贫开发工作请示的通知》	国务院批转	对贫困地区的资源开发实行倾斜政策，有重点地安排一批骨干项目；继续增加扶贫资金和物资的投入，制定促进贫困地区发展的区域性特殊政策

（三）综合性扶贫攻坚阶段

从 1994 年到 2000 年，我国扶贫事业进入了实施综合性扶贫攻坚战略的阶段。1994 年，国务院颁布了《国家八七扶贫攻坚计划（1994—2000 年）》。该计划明确要求集中人力、物力、财力，用 7 年左右的时间，基本解决 8000 万农村贫困人口的温饱问题。从内容上看，该计划主要提出了以下三大扶贫措施：一是扶贫要到村到户，以贫困村为基本单位，以贫困户为主要工作对象，以扶持贫困户创造稳定解决温饱的条件发展种养业为重点，坚持多渠道增加扶贫投入；二是扶贫开发到村到户的核心是扶贫资金的投放、扶贫项目等各项措施真正落实到贫困乡、贫困村、贫困户；三是明确扶贫的主要对象和工作重点是贫困户。此后，我国的扶贫开发工作实现由道义式扶贫向制度性扶贫转变，由救济式扶贫向开发性扶贫转变，由扶持贫困地区（主要是贫困县）向扶贫贫困村、贫困户（主要是贫困人口）转变，同时扶贫资金也实现了大幅度的增长。从 1995 年至 1999 年，我国的三大扶贫项目（扶贫贴息贷款、以工代赈和发展资金）投放的扶贫资金增加了 1.63 倍。

在这一阶段，我国在宏观经济政策方面也明确提出了加快中西部地区的经济发展计划，成立了由国务院总理亲自担任组长的西部地区开发领导小组，将扶贫到户与促进中西部地区经济发展的宏观政策相结合。在大幅度增加扶贫开发投入的基础上，中央政府进一步明确了资金、任务、权利、责任"四个到省"的扶贫工作责任制，建立东部沿海地区支持西部欠发达地区的扶贫协作机制，并推行入户项目支持、最低生活救助、科技扶贫、劳动力转移、生态移民等多元化扶贫措施。2000年，我国政府宣布"八七扶贫攻坚计划"确定的战略目标基本实现，全国农村贫困人口的温饱问题已经基本解决。然而，我国的扶贫开发工作仍然面临十分严峻的挑战，从根本上改变贫困地区经济社会落后状况仍将是一项长期而艰巨的历史性任务。

表8-3　综合性扶贫攻坚阶段的主要政策文件

年份	名称	发布单位	主要举措
1994	《国家八七扶贫攻坚计划（1994—2000年）》	国务院	扶贫要到村到户，以贫困村为基本单位，以贫困户为主要工作对象，以扶持贫困户创造稳定解决温饱的条件发展种养业为重点，坚持多渠道增加扶贫投入；扶贫开发到村到户的核心是扶贫资金的投放、扶贫项目等各项措施真正落实到贫困乡、贫困村、贫困户；扶贫的主要对象和工作重点是贫困农户
1996	《关于尽快解决农村贫困人口温饱问题的决定》	中共中央、国务院	增加扶贫投入；在集中连片的重要贫困地区安排大型开发项目；严格管理各项扶贫资金，努力提高使用效益；对贫困地区实行优惠政策；党政机关和企事业单位要进一步加强扶贫工作；组织沿海发达省、直辖市对口帮扶西部贫困省、自治区；继续扶持初步解决温饱的贫困县；围绕扶贫攻坚搞好培训工作；发展和扩大与国际组织的交流合作

（四）整村推进与"两轮驱动"扶贫阶段

从2001年到2012年，我国的扶贫事业进入实施整村推进与"两轮驱动"扶贫战略阶段。2001年，在基本实现《国家八七扶贫攻坚计划（1994—2000年）》确定的战略目标的基础上，国务院颁布了《中国农村扶贫开发纲要（2001—2010年）》，明确提出从2001年到2010年，集中力量，加快贫困地区脱贫致富的进程，把我国扶贫开发事业推向一个新的阶段。在这一时期，我国把贫困地区尚未解决温饱问题的贫困人口作为扶贫开发的首要对象，把贫困人口集中的中西部少数民族地区、革命老区、边疆地区和特困地区作为扶贫开发的重点，在全国中西部地区确定了592个国家扶贫开发重点县，把贫困瞄准重心下移到村，全国范围内确定了15万个贫困村，全面推进整村推进、产业发展、劳动力转移为重点的扶贫开发措施。2007年，国务院下发了《关于在全国建立农村最低生活保障制度的通知》，标志着我国进入了扶贫开发政策与最低生活保障制度互相衔接的"两轮驱动"阶段。

在这一阶段，我国的扶贫开发工作取得了举世瞩目的成就。到2010年，在1196元的国家贫困线下，我国的贫困人口已经减少到2688万，贫困发生率下降到2.8%。"十一五"时期，我国的贫困人口从6431万减少到2688万，5年减少了3743万，年均减少748.6万，国家扶贫工作重点县的农民人均纯收入从1723元增加到3273元，年均增长10.28%，比同期的全国平均水平高出0.95个百分点。

表8-4　整村推进与"两轮驱动"扶贫阶段的主要政策文件

年份	名称	发布单位	主要举措
2001	《中国农村扶贫开发纲要（2001—2010年）》	中共中央、国务院	继续把发展种养业作为扶贫开发的重点；积极推进农业产业化经营；进一步改善贫困地区的基本生产生活条件；加大科技扶贫力度；努力提高贫困地区群众的科技文化素质；积极稳妥地扩大贫困地区劳务输出；稳步推进自愿移民搬迁；鼓励多种所有制经济组织参与扶贫开发
2006	《农村五保供养工作条例》	国务院	对农村中无劳动能力、无生活来源、无法定赡养扶养义务人或虽有法定赡养扶养义务人，但无赡养扶养能力的老年人、残疾人和未成年人，由政府对这些人实施保吃、吃穿、保医、保住、保葬（孤儿为保教）
2007	《关于在全国建立农村最低生活保障制度的通知》	国务院	合理确定农村最低生活保障标准和对象范围；规范农村最低生活保障管理；落实农村最低生活保障资金；加强领导，确保农村最低生活保障制度的顺利实施
2011	《中国农村扶贫开发纲要（2011—2020年）》	中共中央	通过专项扶贫、行业扶贫、社会扶贫、国际合作等措施，到2020年稳定实现扶贫对象不愁吃、不愁穿，保障其义务教育、基本医疗和住房，贫困地区农民人均纯收入增长幅度高于全国平均水平，基本公共服务主要领域指标接近全国平均水平，扭转发展差距扩大趋势

（五）精准扶贫、精准脱贫阶段

2013 年至今，我国的扶贫事业进入实施精准扶贫、精准脱贫方略的阶段。党的十八大以来，党中央、国务院提出精准扶贫、精准脱贫的要求，推动我国扶贫战略实现重大转变。习近平总书记强调指出，坚持精准扶贫、精准脱贫，就要把真正的贫困人口弄清楚，把贫困人口、贫困程度、致贫原因等搞清楚，以便做到因户施策、因人施策。2014 年 1 月，中共中央办公厅、国务院办公厅发布《关于创新机制扎实推进农村扶贫开发工作的意见》，要求建立精准扶贫工作机制，给每个贫困村和贫困户建档立卡，为每个贫困村和每户贫困家庭制定帮扶措施，真扶贫、扶真贫，使他们在规定时间内尽早实现稳定脱贫的目标。2014 年 5 月，国务院扶贫办等七部门联合发布《建立精准扶贫工作机制实施方案》，提出实现扶贫到村到户的目标，要求在扶贫工作中实行精准识别、精准帮扶、精准管理和精准考核。2015 年 11 月，中共中央、国务院通过的《关于打赢脱贫攻坚战的决定》提出精准扶贫要实现扶持对象精准、资金使用精准、项目安排精准、因村派人精准、措施到户精准、脱贫成效精准。为确保 2020 年"我国现行标准下农村贫困人口实现脱贫、贫困县全部摘帽、解决区域性整体贫困"的目标，党中央建立了脱贫攻坚责任体系、政策体系、投入体系、动员体系、监督体系、考核体系等六大体系，为打赢脱贫攻坚战提出制度保障。

精准扶贫、精准脱贫战略的实施，标志着我国扶贫战略的重大变化，解决了长期以来存在的扶贫对象模糊的问题，使扶贫工作针对性更强、效率更高。从 2013 年到 2018 年，我国的贫困人口从 8249 万人减少到 1660 万人，减少了 6589 万人，年均减少 1318

万人；贫困发生率也从 2013 年 8.5% 下降到 2018 年的 1.7%，下降了 6.8 个百分点；国家级贫困县的数量从 2013 年的 592 个下降到 2018 年的 305 个，减少了 287 个，其中仅 2018 年就减少了约 280 个。

表 8-5　精准扶贫、精准扶贫阶段的主要政策文件

年份	名称	发布单位	主要举措
2015	《关于打赢脱贫攻坚战的决定》	中共中央、国务院	实施精准扶贫、精准脱贫战略，加快贫困人口精准脱贫；加强贫困地区基础设施建设，加快破除发展瓶颈制约；强化政策保障，健全脱贫攻坚支持体系；广泛动员全社会力量，合力推进脱贫攻坚；大力营造良好氛围，为脱贫攻坚提供强大精神动力；切实加强党的领导，为脱贫攻坚提供坚强政治保障
2016	《"十三五"脱贫攻坚规划》	国务院	推进产业发展脱贫、转移就业脱贫、易地搬迁脱贫、教育扶贫、健康扶贫、生态保护扶贫、兜底保障和社会扶贫，提升贫困地区区域发展能力
2017	《关于支持深度贫困地区脱贫攻坚的实施意见》	中共中央办公厅、国务院办公厅	中央统筹，重点支持"三区三州"。新增脱贫攻坚资金、新增脱贫攻坚项目、新增脱贫攻坚举措主要用于深度贫困地区。加大中央财政投入力度，加大金融扶贫支持力度，加大项目布局倾斜力度，加大易地扶贫搬迁实施力度，加大生态扶贫支持力度，加大干部人才支持力度，加大社会帮扶力度，集中力量攻关，构建起适应深度贫困地区脱贫攻坚需要的支撑保障体系

第三节　社会救助　保障民生

改革开放以来，在原有的社会救济制度基础上，我国逐渐建立中国特色社会主义社会救助制度，形成了以城乡低保为核心并涵盖五保供养、医疗、住房、教育等领域的新型社会救助体系，社会救助的覆盖面不断扩大，救助水平不断提高。与此同时，在不断探索的基础上，我国的社会救助制度不断走上体系化、规范化的发展轨道。

一、社会救助事业主要成就

改革开放以来，我国的社会救助体系不断建立健全，以城乡低保为核心，涵盖五保供养、医疗救助、住房救助、教育救助、临时救助等在内的新型社会救助体系取得快速发展，为困难群体打造出一张能够保障其基本生活的社会安全网。

（一）城乡低保主要成就

1. 城市低保主要成就

1999 年，国务院正式颁布《城市居民最低生活保障条例》，标志着我国城市低保制度正式走上法制化的轨道。此后，我国对城市低保的资金投入不断增长。根据民政部公布的数据，我国对城市低保的资金投入从 2002 年的 108.7 亿元增加到 2016 年的 687.9 亿元，年均增长 14.09%。同时，享受城市低保的人数也在不断增加。从 1998 年到 2001 年，我国享受城市低保的人数从 184.1 万猛增到 1170.7 万人。从 2002 年至 2013 年，全国享受城市低保的人口总数基本维持在 2000 万人以上。从 2014 年至 2018 年，由于受到基本实现"应保尽保"、再就业联动工作机制的"牵线搭桥"作用等因素的综合影响，我国享受城市低保的人数开始出现明显的下降。此外，我国城市低保的平均标准也在不断提高。从 2002 年到 2017 年，我国城市低保平均标准从 52 元 / 人·月增长到 540.6 元 / 人·月，增加了 488.6 元，年均增长 18.56%。

2. 农村低保主要成就

在启动城市低保的同时，我国的一些地区也开始探索建立农村居民最低生活保障制度。2001 年，我国农村低保建制县市达到 2037 个。到 2002 年，全国绝大多数省份都不同程度地实施了农村低保，全国救助对象达到 404 万人，年支出资金 13.6 亿元。根据中共十六届六中全会提出的在全国"逐步建立农村最低生活保障制度"的要求，2007年 7 月国务院印发了《关于在全国建立农村最低生活保障制度的通知》（国发〔2007〕19 号），对农村低保标准、救助对象、规范管理、资金落实等内容作出明确规定，要求在年内全面建立农村低保制度并保证低保金按时足额发放到户。到 2007 年 9 月底，全国 31 个省（自治区、直辖市）2777 个涉农县（市、区）全部建立农村低保制度。

进入 21 世纪以来，随着农村居民最低生活保障制度在我国农村地区不断建立，享受农村低保的人数不断增长。尤其需要指出的是，2007 年以来，随着农村低保制度在全国范围内普遍建立，享受农村低保的人数呈现迅猛增长的态势。根据民政部公布的数据，从 2000年到 2013 年，我国享受农村低保的人数从 300.2 万增加到 2006 年的 5388 万，年均增长 22.9%。2007 年以来，随着全国普遍建立农村居民最低生活保障制度，各级财政在农村低保上的支出也不断增长。从 2007 年至 2017 年，我国各级财政在农村低保上的支出从 109.1亿元增加到 1051.8 亿元，年均增长 28.12%。受其影响，我国农村低保人均月补助标准也从 2007 年的 38.8 元 / 人增加到 2017 年的 402.8元 / 人，年均增长 26.1%。

（二）其他专项社会救助制度主要成就

1. 特困人员救助供养制度主要成就

2014 年，国务院公布实施《社会救助暂行办法》，将城乡"三无"人员保障制度统一为特困人员供养制度，我国城乡特困人员保障工作进入新的发展阶段。在此基础上，2016 年国务院颁布了《关于进一步健全特困人员救助供养制度的意见》（国发〔2016〕14 号），以解决城乡发展不平衡、相关政策不衔接、工作机制不健全、资金渠道不通畅、管理服务不规范等问题。

随着相关制度的不断建立健全,我国的特困人员救助供养工作取得了显著成效。从 2007 年至 2017 年,我国农村特困人员供养人数呈现先升后降的发展趋势,最高是 2010 年的 556.3 万人,之后逐渐下降到 2016 年的 466.9 万人。然而,各级财政支出农村特困人员救助供养的资金却呈现连续性增长态势,从 2007 年的 62.7 亿元增长到 2017 年的 269.4 亿元,年均增长 15.47%。与此同时,我国农村特困人员年平均供养标准也不断提升。具体而言,从 2007 年到 2015 年,农村特困人员集中供养和分散供养的年平均供养标准分别从 1953 元 / 人和 1432 元 / 人增长到 6025.7 元 / 人和 4490.1 元 / 人,年均增长率分别为 13.34% 和 13.54%。

2. 医疗救助主要成就

进入 21 世纪以来,我国城乡医疗救助体系不断建立和健全,医疗救助资金支出不断扩大,救助水平不断提高。医疗救助资金支出方面,我国各级财政用于医疗救助的资金从 2006 年的 21.2 亿元增长到 2017 年的 266.1 亿元,年均增长 30.6%。救助水平方面,我国各级民政部门对新型农村合作医疗的人均资助参合水平从 2006 年的 19.7 元增长到 2016 年的 113.9 元,年均增长 19.18%;对城镇居民医疗救助的人均医疗救助水平从 2006 年的 434 元增长到 2012 年的 858.6 元,对城镇居民参加基本医疗保障的人均资助参保水平从 2013 年的 96.7 元增长到 2016 年的 113.9 元。

二、社会救助制度发展历程

中共十一届三中全会以后,在总结新中国成立以来社会救济制度发展经验并对"文化大革命"中的各种错误进行拨乱反正的基础上，我国开始探索建立中国特色社会救助制度。改革开放四十年来，中国特色社会救助制度在探索中不断发展，并逐渐迈上制度化、规范化的发展道路。

（一）中国特色社会救助制度探索阶段

从 1978 年到 1999 年，我国的社会救助事业进入探索建立中国特色社会救助制度的阶段。1978 年之后，我国社会主义现代化建设事业进入新的历史时期。与其他民政工作一样，对困难群体的社会救助得到党和政府的高度重视。1978 年 5 月，民政部正式恢复成立。在民政部的 7 个司局级单位中，由农村社会救济司主管农村社会救济工作，由城市社会福利司主管城市社会救济工作。与此同时，各级民政部门也迅速成立了社会救济专门工作机构，这为社会救济各项政府的制定和实施提供了组织保障。1984 年 4 月，第八次全国民政会议召开，明确提出新时期我国社会救济工作的基本方针是"依靠群众，依靠集体，生产自救，互助互济，辅之以国家必要的救济和扶持"。

表 8-6　中国特色社会救助制度探索阶段的主要政策文件

年份	名称	发布单位	主要举措
1994	《农村五保供养工作条例》	国务院	农村集体组织负责五保供养所需经费和实物，乡镇政府负责五保供养的实施。明确了农村五保供养的对象。农村五保供养的形式包括集中供养和分散供养
1997	《国务院关于在全国建立城市居民最低生活保障制度的通知》	国务院	明确规定城市低保制度的救助范围、救助标准、救助资金来源等政策界限，同时明确要求在 1999 年底之前全国所有城市和县政府所在地的城镇都要建立这一制度
1999	《城市居民最低生活保障条例》	国务院	对城市低保标准、基本原则、责任主体、资金落实、申请程序、救助对象等进行明确规定

1. 农村社会救助方式的探索与创新

对符合中国国情的城乡社会救助制度进行探索，是这一阶段最主要的特征。在农村，社会救助（社会救济）方式在不断探索中实现创新。随着家庭联产承包责任制的推行，集体经济组织的统筹保障功能日益弱化，迫切需要对政府的救济方式进行改革。针对改革开放初期农村贫困面较大的情况，农村救济主要采取以下措施：一是探索定期定量救济。救济对象主要是农村常年生活困难的特困户、孤老病残人员和精减退职的老职工，一般按照一定周期（季度或月）给予固定数额的救济金或救济粮等实物，以保障其基本生活；对其他贫困人口，则通过灾民荒情救济的方式给予临时救济。二是继续完善农村五保供养救助。中央明确提出要从村提留或乡统筹（即"三提五统"）经费中列支资金用于农村五保供养。从 1985 年起，乡镇统筹解决五保供养经济的办法在全国逐渐推行。1994 年，国务院颁布了《农村五保供养工作条例》，再次明确五保供养经费由"村提留或乡统筹"中列支。据统计，从 1978 年到 1996 年，农村集体用于五保供养和贫困户补助的资金总计达到 200 多亿元。

2. 城市社会救助工作的快速恢复和发展

1979 年 11 月，民政部召开全国城市社会救济福利工作会议，明确城镇救济对象是"无依无靠、无生活来源的孤老残幼和无固定职业、无固定收入、生活有困难的居民。对中央明文规定给予救济的人员，按规定办理"。到 20 世纪 80 年代中期，全国特殊救济对象大约有 20 多种。从救济标准来看，从 80 年代初开始，各地民政部门在深入调查的基础上，根据当地经济发展和物价上涨情况分别调整了定期救济标准。从资金投入来看，国家不断增加城市社会救济费的支出。据统计，全国城市享受社会救济的对象从 1979 年的 24 万人增加到 1999

年的 542.2 万人，增加了超过 22 倍；每年人均救济金也从 1979 年的 75 元增长到 1999 年的 528 元，年均增长 10.25%。

3. 城市低保制度的建立与推广

在这一阶段，最低生活保障制度的建立与推广是最大亮点。1993 年，居民最低生活保障制度最先在上海启动。民政部高度肯定上海市场社会救助制度的改革经验，并积极推广。到 1997 年 8 月底，全国建立城市低保制度的城市已经达到 206 个，占全国建制市的 1/3。1997 年 9 月，国务院下发了《国务院关于在全国建立城市居民最低生活保障制度的通知》（国发〔1997〕29 号），明确规定了城市低保制度的救助范围、救助标准、救助资金来源等政策界限，同时明确要求在 1999 年底之前全国所有城市和县政府所在地的城镇都要建立这一制度。到 1999 年 9 月底，全国所有 667 个城市、1638 个县政府所在地的镇全部建立了城市低保制度。1999 年 9 月 28 日，国务院正式颁布《城市居民最低生活保障条例》，标志着我国城市低保制度正式走上法制化轨道。

在这一阶段，我国的社会救济工作得到了较快的恢复和发展，但是并未突破原有的体制和框架，城乡社会救助分别按照各自的路径发展。同时，这一阶段的社会救助经费投入缺乏必要的保障机制，社会救助工作的随意性较大，救助对象认定、救助标准和救助程序有待完善。总体上看，这一阶段的社会救助制度具有过渡性质，无论是制度设计、具体操作，还是资金投入，都与困难群众的救助需求存在较大差距，社会救助的城乡差距依然较大。

（二）中国特色社会救助制度体系化发展阶段

从 2000 年到 2011 年，我国的社会救助事业进入中国特色社会救助制度体系化发展的阶段。进入 21 世纪以来，低保制度的实施初步解决了城乡困难家庭的吃饭、穿衣等日常生活问题，但是仍然无法满足他们在就医、就学以及住房等方面的专门需求。对此，建立和健全以低保为核心的新型社会救助体系被提上了议事日程。这一阶段，在不断完善城乡低保制度的基础上，我国积极致力于推动五保供养、医疗救助、住房救助、教育救助、临时救助等社会救助制度的发展，着力为困难群众打造一张能够保障其基本生活的社会安全网。

表8-7　中国特色社会救助制度体系化发展阶段的主要政策文件

年份	名称	发布单位	主要举措
2006	《农村五保供养工作条例》	国务院	把农村五保供养所需求经费纳入财政预算；五保供养标准不得低于当地村民平均生活水平；将五保供养服务机构建设纳入当地经济社会发展规划
2007	《关于解决城市低收入家庭住房困难的若干意见》	国务院	将住房救助的范围扩大到城市低收入家庭，将住房救助的形式由单纯的实物配租扩大到发放租赁补贴和实物配租相结合
2007	《关于在全国建立农村最低生活保障制度的通知》	国务院	对农村低保标准、救助对象、规范管理、资金落实等内容作出了明确规定，要求在年内全面建立农村低保制度并保证低保金按时足额发放到户

1. 实施新型农村五保供养制度

为适应农村税费改革的新形势，切实保障五保对象的合法权益，新修订的《农村五保供养工作条例》于2006年3月开始实施。在新条例中，农村五保供养所需资金被纳入财政预算，并规定五保供养标准不得低于当地村民平均生活水平，同时将五保供养服务机构建设纳入当地经济社会发展规划。这标志着我国建立起以财政供养为基础的新型农村五保供养制度，从而实现农村五保由农村集体供养向国家财政供养的根本性转型。到2011年底，全国有农村五保供养对象530万户、551万人，全年各级财政共支出农村五保供养资金

121.7亿元，其中：集中供养年平均标准为3399.7元/人，分散供养年平均标准为2470.5元/人。

2.建立城乡医疗救助制度

2003年11月，民政部、卫生部、财政部联合下发《关于实施农村医疗救助的意见》（民发〔2003〕158号），揭开了医疗救助制度建设的序幕。2005年3月，《国务院办公厅转发民政部等部门关于建立城市医疗救助制度试点工作意见的通知》（国办发〔2005〕10号）计划用2年时间进行试点，再用2—3年时间在全国建立起管理制度化、操作规范化的城市医疗救助制度。城乡医疗救助主要采取以下两种方法：一是资助城乡低保对象及其他特殊困难群众参加新型农村合作医疗或城镇居民医疗保险；二是对新农合或城镇医保报销后，自付医疗费仍然困难的家庭，民政部门给予报销部门费用的二次救助。截至2011年底，全国城乡医疗救助当年救助8519.1万人次，民政部门资助参加城镇居民基本医疗保险和新型农村合作医疗的人均救助水平分别为67.9元、45.6元，对城市居民和农村居民的直接救助人均医疗救助水平分别为793.6元、635.8元，全年各级财政支出医疗救助资金187.6亿元。

3.建立廉租住房救助制度

在我国，住房救助是政府向低收入家庭和其他需要保障的特殊家庭提供现金补贴或直接提供住房的一种社会救助项目。1999年4月，建设部发布了《城镇廉租住房管理办法》，初步规范和明确了城镇廉租住房的来源、供给、管理、审批和监督等有关问题。2003年12月，建设部、财政部、民政部等部委联合发布《城镇最低收入家庭廉租住房管理办法》，进一步明确和细化了城镇廉租住房制度的操作程序。为彻底解决城市低收入家庭住房困难，国务院于2007年8

月发布《关于解决城市低收入家庭住房困难的若干意见》，将住房救助的范围扩大到城市低收入家庭，将住房救助的形式由单纯的实物配租扩大到发放租赁补贴和实物配租相结合。2008 年 10 月，民政部等部委联合发布《城市低收入家庭认定办法》（民发〔2008〕156号），为住房救助的实施奠定基础。2009 年 5 月，住房和城乡建设部、国家发改委、财政部印发《2009—2011 年廉租住房保障规划》，提出争取用三年时间基本解决 747 万户现有城市低收入住房困难家庭的住房问题，三年内再新增廉租住房 518 万套、新增发放租赁补贴191 万户。

4. 建立教育救助制度

教育救助主要是指国家对义务教育阶段的家庭经济困难学生提供必要的学习、生活帮助，对家庭经济困难的寄宿生补助生活费的社会救助项目。除此之外，各级政府还按照有关规定，对接受普通高中教育、普通高等教育和职业教育的家庭经济困难学生，通过减免学费、发放助学金、提供助学贷款、发放特殊困难补助、组织勤工助学等形式给予救助。据教育部统计，2008 年我国义务教育阶段有近 1.78 亿城乡学生享受免学杂费政策，近 1.5 亿农村学生享受国家免费教科书，1100 万家庭经济困难寄宿生享受生活补助。

5. 建立临时救助制度

临时救助制度是国家对遭遇突发事件、意外伤害、重大疾病或其他特殊原因导致基本生活陷入困境，其他社会救助制度暂时无法覆盖或救助之后基本生活暂时仍有困难的家庭或个人给予的应急性、过渡性的救助。2007 年，民政部下发了《关于进一步建立健全临时救助制度的通知》（民发〔2007〕92 号），对临时救助的对象、标准、程序等进行了规范。截至 2011 年底，各级民政部门全年实施临时救助的城市居民和农村居民分别达到 290.1 万人次、596.8 万人次。

6. 农村居民最低生活保障制度

在启动城市低保的同时，农村低保制度也已经开始在全国一些地区探索建立。早在 1996 年，民政部办公厅在印发的《关于加快农村社会保障体系建设的意见》（民办发〔1996〕28 号）中就明确提出："凡是开展农村社会保障体系建设的地方，都应该把建立最低生活保障制度作为重点，即使标准低一点，也要把这项制度建立起来。"然而，直到进入 21 世纪之后，农村居民最低生活保障制度才在全国范围内铺开。2006 年 10 月，中共十六届六中全会第一次提出在全国"逐步建立农村最低生活保障制度"的要求。为贯彻落实会议精神，2007 年 7 月 11 日国务院印发《关于在全国建立农村最低生活保障制度的通知》（国发〔2007〕19 号），对农村低保标准、救助对象、规范管理、资金落实等内容作出了明确规定，并要求在年内全面建立农村低保制度并保证低保金按时足额发放到户。到 2007 年 9 月底，全国 31 个省（自治区、直辖市）、2777 个涉农县（市、区）已经全部建立农村低保制度。

（三）中国特色社会救助制度规范化阶段

从 2012 年至今，我国的社会救助事业进入中国特色社会救助制度规范化发展的阶段。党的十八大以来，党中央、国务院把社会救助事业发展纳入深化改革和依法治国的总体部署，对加强和改进社会救助工作提出了更高的要求。2014 年 2 月，国务院颁布《社会救助暂行办法》（以下简称《办法》），并于当年 5 月 1 日起实施。《办法》第一次以行政法规的形式综合构建了社会救助体系，明确社会救助主要包括最低生活保障、特困人员供养、受灾人员救助、医疗救助、教育救助、住房救助、就业救助、临时救助等八项制度以及社会力量参与，成为我国社会救助事业发展的重要里程碑。

表8-8　中国特色社会救助制度规范化阶段的主要政策文件

年份	名称	发布单位	主要举措
2014	《社会救助暂行办法》	国务院	社会救助主要包括最低生活保障、特困人员供养、受灾人员救助、医疗救助、教育救助、住房救助、就业救助、临时救助等八项制度，鼓励社会力量参与社会救助事业
2014	《关于全面建立临时救助制度的通知》	国务院	明确建立临时救助制度的目标任务、总体要求、主要内容、工作机制和保障措施等
2016	《关于进一步健全特困人员救助供养制度的意见》	国务院	明确进一步健全特困人员救助供养制度的总体要求、基本原则、制度内容和保障措施
2018	《关于进一步加强和改进临时救助工作的意见》	民政部、财政部	明确加强和改进临时救助工作的总体要求、政策措施和组织保障

　　近年来，我国社会救助运行机制不断健全，管理水平不断提高。一是社会救助的统筹协调机制进一步建立健全。中央层面，建立了由民政部牵头的全国社会救助部际联席会议；地方层面，全国所有省份都建立了社会救助领导小组或部门协调机制，256个市（地、州）、1869个县（市、区、旗）建立了相关协调机制。二是加快建立居民家庭经济状况核对机制。全国30个省份在省级层面建立了核对工作机构，70.1%的县（市、区）开展了核对工作。民政部会同公安部、银监会、证监会等部门初步建立了户籍、车辆、社会救助以及家庭金融存款和有价证券信息查询机制。三是基本形成"一门受理、协同办理"机制。全国97%的街道（乡镇）设立社会救助申请窗口，76%的街道（乡镇）制定了社会救助申请分办、转办流程，79%的街道（乡镇）明确了办理时限，80%以上的县（市、区）实现了医疗救助"一站式"即时结算。四是不断健全低保标准动态调整机制，实行社会救助和保障标准与物价上涨挂钩，保障困难群众

实际生活水平不因物价大幅上涨而降低。五是探索建立了"救急难"工作机制。在全国开展"救急难"综合试点，积极推动重特大疾病医疗救助试点，研究确定了中央企业参与"救急难"试点工作的政策措施。六是逐步健全了社会救助监督检查长效机制。目前，全国已经有 25 个省份建立监督检查长效机制，县级层面普遍实施低保经办人员和村（居）委会干部近亲属享受低保备案制度。

第四节　残疾人事业　特色化发展

改革开放以来，党和国家高度重视推动残疾人事业的发展，将残疾人事业作为社会主义现代化建设事业的组成部分，促进其不断取得新成就。在过去的四十年中，我国的残疾人事业经历了恢复发展、快速发展、全面发展的发展历程。

一、残疾人事业主要成就

改革开放以来，我国残疾人群体的生存和发展状况得到明显改善，残疾人康复、教育、就业、社会保障、扶贫开发等各项事业取得巨大成就。

（一）残疾人康复工作成效显著

改革开放以来，我国残疾人康复工作取得了显著的成效，主要体现在以下两个方面：一是残疾人康复机构数量不断增加。根据中国残联公布的数据，我国残疾人康复机构从 2012 年的 4595 个增加到 2017 年的 8834 个，增加了 4239 个，增长了将近一倍。其中，提供视力残疾康复服务的机构增加了 470 个，提供肢体残疾康复服务的机构增加了 1496 个，提供智力残疾康复服务的机构增加了 1453 个。二是得到不同程度康复的残疾人数量不断增加。根据中国残联公布的统计数据，残疾人事业发展"九五"、"十五"、"十一五"和"十二五"时期得到不同程度康复的残疾人数量分别为 433 万人、642 万人、2754.7 万人和 3645.2 万人，呈现出大幅增长的趋势。

（二）残疾人教育持续发展

改革开放以来，我国的残疾人教育得到了持续发展。主要体现在以下方面：一是特殊教育学校数量不断增加。根据中国残联公布的数据，"九五"、"十五"、"十一五"和"十二五"时期我国特殊教育学校的数量分别为 1648 所、1662 所、1951 所和 2053 所，呈现出持续增长的态势。二是残疾儿童少年义务教育入学率持续提高。根据中国残疾的统计数据，"九五"、"十五"、"十一五"、"十二五"时期我国视力、听力、言语残疾儿童少年的义务教育入学率分别为 77.2%、80%、80.35%、90%，呈现出持续提高的态势。三是非义务教育阶段特殊教育不断取得新突破。学前特殊教育方面，我国从"十二五"时期起开始启动学前特殊教育改革，并利用残疾人事业公益专项助学基金资助 19220 名 0—6 岁的残疾儿童接受学前教育或康复训练；特殊教育普通高中教育方面，特殊教育普通高中在校生规模从 2001 年的 1521 人增加到 2017 年的 8466 人，增加了 6945 人；残疾人中等职业教育方面，残疾人中等职业学校的在校生规模从 2011 年的 11572 人增加到 2017 年的 12968 人，增加了 1396 人；残疾人高等教育方面，进入普通高校院校学生的残疾学生从 2001 年的 2166 人增长到 2017 年的 10818 人，增加了 8652 人。

（三）残疾人就业工作稳步推进

党和国家历来非常重视残疾人劳动就业工作，我国《宪法》、《残疾人保障法》、《劳动法》、《残疾人就业条例》、《就业促进法》等法律法规都明确规定对残疾人劳动就业给予特别的扶持、优惠和保护，并通过建立完善的政策法规、强化培训与服务、积极开发新的就业岗位等多种措施，推进残疾人就业工作，促进残疾人就业权利的实现。一是残疾人就业率不断提高。根据中国残联公布的数据，2016年我国城乡就业年龄段持证残疾人的就业率为43%，已经与一些发达国家大致相当，其中在辅助性就业机构实现就业的智力、精神和重度肢体等的残疾人近6万人，比2012年增加了近5倍。二是残疾人的就业规模稳步扩大。从2000年到2017年，我国城乡残疾人就业人数从331.3万人增加到942.1万人，增加了610.8万人，年均增长6.1%。三是残疾人就业服务不断改进。截至2014年底，全国的残疾人职业培训基地达到6154个，有38.2万人次城镇残疾人接受了职业培训。

（四）残疾人社会保障水平不断提高

改革开放以来，尤其是进入21世纪以来，我国残疾人社会保障的覆盖面不断扩大，保障水平不断提高。主要体现在以下两个方面：一是城乡残疾居民参加城乡社会保险的人数不断增加。截至2017年底，城乡残疾居民参加城乡社会养老保障人数达到2614.7万人；547.2万60岁以下参保的重度残疾人中，有529.5万人得到政府的参保扶助，代缴养老保险费比例达到96.8%。二是残疾人托养服务工作稳步推进。截至2017年底，全国有残疾人托养服务机构7923个，其中寄宿制托养服务机构2560个，日间照料机构3076个，综合性托养服务机构2287个，为23.1万名残疾人提供了托养服务。此外，还有78万名残疾人接受了居家服务。

二、残疾人事业发展历程

中共十一届三中全会以来，中国进入改革开放和社会主义现代化建设新时期，中国残疾人事业也进入了新的跨越式的发展时期。改革开放以来，中国特色残疾人事业发展道路逐渐形成，大体上经历了三个发展阶段。

（一）中国特色残疾人事业恢复发展阶段

从 1978 年到 1987 年，我国进入改革开放的初期，残疾人事业也进入恢复发展的阶段。在这十年中，我国的残疾人事业得到迅速恢复和初步发展，标志着中国残疾人事业发展进入新的历史时期。在这一阶段，中国残疾人事业的发展呈现出以下几个特征：

表8-9　中国特色残疾人事业恢复发展阶段的主要政策文件

年份	名称	发布单位	主要举措
1982	《中华人民共和国宪法》	全国人大	国家和社会保障残废军人的生活；国家和社会帮助安排盲、聋、哑和其他有残疾的公民的劳动、生活和教育

1.残疾人组织实现恢复和发展

1978 年以后，全国性和地方性的残疾人组织不断实现恢复和发展。比如，1978 年中国盲人聋哑人协会恢复工作，1984 年我国残疾人的重要社会组织——中国残疾人福利基金会在北京成立，1985 年中国智残体育协会成立并成为国际特殊奥林匹克运动会组织的一员。与此同时，残疾人事业相关学会、研究会也相继成立，比如 1982 年成立了中国教育学会特殊教育研究会、1985 年成立了中国残疾人康复协会小儿麻痹后遗症研究会、1986 年成立了中国盲人按摩学会等。

2. 残疾人事业得到党和政府高度重视

在改革开放的新形势下，党和国家为残疾人事业的发展提供了强有力的支持。主要体现在以下三个方面：一是立法保障。1982 年修订的《中华人民共和国宪法》规定："国家和社会保障残废军人的生活"、"国家和社会帮助安排盲、聋、哑和其他有残疾的公民的劳动、生活和教育"。二是行政领导的高度重视。在这一阶段，我国残疾人事业发展得到了以邓小平为代表的国家领导人的大力支持，从而使涉及范围很广的残疾人事业实现了由各有关部门进行负责管理。三是具体措施的保障。在这一阶段，国家出台了许多政策和措施，包括生活、生产、教育、就业、康复、福利、募捐、文体、文化等在内的残疾人各项事业得到逐步开展。

3. 残疾人事业仍然以收养救济为主

在残疾人事业的恢复发展阶段，我国的残疾人事业仍然基本属于收养救济型残疾人事业。也就是说，这一阶段我国的残疾人事业仍然主要以对残疾人给予物质上的补贴、救助，或者通过福利院对残疾人进行收养的方式来解决残疾人的基本生存需求。这种残疾人事业发展类型注重对残疾人给予物质上的补贴、救济，但是未能充分调动残疾人自身的主观能动性，让残疾人通过自身的社会参与、社会劳动去创造自己生存和发展的空间。对此，当时的中国残疾人联合会主席邓朴方同志提出要使我国的残疾人事业从收养救济型向劳动福利型转变。

4. 残疾人事业走向国际交流与合作

在这一阶段，我国的残疾人事业开始走上对外开放的道路，与国际组织的合作、交流的渠道开始建立。1981 年，中国盲人聋哑人协会组团赴罗马参加世界聋人联合会国际会议，为响应联合国将

1981 年定为"国际残疾人年",中国因此成立了"国际残疾人年中国组织委员会",并派出代表出席第一届"国际残疾人年"教育大会。1987 年 7 月,邓朴方参加康复国际大会,并在会上阐述中国的社会主义人道主义观。

(二)中国特色残疾人事业持续快速发展阶段

从 1988 年到 2007 年,我国的残疾人事业进入持续快速发展的阶段。1988 年以来,随着中国残疾人联合会的正式成立,我国的残疾人事业进入了持续快速发展的阶段。在这一阶段,我国残疾人事业的发展呈现出以下几个方面的特征:

表 8-10　中国特色残疾人事业持续快速发展阶段的主要政策文件

年份	名称	发布单位	主要举措
1990	《中华人民共和国残疾人保障法》	全国人大	明确国家、企事业单位、残联及其他社会组织、残疾人家庭、社会成员在保障残疾人权益中的具体责任和义务,对侵害残疾人权益的行为制定相应的法律责任追究条款
1994	《残疾人教育条例》	国务院	对残疾人学前教育、义务教育、职业教育、普通高中及以上教育及成人教育的实施办法、政府责任、师资培养、教师编制、经费支出、物资保障等进行明确规定
1999	《关于进一步做好残疾人劳动就业工作的若干意见》	国务院	制定了残疾人劳动就业的方针是"集中与分散相结合,采取优惠政策和扶持保障措施,通过多渠道、多层次、多形式,使残疾人劳动就业逐步普及、稳定、合理"

1.残疾人事业被纳入国家发展规划

在这一阶段,党和国家更加重视残疾人事业的发展,主要体现在制定和实施促进残疾人事业发展的国家规划,并将残疾人事业发展纳入国家五年规划发展的大局。1988 年以来,国务院相继批准实施了 6 个残疾人事业发展纲要,全面开展残疾人康复、教育、就业、扶贫、社会保障、文化体育、无障碍环境建设等各项事业。这些政策措施显著改善了我国残疾人的生存和发展状况。与此同时,我国在这一阶段还在国家层面成立了残疾人工作协调机构，综合协调解决残疾人工作中的重大问题。1993 年，国务院设立国务院残疾人工作协调委员会，主要负责综合协调残疾人事业重要方针、政策、法规的制定与实施，协调解决残疾人事业重大问题。

2. 残疾人事业走上组织化发展道路

1988 年 3 月，中国残疾人代表大会第一次全体会议召开，中国残疾人联合会正式成立。中国残疾人联合会的成立对我国残疾人事业的发展产生非常重要的影响，主要体现在以下三个方面：一是标志着党和国家更加重视残疾人工作，赋予残疾人联合会不同于过去的盲人聋人协会、残疾人福利基金会以及其他社会组织的新职能，其承担政府所委托的职责和任务，即"代表、管理、服务"职能。二是标志着残疾人社会组织由专门协会发展为全国的联合会，我国的残疾人事业有了全国统一的组织，从而使残疾人事业的发展有了统一的综合协调部门。三是标志着我国开始建构自上而下的残疾人事业发展组织体系，逐步建立和完善省、市、县三级残联，从而显著增强残疾人事业的协调发展。

3. 残疾人事业走上法制化轨道

在这一阶段，我国残疾人法律法规体系逐渐形成，标志着我国残疾人事业走上了法制化轨道。主要体现在以下两个方面：一是《中华人民共和国残疾人保障法》的出台。1990 年 12 月 28 日，全国人大常委会通过了《中华人民共和国残疾人保障法》，并于 1991 年 5 月 15 日起施行。这部法律以"平等、参与、共享"为宗旨，对保障残疾人各项平等权利作出了全面系统的规定。二是其他相关法律法规对残疾人的权利作出明确规定。1988 年以来，我国相继出台了《民法通则》、《民事诉讼法》、《教育法》、《婚姻法》、《劳动法》、《律师法》等 40 多部法律。这些法律对于残疾人相应权利作出了明确的规定，从而保障了残疾人的权利和权益。

4. 残疾人事业向体系化方向发展

这一阶段我国残疾人事业发展的主要特征之一，与残疾人事业发展相关的理论体系、法律体系、组织体系、工作体系等都逐步建立和完善，从而使我国的残疾人事业走上了体系化发展的道路。理论体系方面，我国在这一阶段形成了现代文明社会的新残疾人观，从而丰富和深化了社会主义人道主义的内涵。法律体系方面，这一阶段不仅颁布了《中华人民共和国残疾人保障法》，与残疾人教育、就业、扶贫等相关的法律法规也相继出台，同时地方性的相关法律、政策也纷纷制定。组织体系方面，这一阶段全国逐步建立起省、市、县、乡（镇、街道）四级残联组织，形成了较为完备的组织网络。工作体系方面，这一阶段逐渐建立起了包括政策保障体系、就业扶助体系、康复服务体系、维权工作体系、舆论宣传体系、综合服务体系、制度管理体系等方面的残疾人工作体系。残疾人事业的体系化发展表明，中国特色残疾人事业进入了一个相对成熟的发展时期，其发展的基本格局已经确立。

（三）中国特色残疾人事业全面发展阶段

从 2008 年至今，我国的残疾人事业进入全面发展的阶段。2008年 3 月，中共中央、国务院发布了《中共中央　国务院关于促进残疾人事业发展的意见》（以下简称《意见》），成为我国残疾人事业发展史上的一个里程碑。《意见》全面总结了我国残疾人事业发展的历史经验，提出了促进残疾人事业发展的政策措施，为新时期中国残疾人事业发展提供了理论指导和行动指南，标志着中国特色残疾人事业进入全面科学发展的新阶段。这一阶段，我国残疾人事业的发展呈现出以下几个方面的特征：

表8-11　中国特色残疾人事业全面发展阶段的主要政策文件

年份	名称	发布单位	主要举措
2008	《中共中央　国务院关于促进残疾人事业发展的意见》	中共中央、国务院	提出我国残疾人事业发展的指导思想、总体要求、发展目标和具体措施等
2015	《关于加快推进残疾人小康进程的意见》	国务院	明确残疾人实现同步小康的指导思想、基本原则、主要目标和具体措施等
2016	《"十三五"加快残疾人小康进程规划纲要》	国务院	对增进残疾人民生福祉、促进残疾人全面发展、帮助残疾人和全国人民一道共建共享全面小康社会作出部署

1. 党和政府大力推动残疾事业的全面发展

在这一阶段，党和国家更加重视推动残疾人事业的发展，主要体现在以下两个方面：一是党和国家领导人高度重视残疾人事业的发展。胡锦涛同志在党的十八大报告中提出："健全残疾人社会保障和服务体系，切实保障残疾人权益。"党的十八大以来，习近平同志高度重视残疾人事业的发展。2014年3月21日，习近平同志致信中国残疾人福利基金会，对中国残疾人福利基金会成立30周年表示热烈祝贺。2014年5月16日，习近平同志在会见第五次全国自强模范暨助残先进集体和个人表彰大会受表彰代表时强调，要不断健全和完善残疾人的权益保障制度。二是密集出台推动残疾人事业全面深入发展的政策、方针和规划。比如，2008年3月《中共中央　国务院关于促进残疾人事业发展的意见》提出了残疾人事业发展的指导思想、总体要求、发展目标和具体措施；2009年5月，国务院办公厅转发了教育部、国家发改委、民政部等部委制定的《关于进一步加快特殊教育事业发展的意见》；2010年3月，国务院发布了《关于加快推进残疾人社会保障体系和服务体系建设的指导意见》等。与此同时，我国还制定了残疾人事业"十一五"、"十二五"

发展纲要以及残疾人事业"十三五"规划。

2. 残疾人事业实现从劳动福利型向"普惠＋特惠"型转变

《中共中央　国务院关于促进残疾人事业发展的意见》指出"将残疾人纳入覆盖城乡居民的社会保障体系并予以重点保障和特殊扶助"。这标志着我国对残疾人的社会保障将遵循"普惠＋特惠"的原则，也就是说，既保障残疾人与健全人同等的权益，同时又强调残疾人的特殊需要和特殊权益。2015年2月，国务院发布了《关于加快推进残疾人小康进程的意见》（国发〔2015〕7号），将"普惠＋特惠"确定为推进残疾人小康进程的基本原则，强调既要通过普惠性制度安排给予残疾人公平待遇，保障他们基本的生存发展需求；又要通过特惠性制度安排给予残疾人特殊扶助和优先保障，解决他们的特殊需求和特殊困难。这些政策措施的出台表明，我国的残疾人事业已经实现从劳动福利型向"普惠＋特惠"型转变。

3. 形成中国特色残疾人事业发展体制机制

经过改革开放以来的发展，我国的残疾人事业形成了"党委领导、政府负责、社会参与、残疾人组织充分发挥职能"的领导体制和工作机制。党的领导既是我国残疾人事业健康发展的根本保证，也是其中国特色的重要体现；政府负责主要体现在政府通过制定各项政策、措施、办法等来推动和落实残疾人各项事业的发展；社会参与表明，要争取社会各方面对于残疾人工作的理解和大力支持，把政府和社会融合起来，互为补充，互相协调；残疾人组织充分发挥职能表明，要充分发挥各级残联和其他残疾人社会组织的"代表、管理、服务"功能。"党委领导、政府负责"为我国残疾人事业的发展提供了体制保障，而"社会参与、残疾人组织充分发挥职能"则成为我国推动残疾人事业发展的工作机制。

第五节 经验丰富 模式铸就

一、经验

新中国成立 70 年来，弱有所扶、实现共同发展是我们党和国家始终坚持的基本立场和工作方针。无论是改革开放前对建立社会福利制度的探索，还是改革开放以来在扶贫事业、社会救助事业、残疾人事业等方面的具体实践，我们党和国家都积累了非常丰富的经验，为未来建立中国特色社会福利制度奠定了坚实的现实基础。

（一）改革开放之前社会福利制度发展的经验

1. "国家—单位"社会福利模式导致严重的梯次差异

总体上看，改革开放前我国的社会福利制度采用的是"国家—单位"的运行模式。这一运行模式由国家承担福利保障制度的主体责任、由所在单位具体实施管理，具有明显的封闭性，导致人们对单位的严重依赖。由于人们的各种福利待遇主要由所在单位提供，因此企业效益的差异、农村集体收益的差异导致不同企业、不同村集体成员之间在福利待遇方面的不平等。尤其需要指出的是，这种社会福利制度导致城乡居民之间的社会福利待遇存在巨大差异，形成了城乡二元结构的社会福利体制。由此可见，改革开放前我国的社会福利制度在城乡之间、工农之间的福利保障方面存在着严重的梯次差异。

2. 社会福利制度基本丧失其"社会化"特性

改革开放以前，城市居民与农村居民、干部与职工、不同所有制职工之间因待遇的差别导致正常的人员交流遭遇严重阻碍。这一时期，福利享受者首先是"单位人"而不是"社会人"。由于"单位人"

和"社会人"之间彼此没有交叉，严重制约劳动力在不同所有制企业之间、部门之间和区域范围内的正常流动，阻碍了生产的社会化，同时也阻碍了劳动力市场的形成。与此同时，这个时期的社会福利制度单纯强调社会福利的公益性而忽视效率，单纯强调国家对社会福利的责任主体作用，从而导致政府和企业包办社会福利，而社会力量的参与严重不足，行业组织、民间组织等中介组织缺失。由此可见，改革开放前我国社会福利制度的"社会性"基本上处于丧失的状态。

3. 社会福利过分依附于政府和企业导致其成为二者的沉重负担

改革开放之前，我国的社会福利与国家、企业紧密相连，国家成为社会福利的唯一提供者。这一阶段，国家对社会福利资源的垄断突出表现在民政部门对社会福利的"直属、直办、直管"，即政府几乎包办了社会福利的全部经济和服务供给责任，福利机构的维持和发展完全依赖政府拨款，体制和机制都十分单一。此外，福利支出是改革开放前企业发展的沉重包袱，而企业的职工福利则是职工生活水平的重要因素。

4. 社会福利制度的发展忽视了对公民权利的关注

改革开放之前，我国的儿童福利院、老年人福利院等福利机构体现了党和政府对特殊人群的关心，被视为"社会主义优越性"的体现。收养人员感谢党和政府的关怀，感恩思想浓厚，而"福利本色"则较为淡化。需要指出的是，社会福利原本就是公民的一项基本权利，而且我国宪法已经对此进行了明确的规定。为了保障公民享受社会福利的基本权利，国家必须发展社会福利事业。相反，如果把社会福利当作恩赐而非公民权利，极易造成对社会福利政策的定位出现偏差，从而对社会福利事业的持续发展带来不利影响。

（二）改革开放以来扶贫事业发展的经验

1. 充分发挥政治、组织与制度优势

改革开放以来的实践充分证明，中国共产党不愧为中国人民和中华民族的先锋队，其代表最广大中国人民的根本利益。党历来高度重视扶贫工作，把扶贫攻坚作为党和国家的重要政治任务。1986年，国务院贫困地区经济开发领导小组成立，并于1993年更名为国务院扶贫开发领导小组，由副总理担任组长，成员包括国务院主要部委和事业单位，以扶贫、减贫为宗旨，有组织、有计划、大规模地落实国家的扶贫开发政策。与其他国家的政治制度相比，中国特色社会主义政治制度的最大优势就在于能够集中力量办大事，其在扶贫工作中的具体体现就是能够极大提高扶贫工作的质量和工作效率。2016年，中共中央办公厅、国务院办公厅发布了《省级党委和政府扶贫开发工作成效考核办法》，明确提出将扶贫工作的考核结果作为省级党委、政府主要负责人和领导班子综合考核评价的重要依据。事实充分证明，充分发挥政治、组织与制度优势，是改革开放以来我国扶贫工作取得举世瞩目辉煌成就最基本的经验。

2. 充分释放土地改革红利

改革开放以来，党和国家通过建立和完善家庭联产承包责任制，赋予广大农民土地经营自主权，充分激发农民的生产积极性，农业生产力得到极大解放。我国的粮食产量连年增长，林业、畜牧业、渔业产量稳步提高，极大地改善了广大人民群众尤其是农村贫困人口的物质生活水平，为脱贫打下坚实的基础。改革开放初期的实践表明，正是由于充分释放土地改革红利，农业生产力得到大幅提升，农村居民收入大幅提高，从而使大批贫困农民脱离贫困。

3. 以工业化和城镇化带动农村劳动力转移

改革开放以来，我国的工业化和城镇化取得巨大成就，成为带动农村剩余劳动力转移的双引擎，并逐渐成为农民增收的主要渠道。一方面，工业化和城镇化带动农村剩余劳动力向第二、第三产业转移，从而提高了其务工收入。另一方面，随着农村剩余劳动力不断转移，从事农业生产的农村人口逐渐下降，人均经营土地面积逐渐扩大，带动农业投资、农业机械化和农业技术实现持续增长。这不仅提高了进城务工人员的非农收入，也提高了留守农民的务农收入，从而使我国贫困人口的规模不断缩小，贫困发生率大幅下降。

4. 促进教育、卫生、科技事业发展

改革开放以来，党和国家高度重视推动教育、卫生、科技事业的发展，将其作为推进我国扶贫工作的重要抓手。在教育领域，国家先后实施了贫困地区义务教育工程、全国中小学危房改造工程、农村中小学现代远程教育工程、农村寄宿制学校建设工程，不断提高农村中小学教师工资，改善农村义务教育学生营养状况，农村适龄人口的入学率大为提升，农村人力资本积累大幅提高，从而为减贫脱贫奠定坚实的基础。在卫生领域，党和国家大力推进医药卫生体制改革，逐年增加对农村地区卫生投入，极大地改善了农村地区医疗卫生状况，使农村居民"因病致贫、因病返贫"的概率大为降低。在科技领域，国家从 1986 年开始便将科技扶贫作为农村反贫困的重要举措，致力于通过提高农民的科学文化素质，提高其资源开发水平和劳动生产率，从而加快了农民脱贫致富的步伐。

（三）改革开放以来社会救助事业发展的经验

1. 加强社会救助的政治、组织和制度保障

现代社会救助制度是一种对市场机制失灵的弥补机制，只有在

政府的主导下才能发挥其制度功能。正是基于这一认识，改革开放以来我国始终坚持党对社会救助事业的领导，并由政府制定和执行适当的社会救助政策，从而为社会救助事业的发展提供政治、组织和制度保障。一是将社会救助作为建设服务型政党、服务型政府的重要政治任务。长期以来，党和国家把社会救助作为保障和改善民生的重要内容，既强调通过经济发展为社会救助提供物质基础，也强调社会救助对经济发展的托底保障功能。二是加强对全国社会救助工作的组织领导。由民政部相关司局负责社会救助的具体工作，同时建立全国社会救助部际联席会议制度，加强对全国社会救助工作的组织领导。三是加强社会救助的制度建设。改革开放以来，我国不断加强社会救助的制度建设，建立和完善包括城乡最低生活保障制度、五保供养制度、特困人员供养制度等在内的各种社会救助制度。

2. 充分发挥社会救助的托底保障功能

改革开放以来，我国始终非常注重发挥社会救助的托底保障功能，切实解决困难群体的生存发展问题。在改革开放初期，党和国家通过完善农村社会救济制度解决改革过程中出现的农村贫困问题。20世纪90年代以来，通过建立和完善城镇居民最低生活保障制度解决因企业改制、下岗分流等引起的城镇困难居民的基本生活问题。进入21世纪以来，通过建立以低保制度为基础的新型社会救助体系，更好地发挥社会救助制度的托底保障功能。实践证明，中国特色社会救助制度的建立和完善是我国社会主义制度优越性的重要体现。

3. 循序渐进地推进社会救助工作

中国特色社会救助制度的建立和完善，充分体现了党和国家在社会救助领域所遵循的"尽力而为，量力而行"的原则。无论是从社会救济向社会救助的转变，还是最低生活保障制度从城市向农村的拓展，都是我国循序渐进地推进社会救助工作的具体体现。这种做法的基本依据是我国长期处于社会主义初级阶段的基本国情，同时也是由我国各个发展阶段的基本特征和具体任务所决定的。

（四）改革开放以来残疾人事业发展的经验

1. 将残疾人事业纳入国家经济社会发展的大局

改革开放以来，党和国家始终把残疾人事业作为中国特色社会主义事业的一部分，使残疾人事业的发展与国家经济社会发展协同推进。一是将残疾人事业纳入国民经济和社会发展五年计（规）划。从"八五"时期开始，我国就将残疾人事业纳入国家经济社会发展计（规）划，从而使残疾人事业发展与国民经济和社会发展紧密联系在一起。二是制定和实施专门的残疾人五年计（规）划纲要。1988年以来，我国先后制定和实施了残疾人事业"八五"、"九五"、"十五"计划纲要和"十一五"、"十二五"规划纲要以及残疾人事业"十三五"规划，从而明确了各个时期残疾人事业的发展目标、任务和政策措施。三是制订和出台残疾人事业发展相关重要决策、政策文件和法律法规。党和国家制订和出台了大量的决策和政策文件，并制定和颁布了许多法律法规，为残疾人事业的发展指明方向、提供政策支持和法律保障。

2. 形成党委领导、政府负责、社会参与、残联组织积极发挥职能的体制机制

在长期的发展过程中，我国的残疾人事业逐渐形成了党委领导、政府负责、社会参与、残联组织积极发挥职能的体制机制。在这个体制机制中，党委是残疾人事业的领导者，研究和部署残疾人事业

的发展目标、发展方向和政策措施；政府承担残疾人事业发展的主要责任，贯彻和落实党的相关方针、政策；社会参与是残疾人事业发展的社会基础，可以充分调动各种社会力量积极参与推动残疾人事业的发展；残联组织发挥代表、服务和管理的职能，代表残疾人的利益，为残疾人服务，对残疾人事业进行管理。党委领导和政府负责为我国残疾人事业的发展提供体制保障，社会参与和残联组织积极发挥职能是我国残疾人事业发展的工作机制。

3. 坚持走中国特色残疾人事业发展道路

实践证明，我国残疾人事业发展必须从国情出发，选择适合国情和发展阶段特征的残疾人事业发展路径。改革开放以来，我国的残疾人事业经历了从收养救济型、劳动福利型再到"普惠＋特惠"型的转变。这种转变过程的基本依据是我国基本国情的变化，是党和国家根据我国经济社会发展的阶段性特征作出的重大决策。

二、模式

新中国成立 70 年来，我国逐渐形成了对困难群体进行帮扶的"中国模式"。这一模式具有如下特征。

一是党的领导。坚持中国共产党的领导，是中国特色社会主义最本质的特征，同时也是我国对困难群体进行帮扶始终坚持的根本原则。

二是政府主导。发挥政府在帮扶困难群体中的主导作用，既是贯彻和落实党为人民服务宗旨的要求，同时也是建设服务型政府的要求。

三是社会参与。对困难群体进行帮扶不仅要发挥政府的主导作用，也要充分调动社会力量的参与积极性，使政府和社会形成合力，更好地致力于解决困难群体的生存发展问题。

四是发挥相关社会组织的职能。无论是扶贫、社会救助，还是残疾人工作，都应充分发挥相关社会组织的"代表、服务、管理"职能，从而形成"自助"与"他助"之间的良性互动。

（执笔人：潘华）

第九章　社有所治　共建共享

　　新中国七十年的社会治理可分为新中国成立后三十年的社会管理和改革开放后的社会治理两个不同阶段，而新中国成立后三十年的社会管理又可分为三个阶段，即土地革命时期的社会管理、合作化时期的社会管理和人民公社化时期的社会管理；改革开放之后的社会治理则可分为四个阶段，即社会治理的初步探索、基本形成、全面建立及全面深化等发展阶段。就成效而言，新中国成立后三十年社会管理在乡村和城市均取得显著成效，在农村创新了社会管理体制、改善了农村农业生产条件、建立了基本社会保障制度；在城市建立了基本城市管理体制、保障了城市社会基本服务、促进了城市社会持续发展并培育发展了社会组织。改革开放后中国社会治理同样成效显著，在社区治理方面，自治组织建设不断强化，社会组织建设快速推进，社区服务机构蓬勃发展，社会服务机构方兴未艾；在社会治安方面，调解纠纷数稳中有降，每万人口受理案件数持续降低，社会事故逐渐减少，法院检察院审理相关案件趋于减少。过去七十年社会管理及社会治理的积极成效得益于独特的中国社会管理及治理模式。概而言之，新中国成立后三十年中国社会管理模式或曰经验可总结为三个方面，即破除旧体制与确立新体制相结合、利益引导与观念塑造相结合、总体控制与局部探索相结合；改革开放后中国社会治理模式或曰经验包括四个方面，即国家与社会的再平衡、政党与政府的协力合作、有效控制与适度发展的有机结合以及常规式治理与运动式治理的有机结合。

"治"这个汉字具有管理、惩办、医疗及从事研究等意思，"理"字则具有事物的规律及是非得失的标准的意思，"社会治理"的字面意思是在社会管理方面具有规律和标准，是一种达到或实现了社会善治的状态，与之相对的则是一种无序的"自然状态"。社会治理是国家治理的重要组成部分，社会治理的成效如何直接关系到政府在民众心目中的地位。全面梳理新中国成立至今的70年来中国社会治理的历史进程，评估其社会治理成效，并总结其有价值的治理经验，对于构建面向全面小康和全面现代化的政策体系具有重要的意义。本章将重点梳理新中国成立以来中国社会治理的发展历程和积极成效，总结在宏大改革浪潮下中国社会治理所取得的有益经验，为全面建成小康社会及全面建设社会主义现代化强国提供社会治有所理的积极经验借鉴。

第一节　历史进程　两大阶段

社会治理是改革开放后才形成的概念，改革开放之前我国并无治理的概念和思想，那时主要以管理的思想引领社会发展，因此在新中国成立后至改革开放的三十年我们将重点考察社会管理的历程、成就及经验，而在改革开放之后的四十年我们将重点考察社会治理的历程、成就及经验。

一、新中国成立后三十年社会管理历程

新中国成立后百废待兴，国内一穷二白，国外帝国主义封锁包围，彼时的首要任务是巩固政权和发展生产，借鉴苏联经验，结合中国实际，走适合中国国情的社会主义之路。彼时的社会建设在以毛泽东同志为代表的第一代党和国家领导人的坚强领导下展开，以"统筹兼顾"为主要原则，全面推进政治、经济、文化、社会建设。那时的社会建设及社会管理是广义上的概念，涵盖了社会事业的方方面面。本章将在广义的层次上使用"社会管理"一词。总体上看，新中国成立后至改革开放的三十年，社会管理大致经历了三个时期，即土地改革时期、合作化时期和人民公社化时期，不同时期的社会管理重点不同，产生了不同的社会管理思想与实践。

（一）土地改革时期的社会管理（1949—1952年）

新中国成立初期，我国是一个典型的农业国，1949年农村人口占全国总人口的89.4%，农业总产值占工农业总产值的70%，然而，土地作为最重要的生产资料却被少数人占有，土地改革前，占人口总数6.8%的地主、富农占有51.9%的土地，户均土地分别为144.11亩和63.24亩，其余93.2%的农户平均占有7亩，其中占农户总数57.44%的贫雇农户均土地更少，约为3.55亩[①]，土地的不均衡占有严重影响人们生产积极性。为进一步解放和发展生产力，党和国家在全国农村地区大力推动土地改革，以土地改革推进社会建设，并以社会建设促进国家建设。

这一阶段，社会管理围绕着土地改革而展开，1950年6月14

[①] 吴承明、董志凯主编：《中华人民共和国经济史（1949—1952）》第一卷，中国财政经济出版社2002年版。

日，刘少奇在政协一届二次会议上的《关于土地改革问题的报告》中提出了土地改革的目标和阶段性任务，同年6月28日中央人民政府委员会第八次会议通过了《中华人民共和国土地改革法》，6月30日毛泽东主席发布中央人民政府令，宣布《中华人民共和国土地改革法》即日公布执行。在土地改革期间，各地县以上各级人民政府组织土地改革委员会指导和处理相关事宜，乡、区、县、省农民大会及其选举的农民协会则被规定为土地改革的合法执行机构。因此，在土地改革期间，农民协会扮演了管理社会的角色。为了明确农民协会的管理职责，1950年7月14日，政务院第41次政务会议通过了《农民协会组织通则》，规定了农民协会的主要任务、人员构成及运作机制，全面强化农民协会的社会管理职能。为了保障土地改革顺利推进，维护农民协会管理权威，各地还组织了人民法庭，依法惩办违抗或破坏土地改革法令的罪犯。截至1952年底，新解放区土地改革基本完成[①]。

在城市社会管理方面，1949年建立新中国后，马上进入从新民主主义向社会主义过渡阶段，此时城市社会管理的主要任务是推进社会主义改造并确立社会主义制度，在城市基层社会管理方面，我国发展出"街居制"管理模式，所谓的"街居制"指的是以街道办事处和居民委员会为载体的城市基层社会管理体制。新中国成立后，党在城市废除了保甲制，在城市"接管委员会办事处"的基础上，逐步建立街政府或街公所，最后演化成"街道办事处"，作为城市基层政权组织，街道办事处全面负责城市社会管理。城市的社区居委

---

① 朱余斌：《建国以来乡村治理体制的演变与发展研究》，上海社会科学院博士学位论文，2017年。

会则源于各类与基层公共卫生相关的自治组织，这些组织在新中国成立后逐步被街道办事处吸纳，后转变为街道办事处下属的准行政化组织。"街居制"在新中国成立初期在城市社会管理方面起到了重要作用，是彼时国家管理城市社会的最重要体制，在"街居制"下，城市社会形成了一个和行政管理体制紧密结合的总体性管理体制，国家全面管理全社会。

同时，国家高度重视社会组织建设，大力推进社会组织建设，以期以社会组织建设推进社会管理，实现更加全面的社会管理体制。1949年新中国成立后，一大批大型人民团体和大量学术性、文艺性社团相继成立，妇联、青联、工商联、科协等具有代表性的人民团体便是在那时成立的。为鼓励社会组织发展，1950年中央人民政府公布了《中华人民共和国工会法》。同年10月19日，政务院出台了《社会团体登记暂行办法》，全面规范社会团体的类别、登记范围、登记程序及管理事项，1951年内政部制定《社会团体登记暂行办法实施细则》，进一步细化社会团体登记管理事项。在国家的大力鼓励下，我国的社会组织在新中国成立初期获得了长足发展。

（二）合作化时期的社会管理（1953—1957年）

土地改革把大量聚集在地主及富农手里的土地分给了没有土地的贫雇农，一定程度上解放了生产力，促使农业取得了一定发展，但是由于土地依然是封建所有制，阻碍了生产力的进一步解放，且部分贫农出卖土地现象一直存在，农村中重新出现了贫富两极分化的现象，为了进一步解放和发展生产力，实现农村地区从新民主主义阶段过渡到社会主义阶段，党和国家决定在土地改革的基础上，推进农村的农业合作化发展。早在1951年9月，中共中央在北京召开了第一次互助合作会议，审议通过了《中共中央关于农业生产互助合作的决议（草案）》，要求在农业生产中推广互助合作模式。1953 年 12 月，中共中央通过了《关于发展农业生产合作社的决议》，次年 1 月 8 日正式下发，推进农业生产合作社建设，确立了农业生产合作社在农业发展方面的主导作用。

农业合作化从最初的互助组、初级社，发展到最后的高级社，这个过程中国家政权力量始终起着重要作用，尽管合作社是农村的集体经济组织，但实际上扮演了乡村社会管理者的角色，合作社管理着社员的土地、农具、耕畜等重要生产资料并逐渐将其公有化，组织社员参加共同劳动，统一分配劳动成果，在合作化运动后期合作社对乡村社会实施全面管理。

城市社会管理方面，这个时期国家在"街居制"的基础上，依靠行政权力，全面推进"单位制"建设，所谓的"单位制"指的是通过国家形形色色的单位来管理城市社会的体制，这种单位既包括国家行政机关、各类事业单位，也包括各类企业单位及社会组织，国家权力通过各类单位延伸至城市社会的每个角落，学者孙立平将这种单位社会称为总体性社会。在"单位制"下，绝大多数人被组织在政治、军事、经济、文化及其他各种组织里，国家通过单位办社会，把广大城市市民纳入政治体系中。

社会组织建设方面，在"单位制"架构下，社会组织亦是单位的一种，国家大力推进社会组织建设，以工会等社会团体的建设促进完善的"单位制"。1953 年通过了《中华人民共和国工会章程》。截至 1957 年底，全国工会会员数量突破了 1630 万人。这一时期，工会为国家经济建设和社会发展作出了重要贡献[1]。

---

[1] 陈玉娟：《建国以来我国社会组织管理体制研究》，中共中央党校学位论文，2018 年。

（三）人民公社化时期的社会管理（1958—1978 年）

随着农业合作化运动的开展，小型合作社面临的问题日益显现，为了改善农业基础设施，推进大规模农田水利基础设施建设，切实扩大合作化改革成果。1958 年 4 月 8 日，中共中央下发了《关于把小型的农业合作社适当地合并为大社的意见》，要求在有条件的地方适时将小型农业合作社合并为大型农业合作社。同年 8 月 29 日，中共中央政治局扩大会议通过了《中共中央关于在农村建立人民公社问题的决议》，明确提出要推进人民公社化，详细阐述了人民公社体制的组织结构与形态，以"政社合一"为原则切实推进乡党委、乡人民委员会与农村农业合作社融合发展。为了纠正人民公社化发展过程中出现的一些问题，1960 年 10 月，中共中央开始政策调整，出台了《农村人民公社工作条例》，进一步明确了人民公社的组织结构、运作过程、管理体制。此时，人民公社代替了乡党委及乡人民委员会成为乡、村社会管理中心，对乡村实施全面管理。在管理体制上，人民公社分为公社、生产大队、生产队三级，在生产资料方面实行"三级所有，队为基础"管理原则，以"按劳分配"，多劳多得原则进行分配，并允许社员经营家庭副业和自留地，这对于调动农民积极性，恢复和发展农村经济，起到了一定的积极作用。在人民公社化时期，人民公社是乡村社会的权力中心，对乡村实施全面管理，人民公社内部设"工、农、商、学、兵"等不同部门，分别管理着相应的乡村事务，国家通过人民公社三级组织及其内设机构全面控制和管理乡村事务，乡村人民则经由人民公社紧密地嵌入到国家行政体系中。

城市社会管理方面，1958 年农村人民公社化运动开启后，很快拓展到城市，城市人民公社化运动一哄而起。截止 1960 年 7 月，中国 190 个大中城市共建立了 1064 个人民公社，基本完成城市的人民公社化[①]。但是人民公社体制不适合城市社会管理，因此，城市里依然以单位制管理为主。在人民公社化运动的影响下，"单位制"与"街居制"逐步融合，形成了"以单位制为主、以街居制为辅"的城市社会管理体制，在这个体制中，国家通过单位管理城市人民、社会闲散人民、民政救济和社会优抚对象等少数游离于单位之外的人则由街道办事处和居委会管理，通过"单位制"和"街居制"，城市社会几乎所有人都纳入了政府行政系统。

社会组织建设方面，在 20 世纪 60 年代初期，科协、文化社团及外交协会等社会组织在党和国家政策的指引下，逐渐活跃起来，它们结合自身优势积极开展各类活动，不断满足人民的文化、科技需求，以各自的专业技能间接地协助国家管理了部分社会成员。尽管社会组织发展在"文化大革命"时期受到严重挫折，但在"文革"结束后各类社会组织得到了恢复和发展，持续为社会管理做贡献。

二、改革开放后四十年社会治理历程

改革开放以来的四十年，既是经济领域飞速发展的四十年，又是社会领域逐步壮大的四十年。在这四十年中，我国的社会治理经历了一个从初步探索、基本形成，到全面建立并全面深化的转变历程。在这个过程中，社会治理从无到有，思想上实现了从管控管理向治理的转变。

---

① 郭风英：《建国以来我国城市社会管理体制演变与发展研究》，华中师范大学博士学位论文，2011 年。

（一）初步探索阶段

1978 年的改革开放，开启了中国国家与社会转型的大序幕，推动了中国各个领域的全面革新。在改革开放的推进过程中，旧的国家化社会管理模式尽管依旧在延续，但解体的步伐已然加快，从1978 年到 1992 年这段时期，可以看作是中国新社会治理模式的初步探索时期，在这个时期里旧的国家化社会管理体制依旧在延续，但也在逐步走向解体。

新中国成立之初，我国形成了国家与社会高度聚合的"总体性"[①]体制，在城市中实行"以单位制为主、以街居制为辅"的全方位管理体制，国家通过单位管理职工，通过街居体系管理社会闲散人员，对城市社会实施全面控制。在农村则实行"人民公社制 + 生产队制"，通过人民公社和生产队对农民实施严密的管理和控制。在这种政社高度合一的管控体制里弊端丛丛，就国家而言，需要耗费大量的人力物力等资源去管理整个社会；就个体而言，长期的国家管控让其失去主观能动性。

中共十一届三中全会把全党的工作重心从"以阶级斗争为纲"转变到"以经济建设为中心"上，开启了改革大幕，在改革的进程中党带领人民在经济政治及社会等多方面进行了积极探索，在社会治理方面的探索主要包括以下几个方面：一是实行家庭联产承包责任制。20 世纪 70 年代末，安徽省凤阳县小岗村包产到户实践拉开了农村改革大幕，人民公社的运行基础就此瓦解。1983 年 10 月，中共中央、国务院下发了《关于实行政社分开建立乡政府的通知》，全面取消人民公社建立乡级政府，至 1985 年全国建乡工作全部完

---

① 孙立平等：《改革以来中国社会结构的变迁》，《中国社会科学》1994 年第 2 期。

成，人民公社体制就此走进历史。

二是实施基层群众自治制度，在人民公社体制取消之后，基层农村出现了权力真空，如何管理混乱无序的农村基层成了难题。1980年2月，广西壮族自治区宜山县合寨大队的村民率先找到了解决方法，他们成立了村民委员会，这种做法得到当地政府和中央的高度认可，1982年新修订的《宪法》第一百一十一条规定："城市和农村按居民居住地区设立的居民委员会或者村民委员会是基层群众性自治组织"，村民自治得到宪法的认可，1987年全国人大通过了《中华人民共和国村民委员会组织法（试行）》，正式通过法律确定了村民自治制度，随后，1989年，全国人大通过了《中华人民共和国城市居民委员会组织法》，也为城市居民自治提供了法律保障。

三是在政府的社会管理方面持续探索创新，1984年中共十二届三中全会通过了《中共中央关于经济体制改革的决定》，全面推进经济体制改革；1985年党中央下发《中共中央关于教育体制改革的决定》，决定全面推进教育体制改革；1985年公安部下发《公安部关于城镇暂住人口管理的暂行规定》，对暂住人口管理提出了重要要求；1988年国务院发布《基金会管理办法》，对民间组织基金会提出了明确管理要求；1991年第七届全国人大常委会第十八次会议通过了《全国人民代表大会常务委员会关于加强社会治安综合治理的决定》，强化社会治安综合治理。

（二）基本形成阶段

1992年，党的十四大胜利召开，提出要全面建立社会主义市场经济体制，由此确立市场经济体制在中国的合法地位，随着社会主义市场经济体制的全面建立，市场观念越来越深入人心，越来越受重视，各领域的市场化运动如火如荼地开展，社会领域也不例外。20 世纪 90 年代初，市场机制被引入了社会领域，1992 年开启了医疗产业化改革和教育产业化改革，1994 年则开启了城镇住房市场化改革，到 1998 年基本实现了住房的私有化。

1992 年到 2002 年可以视为中国社会治理模式的基本形成阶段，这个阶段主要有以下几方面特征：一是社会自治法律得以完善，1998 年，中共十五届三中全会通过的《中共中央关于农业和农村工作若干重大问题的决定》，要求进一步扩大农村基层民主，全面推进村级民主选举、民主决策、民主管理、民主监督。同年，全国人大通过了正式的《中华人民共和国村民委员会组织法》，以法律的形式把村民自治固定了下来。二是社会组织法规得以完善，1998 年修订完善了《社会团体登记管理条例》，并制定了《民办非企业单位登记管理暂行条例》，为社会组织的管理提供了重要的法律依据，促使社会组织更好地在社会管理中发挥积极作用。三是政府的社会管理职能得以明确，1998 年，在新一轮的政府机构改革中，"社会管理"的概念首次出现在官方的话语体系中，罗干在《关于国务院机构改革方案的说明》中明确指出，要把政府职能切实转变到宏观调控、社会管理和公共服务方面来，明确地把社会管理定位为政府的主要职能之一。

通过给自治组织和社会组织立法，我国为社会力量参与社会管理提供了良好的宏观制度环境，通过明确政府的社会管理职能，我国重新划定了政府作用边界，通过上述措施，我国基本确立了政府主导社会参与的基本社会治理格局，为未来的社会管理方式的治理化及精细化提供了重要的制度基础。

（三）全面建立阶段

2002 年 11 月，党的十六大胜利召开，大会提出了全面建设小康社会的奋斗目标，这标志着我国的社会主义建设进入了新阶段，从以经济建设为中心转向以经济建设为中心推动全面建设小康社会的全新阶段，社会建设成了这阶段的主要任务，从 2002 年到 2012 年可以视为中国社会治理模式的全面建立阶段。2003 年 3 月，《政府工作报告》再次明确政府的基本职能包括经济调节、市场监管、社会管理和公共服务，其中社会管理和公共服务均属于社会事务，经济调节和市场监管则同属经济事务。由此可见，社会事务获得了与经济事务同样重要的地位，这标志着中国政府社会管理理念全面建立。在上述政府职能的基本定位下，中国大力推进政府改革，切实推动政企分开、政事分开及政社分开，限制政府活动边界，鼓励市场力量和社会力量的发展，非政府组织获得充分发展空间。

2004 年，在中共十六届四中全会上，明确提出加强社会建设和管理，要求要切实推进社会管理规律研究，完善社会管理体系，整合社会管理资源。2006 年，中共十六届六中全会审议并通过了《中共中央关于构建社会主义和谐社会若干重大问题的决定》，对中共社会主义和谐社会建设做出了专门部署，对建设服务型政府、强化社会管理职能、推进社区建设和社会组织建设予以了重点布局，这标志着社会建设上升到了一个全新的高度。2007 年 11 月，党的十七大正式把社会建设上升到与政治、经济和文化并列的高度，提出全面推进政治、经济、文化和社会"四位一体"建设，据此推动社会主义小康社会建设。2011 年 9 月，中共中央、国务院下发了《关于加强和创新社会管理的意见》，明确提出党委领导、政府负责、社会协同、公众参与的基本社会管理思路，这标志着我国国家层面的社会管理格局全面建立。

这个阶段的社会治理的基本特征有以下几个方面：一是全面提升社会建设重要性，把社会建设列为与政治建设、经济建设和文化建设并列的四大建设，全面推进和谐社会建设。二是全面建立社会管理体制，提出要按照党委领导、政府负责、社会协同、公众参与的格局建立社会管理体制。在发挥党委政府的领导作用的同时，大力推进社会组织和民众对社会管理的积极参与，推动形成多元参与的社会管理新格局。三是全面完善社会自治体制机制，2004年，国务院通过了《基金会管理条例》，进一步完善了中国社会组织登记管理的法律法规，2010年全国人大修订了《中华人民共和国村民委员会组织法》，进一步完善了村民自治法律法规，为村民自治的深化提供了重要制度框架。

（四）全面深化阶段

2012年11月，党的十八大胜利召开，大会指出要在改善民生和创新管理中加强社会建设，提出加快推进社会体制改革的要求，指出要围绕构建中国特色社会主义社会管理体系，加快形成党委领导、政府负责、社会协同、公众参与、法治保障的社会管理体制，同时要推动建设政府主导、覆盖城乡、可持续的基本公共服务体系，建设政社分开、权责明确、依法自治的现代社会组织体制，加快形成源头治理、动态管理、应急处置相结合的社会管理体制。至此，中国特色社会治理体制进入全面深化阶段，从管理的思想来看，这个阶段在上一阶段的基础上加入了法治保障这一维度；从工作抓手来看，这个阶段明确提出要以公共服务体系建设推动社会建设；从对待社会组织的态度来看，这个阶段明确了政府与社会在权责明确的基础上分离，赋予社会组织依法自治的权力；从管理方式来看，这个阶段明确提出源头治理、动态管理和应急处置多种方式并举的基本格局，全方位深化了我国的社会管理体制。

2013年11月，中共十八届三中全会通过了《中共中央关于全面深化改革若干重大问题的决定》，指出要创新社会治理，认为必须着眼于维护最广大人民根本利益，最大限度增加和谐因素，增强社会发展活力，提高社会治理水平。这是中共第一次在官方文件中提出社会治理的概念，2015年10月，中共十八届五中全会又进一步明确提出"构建全民共建共享的社会治理格局"，凸显了"共建共享"这一社会治理的本质属性。2017年10月，党的十九大胜利召开，大会就社会治理提出了新方向，明确要加强社会治理的制度建设，在党委领导、政府负责、社会协同、公众参与、法治保障的社会治理体制的基础上，推动建立共建共治共享的社会治理格局，系首次提出"共治"的概念，是对"共建共享"治理格局的深化。

2012年迄今的这个阶段是中国社会治理的全面深化阶段，中国政府摒弃了以往以控制、管理为主的单向管控思维，积极接纳国际主流的治理理论，明确提出了"社会治理"的概念，开创了中国特色社会主义社会治理的新时代，总体而言，这个阶段中国社会治理有如下特点：一是政府社会治理从封闭走向开放；二是政府社会治理从被动转为主动；三是政府社会治理从层级式转为扁平式；四是社会治理从单一主体转向多元主体。这个阶段的中国社会治理，不管是在治理思想方面，还是在治理体制方面，抑或是在治理机制方面，都比前一阶段更为完善和成熟，是社会治理的全面深化阶段，创新、协同、共治及开放成了这个阶段的主要关键词，中国社会治理在精细化方面越走越远，治理成效越来越显著。

第二节　成效评估　各有千秋

一、新中国成立后三十年社会管理成效

（一）乡村社会管理成效

1. 创新了农村社会管理体制

新中国成立后的乡村社会管理是一个不断探索、不断创新的过程，新中国废除了落后的保甲制管理体系，以马克思列宁主义为指导思想，以苏联社会主义建设经验为借鉴，走上了一条中国特色乡村管理的探索之路，尽管在探索的过程中遇到了挫折，但总体上看，新中国成立后三十年中，我国农村社会管理的成效之一是创新了农村社会管理体系。农民协会是土地改革时期农村事务管理机构，农民协会在团结雇农、贫农、中农及农村中一切反封建分子，保护农民利益的方面发挥了重要作用，正是在农民协会的有效管理下，农村土地改革才得以顺利地在短期内完成，也正是在农民协会的有效管理下，农村才能够迅速地从封建阶段迅速进入新民主主义阶段。合作社在农村合作化时期发挥着农村管理机构的作用，通过合作社对农村事务的管理，基本消除了农村中的贫富两极分化，完成了土地等生产资料所有制的社会主义改革，实现了土地等主要生产资料的集体所有。人民公社是公社化时期农村社会管理机构，以"政社合一"原则管理着农村事务的方方面面，有力地凝聚了人民群众的力量，促进了农业发展，以极低成本维持了乡村社会的全面稳定。尽管在不同的时期，农村社会发展经历了某种程度的挫折，但总体上看，农村社会管理在挫折中成长和发展，新中国成立后三十年农村社会管理体制的探索创新为改革开放后农村的快速发展奠定了基础。

2. 改善了农村农业生产条件

土地改革彻底改变了土地的封建所有制局面，解放了农村生产力，提高了无地农民的劳动积极性。合作化运动有力地改善了农村基础设施建设，大力促进了农村经济发展。数据显示，1956 年底，全国新建及整理渠塘共 1400 多万处，增加水井 500 多万眼，增加抽水机超过 27 万匹马力，扩大的灌溉面积约 2 亿亩[①]。人民公社时期，主要农副产品大幅增长，以粮食产量为例，从 1958 年的 2 亿吨增长至 1982 年的 3.5 亿吨，增长了近 75%[②]，农业生产条件得到了很大改善，1957—1982 年间，农机总动力增幅达 135.9 倍，化肥施用量由 37.3 万吨增加至 1513.4 万吨，农机推广站由 1952 年的 232 个增长至 1980 年的 15114 个[③]。

3. 建立了基本社会保障制度

新中国成立后三十年，尽管我国整体经济水平相对较低，但依然建立起了相对完备的社会救济和社会保障体系。《农村人民公社工作条例修正草案》要求生产队从总收入中扣留一定量的公益金作为社会保险和集体福利事业的费用，以优待或补助老弱孤寡残疾的社员、生活困难者、烈士、军属、残废军人及因公致残或死亡的社员家庭。保障形式也较为多样，既有生产贷款、粮食返销及分配透支，也有社会救济和公益金补助。保障力度尽管不大，但在生活水平普遍低下的情况下能够在大部分乡村推行，在一定程度上起到了稳定乡村社会的作用。此外，新中国成立后三十年乡村社会还建立起了相对完备的农村合作医疗体系，彼时的公共卫生保障体系由县人民

① 国家统计局：《我国的国民经济建设和人民生活》，统计出版社 1958 年版。
② 国家统计局：《中国统计年鉴（1984）》，中国统计出版社 1984 年版。
③ 辛逸：《实事求是地评价农村人民公社》，《当代世界与社会主义》2001 年第 3 期。

医院、公社卫生院和生产大队卫生站构成，其中生产大队卫生站的"赤脚医生"扮演了极为重要的角色，人民公社时期农村合作医疗体系以极为低廉的成本满足了农民群体的医疗需求，在一定程度上提高了农村人口的平均预期寿命。

（二）城市社会管理成效

1. 建立了基本城市管理体制

新中国成立后三十年城市社会管理的最大成效是建立了系统的城市管理体制，形成了"以单位制为主、以街居制为辅"的城市社会管理基本格局，促进了城市社会从新民主主义社会向社会主义社会转变。在"单位制"下，各类社会组织、经济组织与行政组织融合发展，成为行政体制的一部分，整个城市体系在"单位制"下按照统一计划、集中管理、总体动员的原则运作，形成强大的内生发展动力，"单位制"通过组织体系的一体化、体系内部的行政化、组织体系的科层化等机制不断强化其管理和控制能力，形成了覆盖生产空间、生活空间、政治空间等全城市空间的全能性管理体制。在"单位制"管控范围外的剩余城市空间则主要由"街居制"负责，1954年12月全国人大常委会颁布《城市街道办事处组织条例》和《城市居民委员会组织条例》，对街道办事处和居民委员会的性质、地位、职责进行了明确规定，把居委会定位为群众性自治组织，但在实际运作中，居委会被政府吸纳进行政系统，成为街道办事处的延伸机构，作为我国基层政权的末梢，对城市单位管理之外的空间实施全面管理。"单位制"和"街居制"共同构成了新中国成立后城市社会管理的基本体制。

2. 保障了城市社会基本服务

新中国成立后三十年的城市社会管理体制，全面保障了城市社会的基本公共服务需求，单位办社会的模式通过统一调控社会资源，通过单位层层分给城市社会成员，以此满足城市社会成员的基本服务需求。"单位制"下的城市社会服务几乎包揽了社会成员生活的方方面面，住房、就业、医疗、教育、娱乐等服务一应俱全，之所以"单位制"能够实现单位办社会的目标，是因为有完善的制度体系支撑，包括以单位为依托的统包统配就业制度、定量供给生活品及补贴制度、社会福利和保障制度等。在这种管理体制下，单位把社会问题单位化，一旦社会成员进入某一个工作单位，他的基本需求和生活需要就得到了根本保障。对于游离于单位体系外的城市闲散人员，主要通过"街居制"予以管理，街居为各类非单位人员提供最基本的生活保障，确保各类闲散人员获得最低生活保障。"单位制"和"街居制"一道为全体城市社会成员提供社会服务，保障城市平稳运转。

3.促进了城市社会持续发展

新中国成立后三十年的城市社会管理形成了"以单位制为主、以街居制为辅"的基本格局，有效地凝聚了发展动力，控制了利益分歧，促进了城市社会持续发展。首先，在"单位制"下，城市社会成员与其所属单位高度合一，单位为其成员提供涵盖工作及生活等方方面面的服务，单位成员则踏实尽心为单位工作，彼此间形成较强烈的互惠承诺，这有力地凝聚了协同发展的动力。其次，单位具有一定的规制作用，在单位的场域内长期工作，必将受到单位行为规范的影响，潜移默化地接受并以单位倡导的价值观念行事，这有利于维护社会秩序，促进社会健康发展。最后，即便在有利益分歧甚至冲突的情况下，也容易由单位出面解决，把利益分歧控制在单位内部，不至于扩大到社会上形成不良社会事件。总体来看，新中国成立后三十年的城市社会管理促进了城市社会持续发展，为改革开放后城市的快速发展奠定了坚实的基础。

（三）社会组织发展成效

新中国成立后，在党和国家的政策支持下，我国的社会组织逐步发展，取得不俗成绩，如 1963 年全国性自然科学学会数量由原来的 41 个增加到 46 个，到 1964 年增加至 48 个，新建专业委员会150 多个。同时，社会组织在吸收新成员方面成绩显著，如 1963 年，全国 25 个省、直辖市、自治区所属学会会员达 15.5 万人，1965 年一年便新增共青团员 850 万人 ①。尽管社会组织发展在"文革"期间遭遇重大挫折，但是"文革"结束后又迅速恢复发展，1978 年 3 月新设民政部，其中有负责社会组织管理职能，在多方努力下，社会组织快速恢复发展，以学会、研究会为例，1978 年，有 78 家学会、研究会得以成立，1979 年数量迅速增长至 249 家。纵观新中国成立后社会组织三十年发展历程，尽管在不同时期遭遇挫折，总体看是向好的，不同类型的社会组织在不同时期的社会发展中扮演了积极的角色，为城乡社会建设及发展作出了不可磨灭的贡献。

二、改革开放后四十年社会治理成效

改革开放以来中国社会治理取得了积极成效，在社区治理方面，自治组织建设不断强化，社会组织建设快速推进，社区服务机构蓬勃发展，社会服务机构方兴未艾；在社会治安方面，调解纠纷数稳中有降，每万人口受理案件数持续降低，社会事故逐渐减少，法院检察院审理相关案件趋于减少。

（一）社区治理成效

一是自治组织建设不断强化。自改革开放以来，我国大力推进

---

① 《中国民间组织年志》编辑委员会编：《中国民间组织年志》，中国社会出版社 2005年版。

基层民众自治工作，在这种大背景下自治组织有了长足发展，现有
数据显示，在 1983 年我国有自治组织共 37.7 万个，其中社区居委
会有 6.6 万个，村民居委会有 31.1 万个。此后呈现出急剧增长的态
势，到 1990 年达到最高点，自治组织共有 110 万个，其中社区居委
会 9.9 万个，村民居委会 100 万个。1990 年以后自治组织呈现出不
断下降的态势，截至 2017 年全国共有自治组织 66.1 万个，其中社
区居委会 10.6 万个，村民居委会 55.4 万个，如表 9-1 所示。

表 9-1　改革开放后中国自治组织单位数

年份	自治组织单位总数（万个）	社区居委会单位数（万个）	村民委员会单位数（万个）
1983	37.7	6.6	31.1
1985	102.9	8.1	94.8
1990	110.0	9.9	100.1
1995	104.3	11.1	93.2
2000	84.0	10.8	73.2
2005	70.9	7.9	62.9
2010	68.1	8.7	59.4
2015	68.0	9.9	58.0
2017	66.1	10.6	55.4

资料来源：根据历年《中国统计年鉴》、《社会服务发展统计公报》整理。

从总体上看，改革开放以来我国自治组织的发展经历了一个从
急剧增加到缓慢下降再到平稳发展的演变过程，如图 9-1 所示。自
治组织的急剧增加说明我国改革开放之后政府放松了对社会的控制，
社会自治组织的发展迎来了春天，因此表现为量的急剧扩张。自治
组织的缓慢下降意味着自治组织自身的发展经历了一个从量的扩张
向质的提升的演变过程，这意味着自治组织自身的建设得到了进一
步的强化，同时也意味着自治组织对社会事务的治理也经历了一个

从量的扩张到质的提升的转变过程。

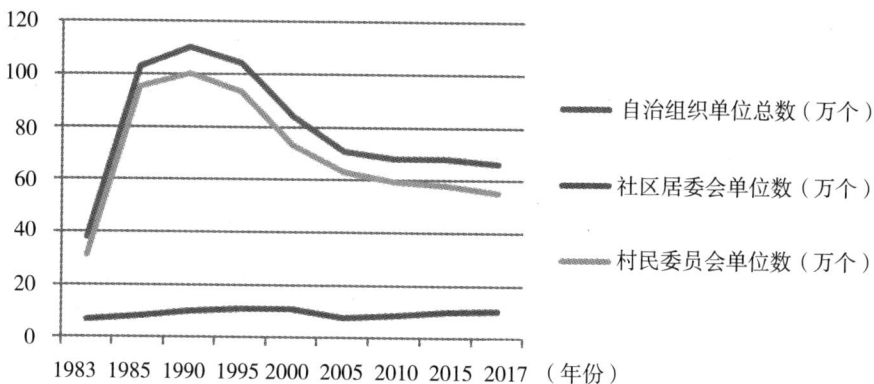

图 9-1　改革开放后中国自治组织单位数变化趋势
资料来源：根据历年《中国统计年鉴》、《社会服务发展统计公报》整理。

　　二是社会组织建设快速推进。改革开放以来，中国政府从过去的全能主义 ① （Totalism）管理思想退却，逐步收缩政府触角，限制政府管理范围，把许多职能交给了社会，在这种大背景下，社会组织逐步获得了发展空间，填充了政府退却后形成的权力真空，在社会治理方面发挥着日益积极的作用。表 9-2 数据显示，1988 年中国共有 0.4 万个社会组织，社会组织数在 1996 年达到一个小高峰后小幅下降了一段时期，之后又一路猛增，在 2003 年共有 28.9 万个社会组织，2015 年则在 2003 年的基础上翻了一番还多，达到 66.2 万个。1999 年以前，中国的社会组织仅指社会团体，1999 年新增了民办非企业类社会组织，该种类型社会组织在成立之后快速发展，从最初的不到 0.6 万个发展到 2017 年的 40 万个，增长势头十分强劲。

---

① 邹谠：《二十世纪中国政治：从宏观历史与微观行动的角度看》，牛津大学出版社1994 年版。

2003 年又增加了基金会这类社会组织，该类组织同样发展迅速，从最初的 892 家发展到 2017 年的 6307 家。

表 9-2　改革开放后中国社会组织单位数

年份	社会组织单位数（万个）	社会团体单位数（万个）	基金会单位数（个）	民办非企业单位数（万个）
1988	0.4	0.4	—	—
1990	1.1	1.1	—	—
1996	18.5	18.5	—	—
1999	14.3	13.7	—	0.6
2003	28.9	15.3	892	13.5
2007	38.7	21.2	1340	17.4
2011	46.2	25.5	2614	20.4
2015	66.2	32.9	4784	32.9
2017	76.2	35.5	6307	40.0

资料来源：根据历年《中国统计年鉴》、《社会服务发展统计公报》整理。

从总体上看，改革开放之后我国社会组织的发展呈现出典型的"Z"字形发展态势，经过最初的快速发展之后，进入了一个缓慢下降的过程，之后又进入一个极速发展的阶段，如图 9-2 所示。各种类型的社会组织的快速发展，既意味着它们在社会治理方面扮演着更为积极的角色，也意味着政府不断放弃以往大包大揽的作风，充分发挥社会组织在社会治理中的辅助作用。社会组织的出现及快速成长，是国家社会治理现代化的重要体现之一。社会组织的健康发展本身就说明我国在改革开放之后取得了明显的社会治理成效。

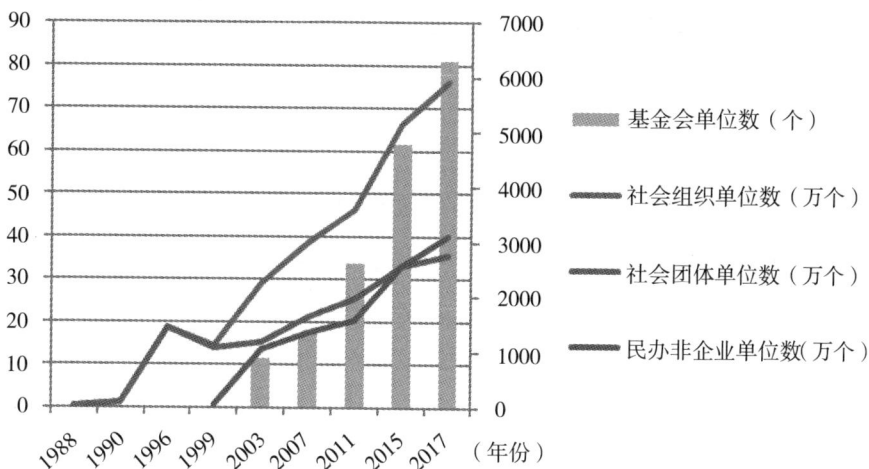

图 9-2　改革开放后中国社会组织单位发展趋势

资料来源：根据历年《中国统计年鉴》、《社会服务发展统计公报》整理。

三是社区服务机构蓬勃发展。改革开放之后，中国从以"单位制"①为主导的社会管理体制向"单位制"+"社区制"双轨型社会管理体制转变，社区逐渐承接了原先由单位承担的社会管理职能，这种趋势在 1992 年党的十四大之后体现得更加明显，社区服务机构在1993 年开始进入官方统计数据中，此后该类机构迅速增加，从最初的 9 万多个发展到 2003 年的 20 万个。到 2017 年，中国社区服务机构总量高达 40.7 万个，如表 9-3 所示。

表 9-3　改革开放后中国社区服务机构数及其覆盖率

年份	1993	1998	2003	2008	2013	2016	2017
社区服务机构数（万个）	9.2	15.4	20.3	16.2	25.1	38.6	40.7
社区服务机构覆盖率（%）	8.3	16.2	27.5	23.7	18.8	24.4	25.5

资料来源：根据历年《中国统计年鉴》、《社会服务发展统计公报》整理。

① 路风：《单位：一种特殊的社会组织形式》，《中国社会科学》1989 年第 1 期。

　　总体而言，从社区服务机构数的演变趋势来看，改革开放之后，中国的社区服务组织在量上经历了一个从快速发展到缓慢发展再到急剧扩张的演变过程，如图 9-3 所示。这意味着中国政府在社会治理方面投入的资源越来越多，越来越重视社区服务组织建设，越来越重视发挥社区服务组织在社会治理中的作用。从社区覆盖率的演变趋势来看，中国政府通过社区服务机构来推进社会治理的效率一直在提高，社区服务机构覆盖率从 1993 年的 8.3% 一直提升到 2003 年的 27.5%，尽管 2003 年以后社区服务机构覆盖率有所下降，但基本上都维持在 20% 左右，远高于 1993 年的水平。这说明社区服务机构的服务效率得到了较大的提升，社区服务效率的提升本身便说明中国社会治理取得了积极成效。

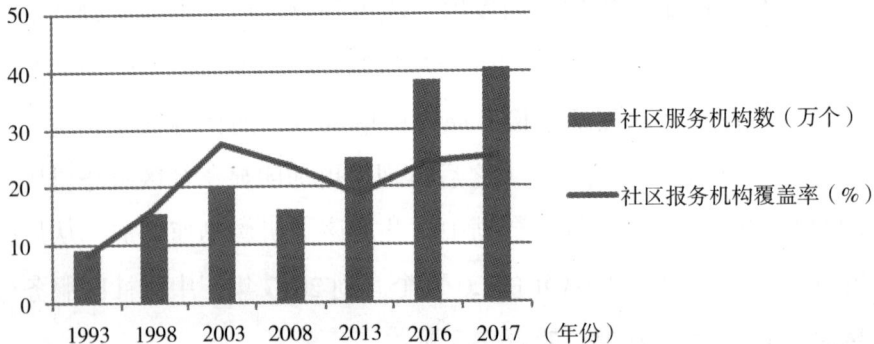

图 9-3　改革开放后中国社区服务机构数及其覆盖率变化趋势

资料来源：根据历年《中国统计年鉴》、《社会服务发展统计公报》整理。

　　四是社会服务机构方兴未艾。自 1993 年社区服务机构指标纳入国家统计范畴以后，社会服务领域各类机构如雨后春笋般涌现，多种新型服务机构涌现并为中国的社会治理贡献了积极力量，2008 年中国国家统计局把新出现的各类服务型机构均纳入统计指标体系，冠名社会服务机构，该指标是在社会组织及自治组织的基础上叠加形成的，包含了社会工作单位、养老服务机构、福利院等诸多社会服务类机构，该指标能够在一定程度上反映中国社会治理的繁荣和发达程度。从表9-4中可以看出，社会服务机构和职工人数均呈现出持续增长的态势，社会服务机构从2008年的119.5万个增长到2012年的136.6万个，截至2017年全国共有社会服务机构182.1万个；社会服务机构职工从2008年的967.3万人增长到2017年的1355.1万人，数量非常庞大，且一直保持增长态势，可谓方兴未艾。

表 9-4　改革开放后中国社会服务机构数及职工数

年份	2008	2010	2012	2014	2016	2017
社会服务机构单位数（万个）	119.5	126.8	136.6	166.8	174.5	182.1
社会服务机构职工人数（万人）	967.3	1138.4	1144.7	1251	1239.3	1355.1

资料来源：根据历年《中国统计年鉴》、《社会服务发展统计公报》整理。

　　总体而言，社会服务机构的持续增长意味着社会力量在中国社会治理中扮演着越来越重要的角色，承担着越来越多的社会治理职能，提供着越来越多的社会服务，而社会力量对社会事务的参与本身则是社会治理现代化的重要表征之一，社会服务机构的持续增加意味着社会力量对社会治理事务的持续参与，而社会力量对社会治理事务的持续参与意味着中国社会治理的现代化程度越来越高，中国社会治理的现代化程度越高则表明中国社会治理的成效越来越显著。无论从社会服务机构单位数来看还是从社会服务机构职工数来看，社会力量对中国社会治理事务的参与都是持续增加的，从这个角度来看，中国的社会治理取得了积极成效。

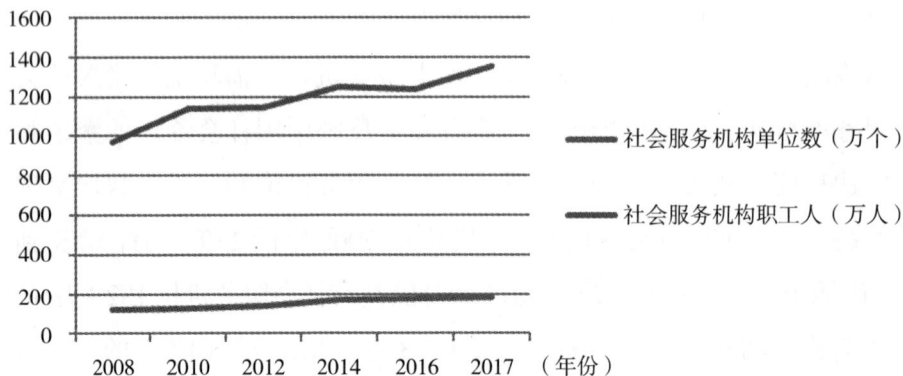

图9-4 改革开放后中国社会服务机构数及职工数变化趋势
资料来源：根据历年《中国统计年鉴》、《社会服务发展统计公报》整理。

（二）社会治安成效

一是纠纷调解力度持续加大。改革开放之后，社会利益不断分化，以前不明显或不突出的矛盾日益凸显，从表9-5中的数据来看，民间纠纷调解数最初呈现出增长态势，至1989年达到一个小高峰，达7341030件，之后呈现出持续下降态势，2004年为低谷，仅4414233件，此后又呈现出持续增长的态势，并在2016年有所回落，降至9019000件。

表9-5 改革开放后中国调解民间纠纷情况

年份	调解纠纷总数（件）
1984	6748583
1989	7341030
1994	6123729
1999	5188646
2004	4414233
2009	5797300
2014	9330000
2016	9019000

资料来源：根据历年《中国统计年鉴》整理。

　　总体来看，我国的纠纷调解力度在加大，调解案件在总量上呈现出增长的态势。尽管中间有段时间有所回落，但增长的绝对量要超过回落的绝对量，这表明我国在民间纠纷调解方面做出了不懈努力。纠纷调解意味着民众间的冲突以非法律的形式得到处理，意味着政府需要在调解矛盾双方诉求方面投入巨大的资源和精力，纠纷调解情况能够在一定程度上反映政府的社会治理成效。在社会总体矛盾既定的情况下，纠纷调解的越多，走法律诉讼途径解决矛盾的就越少，而纠纷调解的成本比法律诉讼要低很多。从这个角度看，纠纷调解的越多，社会治安的总体成本越少，社会治安成本越少则社会治安的成效越好。从表9-5及图9-5的数据来看，中国社会的纠纷调解力度总体上呈现出加强的趋势，治安成效明显。

（件）

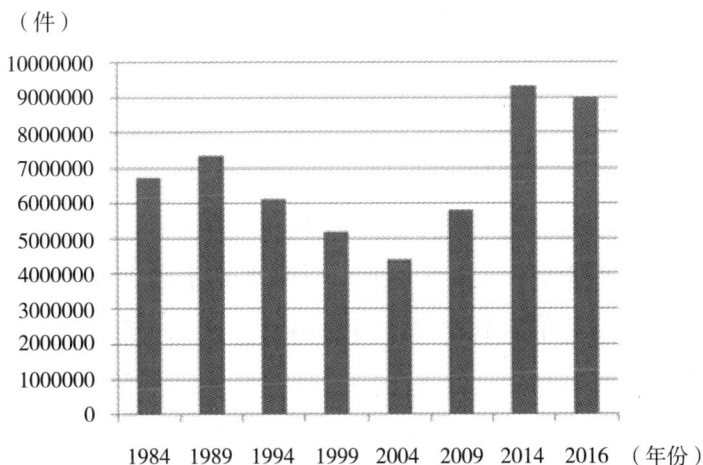

图9-5　改革开放后中国调解民间纠纷总数变化趋势
资料来源：根据历年《中国统计年鉴》整理。

二是每万人口受理案件数持续降低。改革开放后，与社会治安有关的相关犯罪呈现出下降趋势，具体表现是每万人受理案件数持续降低。例如，法院受理寻衅滋事案件数从 2006 年的 1 起每万人上升到 1.2 起每万人，之后一直呈现出下降趋势，到 2016 年降至 0.6 起每万人；法院受理卖淫、嫖娼案件数最初在 0.8 起到 0.7 起每万人间波动，之后一直下降，到 2016 年降至 0.6 起每万人；法院受理赌博案件数同样呈现出先波浪式变化后持续降低的态势，从 2006 年的 2.9 起每万人增加至 3 起每万人，最后一直降至 2016 年的 2.2 起每万人，如表 9-6 所示。

表 9-6　改革开放后中国每万人受理社会治安有关案件情况

年份	2006	2008	2010	2012	2014	2016
受理寻衅滋事案件数（起/万人）	1	1.2	1.1	0.9	0.6	0.6
受理卖淫、嫖娼案件数（起/万人）	0.8	0.7	0.8	0.7	0.6	0.6
受理赌博案件数（起/万人）	2.9	2.6	2.9	3	2.7	2.2

资料来源：根据历年《中国统计年鉴》整理。

总体而言，从受理寻衅滋事案件数、卖淫嫖娼案件数及赌博案件数的历年变化趋势来看，改革开放以来尤其是进入 21 世纪以来我国的社会治安状况在逐渐改善，最起码从上述几个和民众社会生活密切相关的指标来看，每万人受理案件数是在降低的，这无疑在一定程度上反映了我国在社会治安方面取得了积极成效，也反映了中国的社会治理在改革开放后越来越好。

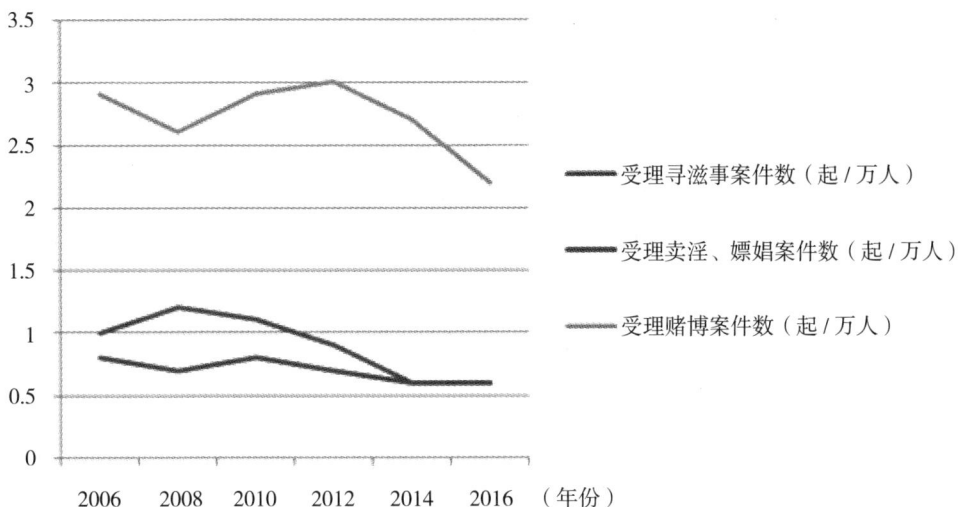

图 9-6　改革开放后中国每万人受理社会治安有关案件趋势
资料来源：根据历年《中国统计年鉴》整理。

三是社会事故逐渐减少。社会事故能够在一定程度上反映一个社会的治安情况，考察中国改革开放以后的社会事故情况有助于我们了解中国近些年的社会治安情况。从现有数据来看，中国的交通事故数在 1990 年纳入国家统计指标体系，在 1990 年中国共发生了250244 起交通事故，之后小幅下降，从 1993 年起到 2002 年又持续增加，2002 年达到顶峰，共有 773137 起事故，之后持续降低，到 2014 年降至低谷，为 196812 起，2016 年小幅回升至 212846 起事故。在人口火灾发生率方面，最早的数据为 1996 年的 3.1 起/10万人，之后一直持续上升，在 2002 年达到峰值，为 20.6 起/10 万人，此后发生率一路下跌，到 2011 年为 9.25 起/10 万人，如表 9-7所示。

表 9-7　改革开放后中国交通事故数与人口火灾发生率

年份	交通事故总数（起）	人口火灾发生率（1/10 万人）
1990	250244	—
1993	240623	—
1996	287685	3.1
1999	412860	14.8
2002	773137	20.6
2005	450254	18.57
2008	265204	10.36
2011	210812	9.25
2014	196812	—
2016	212846	—

资料来源：根据历年《中国统计年鉴》整理。

　　总体而言，从交通事故数来看，尽管 1990 年至 2002 年期间，中国的交通事故总数在持续增加，但之后一直降低，且降到了低于 1990 年时的水平，在人口持续增长的大背景下，交通事故总数能够在持续增长后又持续降低实属不易，这无疑在一定程度上反映了中国社会治安的好转，也反映了中国在社会治安方面取得了积极成效。从人口火灾发生率来看，尽管 1996 年至 2002 年期间，发生率一直呈现出持续增长的态势，但这种局面在之后得到扭转，发生率在 2002 年之后一直降低，这显示出我国在防范火灾发生方面做了大量工作并取得了重大成效，至 2011 年，火灾发生率仅为 9.25 起每 10 万人，该指标低于此前大部分时间的发生率，治理成效显著，如图 9-7 所示。

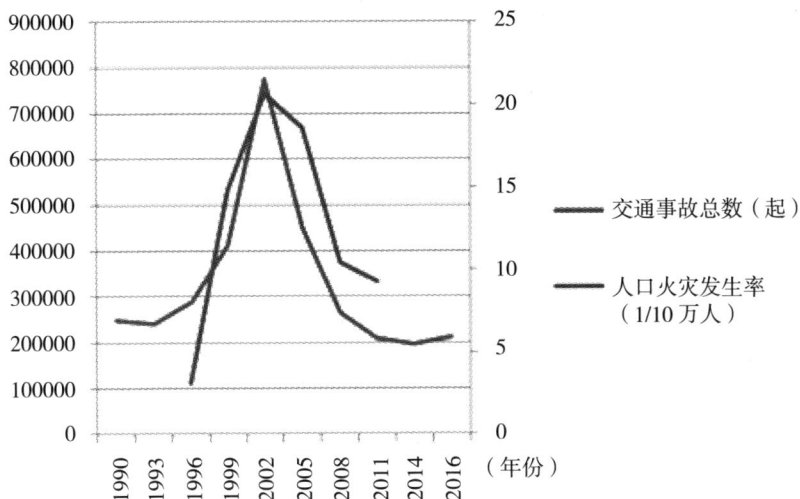

图9-7　改革开放后中国交通事故数与人口火灾发生率变化趋势

资料来源：根据历年《中国统计年鉴》整理。

　　四是法院检察院相关案件趋于减少。在法院检察院逮捕罪犯及立案数目方面，改革开放以来也有了显著的变化，从检察院直接立案侦查的案件数来看，从有记录的 1998 年以来基本上均呈现出持续下降的态势，从 1998 年最初的 108828 件降低至 2013 年的 49044 件，之后小幅回升至 2016 年的 65039 件，总体上呈现出平稳下降的趋势。从人民法院审理刑事案件罪犯情况来看，审理的青少年刑事犯罪人数经历了一个先增长后降低的演变过程，从 1998 年的 208076 人上升至 2007 年的 316298 人，最后降低至 2016 年的 204657 人，如表 9-8 所示。

表9-8 改革开放以来检察院直接立案侦查及青少年刑事犯罪情况

年份	1998	2001	2004	2007	2010	2013	2016
检察院直接立案侦查受案数（件）	108828	97240	68813	53978	49969	49044	65039
青少年刑事犯罪数（人）	208076	253465	248834	316298	287978	265439	204657

资料来源：根据历年《中国统计年鉴》整理。

　　总体而言，从检察院方面的数据来看，检察院直接立案侦查的受案数大体上呈现出持续降低的态势，这表明相关的案件出现的越来越少，意味着社会的治安状况越来越好。从法院方面的数据来看，人民法院审理的青少年刑事犯罪人数尽管曾有一个波浪式变动的过程，但最终还是呈现出持续降低的趋势，并在2016年降低至204657人，低于1998年的水平，如图9-8所示。这种情况在人口持续增长的大背景下实属不易，反映出我国社会治安状况的有效改善，这种改善毫无疑问表征着我国的社会治理取得了积极的成效。

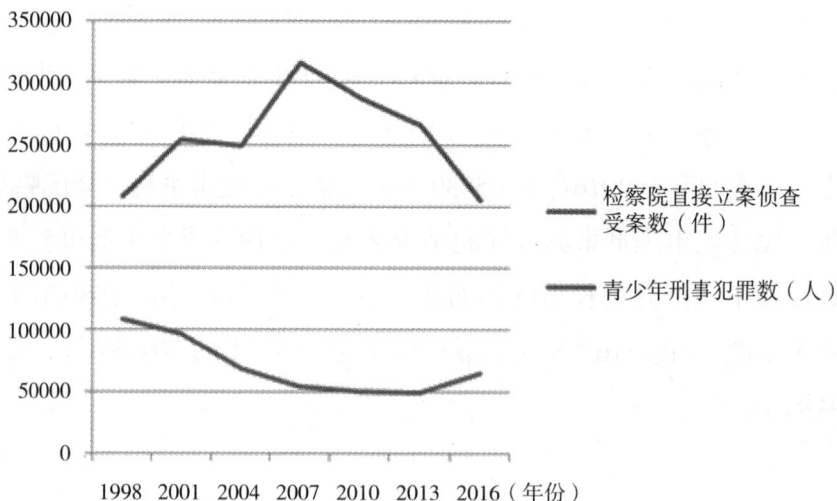

图9-8 改革开放以来检察院直接立案侦查及青少年刑事犯罪变化趋势
资料来源：根据历年《中国统计年鉴》整理。

第三节　中国经验　别具特色

一、新中国成立后三十年社会管理的经验总结

（一）破除旧体制与确立新体制相结合

新中国成立初期，党和国家面临的最大问题是一方面要破除国内遗留的封建主义和官僚资本主义，另一方面又要确立新民主主义社会，实施社会主义三大改造进而向社会主义制度转变。从新中国成立后三十年的社会管理进程看，党和国家很好地将破除旧体制和建立新体制结合起来，实现了从民族资本主义向新民主主义及社会主义社会的切实转变。在农村，一方面，党和国家通过实施土地改革、农业合作化及人民公社化政策，切实改变了我国农村土地等生产资料的所有制状态，实现了从封建所有制向集体所有制的转变，破除了束缚生产力发展的落后生产关系；另一方面，通过建立农民协会、农村合作社及人民公社，党和国家为整个乡村社会建立起了一套全新的组织体系，把每个农民都组织进了新的制度体系，以新的组织规则运转。既解放了农村生产力，转变了农村生产关系；又整合了原本碎片化的农村劳动力，为农村的进一步发展提供了源源不断的内生动力。

在城市，一方面为了切实贯彻中央制定的"一化三改造"方针，逐步实现社会主义工业化，党和国家在城市大力推进对个体手工业经济和资本主义工商业的社会主义改造。在手工业经济改造方面，以"积极引导，稳步向前"为基本原则，从供销入手，从小到大，由低到高，一点带面，逐步实现合作化；同时，逐步推进资本主义工商业的社会主义改造，首先对金融业实行全行业的公私合营，

让资本家交出经营、财务和人事权，统一金融市场；然后采取排挤私营批发和有计划扩展加工订货的方针在其他行业推进私营资本主义工商业的社会主义改造，通过多项政策措施，城市资本主义工商业基本实现了社会主义改造，实现了对官僚资本主义的改造目标。另一方面，通过在城市社会建立"单位制"及"街区制"管理体制，党和国家重建了城市社会管理体系，把城市社会中的各类组织都吸纳进政府宏观关系系统中，对于游离于单位之外的社会成员，则用"街居制"予以吸纳和管理，通过"单位制+街区制"形成一个总体性控制的管理体系，对城市社会实施全面管理。对传统城市经营体系的改造与总体性城市管理体系的建立有机结合，共同推动了城市社会的全面发展。

此外，党和国家高度重视社会组织在团结各方力量中的重要作用，出台多项文件支持社会组织发展，把社会组织作为广泛联系群众的重要渠道之一，吸纳进行政管理体系，充分发挥各类社会组织的积极作用，构建最广泛的社会管理战线，对全社会实施总体性管理和控制。

（二）利益引导与观念塑造相结合

新中国成立初期，长年的战争导致民不聊生、国家一贫如洗，为了快速重建国家，恢复经济社会发展，整合力量凝聚民心，强化社会管理，党和国家采取了利益引导与观念塑造相结合的策略重建政治经济社会体系。在农村，通过土地革命把地主及富农占有的土地分配给无地贫雇农，极大地调动了占农民总体大部分的贫下中农、雇农等群体的劳动积极性，极大地解放了长期束缚的农村劳动力；农业合作化运动则进一步在土地革命的基础上通过自愿合作的形式推进了包括土地、耕畜及生产工具等在内的生产资料的集体化，进一步优化了农业生产条件，进一步解放了农村劳动生产力；人民公社化运动则将农村的合作化运动推向高潮，是合作化集体化运动的高阶段表现，如果说合作化运动主要解决了农村生产资料的集体化的话，那么人民公社化运动则主要解决了农民生产思想的集体化，通过建设"政社合一"的人民公社制度，国家把触角以人民公社、生产大队及生产队的形式延伸至农村社会的各个角落，强化了对乡村社会的管理和控制，正是通过这种严密的管理控制体系，并在宣传机制的强大作用下，集体化国家化的思想在农民的日常劳动及学习生活中内化为他们的行动准则和行为规范。

在城市，一方面通过实施社会主义改造，改变手工业及工商业的经营属性，限制个体手工业者及资本家的股份及所得，将大量资产收归国有，再通过行政分配的形式，以"单位制"为依托，为城市社会成员分配生产生活物资，以物质利益相对均等化分配的形式聚合社会成员，凝聚力量，形成城市发展合力。另一方面，党和国家的宣传机构通过城市严密的"单位"与"街居"管控体系，不断传输同质化的思想和观念意识，起到统一人民思想的作用，让社会成员将主流思想内化于心、外化于行，与整个体制一道共同构建良性社会秩序。物质利益与思想观念双重塑造策略的运用，促使社会成员更能够融入整个体系，而非排斥社会体系本身，这就为社会的持续发展奠定了稳定性基础。

尽管新中国成立后三十年间不同时期的运动走了一些弯路并在不同程度上导致了不良后果，但仅就社会管理而言，新中国成立后三十年的社会管理的成绩是突出的，这种成绩的取得与利益引导及观念塑造相结合的策略高度相关。

（三）总体控制与局部探索相结合

新中国成立后三十年的社会治理面临着严峻的内外部环境，尤其是新中国成立初期，内部匪乱不止，外部帝国主义围堵力度持续增强，当时的社会管理以控制为导向，目标是实现对经济社会的全面管理控制，只有在全面管控的局面下，党和国家才能够切实推进新民主主义时期的社会主义改造并最终进入社会主义社会。为了实现对经济社会的强力管控，党和国家在城市和农村分类施策，在城市建立了"单位制"和"街居制"，在乡村建立了农民协会、农业合作社、人民公社，构建了完善的管控体系，全面管控城乡经济社会发展，全面贯彻党和国家彼时的路线、方针和政策。总体控制体制为新中国成立后三十年的经济社会恢复和发展提供了良好的稳定环境，但同时也在一定程度上呈现出僵化、教条及刻板的特点，对经济社会的发展有一定的负面作用。为此，党和国家又在总体控制的同时为局部探索开了口子，即便在人民公社时期依然允许部分人留有自留地并从事副业；在城市中的社会人员被吸纳进了单位，个体能动性几乎丧失，但是"单位"本身成为城市社会的一个重要行为主体，具有一定的能动性，正是这种能动性让城市社会不至于在总体性控制中失去活力。总体性控制与局部灵活探索相结合的策略，让党和国家能够在新中国成立后三十年中总体管理和控制经济社会，同时又能够在必要时推进改革实现制度变迁，不断适应国内外形势变化，维护经济社会长期稳定发展。

二、改革开放后四十年社会治理的经验总结

改革开放后四十年来所取得的巨大成就，既非仅靠政府一己之力实现的，也非仅靠社会力量自然实现的，而是政府与社会通力合

作的结果，也就是说是国家与社会在动态平衡中交互作用的结果。中国独具特色的政府体制也给有效社会治理的实现提供了重要的制度保障，使得政党与政府能够通力协作相向而行，共同为社会的有效治理努力奋斗。在具体的执行机制或策略方面，中国政府恰如其分地运用了有效控制和适度发展的交互作用逻辑，成功地把社会力量纳入政府影响边界范围内，以松散耦联的弱关联方式对其施加影响，促成政府与社会力量的有机融合，实现了对社会的共同治理。同时，在治理体制方面，中国政府广泛地运用常规治理和运动式治理相结合的治理逻辑，成功地破解了由行政部门本身的惰性导致的执行问题之困境，为社会治理提供了源源不断的强大动力。

（一）国家与社会的再平衡

首先，改革开放以来中国社会治理取得的杰出成就得益于国家与社会之间的再平衡。一直以来中国都是典型的"强国家—弱社会"型国家，在这种类型的国家中国家力量处于绝对主导地位，社会力量如果有的话也是处于从属地位，整个社会是嵌入在国家体制中运作的。黄宗智（2008）研究发现在传统中国社会中广泛地存在着一个"准官员"群体，他们靠依附在基层政权中维持自身的社会地位，地方政府则凭借此类群体对社会实施严密的管理，形成一种所谓的"集权的简约治理"模式①。

在"强国家—弱社会"型国家社会关系大框架下，国家处于绝对主导地位，控制了政治、经济、社会、文化等方方面面，一切事务围绕着国家权力而建构，可以毫不夸张地说，社会嵌入在国家之

---

① 黄宗智：《集权的简约治理——中国以准官员和纠纷解决为主的半正式基层行政》，《开放时代》2008 年第 2 期。

中而存在。在"强国家—弱社会"型基本结构下，作为主导力量的国家固然能够获得对全社会的全面控制，但控制并非没有代价，国家在全面控制社会的同时也给自身带来巨大压力。一方面，国家的控制导致社会的反弹和抵触，社会的反弹和抵触则反过来增加了国家对社会控制的难度；另一方面，国家的控制行为还导致科层体系内部的反弹和抵触，国家对社会的控制需要通过科层体系来实施，国家要控制社会必须先控制科层体系，而科层体系通常有自身利益诉求，其目标不一定与国家目标相容，因此与国家间通常摩擦不断。总之，在"强国家—弱社会"型基本结构下，国家看似对社会实施全面控制，但事实上其治理效果未必好，国家对社会的全面控制通常带来的是各方的抵触和反弹，尽管社会力量被国家控制，国家却因控制付出了沉重的代价。

改革开放以来，中国在国家与社会关系方面有了巨大的进步，中国政府充分认识到政府本身的局限性，逐渐缩小政府的作用边界，同时也高度重视社会力量的作用，积极引入市场力量，大力推进社会主义市场经济建设，在国家与社会关系方面进行了重大调整，社会力量逐渐得以释放并得到鼓励和发展，中国社会发展迎来新力量和新血液。国家与社会力量的再平衡促使中国的国家与社会关系从"强国家—弱社会"型向"强国家—强社会"型转变，国家力量相对收缩，社会力量迅速崛起，它们积极参与社会事务治理，既减轻了政府的负担，也实现了社会力量自身的参与价值，对促进中国社会治理的全面转型起到了积极作用。中国社会治理因此在中国国家与社会关系的渐进变迁中取得了积极成效。

（二）政党与政府的协力合作

如果说国家与社会之间的再平衡主要处理的是政府与其外部力

量之间的关系的话，那么政党与政府之间的关系问题则是政府内部力量之间的关系问题。中国社会治理之所以能够取得积极成效，和中国党政关系模式不无关系，中国的政党与政府之间的关系是一种协力合作模式，这与西方的竞争性党政关系非常不同。在西方世界中，政党之间是竞争关系，不同的政党以争取多数选民的选票来获取执政权，在选举中获胜的政党具有组阁行政的权力，在竞争中落败的政党则沦为在野反对党，对在朝执政党实施监督，在这种体制下，执政党及其代表的政府与在野党之间是一种竞争关系，而在这种竞争性的党政关系下，政府的任何政策主张都将受到反对党的牵制，政府的执行力也将因反对党的存在而大打折扣，其结果是政府的长期低效率。

我国则实行一党领导多党合作的模式，作为执政党的共产党和其他民主党派是友好合作关系，共产党执政的政府与各政党也维持了友好协作关系，在这种局面下，中国政府无论在政策议程设置还是政策执行方面都具有西方政府不可企及的高效率，因为良好的党政协作关系为政府的强大执行力提供了坚实的党派基础。良好的党政关系，在最低限度上，在野政党不至于搅政府的局拖政府的后腿，在最高限度上，在野政党能够与执政党勠力同心，齐心协力共同推进国家与社会事务的治理。改革开放以来中国社会治理方面取得的突出成就，明显得益于良好的政党与政府关系，在具有中国特色的一党领导多党参与的党政关系架构下，中国各政党能够齐心协力谋合作，聚精会神搞建设，扎扎实实推改革，在政府内部上下同心的大局面下，政府大力推进国家与社会关系渐进调整，积极引入社会力量，为社会治理的推进提供了重要的体制框架。

国家与社会的再平衡重新明确了国家力量和社会力量的作用范

围及作用边界，既减轻了国家的负担，又激活了社会活力，在战略层面上重新确定了国家与社会相互构成的基本格局，解决了政府体系与外部社会力量之间的关系问题。政党与政府的协力合作则在政府体系内部进行了力量整合，把相互掣肘的力量聚合在一起形成合力，以统一的姿态协同处理与社会力量的关系问题，并与社会力量一道促进社会事务的治理，推进有效社会治理的实现。

（三）有效控制与适度发展的有机结合

中国社会治理的有效实现，离不开灵活的政策手段，在改革开放四十年的渐进过程中，中国政府充分运用了控制与发展的双重政策工具，成功地对社会力量进行了引导，使其以符合政府政策目标的方式运作，促成了政府与社会的双赢。周雪光（2011）曾探讨过权威体制与有效治理之间的关系，指出权威体制与有效治理通常难以同时实现[①]。权威体制通常导致服从与僵化，而这种情况下无论如何都不可能实现有效治理。因为，有效治理的实现需要打破权威体制的垄断地位，让下属部门具有更多的自主性并允许下属部门进行多元探索才有可能实现有效治理。田凯（2016）在研究中国政府管理社会组织的策略之演变时也发现，政府部门采取何种策略来管理社会组织通常取决于政府偏好结构中发展需求与控制需求之间的博弈[②]。

改革开放以来中国社会治理取得的积极成效，与中国政府应对社会力量发展的策略不无关系，为了突破权威体制与有效治理难以

---

① 周雪光：《权威体制与有效治理：当代中国国家治理的制度逻辑》，《开放时代》2011 年第 10 期。

② 田凯：《发展与控制之间：中国政府部门管理社会组织的策略变革》，《河北学刊》2016 年第 2 期。

同时共存的困境，中国政府采取了更为灵活的姿态处理该议题，实施一种控制与发展并重的"双轨制"策略，在政府部门和社会力量之间创建了一种松散耦联的弱关联形式，实现了政府对社会力量既控制又发展的目的，在促进社会力量发展的同时又不失对社会力量的控制。在这种策略下，中国政府广泛地调动了社会力量协助其推进社会治理，这一方面减轻了政府的社会管理压力，另一方面也培育了社会力量，促进了社会力量的合理生长，赋予了社会力量一定的发展空间，实现了政府与社会的双赢。正是政府的控制与发展并重之策略，促进了中国社会治理的有序实现，让中国社会治理在政府与社会力量的共同作用下取得积极成效。

有效控制与适度发展的有机结合，是国家与社会再平衡的具体体现，是切实推进国家力量与社会力量灵活结合的有效机制，缓和了国家与社会之间的长期紧张关系，满足了各方需求。就国家而言，对社会实施有效控制以保持社会稳定是其所有事务中最为重要的事项，因此，控制需求很明显。就社会而言，获得相对独立性，自主地开展组织工作以实现其组织目标，进而促进组织发展，是其核心诉求。在这种情况下，政府实施控制与发展并重的"双轨制"策略便是最佳选择，以松散耦联的方式灵活地在国家与社会之间架设了桥梁，调和了这两股力量之间的矛盾，实现了双赢。

（四）常规式治理与运动式治理的有机结合

改革开放后四十年来中国社会治理取得的积极成效，还得益于中国政府灵活的治理方式，即常规式治理与运动式治理相结合的灵活治理策略。运动式治理在我国漫长的历史进程中均有不同程度的表现，其实质是在常规治理无法起作用的情况下高层政府当局采取的一种非常规的运动式的专项型治理行动。周雪光（2012）认为运动式治理是官僚机构面临内在矛盾时发展出的一种应对机制，用于应对组织失败和危机[①]。就其本质而言，运动式治理是对常规治理的一种补充和完善，当常规治理方式不能实现既定的政策目标时，运动式治理便应运而生，运动式治理通常能够达到常规治理所无法达到的效果，是中国政府为克服科层体系内在缺陷而发展出的一种灵活治理方式，是具有明显中国特色的治理手段，对社会治理产生积极影响。

中国社会治理积极成效的取得，毫无疑问离不开具有浓厚中国本土色彩的运动式治理机制。中国政府采取灵活的姿态，有机地结合了常规治理和运动式治理模式，以常规治理为主线、以运动式治理为补充，双管齐下协力推进，取得良好治理效果。就其作用而言，常规治理建构起了系统的治理架构，为社会治理提供了基础性的制度设施，而运动式治理则起到针对特定领域特定事项精准施策强力补短板的作用，以综合整治、打击违法犯罪等各类专项行动的方式切实地补齐了社会治理短板，起到了强弱项的重要作用，让常规治理具有更为坚实的依靠力量。运动式治理与常规治理一道共同为中国有效社会治理的实现作出了重要贡献。

有效控制与适度发展有机结合的策略，解决了国家及作为其代表的政府与社会力量之间的关系问题，以松散耦联的弱关联方式在国家与社会这两股具有不同诉求的力量之间建立了联系，调和了二者间长期的紧张关系，有效地处理了政府与其外部社会力量之间关系的问题。常规式治理和运动式治理的有机结合则有效地处理了政

---

① 周雪光：《运动型治理机制：中国国家治理的制度逻辑再思考》，《开放时代》2012年第9期。

府体系内部力量之间的关系问题。如上文所述，国家与作为其代理人的政府科层体系之间并非没有摩擦，事实上二者间目标相互偏离的情况时有发生，正因为二者间目标经常相互偏离，运动式治理方式才应运而生。在科层体系偏离国家目标的情况下，国家通常以运动式治理取代常规式治理，打破科层体系常规以实现特定政策目标。可见，常规式治理与运动式治理的有机结合有效地处理了政府体系内部高层与科层体系之间的矛盾。如此一来，不管政府体系内部关系状况如何，我们都有相应的策略来实施高层治理政策，实现其治理意图。也正是在这种多重治理策略的共同作用下，中国社会治理才能够在改革开放的四十年进程中取得积极成效。

（执笔人：蔡潇彬）

第十章　文体有乐　充满活力

新中国成立70年以来，人民群众精神文化生活不断升级，文化和体育发展经历了"从无到有""推陈出新""综合提质""体制改革和拉动消费""全民共享和消费升级"五个阶段，不断焕发出勃勃生机，"娱有所乐"不断得到践行和升华。随着经济社会发展水平的不断提高，我国公共文化服务和文化产业发展迈上新台阶，新闻广播电视电影与世界接轨，中华优秀传统文化得到保护和传承；体育发展进入有序轨道，竞技体育和群众体育均取得了令人瞩目的成绩，我国成功举办亚运会、奥运会等大型国际体育赛事，现代体育职业化和市场化步伐加快，全民健身事业得到发展，推动健康中国战略落到实处，为世界贡献了中国力量和中国经验。

文化和体育的发展是基于人民群众认知需要以及自我实现需要而发展的，其发展目的有益于满足人们高层次的需要，有益于实现人民群众的身心健康，有益于增强人民群众的获得感和生活品质，是经济社会发展的必然，是国计民生的期盼，是人类文明的象征。文化、技术和现代社会发展都将我们推向同一消费方式——娱乐，而文化、体育也成为现代娱乐的现实载体。"娱有所乐"是对传统经济社会发展内容的有益补充，是新时代人民群众奔向美好生活的重要组成部分。新中国成立 70 年来，人民群众娱乐消费逐步升级，以文化、体育为代表的娱乐业发展呈现出欣欣向荣的景象，在全球化背景下，文化体育作为扩内需、稳增长的重要环节，正在与世界对标，向国际看齐。

第一节　从无到有　积极探索

新中国的成立开启了我国文化和体育发展的新航程，文化事业除旧布新，进入了健康发展的新轨道，体育事业起步，运动水平不断提高。

一、文化管理体制开始萌芽

毛泽东同志在 1949 年全国新政协会议上庄严地指出："随着经济建设的高潮的到来，不可避免地将要出现一个文化建设的高潮。中国人被人认为不文明的时代已经过去了，我们将以一个具有高度文化的民族出现于世界。"中国人民政治协商会议第一届全体会议通过的共同纲领，提出"文化教育为新民主主义的，即民族、科学、大众的文化教育"的方针。1949 年 7 月，我国召开了第一次文代会，成立了中华全国文学艺术界联合会以及各艺术领域协会，对动员广大文艺工作者积极参加新中国社会主义文化艺术事业建设起到了重要推动作用。1956 年，中央政治局扩大会议提出"百花齐放，百家争鸣"的"双百"方针，并将其作为党发展科学、繁荣文学艺术的指导方针，在探索中逐步建立了新的适应当时计划经济的文化管理体制。

随着社会主义改造的不断推进，1956 年开始，我国新型文化管理体制在探索中逐步建立，戏曲改革、文艺院团改革、新闻出版改革使得文艺工作者的社会地位发生了翻天覆地的变化，促进了新中国文艺事业的发展。中国京剧院、中央歌剧院、中央乐团、北京人民艺术剧院等一大批新型文艺院团出现，成立了人民出版社、人民教育出版社、人民文学出版社等专业出版社。同时，在苏联等社会主义国家的帮助下，我国引进了芭蕾舞、交响乐、歌剧、油画等许多西方古典艺术门类，建立了艺术教育体系，培养了大批优秀文艺人才。

为了配合外交大局，我国在文学艺术、新闻出版、广播电影、遗产保护等领域，重点与社会主义国家、亚非拉发展中国家和少数西方国家开展了广泛的文化交流与合作，扩大了新中国在国际社会中的影响力。

二、文艺创作热情高涨

这一时期，广大文艺工作者积极实践，创作了一大批优秀的文艺作品，形成了新中国文化艺术事业发展的第一个高潮。文学创作方面，涌现出小说《三里湾》《红旗谱》，叙事诗《阿诗玛》《格萨尔王传》，散文《茶花赋》《长江三日》等广为流传的经典作品，地方剧种得到了较好的发展。电影创作方面，涌现了《上甘岭》《英雄儿女》《冰山上的来客》等一批优秀作品。音乐创作方面，涌现出《歌唱祖国》《我们走在大路上》《我为祖国献石油》《唱支山歌给党听》和大型音乐舞蹈史诗《东方红》《长征组歌》等划时代佳作，以及《江姐》《洪湖赤卫队》、《刘三姐》《红珊瑚》等歌剧精品。舞蹈艺术创作方面，积累了《红绸舞》《鱼美人》《荷花舞》《红色娘子军》《小刀会》等群众喜爱的作品。美术作品创作方面，创作了《蛙声十里出山泉》《祖国万岁》《洪荒风雪》《开国大典》《征服黄河》等特色美术作品。

三、公共文化事业得到发展

随着大规模经济建设的开展，一大批文化设施在各地纷纷建立。1953年，文化部发布了《关于整顿和加强文化馆、站工作的指示》，明确了文化馆（站）为群众服务。1956年，文化部又发布了《关于群众艺术馆的任务和工作的通知》，对群众艺术馆的性质、任务、编制、经费等做出了明确规定，并正式成立了中央群众艺术馆。到1965年，全国共有县级文化馆2598个，城乡影剧院2943个，县级以上图书馆562个，群众艺术馆62个，乡镇文化站2125个，图书品种数较新中国成立之初实现了翻一番，《新华字典》《现代汉语词典》等意义重大的辞书工具书陆续出版。

四、体育运动广泛普及

新中国成立之后，国家高度重视体育工作，党的第一代领导人就把新中国的体育事业摆上了议事日程，把增强人民的体质，提高全民族的健康水平，作为社会主义体育事业的首要任务。1949年，中国人民政治协商会议通过的《共同纲领》列入了"提倡国民体育"的内容，从法律的高度指出了体育工作的重要性，国家成立了中华全国体育总会，公布推行第一套广播体操，调动了广大人民群众参加体育运动的积极性。1952年成立了国家体育运动委员会。此后，各级体委机构也建立起来。教育部门、共青团、工会和部队都成立了体育机构。1954年，中共中央批准中央体委党组《关于加强人民体育运动工作的报告》，指出"改善人民的健康状况，增强人民体质，是党的一项重要任务"，为新中国的社会主义建设注入了强大的精神动力和时代精神。1955年，在第一届全国人民代表大会第二次会议通过的《中华人民共和国发展国民经济的第一个五年计划（1953—1957）》中，提出"在全国人民中，首先在厂矿、学校、部队和机关青年中，广泛地开展体育运动，以增强人民体质"。此后，体育工作多次被纳入《政府工作报告》之中。

五、奥运迈入新征程

中华人民共和国的成立，为奥林匹克运动在中国的发展提供了机遇。1952年7月19日，第15届奥运会将在芬兰首都赫尔辛基举办，新中国首次派出体育代表团参加，实为浓墨重彩的一页，新中国的体育振兴之路由此起步。在奥运精神的鼓舞和带动下，我国的运动技术水平有了显著提高，乒乓球、登山、举重、游泳、跳伞等项目进入世界前列，仅在1958—1959年间，我国就有40人26次打破了举重、游泳、跳伞等18个项目的世界纪录。1959年，我国举行了第一届全国运动会，这是我国竞技体育史上标志性的起点，将新中国成立以来的第一个竞技体育高潮推向了顶峰，此后的20世纪60年代，我国竞技体育屡创佳绩，竞技体育事业呈现出一片蓬勃发展的景象。

第二节　推陈出新　综合提质

一、改革开放之初的新景象

1978年至20世纪80年代末，是改革开放以来我国文化体育发展变迁的第一个阶段。以邓小平同志为核心的党的领导集体就强调两个文明一起抓的战略方针，1986年，中共十二届六中全会作出

《中共中央关于社会主义精神文明建设指导方针的决议》。这一时期，为顺应社会主义发展的基本原则和时代要求的重大调整，满足人民群众日益增长的物质文化需要，文化和体育领域均不断推陈出新，树立起了中国文化体育发展道路的新里程碑。

（一）文化馆院建设百花齐放

改革开放之初，全国共有博物馆 349 座，县级以上公共图书馆 1218 所，高校图书馆不足 700 所，中国科学院、中国社会科学院系统的图书馆、中央国家机关、各部委研究院（所）所属的图书馆、国家一级总公司下属研究院所所属的科学和专业图书馆或情报所约 4000 所，乡镇图书馆、城市街道图书馆、社区图书馆、工会图书馆、少儿图书馆和中小学图书馆等基层图书馆严重缺失。1978 年，全国文化事业投入为 4.4 亿元，人均不足 5 元。1979 年，我国对外文化交流数量仅为 194 起、3035 人次。文化投入及设施服务的不足严重制约了人民群众文化生活的改善。

改革开放为我国博物馆发展带来了空前的机遇，20 世纪 80 年代博物馆发展迎来了第一个高潮期。相关数据[①]显示，1980—1985 年，全国平均每 10 天新建一座博物馆，1984 年博物馆建设速度更是达到了新的高峰，即平均每 2.4 天全国就有一座新博物馆出现，1987 年全国博物馆已有近千所，文化系统博物馆约占八成，以中、小城市博物馆建设和发展较快，江西、江苏、广东、陕西等省基本上实现了市市有博物馆，1990 年观众人次突破 1 亿人。这一时期，博物馆类型既包含了遗产展陈类，也包含了民族、民俗、科技、自

---

① 苏东海：《试析改革开放中，我国博物馆第二个发展高潮》，《社会秩序与价值建构 2008·学术前沿论坛》。

然、遗址等，煤炭、纺织、邮电、地质等部门建立了一批专业博物馆，私人馆藏和展览活动开始逐渐兴起，出现了民营博物馆的雏形。随着博物馆设施的不断完善，人民群众较为广泛地参与到博物馆活动之中，文化生活不断丰富和改善。1981 年，国家开展了第二次大规模文物普查工作，1982 年《文物保护法》出台实施，标志着我国较为完善的文物保护法律体系和工作体系正式建立。

这一时期，图书馆增长迅速，到 20 世纪 80 年代末，公共图书馆数量几乎达到了 1978 年公共图书馆数量的两倍。全国普通高校、高职（专科）院校等图书馆建设发展快速，1989 年比 1978 年数量增长 70% 以上。专业图书馆或情报所、乡镇图书馆、城市街道图书馆、社区图书馆、工会图书馆、少儿图书馆和中小学图书馆等基层图书馆都有较大的发展，特别是少年儿童图书馆由 1979 年的 7 所增加到 1989 年的 67 所，一些县级图书馆、乡镇、街道等附设了儿童图书阅览场地和设施[①]，出现了一批由社会组织、私企和个人投资兴办的公益性图书馆，如宋庆龄基金会资助建设的流动图书馆和有声图书室。随着多层次图书馆设施和服务的不断完善，为创造人民群众阅读氛围和便捷阅读奠定了基础。

（二）新闻广电深入人民生活

十一届三中全会以后，新闻界组织力量深入进行改革探讨，解放思想，实事求是，新闻"禁区"逐渐被冲破，我国新闻广播事业发展随着改革开放的步伐不断加快，实现了"井喷式"发展。1978 年 1 月 1 日，中央电视台《新闻联播》正式开播，标志着中国特色的新闻播报的开启，新闻联播也成为中国收视率最高、影响力最大

---

① 龚蛟腾：《改革开放后图书馆事业的复兴与开拓》,《图书馆》, 2015 年第 2 期。

的全民电视新闻栏目和改革开放最忠实的记录者。随着市场经济的发展，经济类报刊异军突起，出现了各类自办媒体，报刊版面内容日渐丰富，极大满足了人民群众的阅读需求。1983 年，中央电视台主办了第一届春节联欢晚会，这成为中国电视节目的一个里程碑，春晚成为电视观众欢度春节的一个重要形式，在数十年内改变了中国人的除夕夜文化生活。随着文化生活日新月异的变迁，人民群众精神面貌得到前所未有的充实。

相关资料统计，1980 年全国的电视机社会拥有量约为 900 万台，到 1986 年已增至约 9200 万台；1980 年全国电视剧总产量不足 200 集，1986 年总产量已达到 2000 多集。1978 年 12 月，动画片《大闹天宫》获得伦敦电影节最佳影片奖，影视文化得到世界瞩目。1979 年、1980 年美国电视剧《大西洋底来的人》《加里森敢死队》在中国播映。1982 年国内第一家电视制片厂——北京电影制片电视制片厂成立，1983 年中国电视剧制作中心正式成立，此后的几年内，《上海滩》《射雕英雄传》《西游记》《霍元甲》《渴望》等国产电视剧成功上映，都创造了万人空巷的历史佳绩，《小花》《骆驼祥子》《城南旧事》《人到中年》《牧马人》等一批国产优秀影片登上银屏，并在国际电影节上赢得荣誉。各类文艺院团发展迅速，创作并推出了诸多喜闻乐见的演出剧目。与此同时，居民文化消费产品和服务的可选择性和可获得性得到升级。

（三）竞技体育走上世界舞台

中国体育的发展同样是人民群众文化生活的重要部分，20 世纪 80 年代硕果累累。这一时期，竞技体育被确立为体育事业发展的核心。1984 年，我国首次参加在美国洛杉矶举行的国际奥林匹克运动会，竞技体育开始走上世界舞台，许海峰获得奥运首金，实现了华夏儿女在奥运会上金牌"零的突破",体操选手李宁一人独得3枚金牌,中国女排夺冠,乒乓球、羽毛球等表现出绝对优势,人民群众掀起了看奥运、学奥运的热潮,此后的中国女排五连冠更是提振了我国竞技体育的士气。20世纪80年代,中国男足的亚洲地位悄然提升,不仅有80年代初横扫亚大区的苏家军,也有1987年成功杀进汉城奥运会的高家军,表现了亚洲顶尖水准,这一时期,我国出现了中国第一代足球迷,出现了竞技体育市场化运作和体育消费的萌芽。竞技体育不仅为国争光、提高了民族凝聚力和向心力,也带动了群众体育的发展,满足了人民群众的客观需求。截至1988年底,全国共拥有各类体育场地528112个,占地面积约5.7亿平方米,除西藏以外各省、自治区、直辖市均建有体育场,除海南以外均建有体育馆。

二、"综合提质"的强化阶段

20世纪90年代至2000年左右,是改革开放以来我国文化体育发展变迁的第二个阶段。1992年,党的十四大报告提出要在建立社会主义市场经济体制的同时把精神文明建设提高到新水平。1996年,中共十四届六中全会作出《中共中央关于加强社会主义精神文明建设若干重要问题的决议》。这一时期,我国文化建设进入了改革开放和社会主义现代化建设的新阶段,社会主义文化建设展现出了新的面貌。竞技体育市场化步伐加快,体育赛事活动开始广泛进入人民群众的生活。

(一)文化领域发展开始转型

20世纪90年代,我国开启了新一轮建设博物馆的热潮,特别是1996年中共十四届六中全会《中共中央关于加强社会主义精神文明建设若干重要问题的决议》明确把博物馆等作为社会主义文化事业的组成部分。从 1991 年至 2000 年的十年，我国文物系统博物馆由 1075 个增长为 1397 个，加上其他部门和行业举办的博物馆，2000 年全国博物馆达到 2000 多个，虚拟博物馆的雏形开始出现。以高校图书馆为主要代表的公共图书馆数量基本保持平稳。这一时期，随着文化市场的不断开放，经营性文化活动不断兴起，人民群众对应文化消费的需求日益高涨，开创了文化领域发展的新格局。1999 年 3 月，全国人大的会议上明确提出要把实现"村村通广播电视工作"列入国家计划项目，文化惠民惠及基层。

（二）新闻广电凸显国际视野

到 90 年代中期，我国已有彩电生产企业 98 家，国产品牌彩电年产量高达 3500 万台，自此稳居世界首位。随着电视等不断进入人民群众生活并逐步普及，诸多新闻、广播、电视媒体探索出多种艺术表现形式、艺术展演风格和艺术创作方法，创作了一大批内容与形式高度统一并深受人民群众喜爱的电视、电影、广播和舞台艺术作品。1991 年 9 月 1 日，《新闻联播》通过国际卫星频道走向世界，覆盖全球。电视剧创作更加名目繁多，中国荧屏上相继出现了《编辑部的故事》《过把瘾》《我爱我家》等一系列大型室内剧，《还珠格格》《贫嘴张大民的幸福生活》《将爱情进行到底》《永不瞑目》等多种题材的电视剧进入人民群众生活，带动了产业多元化发展。1994 年 8 月广电部发布了《关于进一步深化电影行业机制改革的通知》，进一步明确电影制片厂可以直接进入市场，掀起了电影商业化的热潮，此后创作出了《红樱桃》《摇啊摇，摇到外婆桥》《甲方乙方》《不见不散》《有话好好说》等一批票房高的国产电影。1995 年，中影公司以票房分账的方式引进了《亡命天涯》《红番区》《碟中谍》等"进口大片"，好莱坞电影进入中国市场，人民群众获得极大满足。

（三）体育运动融入大众生活

20世纪90年代是中国体育积极展望的十年，我国成长为体育大国。1990年北京成功举办亚运会，这是中国举办的第一次综合性的国际体育大赛，激发了人民群众的体育热情。1993年，我国创办中国国际体育用品博览会，现已成为亚洲最大、世界排名第三的体育用品博览会。1994年甲A职业化使中国足球与世界接轨，出现了早期的足球俱乐部，足球在中国大地上掀起了一股前所未有的热潮，球迷消费成为足球产业化的重要组成部分。为支持体育事业的发展，国务院自1994年起批准发行体育彩票，进一步加速了竞技体育产业化。1992年、1996年和2000年三届奥运会，中华体育健儿奋勇争先，金牌榜和奖牌榜位次不断上升，更是掀起了体育发展和人民群众参与体育运动的热潮。

三、"体制改革和拉动消费"的创新阶段

进入21世纪以来的第一个十年，党中央提出"大力推动社会主义文化建设""深化文化体制改革""推动文化大发展大繁荣""兴起社会主义文化建设新高潮"等文化发展要求，极大地激发着全民族的文化创新热情。2003年10月，中共十六届三中全会明确把文化体制改革纳入完善社会主义市场经济体制的重要任务，进一步确定了深化文化体制改革的总体思路和目标。体育产业化步伐不断加快并渐成规模，人民群众把健身娱乐作为适应现实需求的大众消费摆在了更加突出的位置。文化和体育消费成为我国经济发展转方式、调结构的组成部分之一。

（一）公共文化服务渐成体系

2003年起，围绕加强公共文化服务、培育文化市场主体、发展

文化产业、完善市场体系、改善宏观管理、转变政府职能等重点环节，文化体制改革成效显著。其中，公共文化服务是公共服务的重要内容，以保障公民的基本文化生活权利为目的，包括公共文化服务设施、资源和服务内容，以及人才、资金、技术和政策保障机制等。2005 年，《中共中央关于制定国民经济和社会发展第十一个五年规划的建议》中首次提出"公共文化服务"，作为关乎人民文化需要的一项重要任务得到关注。公共文化服务体系建设是满足人民群众基本精神文化需求的主要途径，是建设社会主义文化强国的基础工程，是全面建成小康社会的重要内容。这一时期，公共文化服务体系建设扎实推进，全国"万里边疆文化长廊建设"、农村电影"2131"工程、全国文化信息资源共享工程、流动舞台车工程、乡镇综合文化站建设工程、中国少儿歌曲创作推广计划等一系列重大文化工程和项目深入实施，以国家大剧院、国家博物馆为代表的一大批标志性骨干公共文化设施在大中城市建成使用。各级政府加大了对农村地区、西部地区、少数民族地区文化基础设施建设的扶持力度，"十五"期间基本实现了"县县有图书馆、文化馆"的目标，覆盖城乡的公共文化服务体系初步形成。2008 年全国博物馆达 1722 座，全国文化事业投入达到 198.7 亿元，人均水平不断提高，文化文物部门管理的公共博物馆、纪念馆等逐步对民众免费开放，当年全国免费开放场馆达 500 余家。图书馆发展进一步繁荣，31 个省、自治区、直辖市公共图书馆均有三分之二以上新建或改扩建，建筑面积和场馆等级得到提升。

（二）遗产保护全面开展

2002 年 10 月，第九届全国人大常委会颁布了修订后的《文物保护法》，这一法律针对新时期文物保护存在的问题，对文物保护管理做了全面的规定，是我国文物法制建设的重要里程碑。2003 年，随着"中国民族民间文化保护工程"启动,"非物质文化遗产"的概念出现。2005年12月,国务院下发了《关于加强文化遗产保护的通知》,明确自2006年起每年6月份的第二个星期六为"全国文化遗产日"。国家于2007年开展了第三次大规模文物普查,公布了2006年第六批全国重点文物保护单位数量1080处,几乎达到前五批数量的总和。2008年,国家公布了第二批国家级非物质文化遗产名录项目(共计510项)和第一批国家级非物质文化遗产扩展项目名录(共计147项),确定并公布国家级非物质文化遗产项目代表性传承人,国家、省、市、县四级文化遗产保护名录体系初步建立。文化遗产作为"民族基因"的存在,逐步进入人民群众的视野和生活,刺绣、蜡染、剪纸、皮影、陶瓷等民间技艺获得广泛共鸣。

(三)艺术创作异彩纷呈

党的十六大以来,文化部、财政部共同启动了"国家舞台艺术精品工程"。自2002年至2007年的5年间,国家财政投资2个亿,打造了50部精品剧目和近130台精品提名剧目。2004年,中国对外文化集团公司实现转企改制,着力打造海外派出演出项目,每年在境外数十个国家和地区、数百座城市举办各类演出、展览和综合文化活动,推动孔子学院落户海外,全球年度观众总量超过1000万人次,并成功引进了《猫》《妈妈咪呀》《大河之舞》等世界音乐剧、舞台剧代表性剧目,塑造了我国艺术领域对外交流的名片。同期,我国影视剧生产突飞猛进,成为世界电视剧第一生产大国和第三电影生产大国。全国剧场、影剧院年演出、放映和专业艺术表演团体年演出场次大幅增加,观众数量数以亿计。杂技芭蕾《天鹅湖》、原生态歌舞《云南映象》、舞蹈《杨贵妃》、舞剧《风中少林》等一批具有自主创新意识的艺术产品逐渐在国际舞台崭露头角,受到国内外观众好评。我国影片屡次在国际电影节上获奖，在世界电影中越来越具品牌影响力。

（四）体育市场极具规模

进入 21 世纪，中国体育发展迈上新台阶，从 2001 年申奥成功到 2008 年成功举办奥运会，2002 年国足挺进世界杯，2004 年雅典奥运会中国军团将金牌总数扩增到 32 枚位列金牌榜第 2 位，体育更广泛、多形式地丰富着人民群众的文化生活，体育精神也不断感染着人民群众，成为一种积极向上的力量，体育不再仅仅是严肃激烈的竞技文化，而是被更多人民群众所接受和热爱。这一时期，足球、篮球、排球、乒乓球等项目的国内职业联赛已经具备了一定的规模，ATP 网球大师杯、国际汽联一级方程式锦标赛、环青海湖国际公路自行车赛等成为引人注目的品牌赛事。我国已成为世界最大的体育用品制造基地，体育用品业品牌化经营走上正轨，中国制造逐渐成为世界体育用品的品牌标志。随着我国城市化进程不断推进和人民生活水平的提高，居民收入水平的提升和居民闲暇时间增多，体育消费成为大众需求，满足人民群众多元化体育需求的体育健身娱乐业快速发展，国家开始注重公益性体育场馆设施建设，各种健身场所迅速兴起，全民健身成为新的消费时尚。截至 2007 年底，体育彩票销售累计 1926.65 亿元，筹集公益金 639.86 亿元，体育彩票公益金对促进全民健身计划和奥运争光计划的实施起到了十分重要的作用。

第三节　全民共享　消费升级

"十二五"以来，着眼于全面建成小康社会、实现社会主义现代化和中华民族伟大复兴，文化建设成为中国特色社会主义科学发展、创新发展、协调发展、开放发展、融合发展的根本要求之一。经过几十年的发展，我国稳定解决了十几亿人的温饱问题，不久将全面建成小康社会，人民对美好生活需要将超出物质的层次和范畴，追求物质与精神的双重提升。人民群众不仅需要更高水平的物质生活，也追求更加多样化、特色化、个性化的文化、体育等精神层面的消费。

一、文化领域

党的十八大以来，文化体制改革作为全面深化改革重要组成部分，蹄疾步稳、压茬拓展，取得了显著成效。中共十八届三中、四中、五中、六中全会确定的 104 项文化体制改革任务，有 99 项已如期或提前完成，其他 5 项正按计划推进。中央文化体制改革发展工作领导小组确定的 330 项任务，目前绝大多数已经完成，先后推出了深化文化体制改革实施方案、繁荣发展社会主义文艺、意识形态工作责任制、社会主义核心价值观融入法制建设、推进媒体融合发展、中国特色新型智库建设、国有文化企业社会效益和经济效益相统一、构建现代公共文化服务体系、中华优秀传统文化传承发展、文化领域行业组织建设等一大批改革文件，文化领域重要基础性制度框架基本确定，重点难点改革任务取得实质性突破，文化政策法规体系不断完善。

（一）政策出台更为密集

特别是党的十八大以来，以习近平同志为核心的党中央，将加快构建现代公共文化服务体系纳入全面深化改革全局。国家密集出台公共文化服务相关政策，落实公共文化服务重大工程项目，积累了大量的宝贵经验。国家出台的公共文化服务政策主要集中在构建现代公共文化服务体系、政府向社会力量购买公共文化服务、公共文化服务专门领域立法等方面。仅 2015 年，国家及相关部门就出台了 5 个公共文化服务体系相关的政策文件，2 个政府购买公共文化服务相关政策文件，政策关注力度前所未有。

表 10-1　公共文化服务体系相关政策内容

出台时间	政策名称	主要内容
2015.1	《关于加快构建现代公共文化服务体系的意见》（中办发〔2015〕2 号）、《国家基本公共文化服务指导标准（2015–2020 年）》	从统筹推进公共文化服务均衡发展、增强公共文化服务发展动力、加强公共文化产品和服务供给、推进公共文化服务与科技融合发展、创新公共文化管理体制和运行机制、加大公共文化服务保障力度等 6 个方面对构建现代公共文化服务体系给出指导意见，并出台指导标准。
2015.5	《关于深入推进农村社区建设试点工作的指导意见》	提出要健全农村社区现代公共文化服务体系，整合宣传文化、党员教育、科学普及、体育健身等服务功能，形成综合性文化服务中心，开辟群众文体活动广场，增强农村文化惠民工程实效。
2015.9	《关于推动国有文化企业把社会效益放在首位、实现社会效益和经济效益相统一的指导意见》	创新公共文化服务方式，注重电视智慧生活线上线下结合方式，深入社区，通过嫁接智慧社区方式完善公共文化供给，积极打通公共文化服务"最后一公里"。
2015.10	《关于推进基层综合性文化服务中心建设的指导意见》（国办发〔2015〕74 号）	全国范围的乡镇（街道）和村（社区）普遍建成集宣传文化、党员教育、科学普及、普法教育、体育健身等功能于一体，资源充足、设备齐全、服务规范、保障有力、群众满意度较高的基层综合性公共文化设施和场所，形成一套符合实际、运行良好的管理体制和运行机制，建立一支扎根基层、专兼职结合、综合素质高的基层文化队伍，使基层综合性文化服务中心成为我国文化建设的重要阵地和提供公共服务的综合平台。
2015.12	《"十三五"时期贫困地区公共文化服务体系建设规划纲要》	从完善设施网络、推动均衡发展、增强发展活力、提高服务效能、推进数字文化、加强队伍建设、加大文化帮扶、推动脱贫致富 8 个方面提出了具体任务，进一步突出兜底保障文化民生和文化脱贫。

资料来源：中国政府网。

表 10-2　政府购买公共文化服务相关政策内容

出台时间	政策名称	主要内容
2015.5	《关于做好政府向社会力量购买公共文化服务工作的意见》（国办发〔2015〕37号）、《政府向社会力量购买公共文化服务指导性目录》	对谁来买、向谁买、买什么、怎么买、买得值等明确阐述，提出到2020年，在全国基本建立比较完善的政府向社会力量购买公共文化服务体系，形成与经济社会发展水平相适应、与人民群众精神文化和体育健身需求相符合的公共文化资源配置机制和供给机制，社会力量参与和提供公共文化服务的氛围更加浓厚，公共文化服务内容日益丰富，公共文化服务质量和效率显著提高的目标任务。
2015.5	《关于在公共服务领域推广政府和社会资本合作模式的指导意见》（国办发〔2015〕42号）、《关于进一步做好政府和社会资本合作项目示范工作的通知》（财金〔2015〕57号	鼓励广泛采用政府和社会资本合作模式提供公共服务，在文化等公共服务领域，鼓励采用政府和社会资本合作模式，吸引社会资本参与。

资料来源：中国政府网。

　　2011年12月，中共十七届六中全会作出了《中共中央关于深化文化体制改革推动社会主义文化大发展大繁荣若干重大问题的决定》。2012年11月，党的十八大报告将文化建设与经济建设、政治建设、社会建设、生态文明建设一并作为我国社会主义现代化建设五位一体的总体布局，明确提出要扎实推进社会主义文化强国建设，深化文化体制改革，解放和发展文化生产力。2013年11月，中共十八届三中全会作出《中共中央关于全面深化改革若干重大问题的决定》，其中对推进文化体制机制创新作出了明确规定，文化体制改革进入一个新阶段。2017年10月，党的十九大报告中明确提出"要深化文化体制改革，完善文化管理体制，加快构建把社会效益放在首位、社会效益和经济效益相统一的体制机制"，明确提出"把人民对美好生活的向往作为奋斗目标"，要通过深化文化体制改革，不断激发文化发展动力，更好地满足人民群众美好生活需要。

2014 年 2 月，国务院出台《关于推进文化创意和设计服务与相关产业融合发展的若干意见》（国发〔2014〕10 号），指出推进文化创意和设计服务等新型、高端服务业发展，促进与实体经济深度融合，是培育国民经济新的增长点、提升国家文化软实力和产业竞争力的重大举措，是发展创新型经济、促进经济结构调整和发展方式转变、加快实现由"中国制造"向"中国创造"转变的内在要求，是促进产品和服务创新、催生新兴业态、带动就业、满足多样化消费需求、提高人民生活质量的重要途径。着力推进文化软件服务、建筑设计服务、专业设计服务、广告服务等文化创意和设计服务与装备制造业、消费品工业、建筑业、信息业、旅游业、农业和体育产业等重点领域融合发展。促进技术创新、业态创新、内容创新、模式创新和管理创新，推进文化创意和设计服务产业化、专业化、集约化、品牌化发展，促进与相关产业深度融合，催生新技术、新工艺、新产品，满足新需求。加强科技与文化的结合，促进创意和设计产品服务的生产、交易和成果转化，创造具有中国特色的现代新产品，实现文化价值与实用价值有机统一。

为贯彻中共十八届三中全会审议通过的《中共中央关于全面深化改革若干重大问题的决定》的有关要求，加快构建现代公共文化服务体系，2015 年 1 月，中共中央办公厅、国务院办公厅印发《关于加快构建现代公共文化服务体系的意见》。意见明确指出，要坚持改革创新，加快转变政府职能，完善管理体制机制，创新公共文化服务内容和形式，促进文化与科技深度融合，推动文化事业和文化产业协调发展。要加大文化科技创新力度，加快推进公共文化服务数字化建设，提升公共文化服务现代传播能力。

2017 年 2 月，文化部出台《"十三五"时期文化发展改革规划》，指出要推动文化与其他领域融合发展，努力实现更高质量、更有效率、更加公平、更可持续的发展；要深入实施科技带动战略，加强文化科技原始创新、集成创新和引进消化吸收再创新，着力增强自主创新能力，有效提升文化领域技术装备水平，促进科学技术在文化领域的应用与推广，推动文化与科技融合向纵深发展。2017 年 5 月，中共中央办公厅、国务院办公厅印发了《国家"十三五"时期文化发展改革规划纲要》，指出要促进文化资源与文化产业有机融合，扩大和引导文化消费，提高文化产业发展质量和效益。

2018 年 3 月，国务院组建文化和旅游部，推动文化与旅游融合发展。

（二）服务网络加速构建

截至 2017 年，全国共有公共图书馆 3166 个，博物馆 4721 个，分别是 1949 年的 58 倍和 225 倍。2017 年，全国各类文化（文物）单位 32.64 万个，艺术表演团队演出达 293.8 万场次，艺术表演场馆 2455 个。2017 年，我国文化及相关产业增加值超过 35000 亿元，相比 2004 年的 3400 亿元增长超过 10 倍。

我国公共文化服务网络更加完善，覆盖国家级、省级、地市级、县级、乡级、村级和城市社区的六级网络正在形成，人民群众享受公共文化服务的权益进一步得到保障，博物馆、图书馆、美术馆、科技馆、文化宫等公共文化设施免费开放，农村广播电视村村通、户户通工程，乡镇综合文化站工程，农村电影放映工程，农家书屋工程不断实施到位，满足了人民群众的阅读权、鉴赏权、参与权。"互联网 +"带来公共文化服务的在线化、数据化，在互联互通、共建共享的模式下不断提高公共文化服务的质量和效率，更大程度地满足了人民群众对于基本公共文化的需求，智能手机使用普及，RFID、移动定位、移动浏览器、人脸识别和动作感知等技术层出不穷，使得公共文化服务领域提供基于移动端的服务的门槛将越来越低，数据驱动供给、"云平台"、网上"淘宝"等模式增强了人民群众公共文化服务的可选择性、可获得性和便捷性，人民群众坐在家里就可以享受公共文化服务。群众文化生活是公共文化服务的重要组成部分，广场舞等文化休闲活动用活了城乡公共文化场地，滋养了老百姓的文化生活。

　　各地在现代公共文化服务体系建设上多做尝试，基层综合性文化服务中心、农村公共文化服务建设都取得了一定的成绩，积极创建国家公共文化服务体系示范区，探索出了诸多好的做法和模式。以浙江省为例，浙江省率先开展了公共文化服务体系示范区（项目）创建，各地积极探索建立公共文化供需机制，涌现了杭州市"你点我送"网上预约配送服务、嘉兴市"文化有约"服务平台、丽水市"文化订制"模式、舟山市"淘文化"公共文化交易平台等供需对接平台等，创造了余杭区的乡镇综合文化站标准化、拱墅区的"三联模式"。此外，浙江省设立基本公共文化服务专项资金，以"文化直通车"的形式把群众喜闻乐见的优秀文艺节目送到农村，开展"耕山播海"、"唱响文明赞歌"等一系列文化扶贫活动，连续开展每年送戏1万场、送书100万册、送电影30万场"送文化下乡"活动，成立了浙江省公共文化服务研究中心，在全国率先制订施行浙江省基层公共文化服务评价指标体系，组织全省从事文化、艺术领域的骨干和全省乡镇文化员、村级文化管理员进行分层次培训等，均取得成效和经验。

　　上海市通过打造"文化上海云"，运用云计算、云存储、大数据，建设全方位覆盖、多终端访问、跨平台多通道发布的公共文化信息网状结构平台，发布《"文化上海云"建设三年行动计划》，推动市民通过电脑、电视、手机、社区大屏等终端访问公共文化资源，实现文化产品或服务的自选和消费。远郊区县依托有线、无线广播电视覆盖、东方社区信息苑和公共图书馆电子阅览室，完善网络宽带接入和扩容工作，从"村村通"迈向"户户通"，满足社会公众特别是未成年人、进城务工人员等对网络文化的需求，积极探索为视障等人群提供数字化（有声）阅读设施建设，走在了全国前列。

此外，全国范围内看，政府向社会力量购买公共文化服务在东部沿海地区开展迅速，政府向社会力量购买公共文化服务的范围已经由传统的群众文化活动逐步扩大至大型文化活动等，涉及购买公共文化服务设施的运营管理，购买国有表演艺术团体和民营表演艺术团体的演出活动，购买体育赛事活动，购买文化单位开展全民阅读、群众文化、文化艺术人才培养、古籍保护、公共文化宣传研究等文化活动，购买文化遗产保护、传承、展示、传播等文化服务活动，购买地域文化品牌培育与推广项目等。同时，推动社会资本参与"三馆一院"建设，政府在公共文化服务领域的角色任务发生了较为深刻的改变。浙江省杭州市政府出资采购公益文化产品和服务；浙江省宁波市采用政府购买组织实施"万场电影千场戏剧进农村"活动；广东省深圳市较早出台了《重大公益性文化活动实行社会化运作试行办法》，采购"文化钟点工"；上海市公开向全社会征集社区文化中心专业化管理主体；北京市购买民办图书馆服务管理街道图书馆运营等等。

（三）人民参与态势向好

表 10-3　人均图书馆流通次数（次）

地区	2011 年	2012 年	2013 年	2014 年	2015 年	2016 年	2017 年
全国	0.28	0.32	0.36	0.39	0.43	0.48	0.54
东部	0.41	0.46	0.54	0.57	0.65	0.73	0.80
中部	0.18	0.21	0.23	0.24	0.26	0.29	0.34
西部	0.19	0.23	0.24	0.27	0.28	0.30	0.34

表 10-4　人均参观博物馆次数（次）

地区	2011 年	2012 年	2013 年	2014 年	2015 年	2016 年	2017 年
全国	0.35	0.42	0.47	0.62	0.57	0.62	0.70
东部	0.32	0.41	0.48	0.62	0.56	0.62	0.70
中部	0.34	0.38	0.41	0.54	0.52	0.54	0.62
西部	0.36	0.40	0.46	0.63	0.59	0.64	0.73

表 10-5　人均接受文化馆（站）服务次数（次）

地区	2011 年	2012 年	2013 年	2014 年	2015 年	2016 年	2017 年
全国	0.29	0.33	0.33	0.37	0.40	0.42	0.46
东部	0.31	0.35	0.35	0.44	0.45	0.47	0.52
中部	0.22	0.25	0.25	0.26	0.28	0.30	0.34
西部	0.33	0.39	0.38	0.41	0.46	0.49	0.50

表 10-6　广播节目综合人口覆盖率（%）

地区	2011 年	2012 年	2013 年	2014 年	2015 年	2016 年	2017 年
全国	97.1	97.5	97.8	98.0	98.2	98.4	98.7

表 10-7　电视节目综合人口覆盖率（%）

地区	2011 年	2012 年	2013 年	2014 年	2015 年	2016 年	2017 年
全国	97.8	98.2	98.4	98.6	98.8	98.9	99.1

表 10-8　全国国民综合阅读率（%）

地区	2011 年	2012 年	2013 年	2014 年	2015 年	2016 年	2017 年
全国	77.6	76.3	76.7	78.6	79.6	79.9	80.3

数据来源：中国新闻出版研究院发布"全国国民阅读调查"。

随着现代公共文化服务体系建设积极推进，公共图书馆年流通人次、文化馆（站）年服务人次、广播电视人口综合覆盖率等基本公共服务均等化指标和国民综合阅读率指标逐步提高。其中，公共图书馆年流通人次和文化馆（站）年服务人次指标均已达到 5 亿人次以上，广播、电视人口综合覆盖率均达到 98%，已接近 2020 年目标值；国民综合阅读率与"十三五"目标差值缩小到 2 个百分点以内。统计数据显示，近年来城镇居民家庭教育文化娱乐人均消费支出呈现出连年增长的态势，教育文化娱乐人均消费支出已经成为居住支出外支出增长最快的领域。同期，全国居民人均教育文化娱乐消费支出占全国居民人均消费总支出比例保持了两位数以上的增长速度，对全国居民人均消费支出增长形成了有效支撑。

从各地方的情况看，公共图书馆年流通人次、文化馆（站）年服务人次逐年增长的态势明显，2017 年，浙江、广东、江苏公共图书馆年流通人次分列前三位，广东、浙江、山东文化馆（站）年服务人次分列前三位，海南公共图书馆年流通人次、文化馆（站）年服务人次两项指标要实现翻番难度较大；广播综合人口覆盖率和电视综合人口覆盖率总体完成情况较好，除贵州和西藏外，截至 2017 年底，其他省市这两项指标均达到 97% 以上，完成"十三五"目标压力不大，北京、天津、上海、江苏等省市均已经实现了全覆盖，内蒙古、辽宁、浙江、安徽、广东、海南等省份均已经提前完成"十三五"目标；国民综合阅读率、经常参加体育锻炼人数两项指标由于还没有统一规范的统计流程，部分省市数据缺失，从目前可以掌握的数据看，国民综合阅读率均已超过 70%，经常参加体育锻炼人数占常住人口的比例增加，上海等地达到了 40% 以上。

（四）文化产业快速增长

"十二五"以来，我国文化产品极大丰富，图书、影视等文化产品生产大幅增长。图书品种从不到 1.5 万种增加到近 53 万种，电影故事片从 46 部增加到近 800 部。1980 年我国才有了第一部电视连续剧，2017 年全国生产电视剧 314 部、13470 集。国产动画电影《大圣归来》赢得口碑、票房双丰收，"动漫＋电商"等促进实体经济发展的新业态不断催生，中小动漫企业纷纷在"新三板"成功挂牌，形成了一批具有影响力的民族原创动漫品牌。随着深圳文博会、义乌文交会等大型展会的专业化、市场化、国际化水平不断提升，电视电影、数字出版、网络游戏、创意设计等新业态的不断出现，文化产品以供给端引领人民群众文化消费不断升级。通过公共文化服务与科技、其他产业形态的融合，文化馆、图书馆、博物馆、美术馆、非遗中心、艺术院团和各类社会文化组织的优秀公共文化资源将被重新包装并赋予新的产品属性，使得文化服务和文化遗产更具亲近感。我国已初步形成了覆盖世界主要国家和地区的政府间文化交流与合作网络。

文化产业蓬勃发展，文化及相关产业增加值从 2004 年的 3400 多亿，跃升到 2017 年的 35000 多亿，增长超过 10 倍，占 GDP 比重从 2.15% 提高到 4.29%。2017 年我国文化产品和服务进出口总额 1200 多亿美元，与 2000 年加入世贸组织前相比，增加了 11 倍，版权输出和引进品种比例由 2002 年 1∶15 提高到 2016 年的 1∶1.55，这些统计数据，生动反映了我国文化领域的历史性跨越，改革让中国文化释放出巨大活力——贵州大山里的孩子熟练地操作着电视遥控器，广州数百万农民工同城里人一样享受着丰富多彩的文化生活，美国肯尼迪国家表演艺术中心回荡着憨朴的中国民谣，法国凯旋门前挂起了吉祥的大红灯笼,"中国年"走进了世界各国,海外中国文化中心、孔子学院和中小学孔子课堂数量持续增加,汉语和中华文化正在逐步走进各国人民的日常生活,中华文化国际影响力显著增强。主流媒体国际传播能力不断提升,对外广播和电视在播出语种、播出时间和发射功率等方面取得突破性进展,节目和频道在境外覆盖范围进一步扩大①,继续向世界讲述着中国文化故事。

(五)启动专门领域立法

2014年以来,在全国人大教科文卫委员会牵头,文化部与各有关部门的共同努力下,公共文化服务保障法立法工作取得重要进展,形成了《公共文化服务保障法草案(稿)》,对于公共文化服务中的问责、追责做出了较为具体的规范,对建立与我国经济社会发展水平和社会公众需求相适应的基本公共文化服务体系作出了明确的规定。2015年1月,国务院第78次常务会议通过《博物馆条例》(国务院令第659号),明确提出建立博物馆理事会制度,明确国家对非国有博物馆的各种支持,明确强调了博物馆的教育、研究和欣赏的功能,并且把教育放在了首位。这一条例的出台将对博物馆的管理起到规范作用,是对公共文化服务内容的约束。2015年5月,为了促进公共图书馆事业发展,满足人民群众日益增长的精神文化需求,文化部起草了《中华人民共和国公共图书馆法(送审稿)》,并报送国务院审议,此后形成了《中华人民共和国公共图书馆法(征求意见稿)》,这是我国的第一部图书馆专门法,标志着公共文化服务立法工作不断取得进展。2016年4月,《中华人民共和国公共文化服

---

① 张贺:《辉煌"十二五":我国文化改革发展成就辉煌》,《人民日报》,2015年10月10日。

务保障法（草案）》正式进入立法程序，2016 年 12 月 25 日，《中华人民共和国公共文化服务保障法》公布，自 2017 年 3 月 1 日起施行。此外，《中华人民共和国文物保护法》（修订）、《中华人民共和国广播电视传输保障法》等也已经进入立法进程，公共文化服务法律制度体系逐步完善。

（六）存在问题更加明朗

1.公共文化服务市场化道路不顺畅

由于政府购买公共文化服务的内容多集中在公益性文化服务领域，大众对政府购买公共文化服务认知度不高，政府购买公共文化服务与大众日益增长的文化消费需求不相适应。受文化管理体制改革阶段性因素的限制，公共文化服务购买行为仍存在"内卷化"的表征，与社会组织发育不完全相对应，政府购买公共文化服务的对象仍以体制内的较为单一的公共文化事业单位为主，而这类单位由于机构改革不到位，仍直接隶属于政府行政管辖，运营经费由财政划拨保障，缺乏参与市场竞争的动力，融合创新能力不足。

2.公共文化服务缺少法规和制度保障

按照惯例，我国公共文化服务的发展跨越不过西方发达国家公共文化服务发展的历史阶段和历史路径。目前，我国公共文化服务领域尚未形成较为完善的管理体系，使得各级政府、各类公共文化服务机构在提供公共文化服务时缺乏底线、缺乏服务规范、缺乏业务指导。《中华人民共和国公共文化服务保障法》《中华人民共和国公共图书馆法》等立法工作不断推进，两部法律分别在 2016 年和 2017 年颁布，法条内容在"补齐增量、开放业务、评价激励"的政策设计思路和"分类保障、分级分担、量化标准"的政策路径方面做出探索，但是与文化融合创新相关诸多内容还没有纳入立法程序，相关监管手段缺失。

3.文化融合发展的新业态新模式不足

新业态开发过程中文化特色不明显，文化创意、高科技元素在融合中的应用较少，产业链的纵向延伸不充分。文化融合的种类较多，但融合深度与广度均不足，缺乏创新意识。艺术作品表演、旅游产品、工艺品等转化为文化产品的能力有限，缺乏具有竞争力及市场影响力的融合精品产品。差异化、主题化开发不够，能够让消费者真正融入其中的参与性、娱乐性、体验性项目少，缺乏有轰动效应和市场带动力的产品。缺乏国际与国家品牌，难以形成规模效应与辐射效应。

由于国家和大部分地区文化融合创新意识较弱，文化发展尚未建立起有效的协调机制。由于文化管理权责界限不清晰，文化、宣传、新闻广播电视、旅游等相关部门之间沟通协调不顺畅，区域之间、城市之间、城乡之间存在既有的层级协调机制壁垒，难以在文化融合创新过程中掌握行为主动权。国家相关文化立法不完善，在全国一盘棋和文化大发展、大繁荣政策导向的驱使下，在文化发展目标导向的指引下，难以破除文化融合创新发展的机制壁垒。

二、体育领域

随着社会主义现代化建设的不断推进，国民经济水平及物质生活水平都得到了巨大提升，我国竞技体育、全民健身和体育产业都发生了翻天覆地的变化，竞技体育、群众体育、全民健身等快速发展，"体育+"已经成为新的发展模式。从体育领域融合创新的内容看，主要包括体育产业与其他产业融合、竞技体育与群众体育融合、足球运动与全民健身相结合等，代表了未来体育发展的方向。

（一）政策体系不断加密

2014 年 10 月，国务院印发《关于加快发展体育产业促进体育消费的若干意见》（国发〔2014〕46 号），指出要充分发挥体育产业和体育事业良性互动作用，推进体育产业各门类和业态全面发展，促进体育产业与其他产业相互融合，实现体育产业与经济社会协调发展。要丰富体育产业内容，推动体育与养老服务、文化创意和设计服务、教育培训等融合，促进体育旅游、体育传媒、体育会展、体育广告、体育影视等相关业态的发展。要促进康体结合，大力发展运动医学和康复医学，积极研发运动康复技术，鼓励社会资本开办康体、体质测定和运动康复等各类机构，发挥中医药在运动康复等方面的特色作用，提倡开展健身咨询和调理等服务。要鼓励交互融通，支持金融、地产、建筑、交通、制造、信息、食品药品等企业开发体育领域产品和服务。

2015 年 3 月，《国务院办公厅关于印发中国足球改革发展总体方案的通知》（国办发〔2015〕11 号）明确指出，发展足球运动与推动全民健身相结合，实现普及与提高、群众足球与竞技足球互相促进，推动足球运动协调发展、全面进步，推动全民健身，增强人民体质。2016 年 4 月，国家发改委公布了《中国足球中长期发展规划（2016—2050 年）》，指出促进足球产业与相关产业融合发展，加快足球产业与旅游业、建筑业、文化创意、餐饮酒店、健康养生等行业的互动发展，催生足球运动新业态。推动互联网技术与足球产业深度融合，重点引入移动互联网、电子商务、大数据等新技术和新业态，促进足球产业多点创新。

2016 年 6 月，国务院印发《全民健身计划（2016—2020 年）》

（国发〔2016〕37号），指出要激发市场活力，为社会力量举办全民健身活动创造便利条件，发挥网络等新兴活动组织渠道的作用，完善业余体育竞赛体系。鼓励举办不同层次和类型的全民健身运动会，设立残疾人组别，促进健全人与残疾人体育运动融合开展。推动各级各类体育赛事的成果惠及更多群众，促进竞技体育与群众体育全面协调发展。

（二）竞技体育量质齐升

"十二五"以来，随着广州亚运会、南京青奥会等大型赛事接连举办，北京成功申办2022年冬奥会，杭州成为2020年亚运会举办城市，中国成功展示了自己的形象和办赛能力，中国体育继续为奥林匹克运动和世界体育奉献着力量。2014年10月，国务院印发《关于加快发展体育产业促进体育消费的若干意见》，明确指出要取消商业性和群众性体育赛事活动审批，鼓励社会资本进入体育产业，放宽赛事转播权限制等具体措施。2015年初国务院办公厅印发了《中国足球改革发展总体方案》，开启了中国足球改革的新纪元。以校园足球为例，截至2017年6月，国内共有8所高校建立了足球学院，巴萨、皇马、拜仁、阿森纳等4个海外顶级俱乐部在中国建立了足球学校，另有中国特色足球学校共6823所专注于青少年足球培养，校园足球带动了青训产业的发展，也推动了青少年体育运动的发展。这一时期，多种多样的社会资本进入体育产业，新媒体版权快速发展，并占据国内外市场，持续推动着体育产业的转型升级。

（三）群众体育广泛开展

根据抽样调查，2013年，我国经常参加体育锻炼人数比例达到32.70%，2014年为31.20%，2015年为33.9%，总体水平较低。2016年6月，国务院印发《全民健身计划（2016—2020年）》，就"十三五"

时期深化体育改革、发展群众体育、倡导全民健身新时尚、推进健康中国建设等作出部署，明确要以增强人民体质、提高健康水平为根本目标，开展全民健身活动，提供丰富多彩的活动供给；统筹建设全民健身场地设施，方便群众就近就便健身。城市马拉松、徒步大赛、社区运动会等群众体育活动的开展，为人民群众生活不断增添着乐趣。

（四）存在问题精准聚焦

1. 群众运动发展相对滞后

多地方政府结合当地体育运动发展需求，不断完善公共体育服务设施，构建社会体育服务体系，开展群众运动活动，在群众运动和全民健身中起到了重要作用。但是，由于目前我国体育服务体系的管理水平较低，无法为人民群众提供符合现实需求的体育服务和活动，或者无法为人民群众提供快速便捷可及的体育服务场地和设施，加之信息不对称等因素影响，除城市马拉松等活动外，群众运动参与度普遍不高，许多群众运动场地和设施大量闲置，利用率较低，造成公共体育服务资源的浪费。营利性健身场所普遍收费较高，抑制了人民群众参与体育运动的热情。

2. "体育+"新业态缺乏有效培育

体育产业被认为是"综合性产业""复合性产业"，其概念和内涵具有复杂性，不易界定。随着产业融合步伐的不断加快，体育与旅游（含冰雪运动）、科技、文化、教育、医疗、养生、养老、互联网、影视、金融、制造等产业融合形成了诸多新的业态，促进体育产业融合创新发展。但是，体育产业的融合创新是基于体育消费需求的高级化、价值主张变迁、技术创新、政府管制等因素不断发展，需要产业要素相互交替、渗透和重组，培育周期长、难度大，且受人才、资金等的制约，目前尚未形成良好的产业规模效益和品牌效益。

3. 管理体制机制障碍仍然存在

我国体育发展仍然存在管办不分、政社不分、社事不分的体制弊端，制约了体育领域融合创新发展的活力，缺乏调动社会力量参与体育领域融合创新的政策措施，体育发展社会化水平不高，体育事业、体育产业与经济社会协调发展的机制还不健全，导致与人民群众日益增长的美好生活需要不相适应，体育产品和服务有效供给不足的矛盾依然突出，一些长期制约体育领域发展的薄弱环节和突出问题依然严峻。体育发展包含了全民健身以及竞技体育等多个层面，长期以来，在政府行政力量的主导下，相关管理部门对于竞技体育的重视度要远大于群众体育，惯性理念导致二者融合难度较大。而作为体育事业的公共体育服务多被认为是一种地方性的公共产品，公共产品主要由政府提供的惯性思维在一定程度上还持续发挥着较大的作用，惯性认知影响居民对公共文化服务的预期，造成客观供给与主观需求匹配的扭曲。受年龄层次、教育水平、历史习惯等个人属性要素，可支配闲暇时间等能力条件要素，以及服务设施易达性、周围人群习惯和服务信息可获得性的影响和限制，体育服务极易造成低效率。

此外，长期以来，体育支出一直处于财政支出的边缘位置，且竞技体育和群众体育差别较大，不少地区逐年加大对竞技体育的投入，而对全民健身等群众体育的投入却相对较少，无法满足民众的健身需求，也制约了体育领域融合创新发展。特别是体育产业投入方面，虽然企业资金大举投资，但市场主体喜忧参半，涉及体育场地设施、专业队伍等普遍投资回收期超5年以上，尽管体育用品研发、销售板块盈利状况较好，但分赛事运营业务板块等偏弱，影响投资规模布局。公共体育服务对社会资本的吸引力不足，且缺少向社会力量购买公共服务的财政资金，融合创新面临瓶颈。

第四节　模式总结　特色鲜明

综上所述，新中国成立 70 年来，我国文化体育发展走了一条从无到有、从有到优的道路，它凝聚着中国精神，续写着中国故事，承载着中国勇气，美化着中国生活。服务共享、产业融合、消费升级、运营创新代表着我国文化体育发展的演变脉络，也是文化体育发展的中国模式。

一、文体强基、普惠共享的公共服务模式

基本公共文化服务和基本公共体育服务作为基本公共服务体系的重要内容，保基本、补短板、促均等是主要的渐进式阶段特征。从《国家基本公共服务体系“十二五”规划》到《“十三五”推进基本公共服务均等化规划》，基本公共文化体育服务内容不断扩充，《国家基本公共服务体系“十二五”规划》中，明确了国家建立公共文化体育服务制度，保障人民群众看电视、听广播、读书看报、进行公共文化鉴赏、参加大众文化活动和体育健身等权益；《“十三五”推进基本公共服务均等化规划》中的基本公共文化体育服务项目共10 项，具体包括公共文化设施免费开放、送地方戏、收听广播、观看电视、观赏电影、读书看报、少数民族文化服务、参观文化遗产、公共体育场馆开放、全民健身服务。更加强调机会均等和普惠共享成为基本公共文化服务和基本公共体育服务的主基调。突出“以人民为中心”，适应人民群众对公共文化体育服务需求的变化趋势，从

以往提供"更多"的公共文化体育服务向努力提供"更好"的公共文化体育服务转变，深入推进公共文化体育服务供给侧结构性改革，减少无效供给，扩大有效供给，增强供给结构对需求变化的适应性和灵活性，促进公共文化体育服务供给和需求结构性耦合，统筹考虑城乡、地区和人群，实现公共文化体育服务普惠共享。

二、业态提质、融合互促的产业发展模式

改革开放以来，在政府行政力量和市场力量的共同作用下，体育产业和文化产业焕发出勃勃生机。纵观体育产业与文化产业发展走过的路，主要表现出如下几个特点。一是体育产业与文化产业经历了20世纪80—90年代的试水，新业态不断涌现，并与世界接轨，市场化道路逐渐走向成熟，体育产业从起始的足球产业化和职业化发展到篮球、乒乓球、排球等诸多领域，跳水、田径、羽毛球、网球、自行车、汽车等世界级大奖赛拓宽了产业化的内容，面向人民群众的门票经济、彩票经济和传媒经济形态不断激发生活乐趣；文化产业的迅速发展能够对区域文化资源进行升级和重塑，有效提升当地区域历史和艺术文化资源的吸引力，通过对区域形象的提升，吸引投资，促进区域经济的增长，文化产业的发展经历了产业门类和业态升级，国家统计局多次发布《文化及相关产业分类》，调整文化核心领域和文化相关领域，随着"互联网+"的不断兴起，"文化+"快速登上市场舞台。二是融合发展演化成为体育产业和文化产业发展的时代主题，公共文化体育服务与产业的内容发生了交叉和融合，能否市场化不再作为区分公共文化体育服务与文化产业、体育产业的硬性标准，公共文化体育服务可以配套文化产业、体育产业或变成文化产业、体育产业。此外，"文化+"、"体育+"和旅游、农业、休闲、健康等相融合的众多

新业态不断出现和培育发展，业态提质、融合互促的产业链条不断完善，加之相关领域人才、资本、技术等的相互协调与融合，以加速实现产业发展效率的倍增，为区域经济社会发展不断积蓄着新生条件。

三、多元匹配、品质升级的消费更新模式

随着经济社会发展水平的不断提高和消费在拉动经济增长中的角色越来越突出，文化消费和体育消费的升级与更新体现出文化体育生活时代变迁的基本脉络，主要表现在：一是文化消费习惯逐渐形成。以北京市为例，根据 2014 年中国人民大学课题组的文化消费习惯调研，北京市居民在参观博物馆、展览会以及主题展览馆、艺术品收藏、室内娱乐活动（棋牌、绘画等）、歌剧、话剧、音乐会、舞蹈演出等方面均表现出了一定的消费能力，文化消费显现升级趋势。二是文化体育消费从小众消费变为大众消费。受众群体不断拓展与变迁，全员、全程、全龄的品质需求与可及、可达、可信、可选的便捷品质服务供给相匹配，是文化体育消费升级的目标。三是文化体育消费从区域性消费转向国际化消费。从人民群众需求出发，根据地域、民族特点、文化层次、习惯差异等因素，借助"互联网+"信息基础设施和人工智能在文化体育消费领域的应用，提供与国际接轨的文化体育产品和服务，是文化体育消费升级的方向。四是中国文化体育消费以快速增长的态势对世界文化和体育产业的发展作出积极贡献，诠释了中国力量。

四、政府引导、市场参与的运营管理模式

与资本化运营手段的不断创新相适应，公共文化体育服务与文化产业、体育产业的投入模式已具备一定的相似性，政府向社会组

织购买服务和 PPP 模式充分体现了二者的融通性。政府引导、市场参与的运营管理模式内容可以归结为以下几点。一是政府通过积极培育多种所有制形式的企业和非营利性社会组织等购买主体，宣传普及文化类、体育类社会组织在政府购买公共文化体育服务中的积极作用，促进自发性文艺团队、体育团体组织升级成为文化类、体育类社会组织。二是把民办图书馆、民营演艺机构、民办博物馆、民办上网服务场所、民办体育团体等提供的优秀公共文化体育服务纳入政府购买范围，实现公共文化体育服务提供主体的多元化。三是鼓励企业参与开展各种形式的政府购买公共文化体育服务活动，简化审批登记流程，不断扫除政策障碍，促进政府购买公共文化体育服务进入市场化轨道，鼓励各地建立政府购买公共文化体育服务供应商数据库。四是完善竞争性政府购买服务机制，建立健全程序规范、标准明确、方式灵活、评价及时、动态调整的购买机制，结合公共文化体育服务的具体内容和特点，从客观实际出发，采用以公开招标为主的政府购买方式，积极探索邀请招标、竞争性磋商、竞争性谈判等方式确定承接主体，采取直接购买、委托、代理、合作经营等各种合同方式，构建竞争性的政府购买公共文化体育服务模式。五是建立政府购买价格的动态调整机制，根据承接主体服务内容和质量，确立补贴范围和空间，分类制定内容明确、操作性强、便于考核的政府购买公共文化体育服务标准，方便购买主体掌握和自查。上述反映了公共文化体育服务运营管理的新趋势。

五、新趋势和政策方向

（一）推动文化领域及其相关产业融合发展

整合重组文化馆、图书馆、博物馆、美术馆、非遗中心、艺术院团和各类社会文化组织的优秀公共文化资源，赋予其新的产品服务属性，公共文化服务可以配套文化产业或变成文化产业。推动区域公共文化服务与文化产业融合形成新的经济形态，推动文化领域与旅游、农业、健康、养老、教育、体育等其他领域融合发展，协调与融合相关领域人才、资本、技术等，加速实现文化发展效率的倍增。搭建公共文化服务产品展示、宣传和推广平台，搭建高效、便捷、规范的采购服务平台，以促进公共文化服务产品的持续多元优化。

（二）推动政府向社会力量购买公共文化服务

整合公共文化服务资源，加快公共文化服务供给与消费相结合，使公共文化服务从单一系统的"内循环"逐步转为面向社会的"大循环"，从而进一步提高公共文化服务水平，形成规模服务功能和效应。进一步加大政府性资金投入，积极扩大专项建设基金支持范围，完善政府与社会资本合作（PPP）机制，通过特许经营、注入资本和购买服务等方式，进一步调动社会资本参与公共文化服务设施建设和运营。探索建立政府、法人组织和社会团体"三驾马车"联动服务机制，建立针对特殊群体的无障碍服务机制等。

（三）推动"互联网+"和文化科技融合创新

借力"互联网+"，构造中央和地方政府支持、市场和企业提供服务、社会（非营利组织）参与的文化服务供给主体组成模式。构建基于互联网的文化数据库和分析系统，通过互联网数据挖掘技术，设计文化服务"菜单"。通过移动网络技术使在场服务转变为在线服务，通过互联网交易平台、在线技术等打开区域外部市场，实现区域间的文化资源的无障碍自由配置。通过文化数字资源整合开发，加强多网、多终端应用开发，实现文化发展信息共享、多级关联。

（四）破除文化融合创新发展体制机制障碍

打破组织、协调、联通和评价、监督等环节的机制障碍，由政府层面牵头设立文化融合创新专门机构，负责区域内和区域间文化融合创新发展相关事务。探索引入社会化机制，在增加公共财政投入、鼓励社会参与的同时，按照市场取向改革和政府职能转变的要求，构建多元化的文化融合创新发展体系。对社会力量开办的文化项目在融资、用地、税费等方面给予优惠，鼓励和支持民间资本和外资进入文化领域，支持跨区域的文化项目合作。建立互联网监测平台和群众性投票、评论、建议平台，提升文化融合创新发展的规范性和制度性。

（五）健全体育管理机制

破除原有的体育管理机制以及集中经营模式，充分发挥政府的引导作用，逐步推动"政社分开、政企分开、管办分离"，推动体育产业与其他产业融合、竞技体育与群众体育融合、足球运动与全民健身相结合。完善竞技体育和体育产业管理，完善群众体育管理，推动公共体育场馆、经营性体育场地设施向社会群体开放，让每一个公民都能享受体育公共服务。健全与体育领域融合创新发展相适应的法律法规。明确各级行政管理部门的监督职责，保障各类法律法规顺利实施。

（六）完善体育市场体系

加快体育市场开放步伐，设置体育行业准入标准，规范体育市场秩序，合理调整体育市场结构，促进市场主体与客体协调发展。鼓励和推动社会资本、民营企业等参与体育场馆建设、管理与运营，提高体育场馆的社会利用率，更好地服务于全民健身，保障全民参与。政府可通过向社会力量购买服务或企业承办的方式，举办大型国内或国际体育赛事，促进体育市场不断转型和良好运转，保障体育市场的健康发展。加快体育品牌的创建与运营，增强体育在文化强国建设中的竞争力。

（七）构建配套支撑服务

创新体育金融服务，加大对直接融资、服务平台、风险投资、保险、投资基金等方面的支持和规范力度，可通过设立引导资金等方式，不断完善金融支撑。加强产权保护，创新体育领域和"体育+"领域版权交易模式，支持体育企业和技术联盟构建专利池，完善相关法制建设，严格市场管理和竞争秩序，保护知识产权。建立"主管部门—社会团体（协会组织）—民间组织"横纵网格体系，完善平台支撑。加大对体育领域从业人员的培育力度，引导其有序参与体育活动策划、产品研发和管理经营。

（执笔人：刘敏）

参考文献

1. 毛泽东:《毛泽东选集》,人民出版社 1991 年版。

2. 王桧林、郭大钧、耿向东编:《中国现代史(第四版)下册 (1949—2013)》,高等教育出版社 2016 年版。

3. 谢春涛主编:《中国共产党读本》,中国青年出版社出版 2014 年版。

4. 郑德荣、朱阳主编:《中国共产党历史讲义》下,吉林人民出版社 1980 年版,第 235—236 页。

5. 邓小平:《邓小平文选》,人民出版社 1993 年版。

6. 江泽民:《江泽民文选》,人民出版社 2006 年版。

7. 胡锦涛:《胡锦涛文选》,人民出版社 2016 年版。

8. 国务院新闻办公室会同中央文献研究室、中国外文局编辑:《习近平谈治国理政》,中国外文出版社 2014 年版。

9. 习近平:《决胜全面建成小康社会 夺取新时代中国特色社会主义伟大胜利》(单行本),人民出版社 2017 年版。

10. 中央宣传部(国务院新闻办公室)会同中央文献研究室、中国外文局编辑:《习近平谈治国理政·第二卷》,中国外文出版社 2017 年。

11. 朱文铁:《1976:中国触底重生》,载《民间故事选刊》

2008 年第 8 期。

12. 文建龙：《留下丰富的扶贫思想遗产开辟中国脱贫致富新时代》，载《广安日报》2016 年 4 月 21 日。

13. 顾严：《中央关注婴幼儿照护，如何落实？》，中国网，2017-12-22，http：//opinion.china.com.cn/opinion_52_176452.html。

14. 教育部：《全国教育事业发展统计公报》，1998 年—2017 年各期。

15. 韩清林：《"普及与公平"是中国学前教育发展战略和基本政策的必然选择》，《当代教育科学》2011 年第 3 期。

16. 吕萍：《建国以来我国关于幼儿教育事业发展的政策评述》，《中国青年政治学院学报》2008 年第 2 期。

17. 乔梁：《建国 60 年来我国民办学前教育事业发展历程及其相关问题分析》，《幼儿教育》2009 年第 27 期。

18. 佘宇等：《为了孩子，为了明天——促进学前教育健康发展研究》，中国发展出版社 2015 年 7 月。

19. 佘宇、张冰子等：《适宜开端——构建 0~3 岁婴幼儿早期发展服务体系研究》，中国发展出版社 2016 年 8 月。

20. 唐淑、钱雨、杜丽静、郑影：《中华人民共和国幼儿教育 60 年大事记（上）》，《学前教育研究》2009 年第 9 期。

21. 唐淑、钱雨、杜丽静、郑影：《中华人民共和国幼儿教育 60 年大事记（下）》，《学前教育研究》2009 年第 10 期。

22. 中国政府网 [DB/OL]：http：//www.gov.cn/.

23. 中国教育年鉴编辑部：《中国教育年鉴：1949—1981》，中国大百科全书出版社 1984 年版。

24. 教育部网站 [DB/OL]：http：//www.moe.gov.cn/.

25. 顾明远:《中国教育科学走向现代化之路纪实——纪念共和国建国 60 周年》,北京师范大学出版社 2009 年版。

26. 国家统计局网站［DB/OL］：http：//www.stats.gov.cn/.

27. 陈玉玲:《影响中国百年高等教育史上三次飞跃发展的高等教育政策研究》,《河北师范大学学报》(教育科学版)2017 年第 2 期,第 73—79 页。

28. 化雨:《城市义务教育学生今秋免除学杂费》,《中国教育学刊》2008 年第 9 期,第 75—75 页。

29. 黄启兵:《我国高校设置变迁的制度分析》,南京师范大学 2006 年版。

30. 郭福昌、吴德刚:《教育改革发展论》,河北教育出版社 1996 年版。

31. 李国钧、王炳照:《中国教育通史》(第八卷),山东教育出版社 2000 年版。

32. 孙霄兵、翟刚学:《中国教育法治的历史回顾与未来展望》,《课程·教材·教法》2017 年第 5 期,第 4—14 页。

33. 宗树兴:《1986 年：中华人民共和国义务教育法 立法和实施研究》河北大学 2010 年版。

34. 汪海燕:《新中国义务教育历史研究》,西北师范大学 2003 年版。

35. 芮鸿岩:《新中国初期中共教育方针的维位向度》,社会科学文献出版社 2011 年版。

36. 杨明:《教育发展理论分析和实施策略》,浙江大学出版社 2010 年版。

37. 俞贺楠:《新中国教育福利制度变迁研究》,哈尔滨工程大学出版社 2016 年版。

38. 祝志芬：《中国义务教育福利制度的发展及其完善研究》，华中科技大学 2011 年。

39. 张品：《试析学区房的形成及其社会效应——以天津市为例》，《社会工作》2011 年第 12 期，第 87—90 页。

40. 杨宜勇、杨河清、张琪：《回顾与展望：中国劳动人事社会保障 30 年》，中国劳动社会保障出版社 2008 年版。

41. 杨河清：《劳动经济学》，中国人民大学出版社 2018 年版。

42. 张小健：《民生之本——为实现劳动者充分就业而奋斗》，中国劳动社会保障出版社 2011 年版。

43. 莫荣：《中国积极就业政策：形成、发展和完善》，社会科学文献出版社 2015 年版。

44. 人力资源和社会保障部编：《增进人民福祉，促进人的全面发展：党的十八大以来人力资源社会保障事业改革与发展》，中国劳动社会保障出版社、中国人事出版社，2017 年版。

45. 中国劳动社会保障出版社：《就业服务与就业管理政策法规专辑》，中国劳动社会保障出版社 2016 年版。

46. 宋晓梧：《构建共享型社会：中国社会体制改革 40 年》，广东经济出版社 2017 年版。

47. 赖德胜、张琪：《中国就业 60 年》，中国劳动社会保障出版社 2010 年版。

48. 李波编著：《劳动就业原理与政策》，中国劳动社会保障出版社 2015 年版。

49. 人力资源和社会保障部：《实施更加积极的就业政策（2010—2012）》，中国劳动社会保障出版社 2012 年版。

50. 中国就业促进会：《中国积极就业政策创立与发展》，中国人事出版社 2016 年版。

51. 陈跃：《建国以来中国共产党就业政策与实践研究》，人民出版社 2011 年版。

52. 付伯颖：《就业财政政策研究》，中国社会科学出版社 2011 年版。

53. 杨伟国：《转型中的中国就业政策》，中国劳动社会保障出版社 2007 年版。

54. 陆铭、梁文泉：《劳动和人力资源经济学：经济体制与公共政策》，格致出版社 2017 年版。

55. 宋晓梧：《中国社会体制改革 30 年回顾与展望》，人民出版社 2008 年版。

56. 李滔：《中国卫生发展绿皮书 2015 年：医改专题研究》，人民卫生出版社 2015 年版。

57. 余晖：《一个独立智库笔下的新医改》，中国财富出版社 2014 年版。

58. 饶克勤、刘新明：《国际医疗卫生体制改革与中国》，中国协和医科大学出版社 2007 年版。

59. 方鹏骞：《中国医疗卫生事业发展报告 2015——中国公立医院改革与发展专题》，人民出版社 2015 年版。

60. 刘军民：《中国医疗相关政策研究》，经济管理出版社 2012 年版。

61. 王虎峰：《中国新医改：现实与出路》，人民出版社 2012 年版。

62. 中国发展研究基金会：《中国医药卫生体制改革研究》，中国发展出版社 2016 年版。

63. 黄佳豪：《建国 60 年来农村养老保险制度的历史探索》，《理论导刊》2009 年第 11 期。

64. 周建华：《建国以来养老保险制度的变迁与展望》,《长春大学学报》2015 年第 5 期。

65. 李静：《建国后农村土地制度和养老方式变迁研究——以武汉市 Z 村为例》,华中农业大学 2013 年硕士学位论文。

66. 董红亚：《中国社会养老服务体系建设研究》,中国社会科学出版社 2011 年版。

67.《当代中国丛书》编辑部：《当代中国的职工工资福利和社会保险》,中国社会科学出版社 1987 年版。

68. 周建华：《建国以来养老保险制度的变迁与展望》,《长春大学学报》2015 年第 5 期。

69. 汤兆云：《新中国成立以来我国养老保险制度的改革探索与发展方向》,《科学社会主义》2014 年第 6 期。

70. 梁鸿：《土地保障：最后一道防线的虚化》,《发展研究》1999 年第 6 期。

71. 李珍主编：《社会保障理论》(第三版),中国劳动社会保障出版社 2013 年版。

72. 刘洪银：《推行医养结合中的瓶颈与对策》,《开放导报》2017 年第 4 期。

73. 陈钊、陈杰、刘晓峰：《安得广厦千万间：中国城镇住房体制市场化改革的回顾与展望》,《世界经济文汇》2008 年第 1 期。

74. 刘志峰：《回顾三十年住房制度改革》,《中国房地产业》2010 年第 5 期。

75. 何微丹、刘玉亭：《国内外城市保障性住房及其住区建设特征对比》,《规划师》2014 年第 12 期。

76. 贾康、刘军民：《中国住房制度改革问题研究：经济社会转轨中"居者有其屋"的求解》，经济科学出版社 2007 年版，第 50 页。

77. 叶剑平、杨乔木：《中国房地产市场改革新维度》，《探索与争鸣》2014 年第 4 期。

78. 范志勇：《中国房地产政策回顾与探析》，《学术交流》2008 年第 8 期。

79. 黄忠华、吴次芳、杜雪君：《房地产投资与经济增长——全国及区域层面的面板数据分析》，《财贸经济》2008 年第 8 期。

80. 许宪春、贾海、李皎等：《房地产经济对中国国民经济增长的作用研究》，《中国社会科学》，2015 年第 1 期。

81. 李培：《中国住房制度改革的政策评析》，《公共管理学报》，2008 年第 3 期。

82. 吴宾、杨彩宁：《住房制度、住有所居与历年调控：自 1978—2017 年中央政府工作报告观察》，《改革》，2018 年第 1 期。

83. 高培勇：《住房制度改革与房地产市场长效机制探索——评〈我国城市住房制度改革研究：变迁、绩效与创新〉》，《财贸经济》，2018 年第 5 期。

84. 丁如曦、倪鹏飞：《房地产市场调控优化及深化改革：目标原则与路径找寻》，《改革》2018 年第 10 期。

85. 倪鹏飞：《中国住房制度的目标设计和深化改革》，《经济社会体制比较》，2017 年第 2 期。

86. 黄燕芬、张超：《加快建立"多主体供给、多渠道保障、租购并举"的住房制度》，《价格理论与实践》2017 年第 11 期。

87. 杨宜勇、范宪伟：《土地资本化背景下中国特色"以地谋发展"模式论析》，《中州学刊》2018 年第 8 期。

88. 刘中显、荣晨：《房地产市场调控长效机制的建立与完善》，《宏观经济研究》2017 年 12 期。

89. 倪鹏飞：《构建支持"住"抑制"炒"的房地产市场》，《紫光阁》2017 年第 1 期。

90. 李雄、袁道平：《回顾与反思：我国住房制度改革历程与主要困境》，《改革与战略》2012 年第 10 期。

91. 成海军："计划经济时期中国社会福利制度的历史考察"，《当代中国史研究》2008 年第 5 期。

92. 成海军、陈晓丽：《计划经济时期中国共产党社会福利思想研究》，《中国浦东干部学院学报》2011 年第 3 期。

93. 宋士云：《新中国社会福利制度发展的历史考察》，《中国经济史研究》2009 年第 3 期。

94. 刘喜堂：《建国 60 年来我国社会救助发展历程与制度变迁》，《华中师范大学学报（人文社会科学版）》2010 年第 4 期。

95. 李立国：《当前我国社会救助事业发展的形势和任务》，《行政管理改革》2015 年第 6 期。

96. 邱观建、于娣：《改革开放以来中国残疾人事业发展的三个阶段》，《理论月刊》2017 年第 4 期。

97. 周文明、谢圣远：《中国城镇居民最低生活保障制度的发展演进及政策评估》，《广东社会科学》2016 年第 2 期。

98. 土海燕、修宏方、唐钧：《中国城乡最低生活保障制度：回顾与评析》，《哈尔滨工业大学学报（社会科学版）》2011 年第 2 期。

99. 刘永富：《中国特色扶贫开发道路的新拓展新成就》，《社会治理》2017 年第 8 期。

100. 刘永富：《十八大以来脱贫攻坚的成就经验》，《求是》2017

年第 6 期。

101. 李邱帆、熊自洁：《中国扶贫的成就与经验》，《学习月刊》2017 年第 4 期。

102. 安治民：《改革开放以来中国特色残疾人事业发展研究》，《博士学位论文》，武汉理工大学，2015 年。

103. 田书为、邹广文：《新时代与中国残疾人事业未来发展》，《残疾人研究》2018 年第 1 期。

104. 陈玉娟：《建国以来我国社会组织管理体制研究》，中共中央党校学位论文，2018 年。

105. 郭风英：《建国以来我国城市社会管理体制演变与发展研究》，华中师范大学学位论文，2011 年。

106. 国家统计局编：《我国的国民经济建设和人民生活》，统计局出版社 1958 年版。

107. 国家统计局：《中国统计年鉴 1984》，中国统计出版社 1984 年版。

108. 黄宗智：《集权的简约治理：中国以准官员和纠纷解决为主的半正式基层行政》，《开放时代》，2008 年第 2 期。

109. 路风：《单位：一种特殊的社会组织形式》，《中国社会科学》，1989 年第 1 期。

110. 孙立平：《改革开放以来中国社会结构的变迁》，《中国社会科学》，1994 年第 2 期。

111. 田凯：《发展与控制之间：中国政府部门管理社会组织的策略变革》，《河北学刊》，2016 第 2 期。

112. 吴承明、董志凯主编：《中华人民共和国经济史：第一卷（1949—1952）》，中国财政经济出版社 2001 年版。

113. 辛逸：《实事求是地评价农村人民公社》，《当代世界与社会主义》，2001 年第 3 期。

114. 邹谠：《二十世纪中国政治：从宏观历史与微观行动的角度看》，香港：牛津大学出版社 1994 年版。

115. 朱余斌：《建国以来乡村治理体制的演变与发展研究》，上海社会科学院学位论文 2017 年。

116. 《中国民间组织年志》编辑委员会：《中国民间组织年志》，中国社会出版社 2005 年版。

117. 周雪光：《权威体制与有效治理：当代中国国家治理的制度逻辑》，《开放时代》，2011 年第 10 期。

118. 周雪光：《运动型治理机制：中国国家治理的制度逻辑再思考》，《开放时代》1997 年第 9 期。

119. 苏东海：《试析改革开放中，我国博物馆第二个发展高潮》，《社会秩序与价值建构 2008·学术前沿论坛》。

120. 龚蛟腾：《改革开放后图书馆事业的复兴与开拓》，图书馆，2015 年第 2 期。

121. 张贺：《辉煌"十二五"：我国文化改革发展成就辉煌》，人民日报，2015 年 10 月 10 日，http：//theory.people.com.cn/n/2015/1010/c40531-27680654.html。

122. 徐艳玲、王忠远：《浅议我国体育事业与市场经济的关系》，《商业研究》2002 年第 14 期。

123. 陈志和：《展望本世纪 90 年代我国体育事业发展的趋势》，《福建师范大学学报：哲学社会科学版》1992 年第 2 期。

124. 吴建中：《社会力量办公共文化是大趋势》，《图书馆论坛》2016 年第 8 期。

125. 李国新：《强化公共文化服务政府责任的思考》，《图书馆杂志》2016年第4期。

126. 肖希明、完颜邓邓：《以数字化促进基本公共文化服务均等化的实践研究》，《图书馆工作与研究》2016年第8期。

127. 张永新：《以制定公共文化服务保障法为突破口积极推进公共文化立法进程》，《中国行政管理》2015年第2期。

128.《关于加快构建现代公共文化服务体系的意见》（中办发〔2015〕2号）。

129.《关于推进基层综合性文化服务中心建设的指导意见》【国办发〔2015〕74号】。

130.《关于做好政府向社会力量购买公共文化服务工作的意见》【国办发〔2015〕37号】。

131.《关于在公共服务领域推广政府和社会资本合作模式的指导意见》【国办发〔2015〕42号】。

132.《关于进一步做好政府和社会资本合作项目示范工作的通知》【财金〔2015〕57号】。

133.《"十三五"推进基本公共服务均等化规划的通知》【国发〔2017〕9号】。

134. 谭建湘、胡小明、谭华、吕树庭、刘德佩：《"十二五"我国体育事业改革与发展研究》，《体育学刊》2011年第4期。

135. 李洋、荆雯、王乐：《从"国计"到"民生"：我国体育事业的发展转向》，《河北体育学院学报》2017年第5期。

136. 于鹏飞、朱华杰：《认清全民健身意义 提升全民健身实效》，《学习月刊》2015年第8期。

137. 黄勇：《中国广播电视发展新阶段及其战略任务》，《现代传播：中国传媒大学学报》2007 年第 6 期。

138. 文化部：《新中国成立 60 年文化建设与发展》,《中国政府网》2012 年 4 月 11 日。

139. Shue，V.，the Reach of the State：Sketches of the Chinese Body Politic，California：Stanford University Press，1988.

责任编辑:高晓璐

图书在版编目(CIP)数据

新中国民生发展 70 年/杨宜勇 等 著. —北京:人民出版社,2019.9
ISBN 978－7－01－021213－5

Ⅰ.①新… Ⅱ.①杨… Ⅲ.①社会保障-研究报告-中国 Ⅳ.①D632.1

中国版本图书馆 CIP 数据核字(2019)第 183177 号

新中国民生发展70年

XINZHONGGUO MINSHENG FAZHAN 70NIAN

杨宜勇 等 著

人 民 出 版 社 出版发行
(100706 北京市东城区隆福寺街 99 号)

中煤(北京)印务有限公司印刷 新华书店经销

2019 年 9 月第 1 版 2019 年 9 月北京第 1 次印刷
开本:710 毫米×1000 毫米 1/16 印张:27
字数:440 千字

ISBN 978－7－01－021213－5 定价:79.00 元

邮购地址 100706 北京市东城区隆福寺街 99 号
人民东方图书销售中心 电话 (010)65250042 65289539